Tant qu'il y aura des profs

Des mêmes auteurs

AUX ÉDITIONS DU SEUIL

L'Affaire Alata
Pourquoi on interdit un livre en France
coll. « L'histoire immédiate », 1977

Les Porteurs de valises
La résistance française à la guerre d'Algérie
coll. « Points Histoire », 1982

La Deuxième Gauche
Histoire intellectuelle et politique de la CFDT
coll. « Points Politique », 1984

Tant qu'il y aura des profs
coll. « L'épreuve des faits », 1984

CHEZ D'AUTRES ÉDITEURS

Les Porteurs de valises
Albin Michel, 1979

L'Effet Rocard
Stock, 1980

Les Intellocrates
Expédition en Haute Intelligentsia
Ramsay, 1981

La Deuxième Gauche
Ramsay, 1982

Hervé Hamon, Patrick Rotman

Tant qu'il y aura des profs

Éditions du Seuil

EN COUVERTURE : dessin de Plantu

ISBN 2-02-009308-1
(ISBN 1re publication 2-02-006936-9)

« Si une puissance étrangère inamicale avait essayé d'imposer à l'Amérique la médiocre performance qui est aujourd'hui celle de son éducation, nous aurions pu parfaitement considérer cela comme un acte de guerre... En effet, en laissant fonctionner les high schools comme elles le font, nous avons commis un acte irréfléchi de désarmement éducatif unilatéral. »

A report to the nation and the Secretary of Education by the National Commission on Excellence in Education, Washington.

Préface

Tableau noir! Tel était le titre du manuscrit que nous avons remis aux Éditions du Seuil en 1984. On nous a objecté que cette dénomination fleurait trop les préaux de la IIIe République. Et puis, *Antenne 2,* pour qui nous avions parallèlement effectué trois reportages sur le même terrain, préférait plus de couleurs. Journalistes (parfois) ouverts à la critique, habitués à négocier avec maints rédacteurs en chef — lesquels sont (parfois) de bon conseil —, nous nous sommes donc inclinés. Et ce fut *Tant qu'il y aura des profs...*

N'empêche, *Tableau noir* était un bon titre. Honnête : les pages qui suivent sont rudes à lire, comme l'ont été nos deux ans d'enquête. Adéquat : lors du tour de France qui nous a menés dans une quarantaine de villes après la publication de l'ouvrage, et où les rencontres se muaient fréquemment en meetings, il ne fut question que de cela. Vous exagérez, vous forcez le trait, lançaient les professeurs de lycées d'enseignement long, de collèges de centre ville, de paisibles établissement ruraux. Mais non, ils sont en dessous de la vérité, ripostaient leurs homologues de LEP, de zones péri-urbaines, de sections dépotoirs. Nous avons assisté (plus que participé) à de virulentes et pathétiques empoignades, à des échanges vrais. Nous avons entendu surgir des témoignages dont nous n'étions que l'occasion et qui jusqu'alors demeuraient retenus par des barrières de castes, par des murs de solitude.

N'étant titulaires d'aucune chaire magistrale, nous ne sommes nullement habilités à assener aux lecteurs quelque parole « verticale », incontestable, établie. Nous ne délivrons que des « vérités » d'expérience, des « vérités » provisoires. Ce livre a atteint son but et l'atteindra (quelque temps) encore s'il facilite l'éclosion et la circulation d'une parole « horizontale », celle de tous les acteurs ici concernés, vouée à suivre son cheminement propre.

Nous avions pris le parti de négliger deux controverses qui nous paraissaient subalternes et pauvres de contenu. La première s'est dégonflée à la rentrée 1984 : la querelle public/privé, et c'est un progrès, s'est trouvée rendue à l'Histoire et ravie aux officines électorales qui s'efforçaient d'en tirer prétexte. Les citoyens raisonnables sont de plus en plus nombreux à estimer que le clivage droite/gauche n'est guère pertinent en matière d'éducation, qu'un « homme de progrès » peut cacher un conservateur, et qu'un « libéral » à tous crins peut cacher un farouche protecteur des quiétudes statutaires.

Le second débat est en voie d'extinction. Dans les couloirs de l'enseignement supérieur, voire dans ceux de cabinets ministériels, un courant de mode a prétendu fustiger la mode du « pédagogisme ». S'il s'était agi d'interrompre le tournoiement des ordres et des contrordres, l'unanimité eût été assurée. Mais des experts en rhétorique, qui n'avaient jamais mis le pied dans un collège, ont inscrit tous les maux de l'enseignement français au compte de soixante-huitards attardés suspects de travestir en dynamique de groupe et en rondes enfantines l'ingrate mais nécessaire transmission du savoir, dont la transcendance était ainsi bafouée. L'imprécation eût probablement atteint sa cible dans les années soixante-dix. Dans les années quatre-vingt, quoiqu'elle ait le mérite de rassurer les parents sur un mode régressif (on allait — enfin — redécouvrir le sérieux), elle a conforté les enseignants routiniers et jeté le discrédit sur ceux qui s'acharnent, contre carcans et marées, à travailler collectivement, à suivre l'élève pas à pas, à définir des critères d'évaluation plus souples, à transmettre les savoir-faire. En réalité, tous les maîtres qui s'adressent à une classe hétérogène sont en quête de l'urgence des urgences : la pensée et la pratique d'une pédagogie différenciée.

Le tableau était noir. Il ne s'est pas éclairci. Trois mois après la publication de *Tant qu'il y aura des profs,* l'OCDE divulguait un rapport sur le chômage des jeunes. On y lisait que l'évolution qu'a connue, en la matière, notre pays « est l'une des plus décourageantes », et que « la gravité du chômage des jeunes en France n'est pas seulement la conséquence de la crise économique ». L'explication majeure avancée est « l'inadaptation » de la machine scolaire, un « fossé grandissant entre l'emploi et l'école ». En des termes d'une glaciale brutalité, l'OCDE concluait que « la sévérité de la sélection par l'échec est en partie responsable du degré de tension » observé dans les pays développés où prévaut pareille méthode. A l'appui, mille chiffres dont deux résument les autres : 45 % des demandeurs d'emploi ont moins de vingt-cinq ans, et parmi ces derniers 44 % « ont un faible niveau de diplôme ou pas de diplôme du tout » — chez les filles, c'est pire.

Complaisance dans la noirceur ? Tic de journaliste qui ne prête attention qu'aux trains qui déraillent ? Calcul cynique pour vendre du papier sous l'effet du choc ? Malgré l'approbation des spécialistes (dont nous avons abondamment emprunté et vulgarisé les éléments d'analyse), ces reproches ne nous ont naturellement pas été épargnés, fût-ce par certains amis enseignants. Mais « l'épreuve des faits », ici, ne laisse guère place au doute. En France, trois enfants sur quatre, dans le parcours d'obstacles qu'est devenue la vie scolaire, sont abandonnés en cours de route. C'est plus qu'en Belgique, plus qu'en Italie, plus qu'en Allemagne, plus qu'aux États-Unis. Chaque année, cent mille élèves n'accèdent même pas au « collège unique », près de deux cent mille, dès la fin de la cinquième, sont parqués dans des impasses, et une bonne moitié des éléments admis en troisième seront éjectés du cycle long. Parmi les survivants, 80 % des rejetons des cadres supérieurs. C'était vrai en 1984. Cela n'a pas changé en 1986.

On a souhaité, pour la forme, généraliser l'épreuve du brevet des collèges. 49,5 % des candidats ont décroché leur « brevet ». Et 9 % des élèves de lycée professionnel y sont parvenus. Au vu de tels chiffres, l'objectif abondamment ressassé d'amener « 80 % d'une classe d'âge au baccalauréat » fait figure de mauvaise blague, empreinte d'humour noir...

Faut-il « banaliser » ces données ? Faut-il les taire ? Le surabondant courrier de nos lecteurs enseignants (quelque six cents lettres) trahit une oscillation anxieuse. D'une part, la tentation de se réfugier dans le non-dit (mais au prix d'un doute intime mal refoulé). D'autre part, la tentation de jouer la transparence (mais au prix de paraître avouer une sorte de culpabilité sociale). Balancement d'autant plus insatisfaisant que le sentiment dominant est un sentiment d'impuissance. Le parent d'élève entend au journal télévisé que l'informatique pénètre dans le collège. Sait-il que les profs, qui n'ont pas tous été formés, loin de là (non par défaut de candidatures mais parce que les stages offerts ne correspondent pas à la demande), ont été sommés de choisir, sur catalogue, et en quinze jours, entre des logiciels dont on ne leur a communiqué ni la syntaxe ni l'intérêt pédagogique ? Sait-il que beaucoup de maîtres sont prêts à séjourner quelques mois en entreprise, mais que la gestion du personnel est telle que leur remplacement n'est pas envisageable ?

Par-delà les ingéniosités des agences de communication qui conseillent les ministres, le mammouth demeure, solidement planté, massivement inerte, orné à l'occasion de faveurs colorées. Depuis la première publication de ce livre, il est vrai, un effort a été amorcé dans le domaine clé, là où se noue le drame : le secteur technique court. La création de baccalauréats professionnels, le recyclage de maîtres titulaires de spécialités trop manifestement périmées, l'incitation à la promotion interne — tout cela indique qu'à défaut d'être encore traité, le mal est identifié. Mais des années seront nécessaires pour que ce mouvement produise des effets, balaie le corporatisme des professeurs de couture prêts à descendre dans la rue parce qu'on leur demande de se reconvertir, ou la désinvolture des chambres d'industrie qui n'obtiendront de l'école des travailleurs solidement qualifiés que si elles-mêmes s'intéressent à l'école.

Si le constat que nous dressions en 1984 nous semble — hélas ! — demeurer pertinent, la thèse que ce constat induit n'en prend que plus de force : rien n'est soluble par le sommet ; l'essentiel se joue sur le terrain, au niveau des établissements mêmes. On aura beau remanier dans tous les sens les programmes nationaux, on aura beau simplifier, commenter, enrichir, agrémenter, codifier puis alléger, rien de réel, rien de tangible ne sera accompli tant que les maîtres et leurs responsables n'auront pas la possibilité — osons le mot : la liberté — de traduire ces objectifs dans des termes accessibles à leurs multiples et parfois contradictoires publics.

La décentralisation n'est qu'une tarte à la crème si elle se réduit à de simples transferts de tutelle administrative (qui n'en sont pas moins un préalable capital). Elle n'est pas une fin en soi, mais un instrument premier pour que le système commence à s'autoréguler. Dans un rapport remis au président de la République, et dont on n'a plus entendu parler sitôt prononcés les remerciements d'usage, le Collège de France suggère qu'une institution capable d'assumer et, partant, de maîtriser son pluralisme et sa diversification serait plus « juste » et plus efficace ; que des établissements aptes à définir des projets éducatifs appropriés à leur environnement répondraient mieux à une demande scolaire de plus en plus éclatée ; qu'il serait périlleux de confondre unité des objectifs et uniformité des pédagogies.

L'autonomie est l'enjeu du moment. Elle est à l'œuvre, ici et là. Elle est à l'œuvre dans l'académie de Versailles où se mettent en place des bassins de formation. Elle est à l'œuvre dans des collèges et des lycées où des équipes pédagogiques pluridisciplinaires cassent le cloisonnement rituel. Elle est à l'œuvre quand des chefs d'établissement ne se contentent plus de pointer les absences ou de distribuer le fuel, mais s'appliquent à fournir aux salariés qui dépendent d'eux un contexte de travail et une mobilité d'organisation qui ne découragent plus l'initiative. Elle est à l'œuvre, enfin, quand des cadres administratifs abattent la carte de la transparence, révèlent aux usagers les disparités financières et justifient ainsi les transferts de crédits.

Premiers balbutiements quand on attendrait un chœur. Mais ils donnent la mesure du possible. Notre tableau n'est pas noir au sens où nous afficherions un pessimisme sans appel. Ce qui est désespérant, ce n'est pas (seulement) qu'une société violente, traversée par des ruptures aiguës, importe ces dysfonctionnements et ces conflits dans son école. Ce qui est désespérant, c'est que des hommes et des femmes de bonne volonté, qui n'ont pas charge de panser la société entière mais d'instruire et d'éduquer ses enfants, soient amenés — par la lourdeur de la machine, des textes, des « acquis », des contradictions corporatives, des raideurs hiérarchiques — à désespérer d'entreprendre, de bouger, d'imaginer, de chercher.

Or ils évoluent dans cette direction. Selon une enquête Ipsos-*le Monde* (octobre 1985), 80 à 90 % des enseignants sont partisans d'un rapprochement avec les entreprises. Les deux tiers d'entre eux se prononcent pour une désectorisation bien tempérée, assortie d'une meilleure perception pour les usagers du « profil » de chaque établissement. Près des trois quarts réclament plus d'autodétermination, de droit à l'initiative. Mais cette aspiration vers l'autonomie demeure, pour l'instant, une sorte de forme vide. Le courant « libéral », une fois célébrées les vertus de la concurrence, n'est pas plus que quiconque en possession de la potion magique. Et pour cause : cette enquête nous a appris qu'elle n'existe pas, que seule l'expérimentation patiente, sur le terrain, la confiance accordée aux professionnels, et l'échange des savoirs ainsi accumulés, sont producteurs d'innovation.

A la faveur du renversement de majorité politique qu'a connu la France au printemps 1986, quelques mesures immédiates ont été prises dans le secteur éducatif. La plus significative est une compression d'effectifs chez les cadres de la « Centrale », qui traduit une réelle volonté de déconcentration. La plus spectaculaire est l'arrêt du recrutement des PEGC — et donc la disparition, à terme, de ce corps. Cela ne change pas grand-chose à la vie quotidienne des collèges, où les maîtres antérieurement nommés continuent d'exercer. Mais il en résulte une déstabilisation syndicale. Avec la même promptitude qu'elle avait eue pour sortir son « école fondamentale » du chapeau, la FEN escamote à présent la pièce maîtresse de sa réflexion pédagogique afin de ne pas abandonner le terrain à la tendance rivale qui contrôle le SNES. Aveu, s'il en est, que « l'intérêt des élèves » n'est souvent que l'habillage d'une revendication corporatiste (on sent croître, au demeurant, la distance entre le syndicat enseignant et la FCPE, où Jean Andrieu, quittant la présidence, a voulu souligner la nécessité absolue, sous peine d'effondrement, de couper le cordon ombilical).

Nul ne saurait prévoir quelle sera l'issue des grandes manœuvres qui se déroulent à l'intérieur du syndicalisme enseignant — lequel perd quotidiennement des adhérents malgré la prospérité de ses annexes mutualistes. La querelle PC/PS n'est pas surmontée, loin s'en faut. Des « cégétistes » de cœur sont tentés d'imiter leurs camarades de FO. Les lobbies catégoriels sont profondément fissurés. Qu'on ne se réjouisse pourtant pas trop vite, chez les adversaires du syndicalisme, d'un morcellement aussi brutal. Le monde enseignant a besoin de plus de cohérence, d'unité et de solidarité — ce que le pur réflexe corporatiste n'est plus en mesure de lui procurer. Le voici contraint de penser sa modernisation : pour être réussie, il faut qu'elle soit voulue et non subie. Tant que ce sera un exploit que de réunir, hors contrainte, douze maîtres de collège, l'avenir subsistera en pointillés.

Après avoir amplement justifié un titre que finalement nous n'avons pas retenu, sans doute serait-il bienséant que nous commentions celui qui l'a été. *Tant qu'il y aura des profs* parodie l'intitulé d'une histoire qui se déroule lors de l'attaque japonaise contre Pearl Harbor. Disons, pour aller très vite, que nous vivons une sorte de Pearl Harbor éducatif. Mais ce ne sont pas les Japonais qui ont gagné la guerre...

H. H., P. R.
Septembre 1986

Avant-propos

Le procureur — entre mille — s'appelle Éliane Debussy. Trente-cinq ans, kinésithérapeute, mère de trois enfants, et présidente des parents d'élèves de son secteur, dans la banlieue sud de Paris. Elle est « de gauche », et, pour cette raison dit-elle, adhérente de la FCPE[1]. Deux de ses fils sont inscrits au collège voisin.

Ses rapports avec les profs ? Une sorte de western où l'on tire à blanc : « Ils me soupçonnent de les superviser, de pratiquer la délation auprès de la directrice. Tout est mal compris. Ces gens-là ont l'impression qu'on les agresse. Je les sens sur la défensive. Au fond, ils ne doivent pas avoir la conscience tranquille. »

Ont-ils raison, ont-ils tort de douter d'eux-mêmes ? Éliane Debussy tranche, avec une rancune froide : « Ceux qui n'ont rien à se reprocher sont spontanément respectés. Mais les autres sont protégés par une administration irresponsable. Le fait que ce métier soit trop féminisé pose problème. Les hommes sont quand même plus motivés. Il y a des femmes qui aiment leur travail, mais beaucoup sont là parce que c'est la planque — pas de faux frais, pas de garde de gosses pendant les vacances. Et puis, on peut toujours s'absenter, il suffit d'avoir un médecin dans sa poche. La prof de français de mon fils, au total, a manqué six mois cette année, mais par petites interruptions, en deçà des quinze jours réglementaires pour être remplacée. Les enseignants ont tous les droits, à la limite. Mais qu'on préserve au moins les enfants ! Nous, nous sommes impuissants contre un prof incompétent ou chahuté. »

Mais s'ils sont « planqués », ces maîtres, et intouchables, pourquoi leurs états d'âme alimentent-ils la chronique, pourquoi ont-ils si peur de « craquer » ? Notre interlocutrice connaît la parade, et elle n'est pas tendre : « Ils ont des hôpitaux psychiatriques, ils obtiennent des congés de longue durée inimaginables. Et ils ne

1. Fédération Andrieu, proche des socialistes.

paient rien. L'enseignant qui glisse dans la déprime bénéficie d'une formidable infrastructure d'accueil sans perdre aucun avantage social. Dans ma profession, on arrive à la retraite sur les genoux. Eux se réfugient dans la déprime, et s'ils n'avaient pas ce refuge, ils lutteraient plus. Je ne nie pas que leur métier soit dur, mais ils n'ont pas l'angoisse de se dire : si je craque, je suis fichu. Ils ne sont pas privilégiés par l'argent mais par un statut professionnel qui entretient un esprit de caste. En réalité, les profs sont conservateurs. Ils ont été le fer de lance du progrès, mais la société les a rattrapés. »

Suspect, l'enseignement public ? Tout électrice socialiste qu'elle soit, Éliane Debussy n'exclut pas de trahir Jules Ferry : « Ici, beaucoup de parents retirent leurs enfants du collège pour les mettre dans le privé. Et il y a de quoi, avec l'absentéisme, les gosses dans la rue, les permanences surchargées. Je les comprends : puisque le public ne réussit pas à mes enfants, pourquoi ne pas essayer le privé ? Pourquoi accepter redoublement sur redoublement plutôt que de changer de système ? Dans le monde médical, qui est le mien, on choisit entre diverses natures de soins... »

Tous les ingrédients sont ici réunis, ou presque. Voilà un discours qui sillonne, transversalement, l'ensemble de la société française. Un formidable soupçon pèse sur le corps enseignant et sur l'Éducation nationale. Or, la question est pertinente. Non seulement en France, mais dans l'Europe entière, aux États-Unis, l'école — et surtout l'école secondaire — est en procès. La crise est générale, et elle est double : crise de l'institution scolaire dont le rendement est des plus médiocres ; crise de l'acte pédagogique lui-même. C'est pourquoi nous avons entrepris une double enquête : nous sommes allés à la rencontre des professionnels de l'éducation, et nous nous sommes efforcés de démonter les rouages de la machine infernale. Les acteurs et le système.

La question est pertinente, mais les réponses usuelles ne le sont guère. Les parents accusent les profs qui accusent les élèves qui accusent les profs qui accusent les parents, et ainsi de suite. Chacun vocifère ou pleurniche en repassant à l'autre la responsabilité du drame. C'est trop facile, et c'est inefficace. Nous ne vivons pas la fin d'un âge d'or — l'adieu aux « bons » élèves, aux « bons » maîtres, aux « bons » programmes, aux « bonnes » dissertations, etc. —, mais une mutation historique qu'il faut comprendre. Les enseignants ne sont pas une cohorte d'embusqués désinvoltes qui assistent paisiblement à la déroute de leurs troupes. Les parents ne sont pas une légion de paranoïaques en mal d'expéditions punitives. Et les élèves ne sont pas une meute d'analphabètes dégénérés. Comme la plupart de nos concitoyens, nous sommes las des argumentations fragmentaires et partisanes. Nous ne prétendons certes pas avoir tout compris. Mais nous sommes allés sur place, nous avons écouté des centaines de témoins[1], nous avons suivi des heures et des heures de cours (certaines furent très longues), et nous avons dépouillé quelques quintaux de dossiers. Ce qui ne prouve nullement l'exactitude de nos conclusions ; du moins aurons-nous tenté de porter sur l'affaire un jugement panoramique.

Ce livre traite de l'enseignement public français du second degré. Expliquons notre choix. La querelle public/privé — en cette matière, l'opinion a plusieurs longueurs d'avance sur les partis et les chapelles — est, on le verra, une querelle annexe sinon dépassée. Le débat école laïque/école confessionnelle camoufle la seule interrogation sérieuse : l'ampleur des dégâts et le coût des réparations. A ceux qui se satisferaient d'interprétations sommaires, rappelons que les résultats de l'enseignement public sont globalement supérieurs à ceux de l'enseignement privé — la difficulté est de saisir pourquoi le pluralisme scolaire fait recette, pourquoi les établissements privés sont perçus comme un recours. La vérité est toujours urgente à dire si l'on ne se trompe pas de vérité. En l'occurrence, il nous semble que contribuer à une plus grande transparence du service public — fût-ce pour identifier ses tares — est contribuer à sa préservation.

Les enseignants sont sur le qui-vive. Jadis au-dessus de tout soupçon, ils se jugent aujourd'hui victimes d'une campagne de dénigrement, et ne trouvent point d'autre parade qu'un rejet farouche de l'interpellation. Nous avons rencontré plus de profs qu'aucun prof n'en rencontrera dans sa carrière. Tout ce qui est ici rapporté vient de leur bouche. Nous sommes cependant sans illusions : chaque affirmation suscitera l'indignation de tel ou tel ;

1. Notre enquête a commencé par un tour de France à l'occasion duquel nous avons recueilli (en collèges, lycées et LEP) un peu plus de 300 interviews non directives. Elle s'est poursuivie par la constitution de groupes de travail thématiques (enseignants en LEP, scientifiques et littéraires, chefs d'établissement, administrateurs rectoraux, etc.). Enfin, nous nous sommes « mis dans la peau » de l'élève, suivant normalement l'emploi du temps de diverses classes. Ce travail de terrain a été complété par une plongée dans les profondeurs de l'institution, du ministère jusqu'à la « base ». En règle générale, un pseudonyme a été attribué aux personnes citées. Que soient ici remerciés nos interlocuteurs, enseignants, responsables syndicaux, membres de l'administration.

sur les 250 000 maîtres du second degré, il y en aura toujours 25 000, ligne après ligne, pour protester que le porte-parole retenu[1] n'engage que lui. Réaction compréhensible. Statutairement, un enseignant est totalement encadré. Professionnellement, il est totalement isolé — il n'a jamais assisté au cours de son voisin ; il a oublié, s'il exerce en lycée, ce qu'est un collège, et s'il exerce en collège, il ignore ce qu'est un LEP. Contradiction qui l'amène à un réflexe de défense corporative quand bien même le reste du corps lui est inconnu. Si le système éducatif va mal, nous ne sommes pas de ceux qui crient haro sur les profs. Ni complètement innocents ni complètement coupables, ils affrontent une épreuve à laquelle rien ne les préparait. Beaucoup nous ont touchés, quelques-uns nous ont convaincus. Imaginer qu'il suffirait de changer le personnel pour changer l'école serait se tromper de cible, et d'enjeu.

Nous n'avons strictement rien inventé. Il existe des myriades d'enquêtes, des piles de rapports, dont le sérieux n'a d'égal que le caractère confidentiel. Systématiquement, nous avons recoupé nos observations empiriques avec ces travaux savants. De même, les « solutions » que nous esquissons ne sont pas nôtres. Voilà des années qu'experts et chercheurs, souvent avec courage, analysent le problème, corrigent les données, affinent les hypothèses. Le résultat de leurs investigations finit généralement au placard. Nous souhaiterions aider à l'en sortir. La politique du miroir brisé — pour se cacher malformations ou rides — est la politique du pire.

Au terme de deux années passées parmi les profs, nous n'emportons que deux certitudes. La première est que nous avons côtoyé des femmes et des hommes qui vivent un drame, qui se débattent. La seconde est que le dénouement n'est écrit nulle part. Ce livre n'est pas optimiste ; il n'est pas non plus désespéré. Que nul n'y pénètre s'il goûte les idées simples.

H. H., P. R.

1. Pour éviter de disperser à l'excès l'attention, de faire tournoyer mille témoignages éclatés, nous avons choisi de citer un nombre limité de personnages qui, après « décantation », nous ont paru typés, emblématiques, porteurs d'un discours collectif. Les citations dépourvues de référence proviennent toutes d'entretiens avec les auteurs.

TOILE DE FOND

L'HÉCATOMBE

Raz de marée – Collège unique – Le mur des lamentations – La décharge publique – A qui la faute ?

Il était une fois un heureux pays où maîtres et sujets vivaient en bonne harmonie. Les habitants y étaient peu nombreux, les frontières bien gardées, et chacun tenait son rang. A l'abri du monde, le royaume coulait des jours paisibles. Mais cette félicité suscitait des jalousies. Un jour, les barrières qui délimitaient le territoire furent emportées par la tempête, et plus rien ne distingua l'Eden des contrées avoisinantes. Les hordes sauvages qui, autrefois, contournaient cette terre bénie sans même songer à y pénétrer, envahirent tout et se mêlèrent aux élus, jusqu'à les submerger. Ils ne parlaient pas le même langage, leurs coutumes semblaient étranges, et ils n'observaient pas les lois en vigueur. Bref, ce fut la pagaille, et l'oasis devint ingouvernable. Malheureux, les anciens maîtres allaient rasant des murs éventrés. Stupéfaits, ils se lamentaient, répétant sans cesse qu'après de tels débordements le fleuve ne suivait plus son cours. Amers, ils ajoutaient, paradoxe, que le niveau ne cessait de baisser...

En vingt-cinq ans, le nombre des élèves du second degré a été multiplié par cinq. De 1950 à 1975, la population scolaire concernée est passée de 1 à 4,9 millions, soit une croissance annuelle moyenne de 6 %. A l'entrée de ce cycle, en sixième, 170 000 enfants se pressaient en 1950. Ils étaient plus de 700 000 en 1980. Cette formidable envolée des courbes est due pour une part à l'explosion démographique, mais celle-ci n'est responsable directement que du cinquième de l'augmentation totale. A la poussée des classes pleines de l'après-guerre s'est ajoutée une pression beaucoup plus puissante encore : le « toujours plus » d'école, l'augmentation de la demande. Dans le second degré, la prolongation de la scolarité obligatoire portée à seize ans et, surtout, la démocratisation de l'accès fournissent le grand détonateur des années soixante. En 1950, 30 % d'une classe d'âge entraient en sixième ; ce taux s'élevait à 47 % en 1960. Il est aujourd'hui proche de 100 %.

Que le lecteur pardonne cette entrée en matière chiffrée, mais le phénomène est fondamental. Inutile de bavarder sur l'école, de se plaindre du niveau, de dénoncer le gigantisme du système, d'analyser le malaise enseignant, si l'on n'inscrit pas ces statistiques en tête de chaque développement : en 1959, 60 % des enfants de treize ans avaient terminé leurs études ; à présent, 100 % les prolongent.

Depuis la loi de juillet 1975, tous les petits Français qui sortent de l'école primaire entament leurs études secondaires dans le même type d'établissement, le collège. Il a fallu un demi-siècle pour que cette idée égalitaire et démocratique de l' « école unique », née au lendemain de la Première Guerre mondiale, entre dans les faits. Elle inspire, peu ou prou, les diverses réformes qui ont affecté l'Éducation nationale au cours de l'époque récente. En 1947, le plan Langevin-Wallon, longtemps resté le talmud de la gauche enseignante, préconise la création d'établissements publics accueillant tous les enfants, sans distinction, de onze à dix-huit ans. Il n'aura pas, sous la IVe République, l'ombre d'un début d'application. Il faut attendre l'avènement de la Ve pour que le projet d'unification de l'école secondaire commence, de manière empirique et saccadée, à être réalisé. Trois réformes principales et une infinie panoplie de dispositions seront nécessaires.

Jusqu'en 1958, à la sortie de la scolarité primaire, les élèves voyaient s'ouvrir devant eux trois voies. Les moins doués, ou les moins chanceux, ou les plus défavorisés — chacun choisira suivant sa grille — allaient en classes de fin d'études où ils préparaient le légendaire « certif », qui a tant contribué au prestige des hussards de la République. 40 % des effectifs, environ, étaient concernés. Les « moyens », ou ceux dont les parents ne pouvaient financer une longue scolarité, se dirigeaient vers les cours complémentaires, institutionnellement rattachés à l'école primaire, afin d'obtenir le « brevet » (BEPC) — 25 % des enfants suivaient cette filière. Enfin, le restant, soit un peu plus du tiers, accédait au lycée. En 1959, la réforme Berthoin porte la scolarité obligatoire jusqu'à seize ans. Elle transforme les cours complémentaires en collèges d'enseignement général (CEG). Elle crée un « cycle d'observation » de deux ans, dans l'espoir de jeter des passerelles entre lycée et CEG. En fait, ces transferts concerneront 1 % des élèves. Ces derniers poursuivent leurs études là où ils les ont commencées. Pour que l'orientation ait un sens, il faudrait que les différentes sections soient regroupées au sein d'un même établissement.

La réforme Fouchet de 1963 s'inspire de cette idée : elle vise à

I. COMPARAISON DES FLUX D'ÉLÈVES DANS LE PREMIER CYCLE 1958-1982

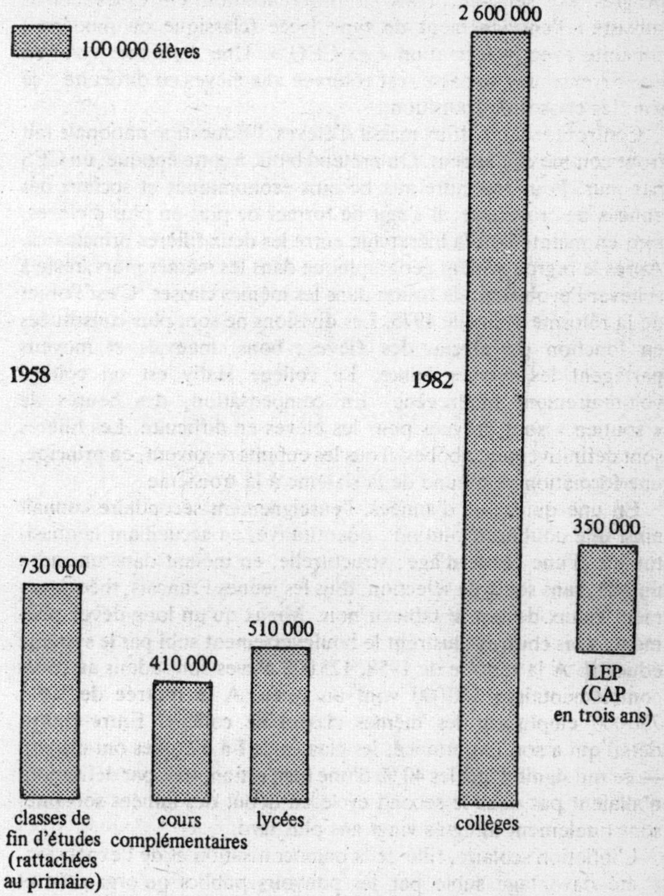

réunir tous les élèves au même endroit. Le collège d'enseignement secondaire, rapidement désigné par ses initiales, CES, est créé. Les enfants d'un même secteur géographique, quelle que soit la filière empruntée, se retrouvent dans une seule cour de récréation. Le progrès est sensible, mais la différenciation entre les cursus subsiste : l'enseignement de type lycée (classique ou moderne) cohabite avec la formation « ex-CEG ». Une troisième voie, en l'occurrence une impasse, est réservée aux élèves en difficulté : ce sont les classes de transition.

Confrontée à un afflux massif d'élèves, l'Éducation nationale fait front comme elle le peut. On prétend bâtir, à cette époque, un CES par jour. Pour répondre aux besoins économiques et sociaux des années de croissance, il s'agit de former de plus en plus d'élèves, tout en maintenant la hiérarchie entre les deux filières principales. Après le regroupement géographique dans les mêmes murs, reste à achever l'évolution : la fusion dans les mêmes classes. C'est l'objet de la réforme Haby de 1975. Les divisions ne sont plus constituées en fonction du niveau des élèves; bons, mauvais et moyens partagent les mêmes bancs. Le collège Haby est un collège volontairement hétérogène. En compensation, des heures de « soutien » sont prévues pour les élèves en difficulté. Les filières sont définitivement abolies. Tous les enfants reçoivent, en principe, une formation commune de la sixième à la troisième.

En une quinzaine d'années, l'enseignement secondaire connaît ainsi une double révolution : quantitative, en accueillant la quasi-totalité d'une classe d'âge ; structurelle, en mêlant dans un cadre unique, sans souci de sélection, tous les jeunes Français, théoriquement égaux devant le tableau noir. Mieux qu'un long développement, trois chiffres illustrent le bouleversement subi par le système éducatif. A la rentrée de 1958, 125 000 élèves sont admis au cours complémentaire; 150 000 vont au lycée. A la rentrée de 1980, 730 000 emplissent les mêmes classes de collège. Entre-temps, détail qui a son importance, les classes de fin d'études ont disparu — ce qui signifie que les 40 % d'une génération, qui, par définition, n'allaient pas dans le second cycle au début des années soixante, sont totalement intégrés vingt ans plus tard.

L'inflation scolaire, fille de la démocratisation et de l'expansion, a été davantage subie par les pouvoirs publics qu'organisée et planifiée. Devant l'urgence, avec retard et difficultés, l'école a suivi la grande mutation de la société française. La modernisation du pays, sa transformation au cours des « Trente Glorieuses » exigeaient une hausse générale de la qualification, la formation de centaines de milliers d'employés et de cadres moyens, que le système ancien, trop élitiste, ne pouvait assurer. Cette demande culturelle et sociale, l'école a dû y répondre dans des délais si brefs que nul ne s'étonnera des dégâts. Il est temps d'en dresser l'inventaire.

L'égalité ne se décrète pas. Non sans ingénuité, le ministre René Haby dépose, avec sa réforme, au fond des classes, un cocktail qui va, rapidement, s'avérer détonant. Il ne suffit pas, apparemment, de placer sur une ligne de départ commune des champions olympiques et des culs-de-jatte pour qu'ils avancent à la même allure. La loi de 1975, appliquée à la rentrée 1977, met en évidence la formidable différence de niveau entre des élèves qui, avant, n'étaient pas dans les mêmes couloirs. Chez beaucoup d'usagers de l'école, cette découverte suscite un véritable choc. Très vite, on s'aperçoit que l'hétérogénéité, ainsi dévoilée, soulève des difficultés presque insurmontables : parents, enseignants, principaux de collège, tous incriminent le brassage indifférencié des enfants et font leur ce jugement d'un professeur d'espagnol : « Les bons élèves mélangés aux mauvais perdent leur temps, les moyens, qui auraient besoin d'un travail sérieux pour devenir bons, en sont empêchés par l'atmosphère de relâchement et de contestation stupide que font régner les mauvais, qui maintiennent leur classe au niveau le plus bas[1]. »

A écouter les profs, les nouvelles dispositions provoquent un véritable cataclysme : « Les meilleurs élèves piétinent, tandis que les élèves peu scolaires s'ennuient ou perturbent le cours[2]. » Cette réflexion d'un professeur d'anglais revient comme un leitmotiv dans les conversations avec les enseignants de collège : « Dans ces classes, les faibles sont sacrifiés, car on ne peut rien pour eux tant leur retard est grand : les bons sont aussi sacrifiés... On ne peut approfondir les problèmes intéressants, quand certains n'ont pas compris de quoi on est en train de parler », accuse un agrégé d'histoire-géographie. Et un professeur de physique renchérit :

1. Rapporté par Michèle Navarro, enquête de l'INRP : *La Relation d'aide en éducation, l'aide aux enseignants du second degré*, 1981.
2. *Ibid.*

« On décourage et on détruit en deux ans les très bons éléments ; on ne peut plus récupérer les enfants en difficulté. »

Vouloir loger tous les élèves à la même enseigne aboutit à les envoyer tous sur la même ingouvernable galère ; ce sentiment, qui confine souvent à l'exaspération, traverse largement un milieu traumatisé : « Il n'est pas raisonnable, s'insurge, par exemple, Henri Jan, principal de collège à Rennes, d'appliquer la même méthode à vingt-cinq malades pris au hasard dans un hôpital [1]. » Bateau ivre, maison de fous, la violence des termes qui surgissent trahit la réelle secousse déclenchée par la réforme. Le collège unique, voulu par le ministre de l'Éducation de l'époque, n'a pas, comme par miracle, atténué les vertigineuses différences entre les élèves. La suppression brutale des filières anciennes, sans préparation, a provoqué, dans les classes de sixième, ce que les enseignants appellent eux-mêmes un « nivellement par le bas », complètement à l'opposé de la démocratisation recherchée.

La loi, il est vrai, avait prévu trois heures de soutien en français, mathématiques et langues vivantes, pour les élèves les plus faibles. Des moyens financiers et humains avaient été dégagés à cet effet : l'hétérogénéité devait être compensée par une action spécifique en direction des « traînards ». En 1980, dans un rapport destiné au ministre de l'Éducation, et resté confidentiel, l'inspecteur général Jean Binon dresse le bilan de cet effort : « Le soutien, corollaire nécessaire de l'hétérogénéité, est en voie de lente désagrégation ; le mécanisme compensateur institué en 1977 n'est plus appliqué que dans 30 % des cas au maximum... Ainsi s'est réalisée la situation la plus défavorable qui puisse être imaginée, à savoir la mise en place d'une hétérogénéité relative sans l'appui d'un dispositif de soutien solidement structuré [2]. » Et l'inspecteur Binon ajoute un verdict qui réduit à ses justes et faibles proportions la capacité d'un ministre de l'Éducation à faire appliquer une réforme : « De façon systématique, plus de 75 % des moyens disponibles sont employés à rétablir l'ancien dispositif horaire, et, loin d'appuyer la mise en place de la réforme, ils permettent, par des moyens divers et le plus souvent dissimulés, de tourner les dispositions réglementaires, notamment en ce qui concerne le soutien. »

Arrêtons-nous ici un instant : avant 1975, les élèves, suivant leur

1. *Le Monde de l'Éducation*, juin 1982.
2. *La Réforme dans les collèges : situation en 1979-1980*, rapport confidentiel sous la direction de Jean Binon, 202 p.

niveau scolaire, empruntaient, à l'issue du cours moyen, des filières différentes. La réforme Haby abolit les barrières, décrète le collège unique et, pour aider les élèves handicapés, leur fournit des béquilles. Dans la grande majorité des établissements, ces béquilles servent à alimenter le feu qui chauffe toute la classe. Résultat : les faibles sont encore plus faibles, et les bons piétinent sur place. Si elle avait atteint ce seul objectif, la réforme Haby mériterait amplement de figurer au tableau d'honneur des grands fiascos. Mais il y a pire.

La loi de 1975, en fait, n'a pas été appliquée. Ou plutôt elle a été appliquée à moitié, ce qui est bien plus grave. Restée lettre morte, elle n'aurait, par définition, eu aucun effet. A demi entrée en vigueur, elle crée une perturbation inouïe. Vous êtes perdu? Reprenons. La suppression des filières, objectif principal de la réforme, n'a été vraiment effective que dans une partie des établissements. Dans l'autre, les règlements ministériels ont été tournés, voire ridiculisés, afin d'éviter le brassage que réclamait René Haby. Ainsi s'est instaurée, à la fin des années soixante-dix, dans les collèges, une rare pagaille : dans le cadre d'une Éducation dite nationale, les établissements n'en font qu'à leur tête, pratiquent ici le mélange total ou partiel des élèves, défendent ailleurs la division en niveaux homogènes. Comme il est hasardeux de porter une accusation aussi grave sans preuves solides, citons une fois encore le rapport, toujours confidentiel, de l'inspecteur Binon : « L'hétérogénéité réelle, c'est-à-dire la répartition effectivement indifférenciée des élèves, ne peut exister à l'heure présente, en sixième, dans plus de 50 % des cas. » Si l'on observe la loi à la lettre, les chefs d'établissement doivent constituer les classes de sixième sans aucun dosage par niveau. En réalité, écrit le rapporteur, « en sixième, sur cent divisions, quarante-cinq sont vraiment hétérogènes au sens de la réforme ». A-t-on quelque idée de l'état de la circulation si la moitié des automobilistes se mettaient à rouler à gauche ?

Les astuces pour sauvegarder les apparences — d'un point de vue administratif — ne manquent pas. L'un des « trucs » les plus efficaces pour préserver les différences est l'utilisation de la première langue vivante. 80 % des établissements, note Jean Binon, répartissent les enfants selon l'option choisie. On ne trahira pas un secret en remarquant que l'allemand opère une première sélection et permet de regrouper, dans les meilleures classes, des germanistes en herbe qui s'attaquent à une langue réputée difficile.

Le *Sprechen Sie Deutsch ?* est devenu le sésame de la voie royale des études secondaires. Un élève sur dix l'emprunte.

Faut-il jeter la pierre aux chefs d'établissement ou les féliciter de contourner une loi-catastrophe ? « Le collège unique, personne ne le respecte, affirme M. Mathiotte, principal du collège de Montataire dans l'Oise. On a essayé, mais l'échec est garanti. Alors, on utilise les critères d'âge, de langue, pour former les classes. » Dans bien des cas, les directeurs sacrifient une partie de leurs vacances à éplucher les dossiers scolaires des élèves qui entrent en sixième : « On se sert des dossiers, reconnaît volontiers M. Legrand, principal à Creil. Ils comportent les cahiers du CM 2. Nous passons des heures et des heures à les examiner. Nous n'avons jamais appliqué à la lettre les textes sur l'hétérogénéité. Nous classons les élèves en A, B, C, D, E. Ensuite, nous formons des divisions, en prenant les élèves de A à C et d'autres de C à E. Les circonstances nous ont imposé, une année, une classe où les enfants étaient répartis de A à E : échec total. »

Cette formule d' « hétérogénéité homogène », les bons avec des moyens, les mauvais avec d'autres moyens, semble être la règle non écrite souvent mise en pratique. M. Simoens, principal de collège dans le Pas-de-Calais : « Pour éviter les trop grands écarts, on forme deux classes avec les bons et les moyens, deux autres avec les moyens et les faibles, et une cinquième recueille les élèves en échec, pour qui on utilise l'artillerie lourde[1]. » Chassez les hiérarchies, elles reviennent au galop. Est-ce un bien ou un mal ? Pour l'instant, bornons-nous au constat : dès l'entrée en sixième, les élèves sont donc répartis en niveaux. Une présélection s'opère, déterminante pour le reste du cursus. A la vue d'appréciations portées sur un carnet de cours moyen, des destins scolaires se nouent à onze ou douze ans. Tous les acteurs et usagers de l'école connaissent ce tri sournois qui n'ose s'afficher. En apparence, on maintient un discours égalitaire qui masque la plus insupportable des inégalités, fondée sur des manipulations occultes et hypocrites.

Il suffit d'interroger les enseignants qui ont eu le bonheur de recevoir des sixièmes 7, 8 ou 9 (plus le chiffre est élevé, plus la classe est médiocre) ; ils savent que leurs élèves, dans leur grande majorité, sont déjà condamnés. Au seuil de cette immense gare de triage qu'est l'enseignement secondaire, des wagons de « laissés-

1. *Le Monde de l'Éducation,* juin 1982.

pour-compte » sont placés sur des rails qui mènent aux voies sans issue. Officiellement, ils ont autant de chances que les autres.

Dans la suite du cursus, par le jeu des options, les clivages ne font que s'accentuer. Le latin connaît un regain d'intérêt surprenant ; comme l'allemand, il sert à former les bonnes classes. L'inspecteur général Binon commente : « Au niveau de la quatrième, de façon unanime et avec plus de conviction que si la directive leur avait été donnée, les principaux ont utilisé les options pour abandonner la notion même de classe indifférenciée. Jouant de l'alibi des contraintes d'emploi du temps, bénéficiant de la complicité active ou passive des enseignants, ils ont créé un système hiérarchisé, allant des divisions fortes (allemand-latin) aux divisions faibles, et ont même réussi l'exploit de le faire accepter par les parents [1]. » La situation est complexe, et le constat difficile : l'hétérogénéité voulue par la réforme Haby a entraîné, là où elle a été appliquée intégralement, une considérable dégradation. Sur le terrain, les chefs d'établissement, prisonniers d'insurmontables contradictions, corrigent d'eux-mêmes et réintroduisent des critères de différenciation. Mais cette sélection s'opère clandestinement, de manière bricolée, « à la tête du client ». Peut-être serait-il préférable de prendre ouvertement en compte l'extrême diversité de la population scolaire, et d'avoir le courage d'adapter les structures à cet éclatement sans se camoufler derrière une seule banderole ?...

L'idéal égalitaire ne résiste pas à une visite dans une classe. Il devient franchement inconvenant lorsqu'on circule d'un établissement à l'autre. L'école unique pour tous n'existe dans les préaux que sous forme de slogan lors des campagnes électorales. Le recrutement des élèves, la région, l'encadrement, le type d'enseignants, la répartition des moyens matériels et financiers forment autant de paramètres qui établissent une hiérarchie bien réelle entre les collèges. Loin d'être unifié, l'enseignement, en France, est multiple, polymorphe. Croire qu'un simple décret aurait la faculté de gommer les disparités sociales, culturelles, humaines, relevait de l'utopie, involontairement teintée d'humour. Sous l'appellation de « collège », on range aussi bien l'ex-CES de banlieue, rongé par la rouille, miné par l'échec, garderie insalubre pour enfants paumés, que l'ancien premier cycle de lycée logé au centre-ville, auquel l'homogénéité du recrutement social, la tradition et la qualité des enseignants assurent encore des jours heureux, ou le petit établisse-

1. *Op. cit.*

ment rural niché entre deux prairies où les élèves ont longtemps gardé les vaches. Le collège unique n'existe que sur le papier à en-tête du ministère. A l'image de la société, enfants et profs forment un kaléidoscope qu'aucune étiquette ne saurait figer. Dans son rapport, l'inspecteur général Binon, encore lui, dresse une typologie des établissements qui dessine cinq types de collèges. Entre le modèle des villes et celui des champs, les résultats (taux de passage en seconde) varient du simple au quadruple. Cette réalité, donnée élémentaire, est connue de quiconque s'intéresse à l'éducation, même de loin. Mais les fabricants de réformes l'ignorent.

René Haby n'est certes pas seul en cause. Sa loi a eu, au moins, le mérite de mettre en évidence la distance qui sépare le discours sur l'école des contraintes du terrain. Ministre giscardien, élevé dans le sérail de la « laïque », il a achevé une évolution « égalitaire » en cours depuis deux décennies, qui répondait au désir profond du milieu et du syndicalisme enseignants. La démocratisation par l'accès de tous les enfants au cycle secondaire, sans sélection ni discrimination, était une revendication de la gauche professorale depuis des lustres. Maintenant que cette idée « progressiste » a revêtu, grâce à un pouvoir libéral, force de loi, ceux qui l'ont, des années durant, défendue, doivent aussi en assumer leur part de responsabilité. Décidément indispensable, l'inspecteur Binon se montre une fois encore perspicace : « La réforme a initialement suscité des oppositions purement tactiques et politiques. Elle instituait un dispositif qui allait aussi loin que beaucoup d'enseignants le souhaitaient dans des voies égalisatrices. La confrontation entre le mythe et la réalité a été rude, et beaucoup ont brutalement découvert que mettre ensemble tous les élèves dans les mêmes classes était une attitude peut-être généreuse, mais sûrement irréaliste, et que piégés par des difficultés pédagogiques qu'ils ne soupçonnaient même pas, ils étaient les premières victimes d'une situation qu'ils avaient plus ou moins consciemment appelée de leurs vœux. »

Cette situation, dont nous avons décrit la genèse, il nous faut maintenant l'affronter.

Un interminable mur des lamentations. Pour qui hasarde la sempiternelle et indispensable question à propos du niveau des élèves, la monotonie des réponses ne laisse guère de doute sur l'ampleur du désastre. Quels que soient le type d'établissement, la région, la matière, les profs s'accordent sur un point : une proportion importante d'enfants qui entrent aujourd'hui au collège ne sait pas lire. Laissons parler les témoins. Marcel Legrand, principal à Creil : « Nous accueillons presque une tranche d'âge, sans considération de niveau. J'ai l'habitude de dire en plaisantant que notre sixième s'apparente davantage à un CM 3 qu'à une sixième ancienne ; un enfant sur quatre ne sait pas lire des yeux, est incapable de comprendre un texte, si bref soit-il. » Gérald Doury, conseiller d'éducation dans un collège de l'Oise : « 20 à 25 % des enfants sont analphabètes en sixième. » M. Caillat, principal à Garges-lès-Gonesse : « Environ 20 % des élèves ne savent pas lire couramment. » M. Delacherie, directeur adjoint à Clichy-sous-Bois : « Un quart des élèves qui entrent en sixième ne sait pratiquement pas lire. » Ce dernier a organisé, à la rentrée 1982, un test de lecture, que passent tous les enfants qui arrivent au collège. Selon des critères assez souples, l'exercice évalue la rapidité et l'efficacité (compréhension). Le barème fixe la moyenne à 50. Presque deux tiers des enfants n'atteignent point cette note. Un quart n'arrive pas à 30, chiffre qui traduit un quasi-illettrisme.

Bien sûr, à Clichy comme à Creil, la proportion d'immigrés est importante. Un certain contingent de ces derniers, ceux qui viennent d'arriver dans notre pays, ne parlent pas le français, et leur présence n'arrange pas les statistiques. Mais, lorsqu'ils sont francophones, les enfants étrangers — les professeurs en témoignent — ne rencontrent guère plus de difficultés que les petits Français. Plutôt que l'origine géographique, estime M. Legrand qui dirige un collège où le pourcentage d'immigrés atteint 25 %, c'est l'environnement social, culturel et familial qui détermine souvent le niveau des élèves. Or, il arrive qu'il soit relativement meilleur dans des familles d'étrangers où la cohésion est plus forte. Reste que, bien souvent, dans les établissements de banlieue en particulier, la présence d'immigrés est source de problèmes. Nier le phénomène serait aussi démagogique que lui attribuer l'entière responsabilité de la dégradation de la lecture. Il y a, en moyenne, 6,6 % d'immigrés dans le second cycle. La part d'élèves en difficulté est, hélas, quatre ou cinq fois plus importante. Michel Chauou est principal du collège de Moncontour, dans les Côtes-du-Nord. Comme ses collègues, il constate qu' « en sixième 20 % des élèves n'ont pas dépassé le niveau du cours élémentaire : ils déchiffrent, mais ils ne comprennent pas ». Moncontour est un charmant bourg de Bretagne : aucun immigré n'y réside.

Au lieu de rechercher des alibis commodes et des explications qui tournent court, mieux vaut regarder encore une fois la réalité : après cinq années d'école primaire, un quart des jeunes Français ânonnent encore. Les enseignants de collège sont confrontés à un phénomène massif dont l'intensité varie selon les lieux[1]. Les structures de base de la langue sont peu ou mal assimilées, et bien des profs peuvent partager cette réflexion stupéfiante d'un maître de Millau : « Je dois apprendre le français à mes élèves comme si c'était une langue étrangère. »

Ces lacunes dans le maniement des mots rejaillissent sur l'ensemble des matières et exercent leurs effets pendant toute la scolarité. La pratique écrite et parlée du français est une condition de la réussite des études secondaires. Que faire, remarque Claire Denoir, prof de français et d'histoire, lorsqu' « un quart des élèves de cinquième ne sait pas lire à haute voix » ? M. Tavel, qui enseigne les maths en banlieue parisienne, a perdu l'habitude de s'étonner quand il constate que ses élèves de quatrième ne comprennent pas l'énoncé des problèmes. Plaintes isolées et marginales d'enseignants nostalgiques d'un passé révolu et doré ? Voici un bilan dressé discipline par discipline : « Français : trop d'enfants ne savent pas lire, écrire, s'exprimer, raisonner, mémoriser, apprendre. Le niveau général du cycle d'observation (classes de sixième et cinquième) est jugé très faible. En sixième, 10 élèves sur 24, en moyenne, n'ont pas atteint le niveau normal du cours moyen, et 4 peuvent être dits illettrés. Mathématiques : difficultés de compréhension d'un texte, quel qu'il soit. Anglais : ... le trop bas niveau des connaissances acquises à l'école primaire interdit, dans bien des cas, que l'on puisse entreprendre d'emblée l'étude des principes de base de la langue étrangère. Les savoirs et savoir-faire fondamentaux ne sont pas maîtrisés au sortir du CM 2, loin de là... »

Faut-il poursuivre ? Ces citations émanent d' « un constat aussi objectif que possible », dressé par Yves Martin, le doyen de l'Inspection générale, qui s'est appuyé, pour établir cette synthèse, sur les observations et rapports effectués dans toute la France par

1. Une enquête réalisée à la rentrée 1982-1983 dans l'académie de Nice indique que 22,48 % des enfants ne savent pas lire en sixième, et que 71 % ont des difficultés à déchiffrer les mots en lecture orale. *Libération*, 12 janvier 1984.

ses pairs. Il ne s'agit donc pas d'impressions subjectives, fragmentaires et partiales, ramassées dans quelque lieu de perdition, mais d'un bilan national rédigé par une des principales autorités du ministère[1]. Cette vision de sommet est d'ailleurs parfaitement vérifiée par l'observation de terrain : « Ce qui est le plus éprouvant, confie un professeur d'histoire, c'est de faire semblant d'enseigner un programme (en l'occurrence le Moyen Âge — programme de cinquième) à des enfants d'un niveau de cours élémentaire qui, manifestement, ne peuvent pas le comprendre. » En quatrième encore, une certifiée d'anglais constate que « chaque année, les élèves qui arrivent ont une connaissance plus précaire de leur langue maternelle[2] ». Pierre Lutz, agrégé d'histoire au collège Romain-Rolland de Clichy-sous-Bois : « Ils vous posent la question en quatrième : la guerre de Cent Ans, c'est en 14-18 ? Authentique. Ils ne savent plus, n'ont aucune chronologie, aucun repère, ni dans le temps ni dans l'espace. Je suis en face d'élèves qui ne connaissent pas le vocabulaire de base. Je n'en suis plus à leur apprendre de l'histoire, mais à leur faire comprendre ce que je dis. »

En 1978, alors que la réforme de M. Haby n'avait pas encore donné toute sa démesure, 10 % des enseignants estimaient, selon la SOFRES, que le niveau s'améliorait, et 53 % étaient d'un avis contraire. Un sondage analogue décèlerait aujourd'hui une proportion plus importante encore de pessimistes. Le verdict est en effet peu contesté : pour l'immense majorité des profs qui affrontent l'arène du collège, les élèves de sixième sont plus faibles qu'il y a sept ou huit ans. Dégradation, dégradation, dégradation ! Sur tous les tons, plaintif, résigné, courroucé, abattu, vengeur, le mot est rabâché jusqu'à l'obsession. La quête de l'information ressemble à une indicible plongée au centre de la douleur. Les doigts crispés sur des parois fuyantes, les enseignants de collège, cascadeurs en détresse, tentent d'enrayer la glissade vers les abîmes de l'ignorance.

Devant un désastre, le réflexe naturel est de désigner un coupable. Il ne manque pas de profs du secondaire pour faire porter le chapeau aux instituteurs. Après tout, si les enfants

1. « Intervention relative aux nombreuses observations effectuées par l'Inspection générale et les inspecteurs pédagogiques régionaux », par Yves Martin, doyen de l'Inspection générale, cité dans *Pour un collège démocratique,* Louis Legrand, la Documentation française, 1982.

2. Cette citation et la précédente sont extraites de Michèle Navarro, *op. cit.*

arrivent en sixième avec l'alphabet en vadrouille et la grammaire trouée, c'est bien parce que les maîtres du primaire ont perdu la main. La rumeur court les salles de profs, et les doigts accusateurs mettent à l'index des collègues jugés incapables. Au point de départ de ce jugement sévère et entier, une vérité : le collège est le révélateur de handicaps qui se sont formés beaucoup plus tôt, et souvent dès le cours préparatoire. Lors de la toute première année de l'aventure scolaire, des écarts se creusent entre les enfants qui apprennent à lire en quelques semaines et ceux qui ne parviennent pas à la lettre Z. Pour une part, l'environnement socio-culturel explique ce phénomène. Une équipe de chercheurs, après une enquête approfondie, conclut que « l'échec en lecture atteint sélectivement les enfants en fonction de leur milieu d'origine. Ceux qui n'apprennent pas à lire appartiennent massivement à la classe ouvrière (86 % des enfants n'ayant pas appris à lire étaient de milieu populaire) ». Ces chercheurs ont observé que les élèves qui intervenaient le plus en classe étaient aussi ceux qui acquéraient le plus facilement les bases de lecture. Or, les rejetons de milieux défavorisés participent moins à la vie de la classe. Ainsi, « parmi les enfants qui apprennent à lire, les enfants d'origine ouvrière lisent à la fin de l'année moins vite et moins bien que les enfants de milieux favorisés[1] ».

Globalement pertinente, l'analyse sociologique ne rend toutefois pas compte de la totalité du phénomène. On note aussi, dans des écoles à recrutement social élevé et homogène, d'étonnantes différences entre enfants. Au-delà de l'héritage culturel, force est de recourir à des explications plus psychologiques, imprécises et complexes, en termes d'aptitude individuelle, de profil particulier, de rapport affectif à l'école, bref de « maturité » diverse. Les pédagogues insistent notamment sur les variations — très sensibles d'un enfant à l'autre — de l'âge « idéal » pour apprendre à lire. Le créneau des « sept ans » est une moyenne ; certains, à cet âge, ne sont pas « mûrs », et ils ne se remettent pas du traumatisme de ce premier échec. En tout cas, environ 15 % d'une génération redoublent le cours préparatoire. En 1980, 132 000 enfants étaient en retard au CP. Ce sont les mêmes, on peut le parier sans risque, qui vont être en retard au collège. L'échec à l'orée des études signifie pratiquement une condamnation. « Je sais qu'un élève qui redouble le CP, affirme Jean Castagnet, conseiller pour le primaire

1. Cresas, *L'échec scolaire n'est pas une fatalité,* ESF, 1982.

du ministre Alain Savary, n'a aucune chance d'avoir le bac et, je dirais même, d'arriver en seconde[1]. » Effrayant, mais bien réel : pour une partie non négligeable de la population scolaire, la destinée se joue à sept ans.

Après cette brève excursion vers l'amont, aux sources du malheur, retour au collège. Avec un bel ensemble, les profs y dépeignent une sorte d'apocalypse. Le niveau ne baisse pas, il s'effondre. Cèdent-ils à un vertige collectif et halluciné, à un fantasme sorti tout tordu de mémoires défaillantes oublieuses des dégâts d'hier ? Les experts qui scrutent les courbes et manient les statistiques ne sont pas loin de le penser. « Toutes les critiques que l'on formule au sujet des insuffisances en orthographe des écoliers d'aujourd'hui étaient formulées, avec la même insistance, il y a vingt ou cinquante ans ; il n'y a rien de changé sous le soleil[2]. » Cette réponse péremptoire aux prophètes de malheur date de... 1933. Preuve, s'il en était, que la catastrophe est imminente depuis que l'école existe. Si, pour une seconde, nous braquions la longue-vue des historiens, nous observerions à l'évidence que, en l'espace de quelques décennies, le système scolaire français a formé de mieux en mieux de plus en plus d'élèves. Un seul critère atteste cette réussite : avant la Seconde Guerre mondiale, la moitié d'une classe d'âge n'arrivait pas à obtenir le certificat d'études. Toutes les enquêtes comparatives sur longue période démontrent que le niveau *moyen* ne décroît pas : « Il n'y a pas de baisse de niveau en orthographe entre 1938 et 1971 », affirme ainsi un chercheur, M. Jean Guion, après une analyse serrée[3]. Nul ne doute de l'authenticité de son propos. Alors, les profs d'aujourd'hui inventent-ils les flèches qui les crucifient au tableau noir ? En réalité, ils ont, eux aussi, raison, et ce n'est pas contradictoire parce que la perspective n'est pas la même.

Confrontés aux défaillances de Paul, aux lacunes de Sandrine et aux balbutiements de Fatima, ils n'ont cure des résultats d'avant-hier. Pour eux, l'échec porte des visages et des noms qui, parfois, les hantent jusque dans leur sommeil. Et puis ils comparent avec ce qu'ils ont connu, avec le contexte du début de leur carrière. Très souvent, ils datent l'amorce de la dégradation du creux des années

1. Dans *Le Point*, 31 janvier 1983.
2. *La Crise de l'orthographe et l'École primaire*, L. Poriniot, Bruxelles, 1933, cité par André de Peretti, *La Formation des personnels de l'Éducation nationale*, la Documentation française, 1982.
3. Jean Guion, *L'Institution orthographe*, Le Centurion, 1974.

soixante-dix, lorsque, aux effets de la réforme déjà observés, sont venues s'additionner les retombées sociales et culturelles de la crise économique. Une investigation menée dans huit collèges confirme leurs subjectives impressions : le même test de lecture, passé dans les mêmes conditions, atteste que, entre 1971 et 1978, la note moyenne a baissé de deux points[1].

Difficile d'appréhender une réalité qui joue avec le temps et l'espace, mais une ou deux vérités peuvent être énoncées. Les élèves en situation d'échec à la fin de l'école primaire sont certainement moins nombreux aujourd'hui qu'il y a un quart de siècle. La différence — et elle est monumentale —, c'est que, maintenant, on les voit. Autrefois, les classes de fin d'études accueillaient jusqu'à l'âge de quatorze ans des écoliers qu'on ne jugeait pas aptes à poursuivre dans le secondaire. Passant deux ou trois années avec le même instituteur, ils finissaient par acquérir, à coups de règle sur les doigts, des connaissances de base que bien des élèves de sixième ne possèdent pas aujourd'hui. Au risque de lasser, répétons-le encore : tous désormais vont au collège. Ce fait, simple dans sa nudité, bouleverse et relativise la question du niveau : la disparité entre les établissements et les élèves est telle que la notion même de niveau moyen ne signifie plus grand-chose. Les bons élèves existent, dans la même proportion qu'avant le déluge, mais les faibles, les traînards, les handicapés sont incontestablement légion.

Les profs de collège ont certes quelques raisons objectives de se plaindre : ils accueillent dans leurs classes, face à eux et mêlés aux autres, des enfants qui butent sur chaque obstacle et que, dix ans plus tôt, on aiguillait vers d'autres voies. M. Haby a ainsi rendu, involontairement, un grand service aux enseignants : ils sont contraints d'écouter la différence. Les éventails de réussite varient du simple au double en français et du simple au triple en mathématiques, d'après une étude qui émane du ministère[2]. Condamnés au grand écart, les enseignants de collège sont amenés à méditer sur les dangers de l'égalitarisme. La crise qu'ils affrontent est la rançon de la démocratisation. Il leur faut regarder cette réalité au fond des chiffres puisqu'ils en pèsent, chaque jour, les conséquences. Et elles sont lourdes.

1. « Les performances en lecture à un test de lecture silencieuse », *Pour un collège démocratique, op. cit.*
2. Évaluation pédagogique dans les collèges, 1980.

La réforme de 1975 a instauré un cycle unique pour tous les collégiens jusqu'à la fin de la troisième. En fait, le tronc commun ne dure que deux ans. Après la cinquième, un élève sur quatre est éjecté de la voie royale. C'est là que se situe la principale bifurcation. Les élèves jugés inaptes à suivre le gros du peloton sont aiguillés vers des classes qui portent le nom barbare de CPPN ou CPA. Traduisons : les classes pré-professionnelles de niveau et les classes préparatoires à l'apprentissage ont pris, sous un nouveau vocable — l'appellation date de 1972 —, la succession des classes de transition de la décennie précédente. La fonction est la même : le parking. « Sur 800 élèves, explique M. Legrand, principal à Creil, nous en avons une centaine en CPPN ou en CPA, ce qui est énorme. C'est la sanction, à la fois, d'un certain niveau et d'un rejet du système tel qu'il fonctionne actuellement. » En principe, les « largués » s'orientent, par ces classes, vers l'apprentissage. Les enseignants qui héritent des élèves en perdition reconnaissent que, en réalité, le rôle principal de semblables couloirs de dégagement est d'attendre la fin de la scolarité obligatoire. Le maintien de ce type de structure démontre l'impossibilité, pour l'appareil éducatif, de prendre en charge l'ensemble d'une classe d'âge. Dans un louable souci démocratique, on ouvre grand les portes des collèges. Deux ans plus tard, en catimini, on pousse vers la porte de service 10 à 20 % des usagers. Sont-ils devenus nuls en deux années de collège ? Évidemment non : ils traînent leur handicap de redoublement en redoublement, arrivent en difficulté, sont parqués dès la sixième dans des wagons spéciaux. En fin de cinquième, on décroche les wagons, le train repart, et le chef de gare se cache derrière son sifflet.

En 1980, 150 000 adolescents de quatorze à seize ans peuplaient les CPPN et CPA. Depuis, par une politique volontariste, le nombre des « exclus » a diminué. Mais augmenter les redoublements en cinquième pour limiter les passages en classes-parkings n'élimine pas le phénomène : pour une frange importante d'enfants, celle qui en aurait le plus besoin, la prolongation de la scolarité obligatoire ne sert qu'à retarder d'autant le moment de l'exclusion. « Il ne s'agit pas de se leurrer, avertit Laurent Schwartz. Tel que fonctionne le système éducatif, le nombre d'enfants en situation d'échec scolaire restera encore important dans les années à venir, dès l'école primaire et à la fin de la cinquième[1]. » Et, plus loin, il observe : « La réforme de 1975 maintient des structures parallèles dans le premier cycle dont la fonction principale est de prendre en charge des enfants en situation d'échec scolaire. »

En 1980, le ministère de l'Éducation nationale et celui du Travail ont commandé deux enquêtes sur la formation et l'emploi. Un chercheur de l'INSEE rend ainsi compte de ses travaux : « Ces classes, qui ont connu un développement rapide, accueillent donc une part assez importante des élèves. Or, tous les enquêtés, parents, enfants, interlocuteurs, personnalités qui ont abordé ce sujet, estiment que les CPPN et les CPA constituent un échec... En fait, ces élèves étaient déjà en retard dans l'enseignement primaire. Il existe ainsi toute une population d'enfants que le système éducatif prend mal en charge[2]. » Pour le moins. Suspendons là ; on s'en voudrait de suspecter l'intelligence du lecteur en insistant davantage. Qu'on se le dise une dernière fois. Pour un enfant sur dix, la scolarité obligatoire se résume à l'obligation de fréquenter jusqu'à seize ans un établissement scolaire. A l'entrée en classe de CPPN, 86 % des élèves ont au moins un an de retard ; 53 % ont redoublé une fois à l'école primaire. 55 % sont fils d'ouvriers ; 0,8 % enfants de cadres supérieurs.

Ces accidentés de l'école ne sont pas les seuls à quitter le collège au terme de la cinquième. A ce carrefour s'effectue également le délestage vers le lycée d'enseignement professionnel, le LEP, qui a détrôné, dans la litanie des sigles, le fameux CET. « Dans 99 % des cas, l'orientation en fin de cinquième se fait par l'échec. On envoie en LEP ceux qui ne suivront pas en quatrième. Si encore il s'agissait d'un choix positif[3] ! » Cette forte opinion de M. Fernandes, principal du collège de Sainte-Memmie dans la Marne, est partagée par l'immense majorité de ses collègues. « Ici comme ailleurs, confirme M. Blanc, proviseur à Marseille, l'orientation s'opère davantage par l'échec que sur de véritables motivations positives. La plupart des élèves arrivent meurtris. Tant que la formation technique, dans une région comme la nôtre, sera réservée à ceux qui sont en situation d'échec, on restera dans une impasse. »

1. Commission du Bilan, 1981.
2. Jean-Louis Faure, « L'orientation scolaire : quelques problèmes », *Économie et Statistiques*, juin 1981.
3. Cité dans *Le Monde de l'Éducation*, juin 1982.

Environ 600 000 élèves sont censés apprendre un métier dans les LEP. Ils y entrent soit à l'issue de la cinquième pour préparer un CAP en trois ans, soit en fin de troisième pour viser le BEP en deux ans. Chaque année, 130 000 élèves quittent le collège et entrent en 1re année de CAP. Presque toujours, cette orientation vers l'enseignement professionnel ressemble à un sens obligatoire. Pire, elle apparaît comme une sanction. Au collège, le LEP est brandi tel un épouvantail dont on menace les cancres. « Les profs nous présentent le LEP comme un dépotoir. Si l'on travaille mal, si l'on obtient de mauvais résultats, ils nous disent qu'on finira en LEP. » Pareille réflexion amère entendue au fond d'un collège du Sud-Ouest ne relève pas de l'affabulation. Les enseignants de LEP se plaignent vivement de la réputation qui leur est accolée. M. Paravisini, prof de mécanique auto à Marseille, s'insurge : « Au collège, ils présentent le LEP comme une punition. Les élèves débarquent ici en pensant qu'ils sont finis. On doit faire œuvre de charité, on récupère ceux que nos collègues considèrent comme perdus pour les études. Mais nous, nous devons bien en sortir quelque chose, de ces gamins-là. » Et son voisin d'atelier, Lucien Didon, trente-sept ans d'enseignement, abonde dans le même sens : « On regrette un peu que nos collègues des collèges nous considèrent comme des récupérateurs de situations désespérées. Nous sommes les éboueurs de l'Éducation nationale. » Exagération marseillaise engendrée par la proximité du Vieux-Port ? « L'insertion des jeunes dans les LEP, répond M. Portet, proviseur d'un établissement parisien, elle se fait honteusement dans les trois quarts des cas[1]. »

Poubelle, dépotoir, impasse, honte... ces mots terribles sautent au visage dès qu'on pénètre dans un lycée d'enseignement professionnel. Le sentiment d'être inférieurs, relégués, mis à l'écart, est fortement ressenti par les élèves. La discussion avec ces adolescents qui ont une conscience aiguë de leur sous-condition vécue comme une fatalité — où percent par éclairs la révolte et parfois la haine — est un exercice éprouvant. Non seulement ils sont contraints d'aller en LEP, et ils y mettent autant d'entrain que les forçats d'hier à embarquer pour Cayenne, mais ils peuvent rarement choisir leur spécialité. Le nombre de places offertes dans les filières intéressantes est nettement inférieur aux demandes. En principe, l'élève destiné à l'enseignement professionnel remplit un formulaire où

1. *Le Monde*, 4 mai 1982.

figurent plusieurs vœux. Il obtient difficilement son premier choix. Certaines spécialités sont très demandées, comme cuisinier ou mécanique auto pour les garçons, puéricultrice ou assistante sociale pour les filles. En revanche, on fuit le bâtiment. Et, en fin de compte, pour des raisons de carte scolaire[1], d'éloignement de domicile ou de manque de place, l'exclu du collège se retrouve à apprendre un métier pour lequel il n'éprouve aucun goût particulier. A l'humiliation d'être rejeté s'ajoute l'amertume d'être ballotté au gré de décisions incompréhensibles. Selon une étude menée sur un échantillon représentatif dans la région Rhône-Alpes, en 1980, deux familles sur trois sont mécontentes de la manière dont se déroule l'orientation à la sortie obligatoire du collège[2].

« Les élèves ne choisissent pas leur spécialité, précise Ludovic Quinquis, proviseur du LEP La Calade à Marseille. Les filles veulent être coiffeuses. L'an dernier, il y a eu une poussée d'inscriptions parce que le rectorat avait annoncé par erreur l'ouverture d'une section coiffure. La section n'a pas été ouverte, et les candidates se sont retrouvées en section bureau. » Voilà comment naissent les vocations ! Il voulait être cuisinier, il apprend la plasturgie. Il avait demandé l'électronique, il se retrouve parmi les tôliers. L'orientation vers un métier, à un âge où personne ne sait ce qu'il a envie d'être plus tard, alors que l'information sur les filières et débouchés est notoirement insuffisante, s'effectue, dans la France des années quatre-vingt, pour des centaines de milliers d'adolescents, au petit bonheur la malchance. Comme le note, avec la sympathique rigueur intellectuelle qui le caractérise, le professeur Laurent Schwartz, « on ne saurait tolérer que l'on abuse plus longtemps enfants, parents, voire enseignants, en invoquant au niveau de la classe de cinquième une 'orientation'. Le résultat de cette mascarade est déjà acquis, car aucune famille — sauf à s'en désintéresser — n'imagine plus que l' 'orientation scolaire' puisse être un conseil, un recours positif dont elle voudrait s'assurer[3] ».

Comment, dans ces conditions, s'étonner que l'orientation par l'échec débouche sur l'échec de l'orientation ? On prend les élèves les plus faibles du collège, on leur impose une formation professionnelle, et l'on est surpris qu'ils ne disent pas merci. L'amertume

1. Affectation obligatoire des élèves à un établissement selon le domicile.
2. *Économie et Statistiques*, juin 1981.
3. Commission du Bilan, *op. cit.*

engendre l'ennui, le désintérêt, la rébellion. « Beaucoup de jeunes qui nous sont envoyés n'ont pas de goût pour les études professionnelles, observe M. Argouges, proviseur à Grenoble. Ils sont là parce qu'on ne les a pas jugés aptes à suivre le cycle long. Leur absence de motivation rejaillit sur toute la scolarité[1]. » Et son collègue, M. Leonelli, proviseur du LEP Bourseul à Paris : « Ils arrivent ici avec des retards importants et un rejet total du milieu scolaire. » L'enseignement professionnel, en France, ne fonctionne pas[2]. Il est alimenté par des élèves dont le niveau de connaissances est si bas qu'il est difficile pour eux d'acquérir, en outre, une formation technique. « J'aimerais avoir des élèves d'un niveau supérieur, se plaint M. Polizi, qui enseigne la plasturgie à Marseille. Ils sont incapables de calculer une surface. Lorsqu'ils préparent un produit, ils ne savent pas évaluer un pourcentage. Automatiquement, ils se trompent dans les dosages. » Un professeur de technologie : « C'est inouï de voir arriver en LEP des élèves qui ne sont pas, en mathématiques, au niveau du CM2. Ils sont tout à fait incapables d'apprendre les matières indispensables pour leur métier[3]. » A Saint-Brieuc, Huguette Suffrage est prof de lettres dans un LEP du bâtiment. Son jugement est couleur d'encre : « Je n'enseigne pas le français, mais des techniques d'expression. Je suis contente lorsqu'ils arrivent à distinguer l'oral de l'écrit. Je me suis acheté un manuel d'alphabétisation : deux ou trois garçons par classe ne savent pas lire. » Pour construire des maisons, est-ce bien utile ?

Les résultats obtenus dans les LEP ne sont pas réjouissants : 84 % des élèves orientés vers l'enseignement professionnel ont redoublé au moins une fois. 20 % de ceux qui sont entrés en CAP abandonnent avant la fin. Au total, la moitié seulement des adolescents qui commencent un CAP obtiennent le diplôme. En BEP, trois sur cinq arrivent au bout victorieusement. Les autres, tous les autres, ont subi huit à dix années d'études sans rien décrocher. Méconnaît-on, en haut lieu, l'étendue du désastre ? « Il est souhaitable que l'orientation en lycée d'enseignement professionnel résulte d'un choix positif et motivé », précise la circulaire ministérielle de la rentrée 1982. Ce « il est souhaitable » ne manque pas d'humour — noir.

1. *Le Monde de l'Éducation*, avril 1980.
2. Cf. *infra*, notre chapitre 7.
3. Michèle Navarro, *op. cit.*

Et les rescapés ? Ceux qui, à l'issue de la cinquième, ne sont pas tombés dans la trappe des classes sans espoirs ; qui, au même stade, ont échappé au détournement vers l'apprentissage précoce et l'enseignement professionnel ; qui, à la fin du premier cycle, ont réussi à éviter une nouvelle fois le filet récupérateur du LEP ; qui n'ont pas abandonné par lassitude, désintérêt, en cours de route ? Combien sont-ils, ces chanceux, petits malins, doués, élus du mérite ou de la fortune, évadés des classes tous risques ? Une minorité, précisément. Sur cent enfants entrés en sixième, une quarantaine seulement — moyenne nationale — accèdent à la seconde de lycée. Que tous ceux qui, chargeant leur stylo comme une mitraillette, déplorent le laxisme de l'enseignement secondaire et réclament une impitoyable sélection des élites, méditent ce constat cru : la sélection, elle existe bel et bien, mais elle s'effectue à rebours, par éliminations successives des retardataires happés par-derrière, irrésistiblement attirés vers la grande broyeuse. La véritable question est donc de savoir si les instruments de cette épuration sont pertinents, si les trous du tamis sont bien dessinés. Le réel enjeu qui traverse tout le système éducatif est la prise en charge décente des laissés-pour-compte. Encore une fois, ils sont la majorité. C'est là, dans l'incapacité de l'Éducation nationale à assurer une formation et une éducation appropriées à chaque niveau, que réside le drame de l'école. Nous y reviendrons.

La sélection opère, mais elle opère mal. On ne choisit pas les meilleurs, on garde les survivants. Le collège, immense gare de triage, préserve-t-il, dans ses premières classes de TGV sans secousses, les bons sujets ? Las ! A ceux-là aussi il manque le verbe. Tendons une oreille complaisante vers le chœur des profs de lycée : même complainte sur la dégradation du niveau, même litanie sur la nullité des élèves, mot pour mot. Jacques Châtillon, professeur d'histoire au lycée Rabelais de Saint-Brieuc, parle à l'unisson : « La dégradation du niveau des élèves est réelle. Avec la réforme Haby, le niveau des connaissances baisse, et les élèves ont beaucoup de mal à se concentrer. » Son collègue de lettres classiques, Benoît Le Roux, est, lui aussi, catégorique : « Si je compare les copies, certainement, il y a dégradation. Je suis obligé d'expliquer des choses très simples. En première, je cite Corneille, ils ne savent pas qui c'est. Ils écrivent les Horace A-U-R-A-C-E.

Une chose est sûre : je ne peux amener une classe de première au niveau où j'étais, moi, en première. »

Et même discours, à cinq cents kilomètres de là, chez Jeanne York qui officie dans un lycée de l'Oise : « Le niveau des élèves a baissé depuis dix ans. J'en ai fait la constatation en donnant les mêmes exercices : aujourd'hui, ils les trouvent trop difficiles. J'ai le sentiment qu'ils ne comprennent pas ce qu'ils lisent. D'ailleurs, lorsque je demande à mes élèves de seconde le sens de ce qu'ils viennent de déchiffrer, ils sont incapables d'en expliciter le contenu. » Le diagnostic porté par M. et Mme Hée, qui enseignent tous les deux les mathématiques dans un établissement plutôt huppé, le lycée de Chantilly, est encore plus sévère : « La baisse du niveau est vertigineuse. Ils sont surpris par ce qu'on leur demande. Nous avons des élèves de première qui ne font pas la différence entre l'hypothèse et la conclusion. La moitié d'une classe de seconde ne saisit pas l'énoncé d'un problème. »

On relève d'identiques réflexions désabusées chez les profs de lycée et chez leurs collègues de collège, comme si l'épuration sauvage quatre années durant n'avait servi à rien, comme si les rescapés, rejetés sur le sable après avoir affronté la tempête, ne savaient toujours pas nager. Les mêmes effets provoquant les mêmes psychoses, les profs de lycée accusent ceux des collèges de leur envoyer le « tout-venant », comme les enseignants du collège s'en prenaient aux instituteurs. Chacun renvoie à l'étage inférieur la responsabilité de la situation ; en bout de chaîne, les spécialistes des finitions s'aperçoivent que les pièces sont à peine formées. En amont, les OS du collège jurent de leur innocence ; ils ont beau tailler dans le vif, ils ne parviennent pas à boucher les trous d'une matière première aussi poreuse. « Nous, professeurs de collège, s'insurge un agrégé d'histoire, nous devons ramer pour tirer quelques élèves et les amener au lycée. Et là, c'est la guillotine, ils sont massacrés. Et les profs de lycée nous disent : Mais qu'est-ce que vous nous envoyez ? Vos élèves ne savent rien. » Principal d'un petit collège rural, Michel Chauou reprend avec plus de vigueur semblable critique : « Un quart de nos enfants accueillis en sixième se retrouvent au lycée. Les profs qui se plaignent n'imaginent pas qu'ils ont la chance d'enseigner à des élèves très triés. S'ils ont démarré dans le métier il y a vingt ans, à une époque où la moitié des enfants n'entraient pas au collège, ils ont perdu leurs repères : le niveau des bons élèves ne s'abaisse pas mais, de plus en plus, d'autres ne sont pas à la hauteur. »

Là encore, le débat sur le niveau est biaisé par les chiffres. Le second cycle a connu une croissance parallèle au premier. Malgré le filtrage, la proportion d'écoliers de sixième qui arrivent en seconde augmente régulièrement (42 % en 1981, contre 31 % en 1961). En données brutes, la progression est forte. L'envers de cet afflux est, comme en sixième, la grande hétérogénéité des élèves. Même les enseignants qui hésitent à pousser la complainte sur l'inculture des élèves reconnaissent une mutation dans les aptitudes et les centres d'intérêt. Daniel Morel, professeur de lettres en Bretagne : « Le niveau ne baisse pas, les élèves sont différents, et les profs vivent mal cette évolution. Ils ont autrefois appris une discipline qu'ils veulent transmettre à leur tour, sans voir que les élèves ne sont plus les mêmes. Ils s'accrochent à des valeurs et à des critères dépassés ; leur modèle est celui de la génération de leurs maîtres, et c'est un modèle dépassé. » Ce langage qui tente de comprendre l'évolution des lycéens dans la mutation générale de la société déclenche, chez les enseignants dont la toise reste l'orthographe, la grammaire et l'expression écrite, de violentes crises d'urticaire. Leur appréciation subjective, vécue, ne s'embarrasse pas de statistiques. Que leur importe les variations des courbes si la marée, chaque année, découvre des pages de plus en plus polluées.

Antoine Prost, dans son rapport sur les lycées, note que l'élévation du niveau est difficilement contestable dans les matières scientifiques ; en revanche, observe-t-il, « la qualité de l'expression écrite des lycéens est inférieure à celle de leurs prédécesseurs[1] ». Les retards dramatiques en français, relevés dès la sixième, ne se rattrapent plus. Pourtant, les profs de lettres ne sont pas les seuls à se plaindre. Dans des disciplines telles que les mathématiques ou la physique, les enseignants déplorent une détérioration qui contredit le rapport Prost. Comme si la vague d'ignorance qui avait ravagé les collèges atteignait maintenant les lycées. François Hébertot, qui enseigne la physique en seconde, s'interroge : « Peut-être qu'ils savent autre chose, mais quoi ? Le scientifique que je suis constate qu'ils ne possèdent plus les acquis de base. La réforme Haby a encore aggravé les choses. Avant, il y avait des filières scientifiques, on donnait à chacun un enseignement adapté. Maintenant qu'on a mélangé tout le monde, je constate de sacrées différences entre les élèves. A quelle hauteur dois-je placer la barre ? »

1. *Les Lycéens et leurs études au seuil du XXIe siècle*, la Documentation française, 1984.

Cinq ans après René Haby, Christian Beullac, en 1980, créait une « seconde indifférenciée » dotée d'un programme commun, afin de retarder l'orientation. Mais on a confondu, dans l'application, l'indifférenciation des contenus et celle des élèves. Tels leurs collègues de sixième, les profs de seconde se plaignent des conséquences, désastreuses à leurs yeux, de cette initiative qui a considérablement aggravé l'hétérogénéité des classes. Ils sont beaucoup, comme François Hébertot, qui se demandent où « mettre la barre ». En vérité, cette réforme a été appliquée à contresens. L'inspecteur Binon, qui a étudié la mise en place de la « seconde indifférenciée », comme il avait décrit la réforme dans les collèges, note que dans « 70 % des divisions de seconde ont été réalisés des regroupements d'élèves qui, par leur âge moyen et leurs origines scolaires, présentent des caractères voisins de ceux qui étaient effectivement réalisés dans les anciennes séries[1] ».

En interprétant de travers les textes ministériels, un tiers des chefs d'établissement ont contribué à semer chez les enseignants la terreur de l'hétérogénéité. Comment expliquer ce contraste entre les observations de terrain et les chiffres tirés d'une enquête sérieuse et approfondie ? Jean Binon, qui relève lui-même la contradiction, répond : « De très bonne foi, nombre d'enseignants, pratiquant une contamination, subtile et inconsciente, entre indifférenciation et hétérogénéité (qui sont pourtant des notions bien distinctes), projettent sur les classes qui leur sont confiées leurs idées *a priori* et finissent par croire que leurs divisions sont très différentes de celles de l'année précédente, alors qu'on peut démontrer, non seulement sur des moyennes, mais aussi sur d'innombrables cas particuliers, qu'ils ont en face d'eux une génération d'élèves ayant le même âge, venant des mêmes collèges et pratiquant à peu de chose près les mêmes options. » Il est exact, en tout cas, que, pour l'essentiel, l'ancien système de différenciation reste en place. Les profs eux-mêmes finissent par convenir que le brassage est tout relatif.

La seconde indifférenciée, à peine entrée en vigueur, a rendu un peu plus impertinente encore la notion de niveau moyen. Lorsque les écarts s'agrandissent entre les extrêmes, le centre devient un ventre mou sans contour. Le lycéen moyen n'existe pas plus que le Français moyen. La diversité des situations locales, des populations

1. Jean Binon, *Étude sur la répartition des élèves dans les secondes de détermination*, octobre 1982.

scolaires, des classes, fût-ce à l'intérieur d'un établissement, rend aléatoire tout élément de comparaison, toute étude qui viserait à la synthèse. C'est affaire de passions subjectives que les froids rapports ministériels ne sauront jamais traduire. Entre le prof qui cogne ses inquiétudes aux quatre murs de sa classe et les tranquilles assurances de la rue de Grenelle, il y a, il demeurera un hiatus.

Quelques certitudes transparaissent toutefois dans cette querelle sans issue : malgré l'inflation des effectifs, les semi-brassages scolaires et les métissages culturels, subsistent, imperturbables et royales, les voies réservées aux « élus ». L'identification des couloirs ascensionnels est commode : ce sont, toujours, les classes S (ex-C) des lycées qui recrutent exclusivement sur le critère des mathématiques. La pratique de l'allemand en première langue et quelques galipettes dans les versions latines, voire grecques, facilitent l'accès. Là, en ces îlots préservés des rigueurs du temps, loin des foules déchaînées, avance l'avant-garde : 15 % d'une génération, tout au plus, exquise sécrétion d'une machine déréglée qui parvient encore à fabriquer l'élite de demain. Reste à se demander si elle est suffisante pour satisfaire les besoins culturels et économiques du pays. Un élève sur quatre entrés en sixième obtient le bac. Avec l'aide de Monsieur de La Palice, nous pouvons en déduire que trois élèves sur quatre n'arrachent pas leur peau d'âne terminale. On peut se consoler en observant que la proportion de bacheliers a doublé en vingt ans. Cette satisfaction relative ne peut occulter une vertigineuse interrogation sur le rendement d'un système qui évacue les trois quarts des siens.

Le moteur a des ratés, mais les pannes ne sont pas également réparties. La carte de l'échec est d'abord sociale : 94 % des enfants de professeurs ont obtenu le baccalauréat; 2 à 4 % de fils d'employés y sont parvenus[1]. Le taux de redoublement en cours préparatoire est dix fois plus fort chez les rejetons d'OS et de salariés agricoles que chez ceux des cadres supérieurs. Si un enfant d'ouvrier redouble sa sixième, il n'a plus que 38 % de chances d'aller au lycée. Mais son voisin de travée dont le papa exerce une profession libérale a, lui, 68 % de chances d'y accéder. Ces données ne constituent pas à proprement parler une révélation. Depuis *la Reproduction,* toutes les enquêtes statistiques, toutes les études sociologiques ont mis en évidence la relation entre l'origine sociale

1. Richard Pohl et Jeannine Soleihavoup, « La mobilité sociale », *Économie et Statistiques,* mai 1982.

et le succès scolaire[1]. Ces chiffres impersonnels et ces constats glacés signifient, pour les hommes et les femmes confrontés à l'acte d'enseigner, une somme d'histoires individuelles, de drames familiaux, éprouvants dans leur morne et impitoyable répétition.

Sans crainte de tailler sa plume à l'aune d'un populisme désuet, il faut répéter qu'à l'école, plus qu'ailleurs, ce sont les fils du peuple qui trinquent. Dans les banlieues ouvrières, dans les zones urbanisées du Nord, l'élimination brutale s'effectue à la hache. M. Legrand, principal à Creil : « Nous partons de 250 élèves en sixième ; nous arrivons à 115 en troisième. La perte est donc de 50 %. Là-dessus, la moitié passe en seconde, si bien que, finalement, un quart seulement des enfants entrés chez nous continue au lycée. » Le plateau où est implanté le collège abrite une cité-dortoir battue par le vent et la pauvreté, où les enfants sont laissés à eux-mêmes. La proportion d'immigrés est forte, les revenus sont modestes, et les familles éclatent. Même sombre tableau au collège Romain-Rolland de Clichy-sous-Bois, en bonne place au tableau d'honneur des déshérités : 37 % des élèves de troisième passent en seconde. Mais, remarque le sous-directeur, M. Delacherie, le taux était de 60 % il y a une dizaine d'années, avec un recrutement similaire. Au collège de Mutzig, dans le Bas-Rhin, avec une population semi-rurale, il ne reste que quatre classes de troisième pour dix de sixième au départ[2]. Les petits paysans ne résistent pas mieux que les jeunes banlieusards.

La société pèse sur l'école, et les forces qui la travaillent n'épargnent pas l'éducation. Le système se montre particulièrement impitoyable pour les catégories les plus défavorisées, qui fournissent les gros bataillons des exclus. Un siècle de prêche laïque sur la promotion de chacun par l'école n'a pas éliminé magiquement l'inégalité fondamentale devant l'instruction. A l'inverse, l'expérience de terrain démontre abondamment que les handicaps socio-culturels bien réels ne débouchent pas sur un déterminisme social cher à un marxisme de primates. Christian Lavesque est principal d'un modeste collège rural entre Guéret et Montluçon : « Ce qui m'a frappé, à mon arrivée, c'est l'extraordinaire érosion qui ravage les effectifs de la sixième à la troisième. En fin de cinquième, on a l'impression qu'une trappe s'ouvre sous les pieds

1. Pierre Bourdieu et Jean-Claude Passeron, *La Reproduction*, Éd. de Minuit, 1970.
2. *Le Monde de l'Éducation*, juin 1982.

des enfants. Ils étaient 102 à l'entrée en sixième ; 18 seulement accéderont au cycle long. Cette année, j'ai fait une enquête portant sur l'ensemble des élèves : 40 % sont fils d'agriculteurs, 20 % d'ouvriers, 13 % de fonctionnaires, 13 % de commerçants et artisans. Nous n'avons pas d'immigrés récents. Il n'apparaît pas que l'origine sociale des élèves soit déterminante pour leur avenir[1]. »

Nuançons : l'échec n'est pas réparti également entre les catégories sociales, mais il les touche toutes. L'héritage économique ou culturel facilite la réussite, mais ne la garantit pas. 21 % des fils de hauts fonctionnaires, 30 % d'enfants de polytechniciens n'atteignent point le niveau du bac. Près du tiers des héritiers des chefs d'entreprise qui figurent dans le *Who's who* n'ont pas achevé leurs études secondaires[2]. La profession ou l'argent des parents n'est pas un passeport pour le succès scolaire. « On s'aperçoit, observe Michel Chauou, principal d'un collège des Côtes-du-Nord singulièrement ravagé par l'échec, que le seul argument de l'inégalité sociale est un alibi. Je suis persuadé que le classement des élèves par milieu d'origine est trop sommaire. »

Les enfants ne sont pas, dès la petite enfance, sur des rails tracés par catégorie socio-professionnelle, qui traverseraient l'institution scolaire sans que la trajectoire en soit modifiée. Bien d'autres facteurs, profil psychologique et intellectuel de l'élève, rapport pédagogique, nature de l'institution, interviennent dans la carrière scolaire, qui rendent la seule lecture « économique » réductrice et partiale. Comme le note Patrice Béghain, qui fut jusqu'en 1983 secrétaire général du SGEN-CFDT, « la gauche s'est déchargée de l'explication de l'échec scolaire sur les inégalités socio-culturelles. Or, il y a interaction de ces éléments avec l'histoire propre d'un enfant dans l'institution éducative. Il faut sortir d'une pensée archaïque de l'échec scolaire, celle de la reproduction mécanique, thèse utile mais insuffisante ».

Un homme de terrain, principal d'un modeste collège breton, et un responsable syndical national, agrégé de lettres classiques, tous deux hommes de gauche convaincus, s'accordent, pratiquement dans les mêmes termes, pour dépasser des vérités trop simples. L'école ne corrige pas les inégalités sociales. Elle ne les reproduit

1. *Les Cahiers de l'Éducation nationale*, septembre 1982.
2. *Rapport de la commission d'études sur la fonction enseignante dans le second degré*, la Documentation française, 1972.

pas non plus automatiquement. Car, entre l'entrée et la sortie du cursus, intervient justement le système éducatif lui-même, avec sa logique, son fonctionnement et ses agents. Bref, avec son autonomie propre.

En moins d'une génération, l'enseignement secondaire a été bouleversé. Les adolescents qui fréquentent l'école sont à l'image de la société dans laquelle ils sont immergés. Comme elle, ils subissent d'étonnantes et fulgurantes mutations sociales et culturelles. Qu'on le regrette ou qu'on s'en félicite, le « dehors », par le biais des élèves, entre dans l'école. Mais l'institution, elle, court sans répit après ces évolutions, cherche à comprendre et à s'adapter, toujours en retard d'un rapport, toujours grosse d'une réforme mort-née qui a eu le temps, depuis sa conception, de flétrir. Alors, à la va-vite, on colmate des brèches avant qu'elles ne fissurent l'édifice. De ce décalage grandissant entre le système et ses acteurs, naît la crise structurelle du système éducatif. Voilà pourquoi il est toujours critiqué ; voilà pourquoi il ressemble à un chantier sans fin et vit dans la réforme permanente.

L'école bouge, certes, mais beaucoup plus sous l'effet des courants qui travaillent la société tout entière que par sa propre volonté ; sa crise est comme le miroir grossissant des multiples crises qui agitent notre époque. Inutile donc de lui demander de combler, par elle-même, les carences de l'ensemble du corps social qui explosent dans ses murs. Pour autant, elle n'est pas exempte d'interrogations. Nul n'a le droit de se boucher les yeux devant le formidable dysfonctionnement d'une machine qui patine, grince et se bloque, incapable qu'elle est de traiter la matière première dont elle a la charge. Autrefois, l'enseignement avait pour fonction de sélectionner et former une élite. Cette vocation, on l'a noté, n'a pas disparu, mais elle a été submergée par la nécessité, explosion scolaire oblige, de fournir une éducation de masse. Contraint d'assumer les deux rôles à la fois, sans que la mission principale ait été bien définie, le « secondaire » a continué, pour l'essentiel, à administrer aux gros bataillons d'aujourd'hui un enseignement donné jadis à ceux qui franchissaient le portillon.

Ce constat est une banalité. Tous les docteurs qui se sont penchés sur le malade ont émis le même diagnostic. En 1972, déjà, à la demande du ministre de l'Éducation de l'époque, M. Guichard, une commission dirigée par Louis Joxe s'était penchée sur « la fonction enseignante dans le second degré ». L'analyse n'a rien perdu de son actualité : « La démocratisation de l'enseignement a conduit à dispenser à un public radicalement différent un enseignement inchangé... On tente vainement d'inculquer une culture conçue pour une élite à la grande masse des enfants du pays[1]. » L'école doit-elle donner à tous un « SMIC intellectuel » ? Est-elle susceptible d'offrir une véritable formation professionnelle ? Écartelée entre deux tâches, elle n'assume bien ni l'une ni l'autre.

A l'instigation du ministre de l'Éducation, Christian Beullac, et du ministre du Travail, un conseiller d'État, Bernard Jouvin, a mené, en 1980, une enquête sur l'orientation scolaire. Presque mot pour mot, les mêmes faits engendrant la même analyse, on retrouve les attendus de la commission Joxe, établis dix ans plus tôt : « Il n'est plus possible, avec un enseignement de masse destiné à la quasi-totalité des effectifs d'une génération, de pratiquer la même pédagogie ni d'enseigner les mêmes choses qu'avec les élèves sélectionnés de l'enseignement secondaire d'antan[2]. » Résultat ? Le système fonctionne pour les élèves qui en ont le moins besoin. La raison en est évidente : il n'est efficace qu'appliqué à eux.

Un peu plus tard, M. Legrand écrit, dans le rapport sur les collèges remis, en 1982, à un autre ministre de l'Éducation, Alain Savary : « Croire qu'une démocratisation consiste à donner à tous l'enseignement qui a jusqu'ici réussi au petit nombre privilégié, c'est condamner à l'échec les élèves que le milieu familial et social n'a pas préparés à affronter ces contenus et ce style d'enseignement[3]. » Gauche ou droite, quelle que soit l'étiquette politique du ministre en exercice, le diagnostic est donc (lieu) commun. Il nous faudra comprendre l'incapacité du système à s'adapter à son public, à se diversifier. Pour l'heure, qui est celle du constat, contentons-nous de mesurer les effets.

La majorité des élèves ne parviennent pas à suivre un enseignement inadapté à leurs capacités. Se développe ainsi une *marginalité de masse*, que Marc Allimant, prof de collège à Parentis, décrit joliment : « Actuellement, on sème plein de graines ; quelques-unes poussent. C'est la technique des rosiers, et l'on taille au fur et à mesure en faisant tomber tous les bourgeons autour des roses qu'on garde. Évidemment, les familles des bourgeons qui tombent

1. *Ibid.*
2. *Le Monde*, 17 janvier 1981.
3. *Pour un collège démocratique*, la Documentation française.

sont catastrophées. » Dressons l'inventaire des mauvaises graines : sur 100 élèves qui entrent en sixième, 75 continuent en quatrième de collège, 40 parviennent en seconde, et, finalement, 26 décrochent le bac. Et les autres, que deviennent-ils ?

Chaque année, 110 000 élèves quittent le système éducatif à seize ans, sans diplôme, sans formation. Ils abandonnent, atteints par la limite d'âge, après avoir traîné de classe en classe depuis le cours préparatoire, le navire de l'Éducation nationale en sixième ; en cinquième, en classe de CPPN ou de CPA. Selon les normes officielles, ils sont catalogués au niveau VI (absence de toute qualification). A ceux-là, il faut ajouter les 90 000 qui, élèves en LEP, renoncent à obtenir un CAP ou un BEP. Ils figurent dans la catégorie V bis, à peine plus enviable que la précédente. D'autres quittent le système scolaire à la fin du cycle de formation du LEP. Curieusement, les statistiques ne départagent pas ceux qui réussissent aux examens, et regroupent tout le monde au niveau V, avec les lycéens qui fuient le cycle long en seconde ou en première. Cette catégorie hybride concerne environ 300 000 adolescents [1]. Au total, si l'on se risque à additionner les pertes, force est de constater que, bon an, mal an, la machine éducative voit s'éloigner d'elle pratiquement la moitié d'une classe d'âge — avec une formation qui varie entre le degré zéro et le niveau de la seconde de lycée.

Ni vraie éducation, ni véritable instruction, ni réelle formation, ni diplôme. Pour plusieurs centaines de milliers d'adolescents, aucune des missions fondamentales de l'enseignement n'est remplie. Ce constat terrible et incontournable induit un gâchis humain, social et économique incalculable. La sous-formation d'un aussi grand nombre de jeunes, alors que la modernisation de l'appareil de production appelle un personnel de plus en plus qualifié, apparaît dans les courbes de chômage. La société est en droit de s'interroger sur la rentabilité même de l'institution, de s'inquiéter de la disproportion phénoménale entre l'investissement consenti (16 % du budget de la nation) et l'efficacité d'une entreprise dont la principale production est l'échec.

Sous couvert d'unité, d'homogénéité, d'égalité, l'école est le lieu, par excellence, de la division, de l'hétérogénéité, de l'inégalité. Aucun bulldozer idéologique ne saurait masquer cette évidence : l'éclate-

1. Tous ces chiffres sont cités par M. Lucien Géminard dans une brochure, *Le Système scolaire*, parue à la Documentation française, 1983. Également : Joëlle Affichard et Françoise Amat, « L'entrée des jeunes dans la vie active », *Données sociales*, INSEE, 1984.

ment du système éducatif. Tous les faits que nous avons rassemblés dans ce panorama concourent au même bilan : l'effarante diversité sociale, culturelle, psychologique des enfants scolarisés. Vouloir les façonner dans le même moule engendre monstres et handicapés. La réforme Haby a amplement démontré que le mélange indifférencié et volontariste est explosif, que le modèle unique est réducteur. Que faire, en particulier, des naufragés de l'enseignement qu'on tente désespérément de traiter comme les autres enfants ?

L'inspecteur Jean Binon aborde la question sans fioritures diplomatiques. C'est l'avantage des rapports confidentiels que de décrire les choses de manière crue et directe : « 15 à 20 % des élèves issus de l'école primaire se trouvent, dès la fin du CM 2, en situation d'échec scolaire à peu près définitif. Depuis vingt ans, toutes les réformes ont été faites pour ces élèves ; elles ont toutes échoué à cause d'eux... On ruine tout le dispositif d'enseignement à cause d'eux, sans même parvenir, en compensation, à ce qu'ils tirent quelques profits [1]. » Effrayant verdict dont nul ne s'étonnera qu'on le cache à l'opinion publique. Il pose, en effet, directement une question subsidiaire qui reste un tabou suprême pour les parents et les enseignants : l'inégalité intellectuelle entre les enfants.

Cas par cas, dans la salle des profs, certains se risquent à aborder ce terrain miné où l'on est tôt catalogué fort à droite sur l'échiquier politique. Peu osent, comme François Hébertot, professeur en Bretagne et militant du PS, prendre le taureau par les cornes : « On nie qu'il y ait des élèves intelligents et d'autres qui ne le sont pas. Le collègue de philo conteste la notion même d'intelligence ou les moyens de l'apprécier. Moi, qui suis un scientifique, je sais qu'il y a des enfants plus intelligents que d'autres. Si l'on dit cela à certains collègues, on s'entend répondre que tout le monde a le même nombre de neurones. Tout le monde aussi a deux jambes, n'empêche que le prof d'éducation physique sait très bien que certains élèves sautent 1,20 m et d'autres 1,60 m. » Prendre acte de la diversité et penser la différence. Le système éducatif, s'il veut se sauver, n'échappera pas à cette interpellation. Ceux qui sont en première ligne, en tout cas, ne sauraient se dérober. Dans leur classe, confrontés à un public mouvant, ils vivent chaque jour les effets de cette crise que, jusqu'ici, nous n'avons dépeinte qu'en chiffres. Après le décor, place aux acteurs.

1. *Op. cit.*

PREMIÈRE PARTIE

LES ACTEURS

CHAPITRE 1

Autopsie

Élus mais pas appelés – Nombreux, jeunes et frustrés – Le corps décomposé – Le savant et le pédagogue – Incontrôle continu.

En principe, cela ne se produit pas sans le bruissement d'ailes d'un ange annonciateur, sans un élan du cœur et de la raison, ou un écart sur le chemin de Damas. Parce que initiateur, parce que truchement de mystères, parce que manipulateur de vies à venir, l'enseignant est censé répondre à un appel. En réalité, les anges ne visitent plus personne, le cœur n'y est pas, la raison caicule, et la route de Damas est coupée. La « vocation » des profs est, au mieux, une tradition enfuie, et, au pire, une fable racoleuse.

Ils le disent eux-mêmes, ou plutôt le disent en deux temps. Pour ne pas s'empêtrer dans les grilles d'une psychanalyse sommaire, il suffit à l'enquêteur de poser une question simple : avez-vous choisi ce métier ? Quatre-vingt-dix-neuf fois sur cent, un « oui » de rigueur monte aux lèvres de l'interrogé. Et quatre-vingt-dix-neuf fois sur cent, il se reprend : est-ce le métier qu'il a choisi, ou bien est-ce l'itinéraire qui y conduit ? Est-ce cet itinéraire même, ou bien quelque bifurcation sur un parcours déjà balisé ? Que l'enquêteur insiste. Qu'il demande, par exemple, si la fatalité de l'issue incluait une connaissance effective de la profession qui se profilait au bout. Chœur de dénégations. Qu'il insiste encore : avez-vous, concrètement, eu l'occasion de trancher entre plusieurs activités possibles ? Le cas est rarissime. On ne devient pas prof, on se retrouve prof, voilà le problème. Ensuite, et ensuite seulement, on ratifie ou non le legs du hasard et de la nécessité.

A défaut de vocations déclarées — du moins en nombre significatif —, il subsiste, au sein de la génération enseignante majoritaire, quelques spécimens qui ont cru à la tradition, et ont résolu fort jeunes d'imiter les Anciens. Benoît Le Roux, trente-sept ans, agrégé de lettres classiques, offre un contre-modèle parfait : « Comme tous les enfants, j'ai d'abord voulu être coureur cycliste ou pompier. Mais le métier de prof m'a attiré dès ma sixième, ou ma cinquième, quand j'ai découvert cette diversité de maîtres, avec chacun sa discipline, sa passion particulière. J'ai voulu faire comme eux ; j'ai voulu être prof pour ressembler à mes profs. » Pari doublement désuet. Parce que solitaire — le style « gardien du feu » est devenu, dans le monde scolaire, morceau d'anthologie ou pièce de collection. Et parce que impossible — l'imitation n'a plus cours quand l'original tombe en ruine.

Telle est l'exception. Et voici la règle. Anne Loup, trente-cinq ans, enseigne l'allemand dans un lycée de province. Pourquoi ? « Par hasard, en suivant la filière normale des bons élèves. On réussissait en classe, on continuait dans la discipline où cela marchait le mieux sans se poser de questions. J'ai choisi d'être germaniste — c'est le seul choix que j'ai fait. J'aurais souhaité devenir médecin mais, pour des raisons d'ordre familial, j'ai dû poursuivre en lettres. Vraiment pas la vocation. Ce regret, je le porte à jamais. » Le bilan n'est pas toujours aussi amer, mais l'enchaînement bon élève-bon étudiant-donc prof est la commune destinée des uns et des autres, toutes catégories confondues.

Françoise Vigé-Hélie, de deux ans plus jeune qu'Anne Loup, ne se plaint pas de cette destinée. La voilà chargée, dans la banlieue parisienne, d'un poste de français-latin en collège. Mais, rétrospectivement, elle observe que la voie sur laquelle sa vie se trouvait engagée ne comportait qu'un terminus : « J'ai franchi les étapes du cursus normal — le bac, la fac de lettres, la licence, le CAPES[1] ; dès lors que j'étais lancée, je ne pouvais pas faire d'autre métier, je n'en voyais pas d'autre. Heureusement que celui-ci me convenait. » A l'autre bout de la France, à Marseille où elle enseigne également le français, mais en LEP[2], sa collègue Elisabeth de Saporta répond en écho : « Ai-je choisi d'être prof ? Pratiquement, oui. Enfin, disons que c'est un concours de circonstances, un environnement. A partir d'un certain moment, je n'imaginais pas que cela puisse déboucher sur autre chose. Si j'exerçais un métier, ce serait forcément ce métier... »

Une pente douce, un tunnel tiède. Mais le toboggan finit par

1. Certificat d'aptitude à l'enseignement du second degré. Concours de recrutement des professeurs certifiés.

2. Lycée d'enseignement professionnel (ex-collège d'enseignement technique).

donner le vertige à qui regarde autour de lui au lieu de se laisser glisser. Et le tunnel n'a de raison d'être, de justification, de légitimité, que par la sortie et non par l'entrée. Et puis, comment distinguer entre une passion intellectuelle vraiment motrice et l'entraînement, malgré soi, vers une sorte d'enfermement programmé ? A trente-huit ans, Christian Prigent, prof et fils de prof, poète en renom, se sent coincé au collège de Melun, et ne démêle que malaisément ce qu'il a souhaité de ce qu'il a subi : « Ce qui m'a conduit ici ? Le poids de l'habitude. J'ai suivi des études de lettres parce que j'étais incapable de suivre d'autres études. J'ai remonté la filière, passé les IPES [1] — tout était dessiné. Il y avait aussi une espèce de tradition familiale. Et diverses raisons, plus nobles : quand quelqu'un entame des études poussé par un intérêt pour la chose littéraire, l'enseignement est l'unique perspective qui lui soit offerte. J'étais sur des rails. Tout ce que je savais, c'était transmettre aux autres le savoir que j'avais moi-même reçu : la littérature française, la grammaire latine, etc. »

Le métier rançon de la passion, séquelle d'une poussée de fièvre ? Pierre Lutz, qui a le même âge que Christian Prigent, décrit ainsi sa non-vocation. Il s'est enflammé pour l'histoire. Rien à voir, ou pas grand-chose, avec la fonction qu'il remplit — en qualité d'agrégé — au collège de Clichy-sous-Bois. Bottes effilées, silhouette de faucheux (ses élèves le surnomment Lucky Luke), moustache en croc et franc-parler corrosif, il ne mâche pas ses souvenirs : « Moi, je n'ai jamais été satisfait de l'école, j'ai vécu l'école comme une galère épouvantable. Je ne voulais pas du tout être prof. Ça s'est fait comme ça, un engrenage ; on démarre des études et on se découvre prof parce qu'il n'y a pas d'autre débouché. J'avais choisi l'histoire, ça m'intéressait, j'ai décroché l'agreg. Quand on aime l'histoire, que devient-on si ce n'est prof ? Finalement, je me suis retrouvé dans un collège de banlieue et j'ai été surpris que, dans une certaine mesure, cela ne me déplaise pas. »

Le coup de foudre — tardif — de Jean Ungaro pour la philosophie lui vaut, à quarante-huit ans, d'être ancré depuis seize années dans un lycée breton. Lui, pourtant, avait d'abord battu les chemins de traverse. Mais le sens de la pente a été le plus fort :

1. Institut de préparation à l'enseignement secondaire (aujourd'hui disparu). L'étudiant passait ce concours à l'orée de la licence et était rétribué durant ses études contre la promesse d'enseigner dix ans.

« Choisi ? Vraiment choisi, non. C'est très circonstanciel, et en partie accidentel. Je voulais faire du cinéma. Mon cursus n'est pas très orthodoxe. J'ai quitté le lycée en seconde (je n'ai pas le bac), essayé divers boulots provisoires, puis rattrapé le cheminement universitaire par examen spécial. Je ne voulais pas devenir prof mais j'ai choisi la philo — j'étais attiré par quelque chose qui m'intriguait. Un jour, j'ai demandé à un prêtre défroqué pourquoi il s'était fait prêtre. Il m'a répondu : je n'en sais rien, j'étais au séminaire, et quand on est au séminaire, il va de soi qu'on sera prêtre. Voilà : quand on passe une licence de philo, il va de soi qu'on sera enseignant. On ne mesure pas combien, en vieillissant, il sera difficile de changer d'activité. »

On objectera que la fatalité est plus vive, *a priori*, pour les adeptes de Platon que pour ceux d'Einstein. En fait, les discours ne varient guère de part et d'autre de la frontière qui sépare les « scientifiques » des « littéraires ». L'estampille universitaire, au dire des enseignants, a valeur de cordon ombilical. Témoin la mésaventure de France Vincent, trente-sept ans, qui enseigne la physique et la chimie dans l'Oise. Sa carrière débute brillamment : grâce à une thèse de troisième cycle sur le lithium, elle est, durant deux années, attachée comme assistante déléguée au laboratoire d'astrophysique de Lyon. Cela ne dure pas : « Je me suis mariée et suis venue à Paris préparer les concours. Je ne ressentais aucune vocation pour l'enseignement — j'étais sans vraie passion pour la recherche, et sans débouché vers l'industrie. Je manquais de hargne : j'ai été admissible mais collée à l'oral. Il m'a fallu devenir auxiliaire, boucher les trous, vendre à la demande de la technologie, des maths, n'importe quoi. La chute était rude. » Au fond, les uns se retrouvent devant une classe parce qu'ils ont réussi un concours, et les autres parce qu'ils l'ont manqué...

Les femmes sont-elles victimes d'une pression spécifique, d'une « normalisation » précoce ? Sont-elles, plus que les hommes, happées vers une direction rectiligne, confinées dans une trajectoire sans appel ? Beaucoup le pensent et le disent. Hélène Bodic, trente-deux ans, professeur de lettres modernes à Compiègne, non seulement n'invoque pas une vocation personnelle, mais s'estime prisonnière d'un désir parental : « J'ai été embarquée dans des études littéraires ; je n'imaginais pas qu'il puisse exister d'autre profession possible pour moi. Quelque part était écrit que j'étais une femme et que cet état devait me convenir. J'ai quand même hésité puisque, après mon bac, en 1968, j'ai refait une terminale D pour tâter de la biologie. Finalement, j'ai choisi les lettres. J'étais attirée par la relation prof-élèves — la recherche m'apparaissait trop solitaire. J'ai appris ensuite que le rêve de ma mère aurait été de devenir prof de français. »

Anne Solidor, hier hispanisante et aujourd'hui documentaliste dans le Finistère, lie son entrée dans la « carrière » à la double tutelle d'une mère et d'un époux : « Je souhaitais être assistante sociale mais j'étais trop jeune pour être admise à l'école d'infirmières (il fallait avoir dix-huit ans). Ma mère avait peur de me voir aller en faculté et m'a inscrite en hypokhâgne [1]. J'ai pris goût aux études et j'ai passé le concours de l'IPES. Je n'étais sûrement pas mûre. J'ai alors rencontré, dans la même classe, mon futur mari. L'IPES me permettait d'être financièrement indépendante, et j'ai logiquement opté pour la licence d'espagnol... et le mariage. » La « vocation » transite ainsi de la famille originelle au foyer conjugal. Et l'incitation est plus nette encore quand la source est modeste : « Aînée de cinq enfants, raconte Marie Fontaine, d'Alès, je me suis orientée vers l'enseignement car c'était à la fois une promotion et une sécurité. Mon père était ouvrier ajusteur. Nous sommes quatre filles et un garçon : les quatre filles sont dans l'Éducation nationale. » Une pointe de regret, sous la pointe d'accent cévenol : « J'aurais été intéressée par la recherche scientifique, par le dessin. Je n'ai pas choisi, non, je n'ai pas choisi. » Et, au terme de l'entretien, un aveu : « Je n'inciterai pas mes enfants à m'imiter. Mon aîné, lui, a envie de faire de la recherche, d'inventer — je le comprends. » L'aîné, le garçon...

On rencontre néanmoins des enseignants — ils sont rares, sauf dans le technique — qui ont eu l'expérience d'une autre vie, de l'autre vie : celle de l'entreprise. Eux ont testé, comparé les lieux, les rythmes, les systèmes. Et les attendus de leurs décisions méritent l'examen. François Hébertot, par exemple, actuellement professeur de physique dans un lycée, a délaissé en 1967 la carrière d'ingénieur chimiste qui s'offrait à lui. Il ne regrette rien : « C'est un acte volontaire. J'étais entré à l'école de chimie de Strasbourg après maths sup et maths spé [2]. Mais mon caractère indépendant et mes opinions politiques (de gauche) m'auraient compliqué la vie chez un patron. Quand j'ai fait le saut, le rapport salarial allait du

1. Ou lettres supérieures. Classe préparatoire (première année) au concours de l'École normale supérieure.
2. Classes préparatoires aux concours des grandes écoles scientifiques.

simple au double. J'ai donc acheté la liberté qu'on a comme enseignant. »

Dans un couloir voisin, Danièle Bousquet professe les sciences et techniques économiques. Ce voisinage n'est pas seulement géographique. Elle aussi, voilà vingt ans (elle atteint à présent la quarantaine), a débuté comme cadre — commercial — chez un patron. Mais dès que possible, elle a fui le secteur privé pour la Fonction publique : « Je n'avais pas l'intention d'être prof, je le suis devenue par nécessité. Je ne pouvais absolument plus supporter les rapports hiérarchiques au sein de l'entreprise. J'ai très vivement combattu cette hiérarchie, et aussi le sexisme qui était la norme. J'ai vérifié par la suite que, dans l'Éducation nationale, on ne subissait pas cette pesanteur, ces contrôles tatillons. On dispose d'une grande latitude, d'une grande marge de manœuvre. »

Vocations ? Franchement, non. Désir profond, argumenté, de rejoindre l'armée des fonctionnaires. François Hébertot s'est aperçu, très vite, que le métier — la relation avec les jeunes — lui semblait « sympa ». Danièle Bousquet, qui n'avait jamais vraiment eu le feu sacré, ne brûle que de s'évader du lycée comme elle s'est jadis évadée du bureau. Mais de toute manière, cette divergence est postérieure à leur choix commun ; ou plutôt, pour être précis, ce qui alimente leur divergence (l'intérêt qu'éveille ou que n'éveille pas en eux l'activité pédagogique) n'était guère l'élément déterminant de leur option professionnelle. Ils évoquent spontanément l'un et l'autre — et sont en cela parfaitement représentatifs — la volonté de se dégager d'une dépendance, d'échapper aux rapports de pouvoir, aux contraintes, aux conflits dont l'entreprise est le terrain. Ils ont d'abord choisi un statut. Tous comptes faits, sont-ils si différents de ceux de leurs collègues qui s'estimaient « sur des rails » ? Ils ont eux-mêmes composté leur billet, ils se sont débrouillés pour prendre le train en marche, et leur seuil d'initiative s'est cantonné là.

L'enseignement technique recrute pour ses ateliers des ouvriers ou des techniciens qui viennent de « la profession », du « monde du travail ». Eux aussi ont choisi après avoir connu autre chose. Mais qu'ont-ils choisi ? Daniel Paravisini, trente-cinq ans, mécanicien auto marseillais, raconte son itinéraire : « Je suis devenu enseignant par hasard. Enfin non, pas complètement. J'avais appris la mécanique ici, au CET Mistral, puis j'ai travaillé comme ouvrier, comme artisan. Un beau jour, M. Didon, mon ancien professeur, lui aussi sorti de l'atelier, m'a signalé qu'il y avait des postes libres. C'était une période difficile pour l'automobile. On me proposait de retrouver un cadre que j'avais fréquenté comme élève, où je ne serais pas dépaysé. J'ai accepté. » Rieur, bien dans sa peau, la pommette colorée, Daniel Paravisini reconnaît en confidence qu'il ne remettra pas de sitôt les pieds dans un garage privé. Le voici pourvu d'un titre qui a valeur de promotion culturelle, d'un emploi stable égayé de loisirs abondants, et d'un environnement qui demeure familier. Autant dire qu'il se sent prof jusqu'au bout des ongles...

Récapitulons. Soutenir que la « vocation » enseignante est un rideau de fumée n'est pas nier qu'il existe des professeurs passionnés par leur métier. C'est formuler un constat : si l'on interroge, par centaines, des représentants de la génération dominante dans le système éducatif, en veillant à varier les disciplines, les établissements, les régions, les paramètres individuels, on découvre qu'une proportion infime, impossible à chiffrer tant elle est faible, de maîtres en exercice, relate sa trajectoire professionnelle en prononçant le mot « élèves ». Les profs ont choisi d'aller à l'université. Ils ont choisi — parfois avec ferveur — d'étudier les mathématiques, la philosophie ou les sciences naturelles. Ils ont choisi de devenir fonctionnaires. Ils ont choisi, pour certains d'entre eux, le secteur public plutôt que le secteur privé. Ils ont subi des épreuves difficiles qui entérinaient ce choix. Ils ont choisi d'obéir à l'incitation parentale ou de lui désobéir par enthousiasme intellectuel. Mais ils n'ont pas choisi, pour la plupart, de s'adresser à un public, d'affronter trente regards, de transmettre un savoir, de communiquer une conviction. Ils n'ont pas choisi de vivre avec des adolescents. Ils n'ont pas choisi d'être pédagogues. Ils n'ont pas choisi d'être profs.

Quelques dizaines de milliers d'enseignants protesteront de très bonne foi à la lecture de ce verdict. Ils représentent la minorité somme toute assez forte qui a mué ce non-choix en vocation, qui a librement ratifié un concours de circonstances, qui s'est déterminée au sein du déterminisme qui l'emportait. Parodiant Sartre, on pourrait écrire que fort peu de professeurs sont responsables de leur situation mais que nombre d'entre eux, cette situation étant acquise, s'en sont jugés comptables. Hors les murs de l'école, pareille observation serait d'une totale banalité : ainsi fonctionne, en général, le marché du travail. Les dentistes, les percepteurs ou les agents d'assurances confessent volontiers que leur point de chute combine divers aléas subjectifs et objectifs. Les profs, eux, admettent difficilement que leur ministère résulte d'une coïncidence, voire d'un renoncement.

Pourquoi cette réticence ? Parce que la faille est considérable entre les maîtres d'aujourd'hui et ceux qui furent leurs maîtres. Si béante, si profonde, qu'on n'ose l'explorer, ni même la nommer. Naguère, l'instituteur du village désignait souverainement ceux qui seraient dignes de lui emboîter le pas : « Mon père était traiteur-pâtissier, raconte Michel Chauou, principal de collège dans les Côtes-du-Nord. Je rêvais d'apprendre la cuisine. Mais le directeur de mon école m'a sélectionné pour présenter le concours d'entrée à l'École normale. » Désormais, le tableau d'honneur tourne à l'épouvantail. Suzanne Julliard, qui détient depuis dix-neuf ans la chaire de littérature française dans la plus prestigieuse hypokhâgne féminine de ce pays, celle du lycée Fénelon à Paris, ne se paie guère de mots : « Je ne reçois plus une seule élève qui déclare qu'elle sera prof. Même les sévriennes [1] visent la recherche, l'ENA, un poste de bibliothécaire — tout ce qui implique le non-enseignement. Nous sommes en pleine absurdité. »

Entre ces deux extrêmes, entre les fausses vocations et les séminaires désertés, naviguent 300 000 enseignants qui n'ont ni plus ni moins de raisons d'être là qu'ailleurs, du moins de raisons propres, intimes, construites. Cela doit être également vrai d'innombrables corps de métier. Mais quand on est prof, justement, semblable banalité est inavouable.

L'inflation du corps enseignant, elle, n'est certes pas banale, et il n'est nul besoin d'être grand expert pour rapprocher les deux phénomènes : dilatation et dispersion, multiplication et crise d'identité. Les chiffres sont écrasants. Laissons-nous, un moment, emporter par l'avalanche. Tous établissements et toutes catégories confondus, l'enseignement secondaire employait 27 800 maîtres en 1951. Sept ans plus tard, à l'aube de la Ve République, ils étaient 66 300. En moins d'une décennie, ce nombre doublait (135 400 en 1966). Et il a doublé une seconde fois entre les premiers feux de mai 1968 et l'élection de François Mitterrand (288 000 à la rentrée de 1981) [2]. La progression, folle, galopante, a été de 10 % l'an pour

1. Élèves admises à l'École normale supérieure de Sèvres, qui se veut la voie royale vers le professorat.

2. Sources : Alain Norvez, *Le Corps enseignant et l'Évolution démographique*, publié aux PUF sous l'égide de l'INED en 1977 ; notes d'information du SIGES ; « tableaux de bord » du ministère de l'Éducation nationale.

la période 1958-1970, avec un maximum de 13,8 % en 1965. On a dû, chacune de ces années, recruter cinq fois plus d'enseignants qu'en phase de stabilité des effectifs scolaires. La croissance s'est brutalement ralentie au tournant de 1970. Elle est à présent quasi nulle — on assiste plus à des transferts qu'à des créations de postes. Mais quelle vague, quelle lame de fond ! En un quart de siècle, quatre à cinq fois plus de profs.

Encore cette ruée est-elle inégalement répartie. Entre 1958 et 1974, les professeurs de lycée effectuent un spectaculaire bond en avant : ils passent de 37 700 à 68 200. Mais, dans la même foulée, du même élan, leurs collègues en collège, eux, battent le record du siècle : ils étaient 47 500 en 1966, 115 500 huit ans après. Et depuis, l'écart s'est encore creusé. A la rentré de 1983, les enseignants qui exercent en collège, soit 163 294 personnes, sont plus du double de leurs collègues de lycée : 75 056. C'est peu dire, au vu de ces chiffres, que le second degré est coupé en deux. La balance est tellement inégale que toute l'imagerie mentale en est affectée. Le

II. CROISSANCE COMPARÉE DES EFFECTIFS D'ÉLÈVES ET D'ENSEIGNANTS 1958-1975

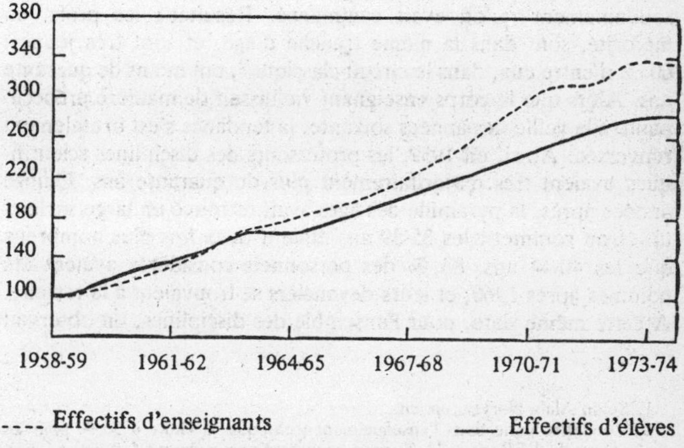

Source : Alain Norvez, *Le Corps enseignant et l'Evolution démographique*, Paris, PUF, 1978.

lycée est devenu, sinon une annexe, du moins un appendice du collège, concurrencé par le lycée d'enseignement professionnel, le LEP, où travaillent plus de 50 000 maîtres. « Le prof » n'est plus un magistrat qui délivre le bac mais un préposé à l'accueil des gamins montés en graine. En dehors de toute autre considération, l'espèce, proliférant à la vitesse des lapins hors concours, a obligatoirement perdu de son mystère. Il y a toujours un enseignant à deux pas de chez vous : l'intellectuel rare est devenu voisin de palier.

Autre évolution notable : ce voisin est le plus souvent une voisine. La courbe s'envole jusqu'en 1977 puis amorce une légère baisse. Dans les disciplines générales (en excluant donc les spécialités « masculines » qui déséquilibrent l'évaluation des flux), la « féminisation » est spectaculaire : 46 % en 1951, 48,5 % en 1955, 53,7 % en 1959, 59,6 % en 1974[1]. Toutes spécialités mêlées, les femmes représentent aujourd'hui 55 % des enseignants du second degré. Avec, cependant, une nuance qui n'est pas mince : si un professeur sur deux est un homme dans les lycées, 62 % sont des femmes dans les collèges. En d'autres termes, le recul sensible des pourcentages masculins accompagne les deux traits majeurs de l'évolution du milieu : sa « banalisation » sociale par l'explosion des effectifs, et sa concentration dans les collèges.

Plus spectaculaire encore, l'âge des enseignant(e)s. On a recruté soudainement, on a recruté à foison, on a cessé de recruter aussi soudainement qu'on avait commencé. Résultat : les profs, en majorité, sont dans la même tranche d'âge, et sont très jeunes. 60 % d'entre eux, dans le circuit classique[2], ont moins de quarante ans. Alors que le corps enseignant vieillissait de manière préoccupante à la veille des années soixante, la tendance s'est brutalement renversée. Ainsi, en 1959, les professeurs des disciplines scientifiques avaient très majoritairement plus de quarante ans. Quinze années après, la pyramide des âges avait retrouvé un large socle et un étroit sommet : les 35-39 ans étaient deux fois plus nombreux que les 40-44 ans. 83 % des personnels considérés avaient été nommés après 1960, et leurs devanciers se trouvaient à la retraite. A cette même date, pour l'ensemble des disciplines, on observait

1. Selon Alain Norvez, *op. cit.*
2. Ce chiffre varie dans l'enseignement technique (il chute à 56 % pour les professeurs de LEP, et à 42 % pour ceux de l'enseignement technique long). Source : rapport de Laurent Schwartz, in *La France en mai 1981*, commission du Bilan, la Documentation française.

III. LA FÉMINISATION DU CORPS ENSEIGNANT

Répartition par âge et par sexe des diverses catégories de personnel du second degré

Situation 1980-1981 sur 100 hommes et 100 femmes de chaque catégorie

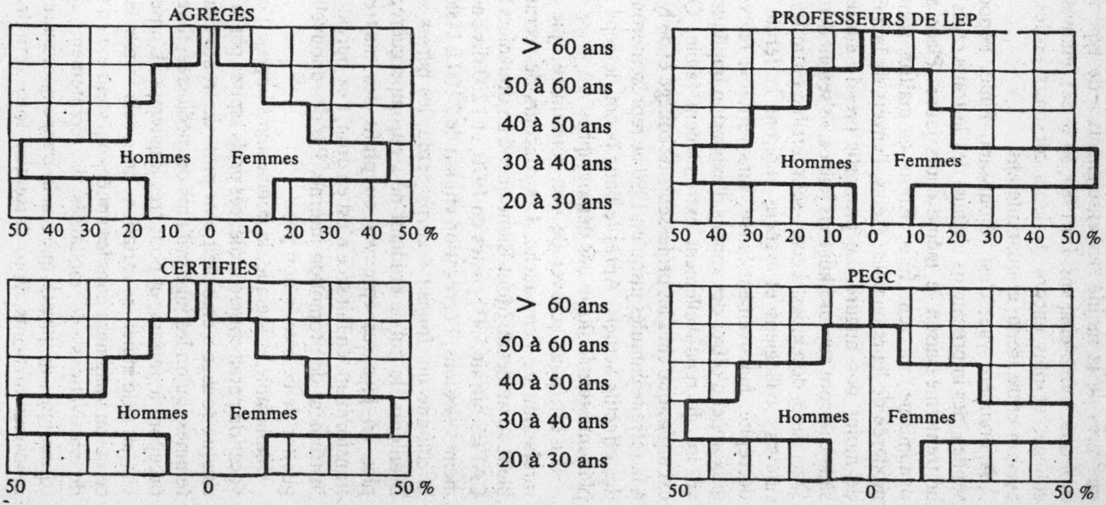

que près de la moitié des enseignants « de type lycée » avaient moins de trente-cinq ans. En 1980, 50 % des femmes professeurs de collège, et plus encore de leurs consœurs professeurs de LEP, avaient entre trente et quarante ans.

A première vue, c'est réjouissant. Finie, l'époque des tyrans séniles, des imprécateurs chenus, des 78-tours rayés ânonnant pour la trentième saison le même cours jauni. Place aux jeunes, au dynamisme, au vent frais. Enfin les maîtres sont-ils à distance modérée de leurs ouailles. Hélas, l'envers de la médaille se révèle de moins bon augure. Le pronostic prend l'allure d'une lapalissade : ils sont aujourd'hui tous jeunes, ils seront demain tous vieux. D'ici deux décennies, l'écart sera terrible entre les élèves et leurs tuteurs : collégiens et lycéens subiront la férule d'une cohorte décrépite, massivement fanée, sans véritable relève. Car le fabuleux appel d'offres des années d'expansion implique désormais une vitesse de renouvellement extrêmement faible. On prévoit, par exemple, que chez les professeurs de collège et de lycée, les départs à la retraite cumulés jusqu'en 1990 ne représenteront que 13 à 20 % des effectifs actuels. Après le baby boom, le pépé boom, selon la plaisante terminologie des démographes...

Il n'est, pour achever de s'en convaincre, que de constater la raréfaction de l'embauche. Les concours de recrutement ressemblent au tunnel du Mont-Blanc quand les douaniers font du zèle. Le CAPES offrait 5 300 postes en 1970, et 1 200 dix ans plus tard. Aux mêmes sessions, l'agrégation chutait de 2 100 à 1 000 élus. Derrière la colonne qui fonçait à corps perdu, les herses sont retombées. D'ailleurs, le public étudiant ne s'y trompe guère, qui déserte de plus en plus ces épreuves au profit des maîtres en fonction, transformant, en fait si ce n'est en droit, l'ex-bureau d'embauche en instrument de promotion interne. Pas de renouvellement, donc, à guetter de ce côté-là non plus.

Implacable et logique, la conclusion s'impose : ces profs dont la vocation paraît conjecturale, ces profs aspirés par la machine quand chaque rouage s'emballait, ces profs de trente-cinq ans, ces profs femmes, qu'on les juge brillants ou médiocres, fougueux ou blasés, occupent le terrain, et pour très longtemps. L'enseignement, c'est eux, et à de mineures variations près, cela restera leur affaire. Tout ce qu'on imaginera dans les années qui viennent en matière d'étude de motivations, de modalités de recrutement, de contenu des formations, ne jouera que sur la frange nécessairement ténue des nouveaux arrivants. Pour l'essentiel, force sera de composer avec

IV. PYRAMIDES DES AGES

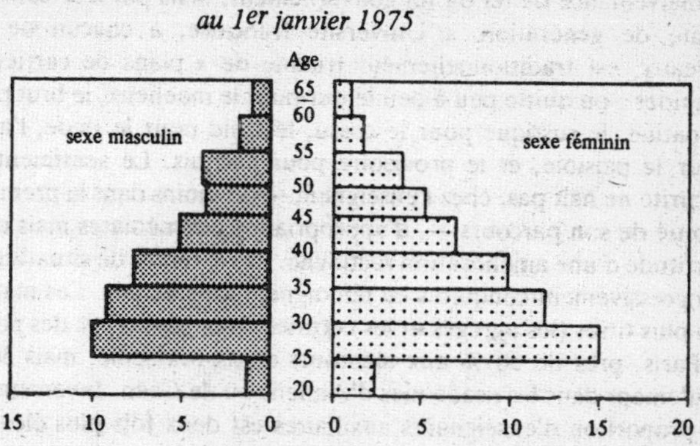

Ensemble des enseignants titulaires de «type lycée» ; pyramide des âges au 1er janvier 1975 (effectifs d'un groupe d'âges pour une population totale de 100).

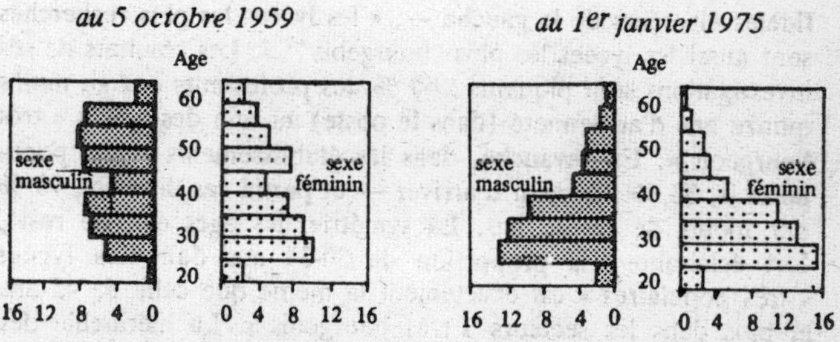

Pyramides des âges des professeurs (disciplines scientifiques au 5 octobre 1959 et au 1er janvier 1975). (Effectifs d'un groupe d'âges pour une population totale de 100.)

Source : Alain Norvez, *op. cit.*

ceux qui sont déjà là, avec leurs habitudes, leurs références, leurs aspirations.

Or ils sont condamnés à souffrir de frustrations aiguës. Non par la malveillance de tel ou tel gouvernement, mais par leur communauté de génération. L'Université française, à chacun de ses niveaux, est traditionnellement friande de « plans de carrière » limpides : on quitte peu à peu le dur pour le moelleux, le brut pour le patiné, le rustique pour le cossu, le froid pour le tiède, l'agité pour le paisible, et le provisoire pour l'acquis. Le sentiment de sécurité ne naît pas, chez l'enseignant — du moins dans la première moitié de son parcours —, d'appropriations immédiates mais de la certitude d'une amélioration rectiligne. Les « rentes de situation[1] » progressivement conquises en témoignent sans détour. Les maîtres les plus titrés (les agrégés et les certifiés) occupent 65 % des postes à Paris, près de 50 % aux alentours d'Aix-Marseille, mais 36 % seulement dans les académies d'Amiens ou de Caen. Inversement, la proportion d'enseignants auxiliaires est deux fois plus élevée à Amiens qu'à Aix.

Plus on est diplômé, plus on est ancien dans le métier, et plus on s'achemine du nord vers le sud, des bourgs vers les villes, de la province vers la capitale, de la terre d'exil vers le pays natal, et du collège « difficile » vers le lycée « bien ». Un chercheur[2] a ainsi établi, non sans malice, que pour les professeurs — fussent-ils fidèles électeurs de la gauche —, « les lycées les plus recherchés sont aussi les lycées les plus 'bourgeois'[3] ». Les résultats de ses investigations sont piquants : 60 % des professeurs ont au moins quinze ans d'ancienneté (dans le poste) au sein des lycées « très bourgeois ». En revanche, dans les établissements « très populaires », 38 % viennent d'arriver — et parmi ces derniers, 70 % ont moins de trente ans. La symétrie des âges est, du reste, fort éclairante : la proportion de 30-34 ans dans les lycées « très populaires » est exactement la même que celle de 45 ans et plus dans les secteurs « très bourgeois ». La hiérarchie des

1. Le terme est de Laurent Schwartz, *op. cit.*

2. Alain Léger, « Les déterminants sociaux des carrières enseignantes », *Revue française de sociologie*, octobre-décembre 1981.

3. L'enquête porte sur les 4553 professeurs de tous les lycées dans dix départements métropolitains. Les établissements sont qualifiés en fonction du pourcentage d'enfants d'ouvriers qu'ils accueillent (de « très bourgeois » : moins de 30 %, à « très populaire » : 60 % et plus).

grades rapportée à celle des milieux sociaux traduit un formidable rejet des élèves défavorisés par les professeurs de haut de gamme : 1 % d'agrégés en zone « très populaire », 68 % en terrain « très bourgeois ». Moralité : plus un enseignant gagne du galon et de l'expérience, plus il cherche refuge dans les eaux calmes.

Jusqu'alors, nul, ou presque, ne s'en formalisait. Il semblait naturel d'aller au charbon à l'issue du concours, de faire surface dans la force de l'âge, puis de s'installer douillettement quand les aînés battaient en retraite. Ce scénario est à présent complètement périmé. Certes, les bleus, les bizuts, les sans grade continuent d'être bombardés à cinq cents lieues de leur point d'envol ; certes, comme au bon vieux temps, ils écopent — vu leur fraîcheur — des emplois du temps les plus décousus et des sections réputées indomptables. Mais le respect de la tradition s'arrête là. Puisque tout le monde a le même âge, puisque tout le monde est entré en même temps, puisque tout le monde — ou peu s'en faut — veut la même chose, rien ne va plus. L'ensemble du dispositif est gelé, saturé ; un bouchon se forme à chaque carrefour. La première nomination, rituellement non conforme aux vœux du débutant mais naguère supportée comme épreuve initiatique, devient une sorte de condamnation à perpétuité, adoucie de la promesse (implicite) d'une (éventuelle) réduction de peine — d'ici quinze ans, si la conjoncture le permet, et en cas de bonne conduite.

34 000 enseignants ont demandé leur mutation en 1982, et 32 000 en 1983. Les deux tiers des postulants n'ont pas obtenu satisfaction en 1982, et les trois quarts en 1983. En outre, les disparités sont considérables entre disciplines, et varient d'une année sur l'autre au sein d'une même spécialité. Les historiens pavoisaient en 1982, mais 83 % d'entre eux allaient au tapis l'année suivante. Conséquence : un couple de profs — et l'on verra qu'ils vont souvent par paire — ne saurait évaluer son espérance de changement pour peu que les conjoints enseignent des matières différentes ; l'année faste de l'un sera l'année néfaste de l'autre, et donc, en fin de compte, néfaste pour les deux. L'équation pourrait s'écrire ainsi : sciences nats + espagnol = Tourcoing.

La question n'est pas seulement géographique. La paisible transhumance des classes à problème vers les classes sans problème n'est plus qu'un souvenir. D'abord, les classes sans problème se font rares. Ensuite, elles sont « tenues » par des maîtres à peine plus âgés que ceux qui les convoitent. Affinons ainsi l'équation :

sciences nats + espagnol = Tourcoing + classes à problème — espoir d'une amélioration prochaine. Ce cocktail de données est plus subtil qu'il n'y paraît. Si les enseignants étaient mus par une forte inclination pour la pédagogie et une passion modérée pour la Fonction publique, leur situation serait tolérable. Mais puisqu'une minorité a choisi cette voie par désir d'affronter des élèves, et que la quasi-totalité, en revanche, a souhaité ardemment devenir fonctionnaire, c'est une génération entière — pour comble pléthorique — qui se retrouve coincée. On lui demande de s'engager avec la jubilation du martyr dans un sacerdoce involontaire. Et on ne lui offre, en contrepartie, qu'une sécurité insécurisante. Enfin, jusqu'au mois de mai 1981, il était loisible d'inscrire cette frustration au compte de l'hostilité avaricieuse de la droite régnante. Depuis que l'électorat de gauche, enseignants en tête, a interrompu ce règne, l'explication ne tient plus : la force des choses est écrasante, surtout quand elle coïncide avec la force de l'âge.

Ils subissent les inconvénients du grand nombre. En exploitent-ils les avantages ? Le public se plaît à imaginer les profs comme une confrérie compacte, une colossale franc-maçonnerie, un bataillon homogène sinon fraternel. Image fort captieuse. Au fur et à mesure que le corps a grandi, il s'est fissuré, fragmenté, décomposé. Le voici en miettes, au terme d'infinies dissociations, de morcellements raffinés et pervers. A chaque étape de l'explosion scolaire, autrement dit chaque fois qu'une carence récente ou ancienne est devenue patente, les stratèges de l'administration centrale, après consultation de leurs partenaires syndicaux, ont sorti du chapeau un sigle tout neuf, ou deux, ou trois.

Apprenez donc, profanes ingénus pour qui un prof est un prof, que le sort d'un AE — bien que statutairement fort dissemblable — peut être comparé à celui d'un PEGC. Lequel, de toute façon, est ravi de se distinguer des MA grâce au CAPEGC. Certes, pour le portefeuille, mieux eût valu un CPR. Mais la porte est étroite et, à moins de prétendre demeurer MI-SE toute sa vie, force est de se contenter de ce qui est accessible. C'est d'ailleurs ce que font les PEG-LEP en ENNA. Tout le monde ne saurait décrocher le CAET, le CAPT ou le CAPET, et ce ne sont pas les ex-PTA qui nous démentiront. Un bon conseil, enfin : si la routine pédagogique vous menace, briguez un poste de CPE ; avec un peu d'entregent, vous finirez principal[1].

Au cas où certains lecteurs n'auraient pas suivi, tentons une expérience élémentaire : poussons la porte d'une salle des profs. La salle des profs est un lieu, en règle générale, prodigieusement ordinaire. L'unique décoration est la juxtaposition d'affiches syndicales concurrentes. L'unique point d'attroupement, dans les secteurs technologiquement hardis, est un distributeur de café, source inépuisable de convivialité bon marché. La raison d'être de la salle des profs ne procède pas d'une aspiration collective au rassemblement ; tout au contraire, elle n'est que l'habitacle d'une ou plusieurs rangées de casiers en bois, individuels, pourvus d'une serrure et d'une étiquette (l'étiquette adhésive indique un temps de séjour non négligeable, l'étiquette glissée dans des cornières ou fixée par une simple punaise trahit un statut précaire ou une mutation probable). On s'arrête peu en salle des profs, on y passe, sauf au moment des conseils de classe quand, entre deux cours, on égrène les « peut mieux faire » en marge des bulletins. Si une forme de vie, toutefois, s'organise, c'est par sous-ensembles, par groupes, par taches (l'îlot blanc des mathématiciens), par noyaux (ceux qui sont à l'ancre et ceux qui naviguent). Guère d'éclats, un brouhaha confus, des pas pressés plutôt que des pas perdus, une once de mitoyenneté entre deux sonneries.

Pénétrons donc, magnétophone au poing. Quatre demandes : quelle discipline enseignez-vous ? Quel est votre statut ? Combien d'heures assurez-vous ? Pour quel salaire ? Nous sommes — par exemple — dans la banlieue nord-est de Paris. Notre premier interlocuteur est jeune, moins de trente ans sûrement : « Je suis maître auxiliaire, je possède une licence de russe, j'enseigne les lettres modernes et l'histoire-géographie, mon horaire est de 21 heures, et je gagne 5 783 francs par mois. » Le deuxième a dépassé la quarantaine, on sent qu'il est ici chez lui : « Je suis PEGC, c'est-à-dire professeur d'enseignement général de collège ; je suis bivalent : maths et physique, à raison de 21 heures hebdomadaires, pour un salaire de 7 200 francs. » Le troisième se présente, lui, comme certifié : « Je n'ai qu'une spécialité, le français, et je touche 8 500 francs pour un service de 18 heures. » Le quatrième, enfin, à peu près trente-cinq ans : « Je suis agrégé

1. Les esprits curieux pourront se reporter, p. 367, à notre glossaire de proflangue.

d'histoire, j'assure 15 heures par semaine, on me paie 9 000 francs chaque mois. » Voilà. Ils sont dans la même pièce, ils exercent la même profession, ils s'adressent aux mêmes élèves. Et pourtant, de solides barrières catégorielles les séparent. En fouillant dans les coins, on s'apercevrait d'ailleurs que ces grandes divisions sont encore susceptibles de se ramifier, qu'entre l'agrégé et le certifié s'intercale le bi-admissible (deux fois recalé à l'oral de l'agrégation) ; qu'entre le certifié et le PEGC figure l'adjoint d'enseignement, etc.

L'observateur impertinent ne manque pas de relever ce qui tient du paradoxe : moins on dispense de cours, plus le salaire est élevé ; plus on possède de spécialités, moins la rémunération est forte. Il s'étonne, en outre, que le maître auxiliaire, pompier volant de l'établissement, sollicité pour assurer, au pied levé, trois heures d'espagnol ici, et là quatre heures de travail manuel, ne perçoive nulle compensation pour prix de sa mobilité. Eh bien, l'observateur impertinent a tort. Car tout cela est logique, rigoureux, planifié, défini au codicille près, fruit d'une longue et sourcilleuse tradition.

Commençons par le commencement : un prof, de mémoire de prof, c'est — c'était — une discipline, un grade, un horaire. Exemple : mathématiques, agrégé, 15 heures ; ou bien : anglais, certifié, 18 heures. Le lien est — était — direct entre la première donnée, la deuxième et la troisième. On suit des études de sciences naturelles, on obtient une licence puis une maîtrise (ou l'équivalent), on se présente aux concours de recrutement du second degré : l'agrégation (le plus difficile) et/ou le CAPES (le plus accessible). Selon le verdict du jury, on en sort enseignant de première classe (15 heures, meilleur salaire) ou de seconde classe (18 heures, moins bon salaire). Si l'on échoue partout, on se retrouve bouche-trou hors concours, c'est-à-dire maître auxiliaire (avec l'espoir d'être un jour intégré comme adjoint d'enseignement, sorte de sous-certifié). La réussite au concours est sanctionnée par la nomination — prononcée par le ministère — sur un poste. Le titulaire de ce poste est en principe inamovible, sauf à sa demande. L'auxiliaire, lui, est le vagabond du système : l'administration est libre de le déplacer selon son bon plaisir.

Ce schéma est toujours en vigueur dans les lycées où l'on recense 16 600 agrégés, 38 200 certifiés et 5 000 adjoints d'enseignement, qui perpétuent, à partir de la seconde, la sainte tradition napoléonienne. Mais de la sixième à la troisième, depuis la création des collèges, la tradition a été bousculée à la hussarde. A côté des agrégés et des certifiés, un nouveau corps a surgi, celui des PEGC, qui assurent 21 heures dans deux disciplines, et pour moins cher. Cette bonne affaire, financièrement parlant, s'explique par l'origine des candidats. Il s'agit, du moins au départ, d'instituteurs progressivement absorbés par le second degré au fil des années soixante. D'abord spécialisés dans certaines filières[1], ils ont essaimé au sein du collège, accompagnant le processus d'unification. En 1964, on comptait un instituteur pour dix professeurs. En 1974, le rapport était de un à deux. Dix ans plus tard, 78 500 PEGC assiègent 55 000 agrégés et certifiés. Le hiatus culturel est considérable : les nouveaux professeurs de collège ne sont majoritairement pas de provenance universitaire. Laurent Schwartz, dans son enquête publiée en 1981, relève parmi eux 29 % de maîtres qui ne possèdent que le baccalauréat, et 44 % dont la formation équivaut à deux années d'enseignement supérieur. Quand des licenciés se joignent à eux, c'est parce qu'ils ont échoué aux concours — ce qui, psychologiquement, ne réduit guère les distances. D'autre part, le corps des PEGC est géré à l'échelon académique et non national. Enfin, les femmes représentent 57 % de ces personnels.

Un incroyable bricolage. Une improvisation brouillonne, légitimée *a posteriori* par des blancs-seings bureaucratiques. Tel est le sentiment que dégage le récit de cette mutation bâclée. Les intéressés, pour peu qu'on les questionne, en conviennent volontiers. Bernard Ravel, qui combine mathématiques et musique, n'esquive rien : « J'ai franchi tous les degrés du cursus : instituteur suppléant, puis volant, puis remplaçant, puis stagiaire, puis titulaire et enfin PEGC après avoir été chargé de classes 'pratiques' dans les anciens collèges. Je suis désolé mais, au niveau pédagogique, j'ai tout appris sur le tas, et pas à l'École normale. Ce sont donc les élèves qui en ont, pourquoi le taire, subi les éventuels dégâts ! » Bernard Ravel parle aussi crûment parce qu'il a l'intime conviction d'être devenu un enseignant à la hauteur, d'avoir limité les dégâts, bref d'avoir su apprendre un métier que nul ne lui avait appris. Mais pour cette intime conviction-là, combien de doutes inavoués, de maîtres soudain écartelés entre la gymnastique et les sciences naturelles, ou la théorie des ensembles et l'espagnol ?

1. Maîtres des anciens cours complémentaires et collèges d'enseignement général, instituteurs affectés aux « classes pratiques », filière numéro trois de la réforme Fouchet.

L'histoire d'Albert Bourricaud, quarante-trois ans, professeur de collège dans les Landes, est pleine de rebondissements instructifs. Cela commence mal : il lui faut attendre vingt ans pour décrocher le baccalauréat. Que faire ? « Je n'allais pas me lancer à vingt ans dans des études prolongées. Nous étions en 1960 ; les classes débordaient de gosses, on manquait de maîtres. Un concours d'entrée spécial a été organisé pour gonfler les effectifs de l'École normale, je l'ai réussi (nous étions 26 candidats pour 30 places, et il y a eu 21 reçus). Me voilà instituteur près de Villeurbanne. Un centre de formation de professeurs de CEG s'ouvre à Lyon. Je m'y inscris au bout de deux ans, et je suis une année de stage. A la sortie, il fallait passer propédeutique [1] et/ou un certificat d'aptitude théorique. J'ai échoué aux deux. Mais, comme la pénurie d'enseignants était trop forte, j'ai quand même été nommé en collège et titularisé après trois ans. »

Heureux homme ! Malgré ses propres déboires scolaires, l'Éducation nationale ne saurait se priver de lui. On lui demande d'enseigner le français et l'anglais. Le français, ça va. Mais l'anglais ! « J'en connaissais pour l'avoir étudié durant sept ans au lycée — et même neuf ans puisque j'avais redoublé deux fois. Je révisais avant de plancher devant les élèves, et j'étais souvent sur la corde raide. Puis s'est produite une sorte de pérennisation : quelqu'un qui ne se noie pas après avoir été jeté à l'eau, c'est quelqu'un qui a appris à nager. » Albert Bourricaud a mangé son pain noir. Il part au Maroc, en coopération. Et là-bas, son étoile grandit. On le nomme conseiller pédagogique. Et ses conseils portent si bien qu'il finit par remplacer un inspecteur défaillant, de 1976 à 1980, entre Meknès et Marrakech. De retour en France, il éprouve quelque peine à « revenir à la base ». « Les PEGC, constate-t-il amèrement, cèdent à un illégitime complexe d'infériorité. Ils l'intériorisent, ils finissent par se juger médiocres à force de se l'entendre dire. »

Albert Bourricaud offre un profil caractéristique. En voici un autre, sensiblement différent. A trente-neuf ans, Claire Devoir est PEGC de lettres-histoire (une combinaison classique) dans le Val-d'Oise. Elle était orpheline, et de milieu très pauvre : réussir le concours d'entrée à l'École normale, puis les deux bacs, et enfin l'admission au rang de professeur de CEG, c'était beaucoup. Elle

1. Examen sanctionnant alors des connaissances générales à l'orée du cycle universitaire.

n'a que vingt ans quand elle débute au collège. « En termes de connaissances, ma formation était insuffisante. J'ai entamé une licence d'histoire que j'ai dû interrompre parce que j'ai eu deux enfants. Mais je l'ai reprise sept ans après, et l'ai complétée par une maîtrise tout en continuant d'enseigner. Ce qui m'a poussée ? Le sentiment — précoce — de rabâcher des connaissances approximatives. Je me servais des manuels pour préparer les cours, j'apprenais juste avant les élèves, c'était vraiment frustrant. Les instituteurs intégrés, comme moi, ont reçu quelques rudiments de psychologie de l'enfant, plus un bagage intellectuel excessivement léger. Il en va différemment des maîtres auxiliaires licenciés qui aujourd'hui deviennent PEGC. »

Comment ces bricoleurs, dont le complexe s'est mué chez une minorité en stimulant professionnel et chez la majorité en réflexe d'autodéfense, ont-ils été accueillis par les professeurs, les vrais, les gradés ? Avec, au départ, une condescendance ouverte ; et, quand le flot a grossi, une hostilité de moins en moins tacite. Cela s'explique d'abord par le contraste des origines : les instituteurs tirent leur légitimité d'un cheminement collectif — la promotion d'École normale — plutôt que d'un itinéraire singulier ; les professeurs, à l'inverse, ont la certitude de ne devoir leur qualification qu'à eux-mêmes, qu'à la conquête individuelle d'un parchemin. Les PEGC apparaissent ainsi doublement suspects : suspects de « malformation », si l'on ose dire, et suspects de grégarisme, de faire bloc, au sein d'un milieu jusqu'alors satisfait de sa dissémination. La salle des profs s'est soudain composée d'un noyau de PEGC et d'atomes certifiés ; lesquels ont entrepris de se souder quand le noyau adverse s'est mis à grandir.

La frontière entre le premier et le second degré était vieille comme l'institution même. Qu'elle devienne brusquement poreuse, et les impétrants ont revêtu l'allure de contrebandiers sournois, de grignoteurs chafouins. Sans compter — nous y reviendrons — l'affrontement corporatif et syndical que déclenchait pareille mêlée. Reste que ces réactions étaient prévisibles et n'auraient probablement pas atteint l'aigu si les collèges étaient demeurés de paisibles établissements où les gentils élèves de sixième déclinaient rosa la rose. Mais la création des PEGC coïncide — et ce n'est pas une coïncidence — avec le tourbillon qui multiplie les collèges, les surpeuple, les transforme en arènes, en manufactures d'échec. Conséquence : les PEGC, effectivement dénués des connaissances requises, tentés de prendre du galon mais contraints de se débrouiller avec des moyens de fortune, sont tôt désignés comme principaux responsables d'un fiasco général. Leur existence même en paraît l'indice. Et les inévitables froissements corporatifs tournent au western.

Écoutons Michel Ondine, trente-neuf ans, certifié de lettres classiques : « J'ai d'abord enseigné à Paris, au lycée Colbert, qui comportait, en annexe, un CES. Eh bien, il y avait carrément deux salles des profs, une pour les PEGC, et une pour les autres. Il y avait la salle 'noble', dans des locaux anciens, et puis, sous prétexte d'exiguïté, un autre endroit, réservé aux collègues inférieurs. » Michel Ondine quitte ensuite Paris pour une ville moyenne au sud de la capitale. Dans son nouveau collège, le rapport des forces n'est plus le même : « Nous y sommes trois certifiés sur une trentaine d'enseignants. Mon impression? Les PEGC traînent des conceptions pédagogiques héritées du primaire, et leur bagage littéraire est quasiment nul. Le phénomène dominant, autour de moi, c'est l'inculture massive. On pourrait la comprendre dans des zones marginales. Mais même dans le cadre du programme, de ce qui est exigible, de ce qu'on doit transmettre, elle est énorme. L'autre jour, je parle d'un texte de Francis Ponge : inconnu au bataillon. Je propose d'accompagner les élèves à Beaubourg pour voir l'exposition Pollock. Mon collègue de dessin n'a jamais entendu parler de Pollock. C'est la rançon d'une absence d'initiation culturelle longue. »

Notre interlocuteur s'échauffe, s'indigne : « Ils sont ignorants parce qu'ils n'ont pas lu et continuent à ne pas lire. Ils n'achètent guère de journaux nationaux. Leur voie d'accès à la culture, ce sont des produits du style *Reader's Digest* ou concours d'*Ouest-France* — résumés pré-mâchés, jeux de questions-réponses. Moi, je le dis avec humour, je suis devenu prof par 'amour de la vérité', avec l'idée que la culture ne se ramène pas à un certain volume de choses qu'on doit absorber ; mais qu'il faut ensuite les dominer, produire un jugement en variant les angles. Eux — tant pis si je parle brutalement — sont hors d'état de dominer le volume de savoir qu'ils diffusent. Ils sont, en réalité, complètement dominés par ce savoir. »

La diatribe est sévère. Elle n'en résume pas moins le sentiment, généralement tu ou atténué dans son expression, des professeurs « de type lycée » sur leurs collègues « de type collège ». Et, parfois, les formules sont assassines. A défaut de références universitaires, les PEGC se piquent de pédagogie. Haussement d'épaules d'un agrégé : « La pédagogie des PEGC, c'est de la rigolade ! On les bourre de théorie dans les Écoles normales, mais leur fameuse pédagogie, cela consiste à taper sur l'épaule des élèves et à leur demander s'ils ont gagné le match. » On imagine sans peine, à ouïr de tels propos, quel mur de silence, quels remparts de non-dit découpent, invisibles, les lieux de vie des collèges.

Souvent, l'accusation est lancée avec un remords sincère, avec la mauvaise conscience de desservir, vis-à-vis de l'opinion, l'image de la profession tout entière. Suzanne Bayard, germaniste certifiée, a longtemps enseigné en collège avant de « monter » au lycée prestigieux de sa ville. Elle pèse ses mots, et ils n'en sont que plus meurtriers : « Ce que je pense des PEGC ? Là, vous m'obligez à être méchante. Mon syndicat préconise un corps unique — je devrais cacher mon jugement. N'empêche que, même si ça n'est pas leur faute, les PEGC sont moins formés que les profs spécialisés. C'est la mort de l'enseignement, les PEGC ; c'est une victoire du syndicat des instituteurs mais c'est la mort de l'enseignement ! Ce qui leur manque ? Le savoir. En langues, du moins, c'est évident. Mes cinq enfants ont tous débuté en anglais avec des PEGC : ils sont nuls en anglais. Dans ma discipline, je repère tout de suite si un élève est passé entre les mains d'Untel ou d'Unetelle. Il ne faut pas le dire, parce que c'est antisyndical, c'est contre les profs, c'est contre moi-même. Aux temps où les enseignants étaient essentiellement des agrégés, une élite de la société se faisait former et cultiver par une élite de la société. Maintenant, on est forcé de vivre autrement, de parer au plus urgent, et le plus urgent passe par les PEGC. Mais on ne saurait exiger des élèves le même niveau puisqu'ils ont des professeurs qui ne sont pas du même niveau. »

Le conflit est intéressant à disséquer parce qu'il condense tous les facteurs d'éclatement, de dispersion et de désarroi du corps enseignant. Querelles de territoire, d'abord : les agrégés et les certifiés se sont crus boutés hors du collège, rejetés vers la seconde, et ainsi voués non seulement à perdre un espace, à perdre des postes, mais à recueillir l'héritage de rivaux dont ils contestent l'efficacité. Crise d'identité, ensuite : les PEGC sont perçus comme le vecteur du soupçon. Jusqu'aux années soixante, la qualification des professeurs n'était guère sujette à caution : il existait des « cas », des marginaux folkloriques mais ce folklore même renvoyait à un sérieux qui était la règle. Avec la dégradation du collège, le doute s'insinue, à l'intérieur et à l'extérieur. Fondé ou non ; dans une première phase, chacun observe la loi du silence.

Mais dès lors que le silence est rompu, tous les regards se concentrent sur le maillon le plus faible, et les professeurs titrés, *mezza voce*, se désolidarisent des « chers collègues » sur la sellette.

Troisième élément, et non des moindres : la préservation des acquis. Les PEGC font scandale parce qu'ils enseignent l'histoire en « pompant » les manuels. Ils font encore plus scandale (mais on y insiste moins) quand, pour prix de leur promotion, ils acceptent un horaire lourd, un salaire léger, et une bivalence acrobatique. Terreur chez les profs. Une brèche est ouverte, plus qu'une brèche, une béance, une fracture, un effroyable précédent : la triade sacrée discipline-service-grade, la table de la loi, est reniée, détournée, contournée. L'existence même d'enseignants à géométrie variable est lourde d'une impensable menace. Ça pourrait bouger. Le contrat signé après l'oral du concours pourrait être revu. Impensable. La seule idée que semblable hypothèse risque d'être formulée n'est pas seulement alarmante : elle est sacrilège.

Justement. Pour rassurer les maîtres déjà en place, pour éviter que la théorie des dominos quitte la géopolitique pour la chronique des préaux, chaque invention d'une catégorie nouvelle a été assortie de mille précautions coulées dans le béton, de miradors codifiés, de distinguos chicaniers. Cela n'a rassuré personne : la concurrence et le soupçon n'ont cessé de prospérer. Mais ces précautions ont érigé assez de cloisons étanches pour compromettre les rares chances de contact, d'initiative commune, de convivialité.

Les exemples sont naturellement nombreux de dérogations à cette règle. A titre personnel, parce que le tempérament de l'un ou de l'autre y incline, beaucoup de maîtres nouent des liens amicaux ou professionnels par-dessus les barrières. Reste que le tropisme le plus puissant va dans l'autre sens. Le corps enseignant s'est avéré collectivement incapable d'enrayer ou de tempérer sa décomposition. Au contraire, il s'est repu de subdivisions incessantes. Le nombre des catégories, selon les remaniements, oscille entre 20 et 25, plus quantité de sous-ensembles flous.

Les enseignants de LEP sont ainsi profondément scindés entre professeurs d'enseignement général (des femmes, en ample proportion, dont le statut et la formation avoisinent ceux des PEGC) et professeurs d'atelier (des hommes, issus du « monde du travail », culturellement coupés de leurs collègues « intellectuels »). Les premiers assurent 21 heures hebdomadaires, les seconds 26. Rien de commun avec l'enseignement technique long, où l'on distingue des professeurs certifiés (titulaires du CAPET, équivalent du CAPES), des « professeurs techniques de lycées techniques » (possesseurs, eux, d'un CAPT), et les « professeurs techniques-chefs de travaux » qu'il ne faut pas confondre avec leurs homonymes de « degré supérieur ». Libre à nous de poursuivre le jeu de piste jusqu'à l'infini. On notera simplement que, dans le secteur technique comme ailleurs, une faille majeure sépare les maîtres en deux types généraux. Et que, si l'on additionne les 42 000 professeurs de LEP avec les 80 000 PEGC, on constate que la marée des enseignants du « deuxième type » (ceux qui n'ont pas été recrutés par le canal des grands concours nationaux traditionnels) a scindé le monde prof, tous domaines confondus, en deux galaxies d'importance égale.

Rappelons qu'en outre, étrangers à ces galaxies, 45 000 maîtres auxiliaires[1] flottent dans l'espace interstellaire. Alors que les

V. RÉPARTITION DES EFFECTIFS PAR CATÉGORIES

LES PERSONNELS ENSEIGNANTS (PUBLIC) 1982-1983

Catégories d'enseignants	*Nombre d'enseignants à temps complet et à temps partiel*			
	Lycées	Collèges	LEP	Total
Agrégés et assimilés*	16 667	5 586	3	22 256
Certifiés et chargés d'enseignement*	38 201	49 760	33	87 994
Adjoints d'enseignement	4 960	8 892	154	14 006
PTL - PTA	4 605	262	68	4 935
Professeurs de LEP	2 094	2 499	39 578	44 171
PEGC et assimilés	193	78 533	271	78 997
Total titulaires	66 720	145 532	40 107	252 359
Maîtres auxiliaires	8 336	17 762	10 845	36 943

* Non compris les stagiaires.

1. Un plan de résorption de l'auxiliariat, qui porte en principe sur 42 000 postes, a été mis au point en janvier 1983. Il prévoit d'intégrer ces personnels dans les corps des adjoints d'enseignement, des PEGC et des professeurs de LEP.

agrégés et les certifiés dépendent administrativement de Paris, les maîtres auxiliaires, eux, sont embauchés en catastrophe par les rectorats d'académie — donc au niveau régional — pour pallier à chaud les à-coups d'une rentrée. Il s'agit souvent de possesseurs d'une licence, voire d'une maîtrise, dont les nerfs ou les rébellions rhétoriques sont incompatibles avec le supplice du concours. Déplacés trois ou quatre fois par an, jamais certains, quand ils partent en vacances, d'être repris à la rentrée, fréquemment écartés d'un poste qu'ils occupent depuis trois jours ou trois mois parce qu'un titulaire tombe du ciel ou qu'un collègue malade se sent mieux [1], ils expérimentent, dans les conditions les plus féroces, tous les travers, toutes les difformités de la condition enseignante. Les femmes, parmi eux, sont majoritaires. Il en est qui, dix ans d'affilée, ont vécu ce calvaire. Pour ceux-là, pour celles-là, le fossé entre titulaires et non-titulaires est, jusqu'à l'obsession, un gouffre qui sépare le purgatoire des jardins célestes.

Nombre de professeurs nourris d'idées de gauche qu'indignait sincèrement l'expansion des sociétés d'intérim, où ils décelaient une manifestation scandaleuse du cynisme patronal, ont quotidiennement côtoyé, sans broncher ou presque, les intérimaires de l'Éducation nationale. Des zombies qui, fréquemment, s'évaporaient en cours d'année sans que cette disparition suscite d'émotion véritable. Des « collègues » que l'on quittait le cœur léger au mois de juin, sachant pertinemment qu'ils ne reviendraient peut-être pas. Méchanceté ? Certes non. Il se trouve qu'un prof, c'est un statut ; que défendre un prof, c'est défendre un statut ; et donc, que défendre quelqu'un qui n'a pas d'existence statutaire, c'est absurde : comment serait-on solidaire de ce qui n'est pas ? Plus : exprimer une solidarité de cette nature serait menacer, en bonne logique, l'invulnérabilité des statuts eux-mêmes, laquelle se fonde sur la conquête d'un titre. Et voilà pourquoi la grande famille enseignante a, sans trop de mauvaise conscience, logé ses clandestins à la cave.

Essayons — ce ne saurait être qu'une tentative — de croiser entre eux les couperets de l'émiettement, qui finissent par hacher menu le monde prof. Frontière entre auxiliaires et titulaires. Frontière entre disciplines. Frontière entre enseignement long et

1. Lorsque Alain Savary est devenu ministre de l'Éducation nationale, l'administration s'est engagée à garantir aux auxiliaires une certaine sécurité de l'emploi à défaut de stabilité dans le poste.

enseignement court. Frontière entre le classique et le technique. Frontière entre le collège et le lycée. Frontière entre l'agrégé et le certifié. Frontière entre l'ex-étudiant d'université et l'ex-instituteur. Frontière entre l'ex-instituteur et l'auxiliaire devenu PEGC. Frontière entre l'enseignement général et l'enseignement professionnel. Frontière entre spécialités « masculines » et spécialités « féminines ». Frontière entre bivalents et monovalents. Frontière entre nordistes et sudistes, entre quémandeurs de mutation et sédentaires, entre couples pourvus d'un poste double et couples séparés...

Affinons encore. Deux professeurs du même âge, du même grade, de la même discipline, exerçant dans le même établissement, perçoivent-ils le même salaire ? Probablement non. La carrière d'un enseignant progresse — financièrement — de l'échelon numéro un à l'échelon numéro onze, auxquels, suivant le grade, correspond un indice. Tout le monde parvient au dernier échelon. Mais pas à la même vitesse. Les désinvoltes, les retardataires, les mauvais esprits, les non-syndiqués (paramètre variable selon le contexte) avancent « à l'ancienneté ». Les respectueux, les ponctuels, les consciencieux sans éclat, les syndiqués du rang grimpent « au petit choix ». Les révérencieux, les bénévoles, les fleurons du lycée, les pontes syndicaux montent « au grand choix ». Ces critères sont naturellement variables d'un établissement à l'autre, ou d'un gouvernement à l'autre, ou d'une saison pédagogique à l'autre (tel qui était rejeté dans la marge parce qu'il innovait est soudain promu parce qu'il innove). Mais le résultat est là : à ancienneté identique, revenu différent.

Nous voici au terme de l'expérience. Choisissons deux mathématiciens, agrégés, cinquième échelon, professant dans deux classes mitoyennes. Il est concevable — à la limite — qu'ils ne se rencontrent jamais, sauf à l'occasion d'épisodiques assemblées rituelles (vin doux de rentrée, conseil d'enseignement où, par discipline, on choisit les manuels). Le premier a demandé son lundi, le second son samedi. Le premier, qui n'habite pas sur place, souhaite commencer tard. Le second, dont le pavillon est à deux cents mètres, arrive à 7 h 58 et file à 12 h 03. Le premier boude les réunions syndicales, le second y est assidu. Et ainsi de suite. Caricature ? Presque pas. Dès que le personnel d'un établissement atteint soixante personnes, on s'aperçoit que chaque maître n'en connaît effectivement qu'une dizaine — son réseau propre, où jouent les affinités de génération, de discipline, d'options idéologiques, de tempérament pédagogique. La conjugaison des clivages institutionnels avec les variantes individuelles achève le découpage. Un prof, en dernière instance, c'est un certain « emploi du temps », singulier par essence.

Ils n'ont pas la vocation. Ils sont légion. Ils ont le même âge. Ils sont frustrés. Ils sont en miettes. Une dernière touche manque au tableau : ont-ils appris le métier qu'ils exercent ? L'interrogation semble déplacée. Nous venons de voir que, les uns par le filtre d'épreuves nationales de haute volée, les autres au gré de concours de circonstances, ils ont tous obtenu l'estampille d'un grade, la garantie d'un statut. Que demander de plus ? Ceci : quel rapport existe-t-il, au juste, entre la formation initiale des maîtres et l'exercice de leur profession ? Les connaissances acquises sont-elles les connaissances requises ? Et, si oui, la détention de ces connaissances induit-elle l'art de les transmettre ?

En 1981, Laurent Schwartz a mis le feu aux poudres en écrivant sur les PEGC (et sur les personnels comparables) quelques phrases iconoclastes[1]. « L'insuffisance scientifique de ces enseignants, déclarait-il, est patente, lorsqu'ils doivent assurer l'apprentissage des langues étrangères, la formation théorique des esprits en mathématiques ou en sciences physiques, compte tenu du niveau d'exigence qui sera, dès la classe de seconde, imposé à leurs élèves. » Hurlements de la plupart des maîtres concernés. Satisfaction non déguisée sur les bancs des certifiés et des agrégés. Pour la défense des PEGC, les porte-parole du clan ont fait valoir que le recrutement à l'ancienne d'instituteurs imprudemment lâchés sur le terrain est pratiquement forclos. Un concours est né : les futurs professeurs de « type collège » transitent par des centres à cheval sur l'École normale et l'Université ; au bout de deux ou trois années, ils doivent passer un certificat d'aptitude délivré par un jury.

Laurent Schwartz persiste et signe : « Il n'est pas raisonnable d'imaginer que des étudiants ou des instituteurs puissent convenablement préparer en deux ans l'équivalent de deux matières différentes de DEUG[2] universitaires. C'est donc forcément bâclé. » Et il s'inquiète de la composition des jurys qui tranchent *in*

1. *Rapport sur l'enseignement et le développement scientifique, op. cit.*
2. Diplôme d'études universitaires générales, niveau Bac + 2.

fine : deux professeurs d'École normale, un PEGC, un universitaire fréquemment remplacé par un PEGC. « Tout se passe 'en famille', avec parfois un très grand laxisme ; l'universitaire présent a très peu d'influence. En cas d'échec, des problèmes de remboursement du salaire perçu antérieurement se posent, et la pression syndicale pour la générosité est forte. Le nombre des reçus dépasse en général 80 % et, sur ceux-là, une bonne partie est d'un niveau vraiment très faible. » L'expérience prouve, par ailleurs, que si l'un des impétrants réussit à posséder une réelle compétence dans une des deux disciplines qu'il est censé dominer, ce n'est pas nécessairement pour cette dernière qu'on fera le plus appel à lui. Il n'est pas rare que le PEGC soit considéré comme polyvalent et non comme bivalent, et qu'en fin de compte, un passionné d'histoire soit obligé de se consacrer au français et au travail manuel. Cela se produit notamment quand un certifié, nommé dans le collège, « rafle » les heures d'histoire disponibles : pour justifier la bivalence du PEGC, on lui rajoute un peu de mathématiques, de grec ou d'allemand.

Le recrutement des professeurs de collège, du moins du calibre décrit par Laurent Schwartz, est désormais endigué (les postes nouvellement créés servent à régulariser la situation d'auxiliaires licenciés). Reste que ces personnels sont en place, et que la situation n'est pas réversible. Cela ne signifie d'ailleurs pas que les PEGC sont par origine et par destination de médiocres enseignants. Cela signifie que la carence de leur formation intellectuelle est manifeste, et qu'on attend d'eux beaucoup de vertu. Ils sont titulaires d'un certificat d'aptitude, valable à vie. Rien, formellement, ne les oblige à prolonger par eux-mêmes une instruction théoriquement suffisante. Leurs obligations de service sont lourdes, le métier incite à la routine : comment ne pas saluer ceux d'entre eux qui, malgré tout, et pour la gloire, complètent leur cursus ? Ils sont minoritaires, mais ils existent. Ce sont souvent des gens qui n'ont pu, de par leur provenance sociale et familiale, entreprendre les études longues qu'ils convoitaient, et se sont rabattus sur la filière courte. Reste que, à ces héroïques exceptions près, le collège, plaque tournante de toute la machine scolaire, a été progressivement confié, pour aller vite, à des professionnels improvisés. Ceux qui avaient des dons remarquables pour l'improvisation sont parvenus à remonter le handicap. Les autres attendent la retraite avec sérénité.

Le jugement paraît sévère. Devant le succès grandissant de l'aviation civile, aurait-on reconverti à la hâte les conducteurs d'autobus en pilotes d'airbus ? Quant au fond, la métaphore n'est pas si fausse, quoique choquante. Le plus grave est que les enfants qui ont servi de terrain d'exercice, de parcours d'entraînement aux profs du « deuxième type », sont évidemment ceux qui auraient eu besoin d'un maximum d'assurance, de sécurité. Il est vrai, en revanche, que les meilleurs des maîtres qui ont « tout appris sur le tas » ont été contraints à une vive mobilité pédagogique, à une attention constante. En clair : les médiocres se sont enfoncés dans leur médiocrité meurtrière, et les autres ont empiriquement acquis une certaine forme d'excellence. Bref, la logique du tout ou rien. On a joué le collège à qui perd gagne, et, comme toujours dans ce genre de pari, les perdants sont les plus nombreux. L'analyse n'émane pas seulement d'experts hautains du Collège de France. Un homme tel que James Marangé, naguère secrétaire général de la Fédération de l'Éducation nationale, s'exprime sur un mode qui étonne, venant de l'ancien porte-parole des personnels concernés : « La réforme des collèges due à la poussée démographique a engendré une 'primarisation' du second degré, laquelle s'est opérée dans les pires conditions. Finalement, on a privé l'école primaire de ses meilleurs maîtres, et on les a transformés en professeurs insuffisants[1]. »

Faut-il en conclure que les autres, les enseignants du « premier type », sont assurés de leur compétence et de la validité pédagogique de leur grade ? Risquons un test : demandons à des agrégés si leur enseignement est de qualité supérieure à celui des certifiés, puis retournons le compliment à ces derniers. La réponse classique, style « société des agrégés », n'est pas rare. Ainsi Benoît Le Roux, qui en est membre : « Cela sanctionne des connaissances à l'écrit, et des capacités à s'exprimer clairement devant un jury. J'estime que le maintien de ce concours est nécessaire parce qu'il constitue un excitant, un facteur d'émulation pour la profession, toujours tentée de s'abandonner à sa médiocrité. »

Jacques Galaup, agrégé d'anglais dans le même lycée que Benoît Le Roux, est beaucoup moins affirmatif que son jeune collègue : « Il se trouve que je travaille vite et que j'ai l'esprit de synthèse. Mais quand la société des agrégés proclame que le titre est en soi un label de qualité, j'ai envie de réunir quelques amis de mon grade pour publier dans la presse que nous ne nous sentons nullement engagés par ce discours. L'agrégation implique sens de l'organisa-

1. Entretien avec les auteurs.

tion, sang-froid à l'oral, culot, plus hasard ou chance : c'est tout, ce n'est pas une nature. Je vais prendre bientôt ma retraite. Je serai, en langue, avantageusement remplacé par des licenciés récents. » Bernard Pauly, lui aussi agrégé mais à Épernay, tient un langage analogue, avec un doigt de provocation en prime : « Mes études m'ont donné un talent pour traduire Homère ou Tite-Live. Ce talent est réel, pourquoi le nier. Mais l'agrégation, je l'ai trouvée dans un paquet de Bonux. La première fois que j'ai affronté une classe, je ne savais pas ce qu'était un élève. Agrégé ou non, je ne possédais aucune compétence pour enseigner. »

Personne ne nie que l'agrégation est un exercice difficile. Programme imposant, dissertation fleuve ou problème postulé interminable, entraînement d'athlète, stress nerveux, souplesse rhétorique — comme on dit, cela n'est pas donné à tout le monde. Il y faut un art exceptionnel : celui de persuader le jury qu'il se déshonorerait en ne vous admettant point. Et il y faut encore un subtil mélange de docilité, de soumission aux lois du genre, et de brillant dans l'exécution des figures imposées. Ce qu'on attend de vous, en dernière instance, c'est que vous soyez remarquablement conventionnel. L'observation vaut également pour le CAPES (ou sa version technique, le CAPET) qui est une sorte d'agrégation allégée. Il n'est d'ailleurs pas rare que le rapport entre admis et candidats soit moindre chez les « capésiens » que chez les agrégés. En 1981, par exemple, il était respectivement de 6,2 % et 4,8 % en philosophie, 7,3 % et 6,7 % en lettres modernes, 15,5 % et 12 % en histoire, 12 % et 15,4 % en mathématiques.

Les certifiés interrogés ne semblent pas éprouver de sentiments passionnels envers leurs confrères agrégés. Ils saluent la performance, et envient la réduction d'horaire et la prime salariale que cette distinction octroie. Ils considèrent que les heureux bénéficiaires de ces privilèges ne les ont pas volés ; pour autant, ils n'expriment à leur égard aucun complexe intellectuel (comparable au complexe des PEGC envers eux). Cette attitude s'explique aisément. D'abord, chacun sait que la part d'arbitraire est considérable dans ce style de classement ; les besogneux aux nerfs d'acier finissent par franchir la barre tandis que les imaginatifs soumis aux flux de l'inspiration sont infiniment plus vulnérables. Ensuite, s'il est incontestable que l'accès au niveau du concours témoigne que des bases — méthodologiques notamment — ont été assimilées, nul n'ignore que la distance est formidable entre le programme des épreuves et celui que, par la suite, il faudra traiter avec les élèves.

Autrement dit, un agrégé d'histoire est vraisemblablement plus érudit qu'un certifié d'histoire sur les variations du limes romain sous les Antonins. Mais devant trente paire d'yeux, ils en sont strictement au même point : ils ont étudié l'histoire, ils n'ont pas appris à enseigner l'histoire. Car l'extraordinaire caractéristique des professeurs « du premier type », c'est que leur apprentissage scientifique n'a été suivi que d'une parodie d'apprentissage pédagogique. Jusqu'à 1980 (donc jusqu'à la fin de la période de recrutement intensif), l'initiation pratique des agrégés se limitait à un vague stage de pure forme, et celle des certifiés à une année d'expérience en « doubles commandes », sous la houlette d'un conseiller, dans un centre pédagogique régional.

Un agrégé d'histoire : « La seule chose dont je sois certain, c'est que je suis plus qualifié pour enseigner l'histoire que quelqu'un — je vise les PEGC — qui n'a jamais suivi d'études historiques. Cela étant, l'agrégation ne me fournit strictement aucune compétence pédagogique. J'appartiens à une génération qui a été éduquée dans le moule de l'ancien système : études classiques, latin, littérature du XVIIe siècle, etc. Tout fonctionnait comme si je devais, un jour, perpétuer avec des élèves comparables à l'élève que j'étais moi-même une relation magistrale bien définie et tacitement convenue. Au lieu de cela, je débarque sans formation devant de parfaits étrangers. En fin de compte, quelle est ma véritable qualification ? »

Un certifié de philosophie : « Agrégé, certifié, là n'est sûrement pas la question. Le fond de l'affaire, c'est qu'on a lancé dans le métier des jeunes qui ne savaient pas un traître mot de pédagogie, et qui se sont cassé la figure. » La formule n'est pas excessive : on a vu des normaliens et des sévriennes, donc des étudiants expressément destinés au professorat, issus des écoles les plus sélectives, munis des sésames intellectuels les plus recherchés, se révéler incapables de tenir trois mois dans le collège où leur première nomination les a fait échouer. Depuis peu, il a été décidé que les agrégés débutants s'entraîneraient en assurant la charge effective d'une classe, et que les jeunes certifiés bénéficieraient d'une période de deux ans pour tester, sous le contrôle de grands anciens, leurs réactions face au public scolaire. Reste que ces mesures sont prises alors que l'embauche est tarie, donc trop tard.

Prodigieux système : les maîtres de première grandeur, les agrégés en poste, sont justement ceux qui n'ont jamais rencontré un élève avant d'entrer dans la carrière. Ils ont résolu des équations complexes, dévoré Spinoza, rédigé des merveilles d'exposés en trois parties ; mais ils n'ont guère entendu parler de ce qu'est un adolescent, de la dynamique des groupes, de la technique du geste, de la voix, du regard. Ils ont vécu dans l'illusion que leur futur auditoire ressemblerait à celui qui goûtait leurs exposés savants. Ils ont arraché l'adhésion de caciques magistraux qui, pas plus qu'eux-mêmes, ne se doutent de ce qui se passe réellement hors les murs, dans les ténèbres extérieures. Ils ont signé un contrat pour la Scala, et se retrouvent à Médrano.

Les certifiés, eux, sont censés avoir tâté le terrain en CPR (en centre pédagogique régional). Ils se sont assis au fond d'une classe et ont regardé leur « conseiller » faire cours. Puis ils se sont levés et sont allés au bureau tandis que le mentor les remplaçait au fond et mûrissait des critiques « constructives ». Le mercredi ou le jeudi, un universitaire, un inspecteur régional, leur a expliqué qu'il convient de parler distinctement, ou leur a montré le maniement d'un projecteur de diapositives. En pratique, ils n'ont perçu qu'un reflet feutré de la vraie vie enseignante. Surtout, ils en ignorent l'expérience majeure : la solitude dans l'arène et la nécessité d'oublier les rites conventionnels.

Peu après la réforme de 1980, l'Institut national de recherche pédagogique a, sous la plume d'une de ses chercheuses, dressé le bilan des CPR[1]. Il est accablant : « Les conseillers pédagogiques étaient choisis par les inspecteurs généraux, après dépôt de candidature, parmi les professeurs confirmés bien notés, et non pas forcément parmi les novateurs... Les stagiaires n'ont reçu aucune initiation pédagogique théorique, ne serait-ce qu'en psychologie de l'enfant et de l'adolescent. Leur possibilité d'observation de la vie d'un établissement scolaire aura été maigre. Leur ignorance des progrès de la recherche pédagogique contraste avec leur compétence dans leur spécialité. La plupart ne soupçonnent même pas l'existence des sciences de l'éducation. »

Et la sentence est sans appel : « Les professeurs interrogés disent s'être sentis mal à l'aise dans le milieu protégé et artificiel où ils ont appris leur métier... Afin de ne pas perturber les élèves, ils devaient continuer l'étude du programme, utiliser les manuels scolaires en vigueur, mettre en œuvre une méthodologie voisine de celle du conseiller pédagogique, en bref, reproduire le modèle

1. *La Relation entre théorie et pratique dans la formation des enseignants du premier et second degré*, recherche de Michèle Tournier sous la direction d'André de Peretti, INRP, 1981.

proposé par le conseiller pédagogique... La carence de leur formation initiale semble plutôt les avoir incités à se raccrocher aux formes traditionnelles d'enseignement et de relation. »

Une autre enquête[1] recoupe et vérifie cette impression. Parmi l'ensemble des maîtres du second degré, 68 % estiment que leur savoir pédagogique résulte d' « un cheminement personnel » et non d'une formation — et ils sont 80 % en lettres, en histoire-géographie, en économie. Un professeur sur deux avoue que « l'insuffisance de formation pédagogique » est une source de difficulté « très importante » ou « moyenne ». Et, parmi ceux qui la jugent « très importante », les moins de 25 ans représentent 45 % de l'effectif, les 26-35 ans 33 %. Enfin, à la question : « La discipline que vous enseignez correspond-elle à votre formation universitaire ? », un maître auxiliaire sur cinq et vingt-sept PEGC sur cent répondent que non.

De tels scores seraient compréhensibles si nous étions en présence d'une institution balbutiante, d'une architecture de fortune précipitamment bâtie pour offrir quelques cadres à un pays sous-développé. Mais non. L'Éducation nationale, c'est vieux, c'est pensé, c'est voulu, c'est coûteux. On a recensé dix-sept filières de recrutement, pas moins. Avec les formations — ou les absences de formation — correspondantes. Néanmoins les meilleurs analystes[2] observent que, là où ces formations existent, il est fréquent qu'on ait omis de former les formateurs : ni les conseillers pédagogiques de CPR ni les directeurs d'études des centres qui accueillent les futurs PEGC n'ont subi de préparation spéciale[3]. A l'autre bout de la chaîne, les taux d'échec au sortir des stages et épreuves pratiques révèlent, tant ils sont dérisoires, combien cette dimension de la qualification professionnelle est jugée accessoire : 0,1 % de rejets en fin de CPR, 0,8 % chez les professeurs de LEP, 4 % parmi les PEGC. En réalité, dès lors qu'un candidat a décroché un diplôme d'enseignement, il sera prof, même s'il est incapable d'assumer la dimension relationnelle de ce travail. André de Peretti, chargé par le ministère d'animer une longue réflexion sur ces thèmes[4], plaide pour une formation « récurrente » et suggère que tout élève

1. Michèle Navarro, *op. cit.*
2. Cf. Antoine Prost, *Note sur l'histoire de la formation des enseignants en France*, annexe au rapport de Peretti.
3. Contrairement à ceux d'ENNA (écoles de formation des maîtres de LEP).
4. *La Formation des personnels de l'Éducation nationale*, la Documentation française, 1982. Passionnant travail qui n'a guère été exploité.

professeur passe par une « année probatoire ». Mais cette urgence, cette évidence, est soulignée après l'inflation du corps enseignant...

Pour relier tous ces fils, esquissons un contraste simple, et même d'une effrayante simplicité. Ou bien les maîtres de l'enseignement secondaire ont acquis, dans des centres et sur le tas, une véritable expérience pédagogique, mais ils manquent de culture spécialisée ; ou bien ils sont recrutés par un canal qui garantit la détention d'un savoir scientifique, mais les rudiments les plus élémentaires de la relation pédagogique leur sont étrangers. Dans le meilleur des cas, les premiers, les « pédagogues » nourris d'un peu de psychologie et de beaucoup de tâtonnements acquièrent des connaissances théoriques à la force du poignet ; et les seconds, les « intellectuels », apprennent par eux-mêmes à enseigner ce que d'autres leur ont enseigné. Reste que, si le pire n'est pas toujours sûr, il n'est pas à exclure non plus : dans cette hypothèse, aux pédagogues ignorants s'ajoutent des érudits non pédagogues. Et quand la non-vocation enseignante se combine ainsi avec la non-formation professionnelle, il serait fort surprenant, aberrant même, que la vie des maîtres et les résultats des élèves s'accordent en une harmonie féconde.

Michèle Navarro, déjà citée[1], a reçu les confidences d'enseignants en détresse, et pas toujours de débutants. Ainsi ce propos d'un PEGC de mathématiques sommé de jouer les scientifiques toutes mains : « A plus de quarante ans, être obligé d'enseigner la technologie sans avoir été préparé à cet enseignement, puis, deux ans plus tard, se trouver obligé d'enseigner la physique à trois niveaux différents, n'ayant non plus jamais enseigné cette discipline... » Ou cette réflexion d'un professeur qui découvre l'évidence : « Enseigner, ce n'est pas seulement faire passer une culture, c'est aussi établir des relations avec les êtres humains... des ' caractériels ' des ' instables '. La formation initiale est le plus souvent inutilisable dans les classes où elle est donnée. »

Le dilemme tourne parfois au cas de conscience. Un jeune maître auxiliaire de lettres-histoire/géographie va jusqu'au bout de son doute, de ce qu'il n'est pas excessif d'appeler son désespoir : « Enseigner une matière pour laquelle on n'a pas été formé, c'est une aberration. Le professeur consciencieux sait très bien qu'il ne peut pas être un bon professeur. De plus, si cette matière ne l'intéresse pas directement, il a le sentiment de perdre son temps et

1. *La Relation d'aide*, *op. cit.*

surtout de rendre un bien mauvais service à ses élèves. Il se demande souvent s'il a eu raison d'accepter un tel poste, si cela est honnête vis-à-vis de lui-même et de ses élèves, s'il ne valait pas mieux refuser, se chercher un autre emploi, s'il n'a pas manqué de courage en acceptant l'inacceptable. »

N'anticipons pas sur les états d'âme du corps enseignant, dont on verra bientôt qu'ils ne sont pas roses. Mais il est significatif que ce propos courageux, qui montre combien l'écart peut être ample entre la pratique du métier et ce qui précède, soit tenu par un maître en situation précaire, susceptible de « quitter les rails », de bifurquer. Non seulement les profs n'ont pas obéi à un appel, non seulement ils n'ont pas été formés pour ce qui leur sera demandé (ou plutôt n'ont été qu'à demi formés, soit à la pensée, soit à l'action), mais à partir du moment où ils deviennent fonctionnaires, détenteurs d'un statut, assimilés à une catégorie, rien ne saurait arrêter la machine. Plus : tout au long du parcours, des premiers pas jusqu'à la retraite, leur activité n'est l'objet d'aucune vérification sérieuse et il n'existe, du reste, aucun instrument d'évaluation fiable qui leur soit appliqué.

Le professeur nommé dans un établissement est, en principe, soumis à une double surveillance. Une surveillance administrative, d'abord : c'est l'affaire du principal (en collège) ou du proviseur (en lycée). Le principal et le proviseur sont des enseignants qui, pour des raisons mystérieuses dont les plus probables sont le rejet des élèves et la jouissance d'un logement de fonction[1], ont brigué un poste de commandement. Chaque année, le principal ou le proviseur attribue à son subordonné une note individuelle, sur 20, supposée découler de trois critères : « ponctualité et assiduité », « activité et efficacité », « autorité et rayonnement ». Le chiffre fatidique est porté à la connaissance de l'intéressé puis transmis par la voie hiérarchique.

Glissons sur les ondoyantes acceptions du concept de « rayonnement ». Tel innovateur pédagogique, rétif à la routine, sera perçu par son chef comme un audacieux pionnier ; un autre épinglera cet émetteur d'ondes perturbatrices, nuisibles au bon ordre de la

1. La formule n'est pas polémique. C'est en ces termes qu'on s'exprime, pour désigner 60 % du personnel d'encadrement, sous les lambris du ministère

maison. Et les flux idéologiques ne sont pas moins capricieux. Mais de toute façon, cela n'a guère — sauf exception — de réelle importance. Le chef d'établissement est généralement un homme ou une femme qui a horreur de « se mouiller ». Intermédiaire entre la base et l'échelon académique, il transmet des circulaires, préside des conseils, répartit des salles de classe, évite les vagues et abhorre les conflits. *A priori*, donc, et si le « patron » est du type courant (autrement dit, s'il craint de se comporter en patron), le risque d'affrontement est mineur. D'autant que les notes arrêtées par ce dernier ne sont que des propositions de notes. Dans un deuxième temps, elles sont épluchées par une commission administrative paritaire académique, laquelle s'assure que les scores individuels sont conformes à la norme collective. Considérant qu'un agrégé au huitième échelon mérite, en moyenne, 19/20, on s'interroge longuement sur l'opportunité de lui accorder 20 ou de le sanctionner en le ramenant à 18. Une savante péréquation s'opère. Et si le cocktail grade + ancienneté ne débouche pas sur le nombre attendu, il appartient à la victime de déposer un recours auprès des autorités compétentes. Moralité : tout le monde obtient 19, ce n'est qu'une question de temps. Et celui qui a 16 n'a pas perdu grand-chose. Hormis quelques pittoresques psychodrames locaux, la formalité est anodine.

Mandaté pour apprécier la ponctualité de ses ouailles, le proviseur ne l'est pas pour tester leur valeur pédagogique. Cette surveillance-là échoit à l'inspecteur (départemental, régional ou général). Ce monstre mythologique, qui surgit tous les trois ou quatre ans, passe une petite heure dans la salle de sa victime, consacre ensuite à cette dernière trente minutes d'entretien en tête à tête (c'est ce qu'on nomme « le confessionnal »), puis rédige un rapport plus ou moins fielleux tendant à démontrer qu'il aurait mieux agi que le professeur visité. Jadis corps de notables tout-puissants qui se cooptaient entre eux par discipline [1], le monde des inspecteurs s'est diversifié et a beaucoup perdu de son pouvoir central. Au lendemain de 1968, la querelle des mandarins antédiluviens et des gauchistes libertaires a revêtu des accents wagnériens : refuser l'intrusion du super-pion ministériel semblait une étape importante vers la prise du palais d'hiver [2]. Plus sérieusement, les

1. Sur l'évolution du rôle de l'Inspection générale, lire p. 194.
2. Cf. *Non à l'inspection, dossier des profs sanctionnés*, Éd. du Cerf, 1973 ; et, plus récemment, *École sous surveillance, l'inspection en question* (plus axé sur l'enseignement primaire), collectif ICEM-pédagogie Freinet, Syros, 1982.

enseignants ont fréquemment demandé et quelquefois obtenu que l'inspecteur cesse de se comporter en flic impromptu, qu'il annonce sa venue et accepte de parler à l'ensemble des maîtres d'une même spécialité plutôt que de fondre arbitrairement sur l'un d'entre eux au petit jour.

Version douce ou version dure, il est en tout cas certain que l'inspection est une éprouvante plaisanterie. Tout est réuni pour que les aptitudes de l'enseignant — et cela se produit au maximum dix fois sur une carrière — soient appréciées dans les conditions les plus artificielles, les plus éloignées de l'expérience quotidienne. Le prof se retrouve comme face à son jury d'agrégation : ce n'est plus aux élèves qu'il s'adresse, mais à cet aréopage imaginaire qui, jadis, lui a donné l'onction, et auquel il doit prouver qu'il est demeuré lui-même. L'inspecteur, de son côté, n'aperçoit de la vie scolaire que cette mise en scène de patronage, et serait fort en peine, pour peu qu'on l'abandonnât à lui-même, de captiver ce jeune public qui ne ressemble en rien à celui qu'il dut affronter voilà des lustres. On exécute une tranche de programme parce que c'est la loi du genre. Et la vie ordinaire reprend l'heure d'après.

Tout le monde sait mais personne ne dit (publiquement) que, pour les maîtres pathologiquement chahutés, l'inspection représente l'éphémère jour de gloire d'un interminable calvaire. Souvent accompagné du chef d'établissement, le représentant de l'autorité suprême intimide la meute habituellement déchaînée, et le cours se déroule dans un silence sans précédent et sans suite. C'est d'ailleurs un inépuisable sujet de plaisanterie chez les enseignants doués d'humour et qui ont eu, certaine année, affaire à des élèves difficiles. Ainsi France Vincent : « Vraiment, cette saison-là, j'avais des CPPN [1] intenables. Cris, tables renversées, absence totale d'intérêt, c'était le boxon. Le seul jour où j'ai vu mes élèves enfin calmes, disciplinés, impeccables, c'est le jour où j'ai été inspectée en vue de mon intégration comme PEGC. Ils se sont conduits comme des enfants de chœur, ont réussi chaque manipulation. L'inspectrice m'a reproché d'avancer un peu vite — l'unique fois où j'ai eu la sensation de progresser entre le début et la fin du cours ! »

Qu'ils goûtent ou non l'intrusion d'un regard extérieur, les profs sont au moins d'accord sur un point. « L'inspection, c'est de la

1. Classes pré-professionnelles de niveau : les laissés-pour-compte après la cinquième.

foutaise, dit tranquillement un agrégé (fort bien noté au demeurant). Il faudrait, pour se former un jugement, que l'inspecteur consacre une semaine à l'enseignant qu'il visite. » Chacun en convient : les conditions de l'observation altèrent nécessairement l'expérience. Les élèves ne sont pas les mêmes. Et les professeurs non plus, qui se croient obligés d'anticiper sur la demande (postulée conventionnelle) de l'arrivant. Signe des temps : les inspecteurs généraux eux-mêmes s'interrogent. Yves Martin, leur doyen, qui s'efforce de secouer le conservatisme de la corporation, plaide le premier contre la vanité des descentes éclairs : « Notre fonction, explique-t-il, ne se résume pas à noter les professeurs mais consiste avant tout à leur apporter des informations et à en recueillir auprès d'eux. » Satisfait qu' « on ne hisse plus le drapeau à l'arrivée de l'inspecteur dans un établissement », il préconise « un assouplissement du système qui nous donne davantage de latitude pour aller voir les professeurs en faisant abstraction de la notation [1] ».

Au fond, un consensus de moins en moins tacite s'établit sur une idée simple : les enseignants ne sont pas sérieusement contrôlés. Tout au plus sont-ils assujettis à un cérémonial aussi dérisoire qu'infantilisant. « Peut-être vais-je susciter la révolte de certains collègues, reconnaît volontiers Françoise Vigé-Hélie, mais c'est quand même vrai que, dans ce métier, on peut faire absolument n'importe quoi. » Propos qui ne révolte pas, en tout cas, son collègue Bernard Ravel : « A l'évidence, dans ce collège où l'on compte 80 profs, il y en a qui sont résolument incompétents, qui n'ont aucune prise sur cette matière qu'est l'enfant. » Et M. Carré, principal du collège en question, confesse son impuissance : « Si un professeur est notoirement incapable de s'imposer en classe, je ne puis que lui conseiller de changer de métier, l'inciter à demander un autre établissement. Quoi que je dise, ça n'ira pas très loin. »

Son confrère Marcel Legrand, du collège Havez, à Creil, s'exprime exactement dans les mêmes termes : « Quand un titulaire ne parvient pas à enseigner, que voulez-vous que je fasse ? J'appose un avis 'extrêmement favorable' à toute demande de mutation. » Phénomène parisien ou banlieusard ? Certes non. A 500 kilomètres de là, dans son paisible établissement de Moncontour-de-Bretagne, le jeune principal Michel Chauou se débat, lui aussi : « J'ai hérité d'un professeur qui fait imperturbablement son

1. In *Cahiers de l'Éducation nationale*, n° 6, juin 1982.

cours dans un désordre indescriptible. Il est titulaire et assidu : il faudrait, pour attirer l'attention de l'Inspection, qu'à l'insuffisance manifeste en matière d'enseignement s'ajoute autre chose. On rédige des rapports qui s'entassent quelque part, en attendant que l'enseignant obtienne sa mutation et aille sévir ailleurs. » A Versailles, le proviseur du lycée Jules-Ferry, M. Cloet, a inventé une solution originale. Deux de ses maîtres, l'un en sciences naturelles, l'autre en anglais, sont à ses yeux déficients. Il n'y va pas par quatre chemins : il assure à leurs élèves, en double, un service supplémentaire...

« Pour qu'il y ait mesure disciplinaire, déclarait à la rentrée 1983 M. Dreyfus, alors directeur de la DPE [1], il faut qu'il y ait faute professionnelle caractérisée. Le manque de compétence n'est pas une faute professionnelle [2]... » Tant que vous n'injuriez pas votre proviseur (du moins trop souvent), tant que vous n'allez pas à la pêche le lundi au lieu de venir en classe, tant que vous remplissez vos obligations de service, c'est-à-dire que vous faites acte de présence aux heures fixées, vous êtes quasi invulnérable quel que soit le contenu de votre enseignement. Chaque année, une dizaine de professeurs sont « suspendus » puis sanctionnés (mis à la retraite d'office ou révoqués) ; une quinzaine sont « déplacés d'office ». C'est peu sur 250 000. Si peu que des professeurs s'en inquiètent eux-mêmes : « L'Inspection, avec un grand I, ne sanctionne rien. Nous sommes en quête d'authentiques procédures de contrôle », se plaint Elisabeth de Saporta, enseignante en LEP. Lucien Didon qui, dans le même établissement, coordonne les activités de l'atelier de mécanique automobile, admet qu'un garagiste professionnel ne ferait pas indéfiniment illusion dans le privé, mais qu'un enseignant garagiste peut impunément s'avérer incapable de soulever le capot d'une CX.

Notre propos n'est nullement de taxer *a priori* d'incompétence les maîtres de l'Éducation nationale — au ministère, on murmure qu'1 % d'entre eux sont carrément hors d'état de dispenser un cours, et que 10 % soulèvent de gros problèmes. Il est de « boucler la boucle » : les profs n'ont pas « la vocation », ils sont acheminés vers ce métier par des itinéraires qui se révèlent quelquefois des itinéraires forcés ; ils ne sont pas formés, préparés au travail concret qu'ils devront fournir (et leur formation permanente a longtemps

1. Direction des personnels enseignants au ministère de l'Éducation nationale.
2. In *Le Monde de l'Éducation*, octobre 1983.

été négligée : son budget[1] représentait, en 1980, 0,6 % de la masse salariale) ; ils ne sont guère encadrés ni contrôlés. Conclusion : les bons enseignants ne sont vraiment redevables qu'à eux-mêmes de la qualité de ce qu'ils fournissent. Paradoxalement, les profs, c'est une armée de gens seuls qui exercent une sorte de profession libérale au sein d'une formidable architecture étatique. Totalement livrés à eux-mêmes.

1. Chiffre rapporté par André de Peretti, *op cit.*

CHAPITRE 2

Dramaturgie

Les feux de la rampe – Des martiens téléphiles – Séduire ou ne pas séduire – Adieu au chahut – La violence du temps.

Ça sonne. Stridence impérieuse, programmée. On ne vous le redira pas : gagnez ou regagnez vos places. Jusqu'au prochain entr'acte, le regard et la vie de tous sont — en principe — suspendus au souffle et aux gestes de quelques-uns. Mais les danseuses de l'Alcazar ou les pensionnaires de la Comédie-Française, eux, ont été engagés après audition. Ils ont répété, transité par des loges et des coulisses. Ils ont appris à surmonter l'éblouissement de la rampe, à se jeter vers l'œil noir des spectateurs sans céder au réflexe instinctif de battre en arrière, de chercher l'abri. Tandis que les profs déboulent sur l'estrade en pleine improvisation, projetés sous le projecteur, ignorants du fard, du timbre et du costume. Ils savent ordonner un exposé en trois points, ils savent résoudre une équation rebelle. Ils ne savent pas qu'on attendait d'eux du mime, du charme et des claquettes.

L'enseignement, à les entendre, c'est shakespearien : *all the life's a stage.* Tout le contraire du chromo rassis où les rôles sont douillettement établis. Il s'agit de bouger, de jouer juste et vite, d'emporter le morceau. Il s'agit de conquérir. Il s'agit d'être bon même si le texte a servi vingt mille fois. Il s'agit de surprendre l'auditoire en dissimulant sa propre surprise. Car au bout des rails que souvent ils ont suivis mollement et sans conviction, ou bien passionnément mais sans représentation du but, au bout des rails il y a l'aventure.

S'il fallait réduire les récits de la profession enseignante à la scène unique d'un seul acte, telle est sans doute l'image qui s'imposerait : un incoercible vertige. Le « monologue de la langoustine », débité avec humour par Jean-Jacques Vignel, professeur de sciences naturelles au collège du Mesnil-Saint-Denis, est un bon exemple des variations du genre : « Chaque fois que je me retrouve devant la porte d'une classe, eh bien, je me donne par l'esprit une sorte de bourrade dans le dos. Parce qu'un acteur, un acteur de métier, il joue le soir et puis s'en va. Nous, nous sommes en représentation vingt et une heures par semaine, et à chaque heure nous repartons de zéro. Quand on explique à des élèves la langoustine pour la huitième fois en six jours, alors que cela fait vingt-trois ans qu'on l'explique, la langoustine, je vous assure qu'on a besoin d'une sacrée dose de talent pour recommencer en y croyant — parce que si l'on n'y croit plus, les gosses ne nous croient pas non plus. Donc on se force, on remet ça, on vient de se taper quatre langoustines et l'on s'en tape une cinquième en début d'après-midi. C'est un jeu, c'est un jeu qu'on joue avec la peur que ça ne marche pas, avec la peur de perdre. On ne triche pas avec les mômes : si l'on joue faux, on ne se fait pas siffler mais on se fait sortir... »

Raide ou cool, empesé ou exhibitionniste, il n'est pas un prof qui ne se dise acteur, qui ne décrive la séquence magistrale comme une parade rituelle et — l'accent, ici, est plus vif — comme une partie gagnée ou manquée. « Nous sommes sur scène, dit Jean-Claude Page, mathématicien dans le même collège que son ami Vignel, mais il n'est pas question de s'en tenir au texte, à la manière d'un comédien. Nous sommes prisonniers d'un texte, mais aussi condamnés à nous en évader, sinon l'échange est rompu avec la salle, et la partie est perdue. » Benoît Le Roux, attaché au texte s'il en est, lui qui prêche les lettres classiques, ne s'exprime guère différemment : « Il y a un moment où l'on se retrouve comme le dompteur dans la fosse aux lions, rien dans les mains, rien dans les poches, face à trente paires d'yeux et d'oreilles qu'on doit attirer, captiver. C'est une représentation, et peut-être plus que cela : une joute. » Pierre Lutz, moins policé dans la formulation, pousse encore d'un cran la métaphore : « En réalité, on est là pour faire du théâtre, devant un public qui ne paie pas, qui ne paie pas et qui exige que ce soit bon, sinon il vous jette ; les élèves vous guettent au premier tournant pour vous rentrer dans la gueule, et ça recommence, ça recommence chaque fois. »

A quoi bon tant de pirouettes incertaines, lorsqu'on sait que plus dure sera la chute ? L'explication n'est pas simple, elle échappe à la rhétorique. Il se trouve que, chez les enseignants qui ont été mus par une vocation originelle ou qui l'ont découverte en route, un mirage captivant n'en finit pas de renaître. Suzanne Julliard, dans sa khâgne de Fénelon, territoire protégé s'il en reste, est un des rares témoins du phénomène : « Moi, j'hésitais entre devenir avocate, comédienne ou prof. J'ai choisi ce dernier état parce qu'il inclut les deux autres. Et mon privilège est que je pars travailler avec allégresse. Dans ma classe, cinquante et une filles m'attendent, la salle est comble, il y en a jusque sur l'estrade. Il fait une chaleur étouffante. Je suis debout, c'est le ring, il ne manque que la serviette éponge tant je suis en sueur. C'est une prestation totale, un numéro d'acteur : vous entrez dans le brouhaha, et puis le cours commence, et puis ça prend, et puis ça marche — je dois être très cabotine, alors ça marche presque toujours. Hier, je leur ai raconté *l'Imposture,* la classe était... tout d'un coup, c'était le miracle, un état que j'appellerai poétique, une espèce d'autocréation. Ce ne sont pas les transes pythiques, mais vraiment, quelque chose passe : je dis quelque chose qui, les élèves et moi-même, nous sort du trou. S'il n'y a pas ce désir que l'autre entre dans le jeu, il n'y a plus de prof. »

Suzanne Julliard est parfaitement consciente qu'elle dépeint ici une expérience non seulement inhabituelle mais presque anachronique. « Mes élèves, explique-t-elle, se sont battues pour entrer à Fénelon. Ce que je raconte est donc atypique. » Pourtant, elle s'interroge sur les confidences de collègues qui exercent dans des établissements « normaux » : « Ce plaisir que j'éprouve, et qui dure, semble complètement exceptionnel. J'en viens à me poser des questions. Le désir d'enseigner est-il mort ? Personne n'aurait l'idée de croire que, parce qu'on n'a pas pu être médecin, on fait du théâtre. Or je vois des gens qui montent sur les planches de l'enseignement faute d'autre issue. Pourquoi passeraient-ils la rampe ? »

Effectivement, cette sorte de transe inspirée, de jubilation communicative, n'apparaît guère au fil des témoignages que par éclats très brefs : « Mes instants magiques », dit joliment Françoise Vigé-Hélie dans son collège de banlieue. Les profs sont, par destination, comédiens. Mais la plupart se forcent : jeunes et vieux, ils reçoivent l'accueil désinvolte ou glacé qu'endure le personnage de Chaplin dans *Limelight.* Quand ce n'est pire. Et les autres, les acteurs nés ou de fortune, ceux qui n'adoptent pas la position fœtale pour entamer le programme, sont eux-mêmes inégalement récompensés de leur extraversion. Symptôme éloquent : le trac n'est plus ce qu'il était. Les anciens maîtres, à présent retraités, qui ont façonné des générations d'élèves triés, confessent volontiers que, malgré leur ascendant, ils ont durant toute leur carrière été victimes du trac. Mais si l'on pousse plus avant, on s'aperçoit que ce n'est nullement le contact de l'élève qu'ils appréhendaient, c'était la crainte de ne pas savoir ou de ne pas pouvoir transmettre des connaissances complexes, riches à la fois d'aspérités et de nuances. Et consciemment ou non, ils utilisaient cette appréhension même pour inviter leurs disciples à se porter vers eux, à partager leur inquiétude.

Ce trac subtil, ce trac fécond ne se rencontre plus que dans les bonnes filières des bons lycées. Il est généralement remplacé par un dérivé sommaire et paralysant : l'effroi, ou du moins une légère alarme, avant de franchir le seuil de la classe. Ou encore, le dimanche soir, une angoisse diffuse avant de franchir le seuil de la semaine. Pourquoi cette crispation, ce frisson du cerveau et du muscle ? D'abord, en raison d'un choc élémentaire, antérieur à toute considération sur l'indulgence ou la dureté du public : le choc du regard. Les maîtres ont été façonnés par les techniques écrites et orales du détour, de la digression, par les ruses du truchement, celui de la page quadrillée ou du discours convenu ; ils sont les purs produits du style indirect. Alors que l'acte pédagogique commence par un heurt direct, inévitable : enseigner, c'est être regardé[1].

Le professeur, tout dans la tête, est ainsi brutalement rendu à son corps : « Ils sont assis : ce que l'on en voit, c'est le regard. On est debout, de face, exposé ; les confesseurs sont masqués, les avocats ont la robe, les acteurs se cachent sous des noms d'emprunt : personne n'expose plus et plus longtemps son corps que nous. Or, en ne nous en disant rien, on nous a convaincus qu'il ne devrait pas être là... Tout signifie, on n'y échappe pas. On parle, ça marche. Et puis tout croule ; quelque chose, une impropriété de corps les a semés un à un au fil du raisonnement : ils regardent quelque chose fixement en essayant de s'en dépêtrer — un bouton défait de la chemise laisse voir un carré de peau. Sans parler de ceux qui jouent au corps du prof toute l'année : les poils du nez, la couleur des chaussettes, le calibre et la portée des postillons. Ce qui reste quand on a tout oublié[2]. »

Un trouble, une sensation d'incongruité. Jadis, quand l'exercice de la maîtrise reposait sur un code précis, sur une connivence

1. Cf. la recherche de Claude Pujade Renaud, *Le Corps de l'enseignant dans la classe*, Éditions ESF, 1983.
2. Témoignage d'Yves Klein, in *Cahiers pédagogiques*, avril 1979.

institutionnelle, le professeur semblait porter la toge même lorsqu'il était en veston croisé. Aujourd'hui, où la banalité de la fonction se combine avec le flottement des repères, le prof est nu. Il peut être étonné d'y puiser un plaisir ambivalent et imprévu. Il peut, au contraire, être saisi d'une terreur sacrilège. Mais c'est ainsi. D'autant que son corps singulier affronte un corps collectif, un « corps animal [1] », une hydre coordonnée, une « masse » qui n'est pas seulement devant, mais autour, dans le dos, derrière la nuque, qui capte simultanément la silhouette et le détail, qui s'infiltre, qui encercle. « La moindre faille... » Est-il une expression qui revienne plus souvent, au cours des entretiens, pour désigner la vigilance instinctive du public — fût-il, quant au fond, indifférent ?

Jean-Claude Page, déjà nommé, n'oubliera pas de sitôt ses débuts à la scène : « J'avais atterri dans un établissement exclusivement féminin, où des adolescentes de quatorze à dix-huit ans se préparaient à devenir dactylo, employée de bureau, aide-maternelle, etc. Nous étions trois hommes, parmi une quarantaine d'enseignantes. Et je devais, entre autres, apprendre aux filles l'hygiène de la grossesse. Rien ne m'avait préparé à cela : j'ai été saisi de panique — l'affolement, le stress, une aventure épouvantable. Le plus rude, c'était l'arrivée. Je filais aux toilettes pour une inspection générale, pour vérifier que l'étiquette de ma chemise ne dépassait pas. Et puis, il fallait y aller. Cette cour, ah ! cette cour immense, IIIe République, fermée par des murs rouges, pleine de filles en blouses bleues ou roses, et qui tournaient la tête avec un parfait ensemble dès que la porte s'ouvrait... Nous, les trois hommes, avancions les yeux baissés et rasant la brique. La situation était comique, mais ce qui ne l'était pas, c'était l'épouvante irraisonnée qui montait en nous, l'impression d'être traqués, d'avoir été lâchés sans munitions dans la jungle. »

Notre témoin n'est pas d'un caractère particulièrement timide, et il est piquant de revivre par la bouche d'un homme une expérience que les femmes relatent plus volontiers. Ce qui est frappant, dans les propos des uns et des autres, c'est l'immédiateté du courant qui s'établit — négatif ou positif. Tous ou presque le disent : la première heure, le premier cours, le premier contact, dès le jour de la rentrée, sont déterminants. Un sens est donné à la pente, un champ de forces est créé, et désormais, il conviendra de s'adapter à

1. Claude Pujade-Renaud, *op. cit.*

cette pente ou à ce terrain, sachant qu'il sera loisible de moduler les données initiales, non de les inverser. Même les professeurs qui possèdent vingt années d'expérience, même ceux qui ont vue sur les pelouses plutôt que sur les HLM, parlent de ce déclic à qui perd gagne, et confessent que les veilles de rentrée ne sauraient être, pour ce motif, des dates ordinaires.

Autre phénomène remarquable mais, lui, récent : le jeu de rôles paraît débuter quand le maître pose le pied dans la salle, et s'interrompre quand il referme la porte derrière lui. Naguère, le professeur conservait, lorsqu'il quittait les tréteaux, l'allure de son personnage, et les élèves étaient tenus, dans les couloirs, de marquer la continuité du jeu par des signes — de respect, notamment — adéquats. Les rites ont changé, et maints profs s'en plaignent. Ainsi l'un d'entre eux, nostalgique : « Dès que le cours est fini, les élèves détournent complètement leur attention, passent devant nous comme devant des numéros, des êtres anonymes, voire commentent notre prestation en se moquant éperdument que nous les entendions. » Perte du prestige ? Chute du respect ? Certainement. Mais une autre analyse est plus stimulante : ce « décrochage » ne souligne-t-il pas la « théâtralité » croissante des séquences pédagogiques ? L'heure de classe est un spectacle, totalement distinct de la vie courante. Sitôt les projecteurs éteints, la vie reprend, et l'acteur se fond dans la foule, dépouillé de sa magie. Hier, les professeurs étaient des protagonistes dans la cité. Ils le sont longtemps restés dans l'école. Et dans cette école même, à présent, ils ne le sont plus que de dix à douze ou de trois à quatre. Si la salle est bonne.

Entre la khâgne du lycée Fénelon et les lazzi du poulailler, tous les degrés intermédiaires sont imaginables. Mais la tendance n'est pas douteuse : elle porte vers la rue du crime plutôt que vers la Comédie-Française. L'engagement dramatique va croissant, avec la dépense nerveuse qu'il implique. Pour autant, l'auditoire ne se réchauffe guère. Et plus il tiédit, plus l'acteur est sollicité. En d'autres termes, les enseignants sont entraînés malgré eux, d'année en année, à jouer sur un registre qui contredit leurs origines, à s'aventurer hors de leur territoire. Ils aimaient les rythmes réguliers, les lectures familières, les problèmes solubles ; les voici contraints à se mouiller la chemise, sans garantie de résultat, happés par une spirale inflationniste perverse : moins ça rend, et plus il faut investir. Les élèves leur étaient livrés pré-emballés ; le maître de collège les reçoit en vrac — et le mode d'emploi s'est perdu en chemin. L'obligation scolaire est ainsi perçue par les profs comme l'obligation de convaincre leurs ouailles qu'on a eu quelque raison de les obliger à être là. L'angoisse grandit : le moment n'est-il pas proche où le public ne voudra plus, et où les comédiens ne pourront plus ?

Il est une question dont dérivent toutes les autres, aiguë en collège et en LEP, lancinante en seconde, diversement préoccupante en première ou terminale suivant les sections : pour qui fais-je cours ? Pour les trois premiers rangs, pour les balcons, les corbeilles, le poulailler ? Question scandaleuse. Le service public induit que tout le public a droit au même service : chaque enfant mérite une part égale de soin. L'hétérogénéité est, dans l'imaginaire républicain (c'est-à-dire dans les réformes ministérielles), la pierre angulaire de l'égalité.

Pour l'acteur qui gesticule devant vingt-cinq spectateurs de sixième, elle signifie concrètement tout autre chose. A qui s'adresser en priorité ? Aux quatre illettrés incapables de déchiffrer trois lignes ? A la brochette de gamins qui commençaient à s'ennuyer dans le primaire et sont demandeurs d'informations ? Au marais, versatile, éclaté, peut-être riche en trésors non décelés ? Quand il s'agit de repérer un lacet cassé ou un bas filé, les vingt-cinq paires d'yeux convergent obstinément. Quand il s'agit de grammaire, de calcul ou d'histoire, ce n'est pas un public qu'on affronte, ce sont cinq ou six publics distincts, mobiles, contradictoires, prompts à se neutraliser mutuellement. Se porter au-devant des uns équivaut à se refuser aux autres. Cas de conscience pédagogique : il n'existe pas de « truc » pour s'en sortir, on finit par se choisir des destinataires. Cas de conscience idéologique : ce choix s'opère dans une quasi-clandestinité ; on sélectionne en douce, honteusement, comme si l'on dissimulait un cahier du *Figaro-Magazine* sous la couverture du *Nouvel Observateur*.

En privé, les maîtres de collège avouent leur dilemme. « Bien sûr que non, je ne puis dire que tous les élèves suivent ou veulent suivre ce que je fais ; il y en a un contingent assez constant qui dort ou s'amuse », reconnaît l'une. Et tel autre enchérit : « Je crois, franchement, que je n'ai jamais planché pour l'ensemble d'une classe. Ce serait abandonner complètement l'idée qu'on a le droit de s'accorder une petite part de plaisir, d'intérêt intellectuel — qui est forcément incompatible avec le noyau d'élèves dépourvus de culture de base, de maîtrise du français. » La remarque, ici, est particulièrement instructive : le plaisir du maître n'est susceptible de coïncider qu'avec le plaisir d'une minorité d'élèves (les autres, au sens strict, ne pratiquent pas la même langue que lui). A supposer que, techniquement, une trouvaille pédagogique permette de s'adresser à tous, cette trouvaille perdrait son efficacité puisque la conviction du pédagogue ferait défaut. Tel est le paradoxe du comédien enseignant : s'il ne s'amuse guère, il n'amusera pas ; or ce qui l'amuse n'est transmissible qu'à une fraction (du moins une fraction à la fois) de son auditoire.

Le constat des professeurs de LEP, pour l'enseignement général[1], est analogue. Ils achoppent sur les mêmes butoirs. La tonalité moyenne est assez bien donnée par la voix de cette femme, qui enseigne le français dans un établissement du Midi : « Sur trente, il y en a toujours quatre ou cinq qui accrochent, et ce n'est pas rien, ce n'est pas sans effort. Je ne pense pas qu'il soit possible de faire cours pour toute une classe. Vraiment non. Cela ne provient pas nécessairement de la nature des textes que nous abordons. Les centres d'intérêt sont dispersés. Il faut se livrer à une gymnastique incroyable pour arracher l'adhésion d'une poignée d'élèves. Si l'on voulait toucher les autres, il faudrait scinder la classe. » Détail non négligeable, les maîtres de disciplines professionnelles observent que les mêmes garçons ou filles, attentifs en ateliers, s'émiettent dès qu'on les rassemble pour une leçon de technologie théorique.

Et l'on retrouve, au niveau du lycée, dans une version atténuée, des discours similaires. Les enseignants « de droite » soutiennent que le métier se perd parce qu' « on laisse entrer n'importe qui » (comme on l'a vu, le raccourci est saisissant). Les enseignants « de gauche » soulignent plutôt l'ambiguïté de la seconde dite « indifférenciée », censée offrir les mêmes chances alors que le mécanisme des options les rend inégales. Tel est, par exemple, le sentiment d'Anne Loup, jeune germaniste dont la foi chancelle : « En langue, il est indispensable que les élèves bougent, réagissent. Quelques-uns acceptent le jeu, mais on travaille souvent pour un faible pourcentage de la classe. Ils ont choisi l'allemand afin d'être dans la bonne section. Mais les plus rapides impriment leur rythme

1. Dans les lycées d'enseignement professionnel, les élèves travaillent tantôt en atelier (où ils sont peu nombreux), tantôt en classe d'une trentaine pour les disciplines générales.

et les autres sont lâchés. J'accélère, je ralentis : il demeure toujours un groupe hors circuit. Ceux qui se taisent, je finis par les oublier carrément... »

Tout en haut de l'édifice, dans les donjons assiégés des sections nobles, scientifiques essentiellement, il subsiste des maîtres qui sont libres de jouer dans la sobriété ou de faire leur numéro, qui ne se culpabilisent pas de n'être que partiellement suivis (c'est normal : ici, le meilleur gagne), qui parfois rêvent encore de subjuguer l'assemblée (éternelle déception des philosophes, enclins à l'amour trahi), et qui sont persuadés que la difficulté vraie se situe à leur échelon. Dans l'univers des comédiens, où l'on a coutume d'ignorer la performance des confrères, la facilité est toujours ailleurs...

Le paradoxe n'est qu'apparent : la profusion, la diversification des publics ne sont pas limitées mais accentuées par l'unicité du répertoire. Une seule école, un seul programme. Jadis apanage de l'Inspection générale, aujourd'hui soumise à l'examen de commissions associant les hommes de terrain à l'autorité centrale, l'élaboration des contenus de l'enseignement est nationale. En clair : au nom de la République une et indivisible, le prof-comédien est tenu de « vendre » la même intrigue aux Occitans de Millau et aux chtimis de la frontière belge, aux migrants de Garges-lès-Gonesse et aux sédentaires de Verdun, aux enfants des villes et aux enfants des champs, aux gosses de riches (d'argent ou de culture) et aux démunis. Premier résultat : le programme, s'il est observé à la lettre, s'applique à tous et ne convient à personne. Second résultat : le programme, s'il n'est pas observé ou s'il n'est pas observable, se transforme en prétexte à des variations plus ou moins infidèles, plus ou moins fantasques. Conçu pour sécuriser, pour garantir une cohérence, il engendre, à l'inverse, soit l'improvisation soit la routine.

Exemple simple, qui alimente abondamment les gazettes : le maître de collège doit-il ou ne doit-il pas pratiquer la dictée ? Réponse de l'une : « Moi j'en fais et j'y crois, même si les progrès sont minimes, parce que le manque d'orthographe est un handicap social. Cela dit, je n'empêcherai nullement que certains élèves ne sachent ni lire ni écrire à la sortie du collège. » Objection de l'autre : « Je ne donne plus de dictées. Par facilité ? Justement non. La facilité, ce serait de recourir à un exercice qui élimine d'emblée les enfants qui connaissent le plus de difficultés. La dictée, même fastidieuse, est une forme d'apprentissage assez efficace pour les élèves en possession de bases, de repères, et qui corrigent peu à peu leurs fautes. Mais c'est un cautère sur une jambe de bois si l'on prétend l'imposer à des gosses en perdition. Pour ceux-là, les techniques d'expression, l'appel aux ressources spontanées sont les seuls moyens rentables. » Contraste clair, ligne de démarcation au sein des collèges : les partisans de la première version sont accusés de jouer trop classique, ceux de la seconde voie sont suspectés de transformer le spectacle en happening échevelé.

Le problème n'est pas que de méthode. L'acte pédagogique est par essence répétitif. Même en disposant d'inépuisables ressources de fraîcheur, le risque est vif de reproduire des automatismes. L'habitude est indispensable à la précision du geste, à condition que ce dernier ne devienne pas machinal. « Je m'encroûte, concède amèrement un agrégé d'histoire. Comment ne pas s'encroûter dans ce métier-là ? On me demande d'expliquer l'absolutisme à des élèves de collège qui croient que Clemenceau a pris la Bastille ou que l'héroïque Jeanne d'Arc a fini par écraser les Vikings. J'essaie. J'essaie de faire passer la sauce. Mais j'ai l'impression d'être une espèce de brontosaure. D'année en année, j'ai le même programme, je ne vais pas m'amuser à récrire mon cours, je cherche plutôt le moyen de le traiter d'une autre manière. »

Le danger est-il moindre en lycée classique ? Benoît Le Roux ne s'estime pas à l'abri : « L'inconvénient de cette profession est qu'on passe son temps à enseigner des choses qu'on sait, et donc qu'on n'a pas le temps d'apprendre les choses qu'on ne sait pas. D'où le péril évident de ne plus parvenir à dégager du temps pour son propre entretien, et finalement de perdre la curiosité intellectuelle qui permettrait d'élargir l'horizon. La tentation de la routine intellectuelle est manifeste. Cela dit, j'estime pour ma part que des professeurs routiniers peuvent rester de bons professeurs. Chaque cours demeure différent au sens où l'on ne se baigne jamais deux fois dans la même eau d'un fleuve. » Il n'empêche que Benoît Le Roux a entrepris la rédaction d'une thèse, précisément pour changer de bain.

Ses collègues Jacques Lécuru et Didier Masseau, au lycée de Compiègne, ont eux aussi poursuivi un travail universitaire pour briser l'ankylose qu'ils sentaient venir. « L'enseignement, dit le premier, est ainsi conçu qu'on est qualifié à vie dès lors qu'on a réussi le CAPES ou l'agrégation. On prépare 'son' cours les deux premières années, et après, terminé. Si vous êtes assez routinier pour vendre la même salade jusqu'à la retraite, vous ne risquez qu'un avancement au petit choix. » « Vous vous rendez compte, s'indigne le second, depuis que je fais passer le bac, j'ingurgite du Lagarde et Michard[1]. Je vois même des élèves qui ne distinguent pas entre le texte qu'ils ont à expliquer et le 'chapeau' qui l'introduit dans le manuel. Pas de doute : certains collègues utilisent le Lagarde et Michard depuis vingt ans, et de la même manière qu'il y a vingt ans. »

La peinture la plus brutale de la sclérose enseignante, la voici. Danièle Bousquet, professeur de sciences économiques, juge son activité « fade ». Puis elle se reprend : « Fade... C'est pire que cela. C'est le train-train, c'est au-delà du train-train. D'une année sur l'autre, j'en arrive à confondre des noms d'élèves, à croire que j'ai traité une question la semaine précédente alors que c'est l'année d'avant. Quoi qu'on modifie, la répétition l'emporte. On a beau retoucher la structure, le programme est le même. Quand on est adulte, c'est aberrant de vivre ainsi avec l'impression de rester sur place. » Rien d'étonnant si Danièle Bousquet considère que sa vraie vie commence à la porte de son lycée — dans le sens de la sortie.

Au fond, tout le monde est frustré, malgré les différences de tempérament, d'âge, de discipline, d'établissement. Celui qui s'abandonne mollement à la routine est soudain bousculé par un public déconcertant. Celui qui cherche à s'en évader ne trouve pas cette évasion dans le cadre de son travail, mais en marge, ou au-dehors — un supplément d'âme. Le maître de collège est dévoré par la tension dramatique de chaque heure, par sa volonté de communiquer ; il y puise, peut-être, une jouissance d'acteur mais non un stimulant intellectuel. Et le professeur de lycée, s'il échappe à cette relation dévoratrice, n'échappe guère, ou malaisément, à la rouille de l'habitude. Ou bien le programme est prétexte, ou bien il devient carcan.

Dans le premier cas — en gros, celui des collèges, des LEP et de certaines secondes —, l'enseignant a le sentiment de devoir capter l'attention des élèves, ou du moins d'une minorité significative, avec des leurres, des jeux de miroirs, des prismes qui créeront l'illusion d'une éphémère coïncidence entre l'intérêt de l'enfant et le répertoire du maître. Nul n'est vraiment dupe, mais la rencontre accidentelle ou savamment provoquée est une sorte de récompense

1. Auteurs d'une série de manuels de littérature française, publiés aux Éditions Bordas.

mutuelle, de connivence gratifiante quoique contre nature. On part de Molière ou de Claire Etcherelli (*Elise ou la vraie vie* est au collège d'aujourd'hui ce que *la Guerre des Gaules* fut à celui d'hier). On lie l'observation du polypode vulgaire à la découverte du milieu écologique. On agrémente de diapositives versaillaises l'étude de Louis XIV. La pédagogie d' « éveil » porte superbement son nom : l'élève est postulé assoupi ou distrait.

Le professeur de collège ne se contente pas d'appâter le chaland. Il est en compétition avec une puissance extérieure : la télévision. La convergence des propos des uns et des autres sur l'impact des tubes cathodiques est impressionnante. « Les livres qu'on leur amène, ils les ont déjà 'faits' avec la télé, c'est-à-dire qu'ils en ont vu l'adaptation. C'est une concurrence, plus qu'une concurrence, même : une oppression. Ça nous bouffe complètement. » Ou encore : « La télévision leur apporte-t-elle plus que mes cours ? Oh oui, certainement. Elle procure une évasion que je ne leur donnerai jamais, moi, entre ces murs dégueulasses. » Un troisième nous fournit une clé pour comprendre pareil rejet : « Il est évident que mes élèves reçoivent plus d'informations par le canal des médias qu'en classe. Mais ce sont des informations dispersées, atomisées. Ils sont bombardés de mots, d'images qu'ils ne savent pas relier. » Et une enseignante du Loiret hausse le ton : « Ils subissent un véritable prurit audiovisuel, une intoxication à coups de messages extrêmement rapides. »

Tout le drame du maître de collège ou de LEP est là, en condensé. Il n'est pas sûr de la cohérence du savoir qu'il est censé transmettre, du programme. Il n'est pas sûr non plus de parvenir à tordre ces figures imposées de manière à opérer la jonction, fût-elle provisoire ou partielle, avec l'incohérence des demandes de son public. Et, pour comble, il découvre que ce public se repaît d'une incohérence concurrente, ravageuse mais séductrice, qui s'interpose entre ses destinataires et lui. La grande paranoïa anti-télévision du monde enseignant est ainsi fort explicable. L'exercice attendu des profs -- la transmission d'une cohérence culturelle et d'une méthode pour la vérifier — leur apparaît compromis d'avance par ce rival omniprésent. Ils consentent, bon gré mal gré, à se faire bateleurs sur leurs estrades. Mais d'autres bateleurs, dans de confortables studios, leur fauchent sans aucun complexe la vedette. Et le doute s'insinue : ne seraient-ils pas eux-mêmes devenus des médias périmés, des écrans noirs et blancs ? « Finalement, note un professeur de seconde, les élèves nous regardent comme des postes de télé. Quand ils en ont assez, ils tournent le bouton, et nous cessons d'exister à leurs yeux. »

Ce fantasme-là n'est pas celui des professeurs de la fin du second cycle long. Nul besoin, pour eux, d'amuser la galerie par des pirouettes ou des entrechats. Nul besoin de contourner le programme. Au contraire, ils se plaignent d'une passivité studieuse de leurs élèves, d'une exigence cynique et conformiste de résultats calibrés. Même ceux — les « réac » — pour qui 1968 signifiait la fin de la douceur de vivre se plaignent d'une sorte de virage laborieux aux alentours des années 1975-1976. Notre public, déclarent-ils en substance, ne manifeste qu'un désir : garantissez-nous le rendement chiffré de nos efforts. Ni émotion, ni passion, ni acrimonie : on échange un ennui besogneux contre l'accès à un diplôme. Une économie du troc, un peu triste, un peu morne, et — on l'a dit — fatalement routinière.

Si ce cas de figure n'était plus rare (il ne concerne que les élèves triés sur le volet), il serait à sa manière aussi préoccupant que le précédent. Ne s'achemine-t-on pas vers un certain « degré zéro » de la pédagogie ? Jean Ungaro, professeur de philosophie, considère que les lycéens de classe terminale n'ont plus avec l'école qu'un rapport fonctionnel, indifférent et soumis : « Dans mon lycée breton, qui est un établissement tranquille, l'attitude des élèves revient à montrer que ce qui s'y passe, dans le fond, ils s'en fichent. Cause toujours mon lapin, tu veux quoi ? Tu veux que j'écrive de gauche à droite ou de droite à gauche ? Trois carreaux en haut ou trois carreaux en bas ? Ils se gardent bien de mélanger leur vie et la vie du lycée. Ils constatent que les parents et les profs ont décidé qu'à l'école les choses se déroulent ainsi. Ils agissent en conséquence, sans s'impliquer, sans se compromettre. Mais ce qui les intéresse dans l'existence est ailleurs. Où ? Voilà l'énigme. Voilà la question que les profs n'osent pas se poser. »

Quand on apprend à Jean Ungaro que ses élèves lui donnent un surnom, et que ce surnom est « Super-Platon », il éclate de rire. Mais d'un rire ambigu. « Décidément, commente-t-il, 68 est très loin ! » Eh oui, en 1968, il était « mao », à la pointe de la contestation. A présent, il est prof, défini par sa discipline et par sa fonction. Les provocations soixante-huitardes, rétrospectivement, exprimaient un vrai désir de l'enseigné, désir agressif, hurlé, giclé en graffiti et en slogans sommaires, mais désir quand même. L'insulte implique en creux une volonté de respect. Les gais enfants des barricades portaient un besoin d'adhésion et de croyance à la limite de la naïveté. Et les grèves rituelles, lors des printemps ultérieurs, se déroulaient dans un champ culturel mitoyen. L' « étrangeté » lycéenne trahit la dilution de ce désir. Les élèves sont en même temps ici et ailleurs.

Décidément, l'époque est sans pitié pour les profs. L'émotion qui lie l'acteur au spectateur suppose des valeurs communes. Le contrat qui unit le prof et l'élève stipule une conjonction culturelle et/ou une promesse d'efficacité. Dans les quelques secteurs où cette promesse revêt une certaine consistance, le maître est sommé de la remplir sans fioritures. Dans le reste du système, au royaume du tout-venant, les comédiens et leurs publics se découvrent dénués d'intérêt commun, selon toutes les acceptions de ce terme.

L'avantage, au théâtre, c'est qu'un « bide » ne passe pas la trentième. La direction baisse le rideau et l'on part se faire siffler ailleurs. Mais à l'école, ça dure. Les spectateurs sont astreints à revenir, les comédiens à remonter sur scène. Avec un effet cumulatif inévitable. Comment en sortir ? La réponse majoritaire des profs est de tenir leurs distances, de se préserver en marquant tout de suite et très nettement les frontières du jeu. Puisque c'est un duel, puisque c'est une épreuve de force, autant ne pas en atténuer ou en déguiser le caractère frontal. « Moi, dit Pierre Lutz, je considère depuis le départ que le coup du prof copain n'est pas viable. Je n'y crois pas parce que je les note, les élèves, je les sélectionne, j'ai un rôle dur à jouer, je suis celui qui parle, qui a le savoir, qui les juge, qui les autorise ou non à passer en seconde. Ce pouvoir, bien réel, n'est pas compatible avec le style copain. »

Ses voisins de casier Françoise Vigé-Hélie et Bernard Ravel partent de principes analogues. « Les élèves, dit la première, entrent en classe comme dans un cinéma, c'est-à-dire qu'ils attendent qu'on leur offre des esquimaux. Eh bien, je trouve cela insupportable, je refuse de faire passer les esquimaux. J'essaie de leur dire qu'ils ont un travail à fournir, sanctionné par un résultat. Quand on est prof, on est de toute manière un peu flic. » Le second adopte la même longueur d'onde : « Je tutoie mes élèves, mais je n'admettrais pas qu'ils me tutoient. Dès que les relations tournent au copinage, le climat change. Être copains, cela signifie être égaux, cela signifie que l'un ou l'autre est susceptible de prendre le pas, de commander. Alors là, moi, je suis désolé : quitte à déplaire à certains courants modernistes ou libertaires, dans ma classe, c'est encore moi le patron. »

Telle est, semble-t-il, la sensibilité moyenne du milieu. Une relative familiarité n'est pas évitable — le tutoiement, par exemple, est la pratique courante en collège et en LEP. Mais il est clair que cette familiarité est vécue par nombre de maîtres comme un point limite, un dernier cercle à ne pas traverser. Benoît Le Roux, conservateur déclaré, s'efforce de rester deux pas en arrière : « Un professeur n'est pas un frère, un père ou un ami. Ce serait donner des illusions aux élèves que de leur promettre de l'affection, de la chaleur, de l'amusement. Ils sont là pour acquérir des notions. Et je suis là pour les leur fournir. Contrairement à beaucoup de collègues, je porte la cravate en classe pour offrir une image neutre, pour que mon polo jaune ou mon jean ne détournent pas l'attention. »

Il est vrai que la cravate s'est raréfiée hors des lycées classiques. Mais il est non moins vrai que, sans être aussi stricts que Benoît Le Roux, la plupart des profs enfilent, dans l'exercice de leur profession, une tenue passe-partout, décontractée mais « standard », protectrice. « Il ne me viendrait pas à l'idée, avoue Françoise Vigé-Hélie, de me présenter au collège en Lewis, alors que j'en porte durant le week-end. » C'est aussi une question d'âge. Le polo, chez les plus de quarante ans, est l'alternative à la cravate et à la chemise assortie (ou l'inverse). Le jean, chez leurs cadets, est porteur d'un message équivalent. Le lieu n'importe pas moins : tailleurs et costumes de velours dans le centre ville, contraste beaucoup plus accusé des genres quand on s'en éloigne. Quant aux scientifiques — et aux autres corporations qui utilisent beaucoup le tableau, notamment les professeurs de langue —, ils trouvent dans le port de la blouse le moyen idéal de supposer le problème résolu : un uniforme qui n'en est pas un, une neutralité emblématique qui dissimule non seulement le corps mais le vêtement de ville.

Cette normalité, cette « normativité » majoritaire est difficile à préserver. Le dérapage menace. Mais vers quoi ? Vers le « prof copain », au sens où l'entendaient Pierre Lutz ou Bernard Ravel ? Pas exactement. Leur imagerie renverrait plutôt au contexte de l'après-1968, quand certains maîtres et certains élèves engageaient — parfois reliés au même « groupuscule » — une lutte commune contre l'école « bourgeoise », ses hiérarchies, son idéologie, etc. Jusqu'au mitan des années soixante-dix, une forme de camaraderie partisane a engendré des cellules contestataires dont la finalité politique était le ciment. Phénomène à présent aussi désuet que la distribution des prix ou la proclamation du tableau d'honneur. Non, ce qui se dessine chez les enseignants, c'est une minorité assez forte qui choisit de renverser l'ordre des facteurs, d'élire l'école comme lieu de vie, de nouer avec les élèves des liens d'interdépendance affective, d'abolir la ligne de démarcation entre vie publique et vie privée. Le prof se mue en animateur qui partage l'existence des jeunes et les introduit dans la sienne. Il conserve ainsi un ascendant tout en surmontant la solitude et les fragilités du magistère. Beaucoup plus qu'un « copinage » paternaliste, c'est une convivialité qui s'esquisse : la relation pédagogique cède à la liaison fondée sur l'art de séduire.

Nous entrons ici dans le maquis du non-dit. Car chaque relation pédagogique recèle une part de séduction naïve ou roublarde, troublante ou cynique. Tout « bon » professeur est étymologiquement « pédophile » : ce n'est pas une accusation mais une évidence — après tout, les profs sont les seuls, dans nos sociétés, à passer une vie entière au contact d'enfants et d'adolescents. Mais cette dimension érotique est niée, occultée. Si elle vient à surgir, c'est au détour d'une digression, et sur un mode qui paraît écarter sa possibilité même. Ainsi Pierre Lecru, cinquante ans, professeur de lycée : « Je commence à ne plus avoir l'âge mais j'ai connu des filles qui faisaient exprès du cirque pour que je les engueule, pour attirer mon attention — l'une d'entre elles a fini par m'avouer que c'était une manière de me signifier que je comptais à ses yeux. C'est la dimension ô combien souterraine de la relation pédagogique. Une séduction qui peut se borner — qui doit se borner, sinon où irions-nous ? — à une attirance intellectuelle. » Nul, sans doute, n'est mieux placé que le professeur de philosophie, l'homme des mystères, pour émettre ou recevoir ces signaux clandestins. Jean Ungaro, de Saint-Brieuc, ne nie pas qu'il effectue « un numéro de charme ». Mais, explique-t-il, c'est pour la bonne cause : « Il existe probablement une relation de désir entre mes élèves et moi. Sans doute parce que j'essaie, par tous les moyens, de leur refiler mon désir de philosophie, de faire en sorte que pour eux la philosophie soit désirable. »

Jean Ungaro est un homme secret, jaloux de son intimité. Il ne reçoit guère ses élèves à domicile. De même, Françoise Vigé-Hélie, son service accompli, fuit le collège. Pourtant, elle aussi reconnaît qu'elle « joue la séduction ». Rencontre-t-elle, chez les aînés de ses collégiens, des amoureux transis ? C'est probable. Comment cela se manifeste-t-il ? Sourire : « C'est... Comment dire ça ? C'est très fin... Je n'arrive pas à trouver le mot. C'est très... insidieux. Non, insidieux serait péjoratif. Une complicité se crée entre nous, j'obtiens une plus grande coopération de ces élèves-là. »

Tous deux ne concèdent ces doux aveux que du bout des lèvres. Mais un important contingent de leurs collègues revendiquent expressément une pédagogie de la séduction. Ariane Lascaux, professeur de français dans un LEP des Causses, s'insurge contre les écrans de toile : « La blouse ? Et pourquoi pas le bonnet ? Des tas de professions s'exercent la tête couverte : les cheveux souffrent autant que les vêtements de la poussière. La question, c'est qu'elle ne protège pas tant de l'encre ou de la craie que des élèves probablement, de soi-même certainement. L'ensemble Rodier ou la robe rétro dévoilent de vous plus de choses qu'ils ne cachent. La blouse, c'est le bouclier, le déguisement, le masque. Son port traduit un besoin de se rassurer par la notification de sa fonction ; et quelque chose de plus grave : la distance entre le prof et lui-même, la peur de ne plus être cette chose molle, imprécise, anonyme, inatteignable, pour tout dire abstraite qu'est le blanc fantôme du maître de maths ou de français [1]. »

Au vêtement-armure se substitue, pour les pédagogues de cette lignée, le vêtement-instrument de séduction [2]. Le problème, disent-ils, n'est pas l'absence du corps de l'enseignant, car il est bien là [3], mais la mise en scène de soi-même, la transmission ou non d'une liberté qu'on s'accorde. « Je ne m'enferme dans aucun style, rapporte Mireille Cugno, de Rambouillet, oscillant de la robe indienne au costume très classique, du jean velours aux dentelles ; selon les circonstances, je peux arriver en classe couverte de boue ou 'sapée'. Bref, pas de tenue spéciale 'lycée' [4]. » Exhibitionnisme dilettante ? Pour ces maîtres, au contraire, le plaisir de se mouvoir et d'être soi sous l'œil de l'autre est, au sens strict, fondamental.

Indice révélateur de cette tendance : la découverte, par beaucoup d'enseignants, d'un sens jusqu'alors superfétatoire, le toucher. Sylvie Rambour, professeur de travaux manuels à Meudon-

1. Extrait d'un texte inédit confié aux auteurs par Ariane Lascaux.
2. Claude Pujade-Renaud, *Le Corps de l'enseignant dans la classe, op. cit.*
3. Cf. A.-M. Drouin, « Le rapport pédagogique : un corps à corps », *Cahiers pédagogiques*, septembre 1982.
4. *Ibid.*

la-Forêt, s'en réjouit : « Je suis le seul prof, avec celui d'éducation physique, qui peut toucher un élève sans que cet acte soit mal vécu, mal ressenti... Et je ne me prive pas pour avoir ce contact physique. » Et elle ajoute : « J'aimerais aller plus loin dans la relation corporelle que je vis avec mes élèves. Quand il arrive que certaines (c'est naturellement plus rare chez les garçons) se mettent à me faire la bise, j'apprécie ! Et si, lors des boums de fin d'année, je peux vraiment danser avec certain(e)s, je suis contente[1]. »

Propos d'une jeune (enseignante) parmi des jeunes (élèves). Mais à cinquante ans, Suzanne Bayard ne découvre pas autre chose dans son lycée bon chic bon genre : « L'autre jour, j'ai doucement tiré, comme ça, les cheveux d'une fille. Rire général, ils étaient tous pliés en deux, gênés par ce contact physique entre l'élève et le prof. Je ne sais si je suis sadique, mais je vais poursuivre cette démarche, approfondir ce malaise devant l'audace du prof qui se met à les toucher, jouer de ce fou rire très curieux. »

Glissements progressifs vers le désir. Au prof amidonné, recroquevillé derrière son bureau, au prof masqué, au prof inconnu (hors la chaire), succède un prof qui ne subit plus la nécessité de s'exposer mais s'efforce d'en tirer plaisir, argument, et — pourquoi pas ? — d'en faire vertu. La séduction assumée retourne la situation, comme l'analyse Alain Finkielkraut, expert en désordre amoureux : « Ultime magie d'un titre dévalué : le voyeur malheureux devient le contemplé, tous les regards convergent vers l'exclu d'autrefois qui savoure ainsi une juste revanche[2]. » Ultime magie — la formule est subtilement adéquate. La magie d'antan (celle de la khâgne de Suzanne Julliard) se fondait sur un rapport d'autant plus délicieux que tacite et codifié. Les magiciens de la dernière génération, pour éviter le fiasco, n'ont d'autre ressource que de dévoiler leurs tours, de proclamer l'artifice. Ainsi Patrick Grainville, professeur et romancier : « Pour aimer enseigner, il faut aimer les adolescents. Moi, j'aime les adolescents, complètement, j'aime leurs visages, j'aime les séduire, ils aiment me séduire... un professeur, c'est un être total qui ne laisse pas sa personnalité au vestiaire[3]. »

Pareille déclaration est un signe des temps. Le signe que le système pédagogique, pour continuer à fonctionner, est contraint

1. *Ibid.*
2. *Le Monde de l'Éducation*, mai 1983.
3. « Libre opinion », *La Quinzaine universitaire*, mai 1983.

de recourir à des ressorts traditionnellement niés, planqués. Au printemps 1983, un scandale éclate au très cossu lycée Corneille de Rouen. Les « maniaques sexuels » s'emparent de l'Éducation nationale, proteste *Minute*. Philippe Bouvard, dans sa chronique de *France-Soir*, parle de fantasmes et d'obsessions. La presse locale délire. Que s'est-il passé ? Une orgie ? Non : pour expérimenter leur nouveau matériel informatique, élèves et professeurs ont déclenché une vaste enquête sur la sociologie des lycéens. Mais, parmi les 200 questions proposées, la 108ᵉ, la 109ᵉ et la 110ᵉ abordent le « rapport affectif aux profs » et envisagent le désir ou la réalité de relations sexuelles entre maîtres et élèves. L'« affaire » coïncide avec une péripétie analogue au lycée Juliette-Récamier de Lyon.

Pourquoi la composante sexuelle du lien enseignant-enseigné est-elle ainsi ordinairement refoulée et n'émerge-t-elle qu'à demi-mots, dans des secteurs minoritaires, et en période de crise ? Une première réponse surgit, lorsqu'on interroge les enseignants : aimer, c'est choisir. Incapable de désirer tous les élèves qui lui sont confiés, le maître est censé n'en préférer aucun. Mais comme les affinités électives sont parfois incoercibles, le lien se noue cependant, camouflé, impensé même. D'autre part, la dimension érotique de l'acte pédagogique déstabilise chaque population : les professeurs, en majorité, n'apprécient guère les manifestations affectives entre élèves (les couples qui s'embrassent dans les couloirs) parce qu'une correspondance semble — ou semblait — établie entre la non-sexualité des uns et la non-sexualité des autres. Le sexe, en droit, est absent de la salle de classe comme il est absent de la salle des profs.

Suzanne Bayard le constate et le déplore : « Moi, je trouve qu'une salle des profs, passez-moi l'expression, ça n'est pas baisant. Les profs restent d'anciens bons élèves coincés. Et il ne se passe rien d'intéressant. J'ai d'excellents copains, ici. Nous nous connaissons depuis des années. Mais ce sont tellement des copains qu'ils n'ont plus rien de masculin. La coexistence d'hommes et de femmes pose souvent des problèmes. Eh bien là, justement, rien, strictement rien : des êtres absolument asexués ; ils me banalisent et moi aussi je les banalise. Les profs sont mal dans leur peau sans le reconnaître. D'abord, pour être prof, on doit être mal dans sa peau — ce qui est ou paraît impensable. On a l'impression qu'il ne faut pas parler du sexe. Un élève, ' schizophrène ' disait-on, de section C envoyait des lettres obscènes à sa prof de français. Une relation négative, sans aucun doute, mais au moins une relation. Il n'arrive rien ; jamais rien. »

Rien ne se produit, en tout cas rien d'observable, dans l'excellent et paisible établissement de Suzanne Bayard où les enseignants achèvent leur carrière après avoir essuyé les plâtres des collèges environnants. Ailleurs, l'exception devient courante. Deux tabous se fissurent. Le premier est le rapport à l'âge. Les professeurs sont jeunes, les élèves sont majeurs à dix-huit ans. Le désir des uns est aisément complémentaire du désir des autres. Le plus jeune est en quête de sécurité initiatique. Le second se rassure quant à son propre vieillissement par rapport à des interlocuteurs stables dans le temps.

Le deuxième tabou est explicitement d'ordre pédagogique. Aimer, c'est entrer dans une dépendance, une vulnérabilité. Le maître qui aime se fragilise. Cela est déjà vrai de la moindre quête de complicité. « Plus on se rapproche des élèves, note Élisabeth de Saporta dans son LEP marseillais, moins on a peur ; moins on a peur, moins ils ont peur, et plus ils en 'profitent'. Chercher le contact revient forcément à chercher la difficulté, à s'exposer. » C'est encore plus vrai quand le contact établi est d'ordre intime. Or, ce qui semblait autrefois un accident individuel regrettable, une perversion tôt entourée d'un cordon sanitaire, s'inscrit aujourd'hui — du moins tendanciellement — dans la logique du maître de plus en plus arraché à ses défenses ancestrales, sollicité de se jeter en pâture, de se livrer âme et corps. Puisque la sérénité magistrale, hautaine et inaccessible, caparaçonnée, cède la place à la dynamique de groupe, la voie de la passion est ouverte.

L'aventure — c'est le mot juste — qu'a connue Annick Ferlas ne relève pas de l'anecdote. Célibataire, certifiée de lettres, originaire de l'Ouest, elle reçoit sa première affectation dans une ville portuaire du Pas-de-Calais : « C'était un collège qui drainait le sous-prolétariat de la région. La répression y était archaïque : lignes à copier, gosses à genoux les mains sur la tête dans le bureau du conseiller d'éducation. Le sous-directeur ne lésinait pas sur les gifles, et les profs aussi. » Elle se sent vite le mouton à cinq pattes : « Nouvelle arrivante, j'écopais des plus mauvaises classes. Les élèves, vissés à tous les autres cours, se défoulaient chez moi. Le leader de la classe m'avait même prévenue que si je continuais comme cela, je n'allais pas m'en sortir, qu'il fallait que je les commande, que je les punisse. 'Vous êtes trop gentille', me disaient les gamins. J'obtenais quelques progrès à travers des séances d'improvisation théâtrale, mais au prix d'un extraordinaire charivari qui amenait les collègues à se plaindre et le sous-directeur à intervenir durant mon cours, me réprimandant en public. »

Annick Ferlas se démarque et s'enfonce. Elle proteste contre les châtiments corporels, se singularise en salle des professeurs. Un jour, un élève arabe particulièrement insupportable est victime d'un grave accident en gymnastique. Pendant que s'éloigne l'ambulance, une voix murmure près d'elle : « Ah, si l'on pouvait en être débarrassé... » Indignée, elle rétorque : « Vous avez raison, il faudrait introduire la peine de mort dans les collèges. » Les conseils de classe durent une demi-heure et les décisions d'orientation lui paraissent autant d'expéditions punitives. Comme les autres exilés, elle fuit la ville chaque week-end et rentre l'estomac noué le lundi matin. Frustrée. Frustrée de découvrir un métier « où l'on privilégie la transmission d'un savoir normalisé au détriment de la vie relationnelle, d'une démarche d'apprentissage et de développement ».

Lors survient Cyrille : « C'était après trois ans de ce bagne, dans une classe de quatrième... Un garçon vraiment en révolte — moi aussi j'accumulais mes révoltes. Il était complètement exclu du système scolaire, renvoyé de toutes les écoles de la ville, mais doué d'une espèce de brio, de présence, d'une personnalité très affirmée, et en même temps difficile à vivre. Il fichait une classe en l'air tant il prenait de place — un tourbillon. J'étais éblouie par sa capacité d'expression orale et théâtrale, et je trouvais injuste qu'on songe à le renvoyer alors qu'il n'avait pas quinze ans. Il était simultanément insupportable et persécuté. »

Au mois de février, Cyrille adresse à son professeur de véritables appels au secours. Elle se sent poursuivie, mais aussi intéressée ; lors d'une réunion de parents d'élèves, elle noue connaissance avec le père du garçon, un artisan, homme ouvert, complètement désorienté par la dérive de son fils. Ils songent pour lui à des solutions marginales — l'école en bateau —, aux lisières d'une institution qui le rejette et qu'il rejette. Mais Cyrille s'accroche à elle, l'attend le matin à la sortie de son immeuble, la guette, l'accompagne au collège, suit chacun de ses pas. Elle est touchée par tant de passion, attirée aussi. Elle ignore, à ce moment, qu'il se drogue.

Puis, c'est le coup de foudre : « A Pâques, je me suis trouvée moi-même dépassée par ce que je ressentais. La première fois où j'en ai pris conscience, c'est à la fin d'un cours : il m'a donné un petit billet en forme de SOS où il me tutoyait, m'appelait par mon prénom, et ajoutait que rien ne serait possible entre nous puisque j'avais dix ans de plus que lui. Au café du coin, je lui ai expliqué que ce n'était pas cette différence d'âge qui posait problème, que c'était une question institutionnelle, que nous courions des risques terribles. Mais tout s'est enchaîné, je ne maîtrisais plus rien, la fin de l'année m'a paru se précipiter vers nous. Cyrille a fait une fugue. Ses parents ont prévenu le principal du collège. Dieu merci, c'était un nouveau, très tolérant. Alors que le conseiller d'éducation réclamait des sanctions contre moi, disant que j'étais dangereuse et perverse, il s'est contenté de me demander : 'La relation que vous avez avec ce garçon n'est-elle pas une relation militante ?' Sur le moment, j'ai répondu non, mais c'était une bonne question... »

Le scandale, d'extrême justesse, n'a pas éclaté. Annick et Cyrille se sont peu à peu éloignés l'un de l'autre, non sans déchirements. « Je pense, estime-t-elle rétrospectivement, qu'une relation amoureuse est viable entre un adulte et quelqu'un de beaucoup plus jeune ; mais à l'intérieur de l'école, c'est complètement suicidaire. Le système repose sur la notion de rôle, le plaisir n'y a pas droit de cité. Le prof reproduit et proroge les peurs dans lesquelles il a été éduqué. Il n'a pas de corps, il ne mange pas, il ne fait pas l'amour, il serait trop vulnérable s'il se dévoilait. »

L'histoire d'Annick Ferlas est amère, mais il existe des profs-animateurs heureux ; peut-être même sont-ils les seuls à puiser un réel bonheur dans l'exercice de leur fonction. Ainsi Pierre Malgris, spécialiste de sciences économiques dans un lycée « smart » à cinquante kilomètres de Paris. Il travaille en équipe avec des collègues de la même trempe. Chacun d'entre eux suit sept élèves plus particulièrement (anticipation sur le « tutorat » préconisé par le rapport Legrand). Les conseils de classe se déroulent en présence de la totalité des élèves, qui ont le droit d'intervenir. L'acquisition des mécanismes économiques transite par le scénario d'*Obélix et Compagnie.* La découverte de l'entreprise s'effectue au moyen d'un jeu adapté du Monopoly. Sans anticiper sur l'innovation pédagogique et ses canaux, dont nous reparlerons, notons que le fil conducteur de Pierre Malgris est l'idée associative, l'idée que l'acquisition « socialisée », relayée par un groupe, est la plus féconde.

En privé, guère de différence puisque, justement, il s'efforce d'abolir cette frontière : « Je vois beaucoup les élèves en dehors des cours, ils viennent chez moi, je les emmène en voyages d'étude.

Je les tutoie et ils me tutoient. On m'accuse d'être démago, et ce n'est pas faux : un prof, c'est d'abord un cabotin. » La séduction ? Le « feeling » ? « C'est capital, et cela ne s'apprend dans aucune école de formation. Les profs, en général, ont des difficultés de communication. La nécessité d'animer la classe, et pas seulement de lire ses notes, creuse un fossé de plus en plus large entre les collègues traditionnels et nous. » Côté sexe, guère d'angoisse : « Je vis avec une ancienne élève, et nous sommes quatre dans ce cas. Avant de me fixer, je suis beaucoup sorti avec des élèves. Les autres avaient des soupçons, mais rien de plus. Tout cela se dédramatise. »

Entre l'optimisme bon vivant de Pierre Malgris et le drame d'Annick Ferlas prend place toute la palette des animateurs. Une minorité, certes. Mais une minorité qui exprime l'air du temps. Quand, par exemple, Louis Legrand, dans le rapport qu'il a remis à Alain Savary, recommande que les professeurs soient les tuteurs, les interlocuteurs privilégiés de quelques élèves, la levée de boucliers qu'on a observée dans le corps enseignant révèle la faille entre les animateurs et les autres. Vous nous conviez à jouer les apprentis sorciers, protestent les défenseurs de la blouse et de l'estrade. Ainsi Mme Gaigmère, professeur à Maisons-Alfort : « Quand vous aurez des tas de petites affaires Gabrielle Russier [1] sur les bras, il ne sera plus temps de pleurer sur les tombes ou de multiplier les distributions de valium dans les infirmeries des établissements scolaires [2]. » Objection d'Annick Ferlas, qui n'est point passée très loin du destin de Gabrielle Russier : « Le tutorat aurait été ma bouée de sauvetage. Si je n'avais pas été le seul recours de Cyrille dans mon collège, je ne me serais certainement pas laissé embarquer aussi loin. L'investissement affectif n'est violent que s'il est exceptionnel, anormal. Tout est affectif, le rejet ou la sympathie, la distance ou la séduction. Simplement, la plupart des profs s'installent dans une affectivité négative. Ils en souffrent mais, pour autant, n'osent pas bouger en nombre suffisant. »

Le problème, c'est que, fréquemment, ni le jeu de la distance ni celui de la séduction ne fonctionnent convenablement. Le premier

1. Histoire célèbre d'une enseignante qui a été incarcérée pour avoir noué une relation amoureuse avec un de ses élèves, et s'est alors suicidée.
2. *Le Monde*, 1er février 1983.

suscite la rébellion ouverte ou larvée ; le second ne « prend » pas ou dérive en tourbillon passionnel. La relation d'autorité n'a plus pour finalité la conquête ; il s'agit, prosaïquement, de maintenir l'ordre. Et il convient, ici, d'abandonner sur le bord du chemin nos farces et attrapes adolescentes : le chahut est mort. Le chahut, c'était un carnaval cruel qui rythmait l'année lycéenne, un défoulement épisodique qui renvoyait au refoulement régulier. Préparé, ruminé, planifié, il « témoignait d'une attitude corporative et supposait une homogénéité culturelle, un sentiment commun d'appartenance à une tradition[1] ». Mai 68 en a sonné le glas. A partir des années soixante-dix et de l'inflation des classes hétérogènes, la complicité, la connivence qui permettaient l'organisation du chahut — organisation méthodique, conçue en vue de cibles précises — se sont effritées, effilochées, en faveur d'un désordre multipolaire, d'une excitation incontrôlée (non seulement par le prof mais par les élèves eux-mêmes), d'une effervescence anarchique, brouillonne et apparemment dénuée d'objet. S'il arrive que tel ou tel enseignant se trouve dans le collimateur de ses élèves, l'agitation n'exprime en général qu'un rejet spontané, primaire, de l'institution, une négation de l'obligation scolaire. L'agression traverse le maître plus qu'elle ne le vise. Il n'est, du reste, pas rare que les « mouvements divers » se produisent plutôt chez des professeurs estimés que chez leurs collègues qui font partie des meubles.

Conséquence logique : la discipline non plus ne saurait être ce qu'elle était. Autrefois, les étiquettes étaient faciles à manier : il existait des profs « normaux » et des profs « chahutés » — personnages bouffons qui concentraient sur eux toute la violence, toute la malignité qui n'avaient d'autre exutoire. De même, la hiérarchie des peines, l'arsenal des sanctions, étaient présents à l'esprit de chaque élève — nul n'ignorait le « tarif » en vigueur, qui s'appliquait automatiquement, depuis l'heure de « colle » jusqu'au conseil de discipline. L'administration disposait d'une force de frappe soigneusement entretenue, et savait recourir à la riposte graduée. En fait, les manifestations d'insubordination, vite réprimées, fournissaient l'occasion de vérifier l'efficacité de la loi et la bonne forme du bras séculier.

1. Cf. l'enquête de Marc Coutty in *Le Monde de l'Éducation*, janvier 1982. Il se réfère notamment à la thèse de Jacques Testanière, *Désordre et Chahut dans l'enseignement du second degré*.

Cette époque, l'époque du lycée-sanctuaire, est complètement révolue. La première raison, dans son apparente simplicité, recèle toute la complexité du problème : personne ne parvient vraiment à déterminer où, à quel stade, à quel nombre de décibels, à quel pourcentage d'élèves debout, à quel degré de familiarité dans le langage, commence l'indiscipline. Sauf dans les secteurs protégés (le cours de maths en terminale C), et sauf caractère d'une trempe exceptionnelle (certains maîtres possèdent d'emblée un sens du leadership, un talent de meneur de bande qui les mettent à l'abri), il n'est plus guère de zone franche. La majorité des profs, à des degrés divers, éprouvent des difficultés pour « tenir » leur classe. Ils le reconnaissent en privé, et même — la nouveauté est en ce domaine révolutionnaire — devant leurs collègues. Naturellement, l'environnement est déterminant. Le bucolique collège de campagne, le prestigieux lycée de centre ville ne connaissent du chahut que les figures anciennes, les anomalies pathologiques. Mais dès qu'on s'écarte des beaux quartiers, dès qu'on s'approche des agglomérations péri-urbaines, le signal d'alarme retentit.

Le degré le plus élémentaire du phénomène est une agitation bon enfant, un vague brouhaha. La plupart des enseignants déclarent qu'ils ne s'expriment plus devant une classe silencieuse, mais qu'ils doivent percer, comme un rideau de fumée ou un écran translucide, une sorte de bruit de fond, de barrière d'inattention. François Hébertot, pourtant fixé de longue date dans un lycée « sans histoire », s'inquiète de cette évolution : « Cela se dégrade nettement depuis deux ou trois ans. Je ne suis pas, je n'ai jamais été un prof chahuté, et je ne tolère pas de parler pour couvrir d'autres voix. Or je constate — c'est la première fois dans ma carrière — qu'en seconde, il me faut quelques semaines pour vaincre cette sorte de désinvolture. Les élèves m'interrompent, me coupent la parole sans aucun savoir-vivre. Entre eux aussi, d'ailleurs, ils agissent de même, ils ne s'écoutent pas, leurs propos se chevauchent. Ce n'est pas le chahut, ça part dans tous les sens. »

A l'autre bout de la chaîne, dans un collège « dur » de la région parisienne (mais l'exemple vaut pour n'importe quelle grande ville), voici ce qu'observe le visiteur. Une classe de cinquième, vingt-cinq enfants (dont un tiers d'immigrés, environ), une jeune femme, Arlette Iris, professeur de français. Elle s'est portée volontaire pour prendre en charge cette section. Aujourd'hui, elle commente un texte extrait du *Vendredi* de Michel Tournier. Plutôt-

qu'un récit reconstruit, le mieux est de soumettre au lecteur les notes brutes, prises à chaud par un des auteurs de ce livre au fond de la classe.

« Les gosses sont incapables de s'écouter, décrochent. Arlette Iris est obligée de crier, de s'adresser aux élèves par petits secteurs, par foyers d'attention. Deux garçons, près de moi, discutent à haute voix. Quand Arlette Iris pose une question, les enfants lèvent brusquement le doigt — 'M'dame, M'dame !' —, y compris ceux dont on penserait qu'ils ne suivent absolument pas. Il se produit, à ce moment, une bizarre émulation, moins pour donner la bonne réponse que pour prendre la parole. Les enfants se baladent pour échanger du matériel, en un va-et-vient continuel. Interrogation écrite sur le vocabulaire du texte. Les élèves se courbent sur leur feuille. Un calme soudain, apaisant. Puis la sonnerie, la ruée vers le couloir.

» Onze heures. C'est la reprise. Violente bousculade à l'entrée. Un garçon, devant moi, imite le cri de la chouette dans le creux de ses mains. On corrige l'interrogation écrite. A ma gauche, un carré de filles réfractaires discutent et rient, tournant carrément le dos au tableau. L'attention chute : le cours n'est plus suivi que par le tiers ou le quart de l'effectif. Le bruit monte. Cette fois, c'est la pagaille. Arlette Iris suspend l'exercice : 'Prenez vos cahiers de texte !' Elle a l'air épuisé, mais très calme. Une séance de dressage. Hurlements à gauche. Les enfants se moquent éperdument de notre présence. Arlette Iris sépare deux filles qui bavardent ostensiblement. Résultat nul : le bavardage reprend un ton plus haut, par-dessus deux tables. Un gamin se lève pour faucher les photos d'identité d'une fille. Devant, deux garçons se battent règle contre rapporteur. Un cri : 'M'dame, mon livre a disparu !' Événement : Lionel demande pourquoi il a commis une erreur. Réponse d'une fille, derrière lui : 'Parce que c'est une faute...' Les deux copines séparées ne bavardent plus mais rectifient leur rouge à lèvres.

» Arlette Iris invite ses élèves à noter eux-mêmes leur interrogation écrite, mais quelque chose se produit dans la cour de la caserne des pompiers, sous les fenêtres du collège. Un tiers de la classe est debout, se masse contre les carreaux. Arlette Iris en attrape trois ou quatre : 'Vous ne fichez rien !' Les enfants, tranquilles : 'Si c'était que nous !' Le cours reprend. Toujours les cris de chouette. Deux gosses, au premier rang, s'amusent à basculer leur table jusqu'à ce qu'elle se renverse. Le vacarme est assourdissant. Arlette Iris passe de l'un à l'autre, vérifiant les corrections. On sent la fin de l'heure proche. Les élèves ne tiennent plus en place. Arlette Iris semble à bout : 'Posez vos mains à plat sur la table.' Elle commande un exercice de respiration et l'ordre revient progressivement. 'Ecris', dit-elle à une gamine. 'Je ne veux pas salir ma feuille, M'dame !' Encore une bagarre. Un temps mort. Et la sonnerie. Les enfants paraissent s'arracher de la classe. A la porte, on se bat pour gagner un quart de seconde vers la sortie. Arlette Iris s'appuie au bureau, elle est harassée. »

Ces notes décousues, livrées en vrac telles qu'elles ont été rédigées, appellent plusieurs commentaires. D'abord, la scène ici décrite n'a rien d'exceptionnel, d'exotique ni d'outrancier. Tel est le « vécu » de nombre d'enseignants. Arlette Iris est un professeur certifié, expérimenté, qui a choisi de « chevaucher le tigre » par passion, et par défi. Beaucoup d'autres endurent ce type d'affrontement par obligation. Ensuite, on le vérifie une fois encore, le phénomène le plus frappant de ce chahut qui n'en est pas un, c'est l'absence totale d'agressivité à l'encontre du professeur. En l'occurrence, Arlette Iris est probablement l'enseignante la plus aimée des garnements qui peuplent sa classe. Et il est également probable que la tendresse qu'elle leur voue lui vaut un surcroît d'insécurité : convaincue que ces enfants ne se livreront que spontanément, elle paie fort cher la rançon de leur spontanéité. Il est certain, en tout cas, que contrairement au chahut d'antan, le charivari actuel ne vise généralement pas un destinataire précis. Les élèves se défoulent contre une obligation, contre un lieu, contre un discours : le conflit balaie l'enseignant, le submerge, le dépasse.

On ne saurait exclure les contentieux inter-personnels, mais le rejet l'emporte sur la malveillance. Les profs sont moins perçus comme des êtres singuliers dignes d'amour ou de haine que comme les rouages impuissants d'un système désagréable. Cela signifie que l'exception à cette règle est ordinairement très intense : *a priori*, on n'a rien contre le prof ; mais si un processus passionnel s'enclenche, il ira facilement jusqu'à la démesure, dans l'attirance comme dans la répulsion. Françoise Vigé-Hélie conserve ainsi le cuisant souvenir d'un véritable drame. Deux élèves, deux filles brillantes, intéressantes, dont elle aurait souhaité gagner la sympathie, lui ont témoigné une détestation ouverte et cinglante : « Elles me disaient qu'elles me feraient la peau, m'adressaient des insultes obscènes. Ça me rendait malade, ça contaminait ma vie entière, quand je me couchais, quand je sortais chez des amis. J'avais envie de pleurer en rentrant à la maison. Il m'a fallu une quinzaine de jours de congé pour me remettre à flot. Le plus étrange, c'est que j'ai retrouvé ces deux filles l'année suivante (elles n'étaient plus mes élèves). Elles m'ont parlé comme si de rien n'était, comme s'il y avait eu prescription entre nous dès lors que la relation institutionnelle avait disparu. »

L'opinion croit volontiers que, plus les enfants sont âgés, plus la discipline est difficile à maintenir. Il n'en est rien. Les professeurs de lycée, qui affrontent de grands gaillards musclés, mènent une vie moins rude que celle des maîtres de collège. S'en doutent-ils seulement ? Ils gardent généralement l'image du collège qu'ils ont eux-mêmes fréquenté, peuplé d'âmes innocentes et bercé de voix fraîches. En réalité, les classes de cinquième comptent parmi les plus redoutables. On a là, rassemblés, des enfants extrêmement différenciés par l'âge, les aptitudes, les milieux, et qui savent qu'à la fin de l'année, une « orientation » cruciale les attend. Le groupe qui est voué aux études longues suit paisiblement mais il côtoie un autre groupe qui a déjà intériorisé la fatalité de son échec. De deux choses l'une : ou bien le chef d'établissement contourne la loi et crée des classes homogènes (on aura des sections tranquilles et des sections tragiques) ; ou bien il préserve une certaine hétérogénéité à des doses variables, et il obtient des classes « à haut risque » à côté de classes « à risque moindre ».

L'enquêteur impertinent qui traîne nonchalamment dans la salle des professeurs de divers collèges finit par glaner des opinions ou des témoignages fort hétéroclites. Et pour cause : presque partout, les classes « à haut risque » échoient aux derniers arrivants, aux plus jeunes, aux maîtres auxiliaires ; les classes convenables, elles, sont l'exclusive propriété de maîtres plus anciens qui estiment avoir suffisamment été à la peine et, maintenant, coulent des jours calmes. Les premiers jugent leur mission impossible, les seconds contemplent les blancs-becs de haut mais ne résisteraient peut-être pas trois semaines au traitement qui leur est infligé. Les plus sûrs d'eux-mêmes sont parfois les plus vulnérables. Ainsi, telle collègue d'Arlette Iris, dont nous avons suivi le numéro de domptage, ne cache pas son dédain pour cette fautrice de désordre. Il n'empêche que, voilà quelques années, face à une classe du même acabit, elle avait frôlé la dépression nerveuse.

Le cas de conscience du principal de collège n'est pas facile à trancher. Affecter les jeunes, les moins diplômés, aux sections périlleuses revient à transformer les professeurs débutants en kamikazes involontaires et à les dégoûter du métier qu'ils abordent.

En revanche, nommer chef de meute un enseignant classique expert en dictées-questions équivaut à hâter sa retraite. Marcel Legrand, principal de collège à Creil, n'a pas résolu ce casse-tête : « Sur onze classes, j'en ai trois qui sont constituées d'élèves 'scolaires', qui ont suivi un cursus normal dans le primaire, sont fortement encadrés par la cellule familiale, et demandent un enseignement traditionnel. A ceux-là, j'attribue des professeurs 'classiques'. Pour les autres sections, je panache de mon mieux. Mais, par expérience, je sais que la rencontre d'un maître traditionnel avec une classe à haut risque suscite rapidement un mouvement de révolte. »

Le casse-tête se complique encore si l'on considère qu'il n'existe pas uniquement des professeurs traditionnels et des professeurs tous terrains, mais des maîtres d'inégale valeur. A qui attribuer les ténors ? Aux élèves de tête ou aux élèves de queue ? Michel Chauou, jeune principal en Bretagne, tel son homologue de Creil, n'a pas de recette satisfaisante ; il tâtonne : « Mettre un mauvais professeur avec de mauvais élèves me semble encore pire que de le mettre avec des bons. J'essaie de doser. » Le résultat de semblables dosages, quels que soient les scrupules des chefs d'établissement, comporte deux issues : soit le collège est nanti d'une filière préservée à côté de voies peu sûres ; soit, au terme d'un brassage général, l'insécurité essaime dans la plupart des classes.

Il existe des sections où l'alternative brouhaha général/conflit passionnel mais localisé n'est plus pertinente. C'est notamment le cas des classes dépotoirs où l'on stocke après la cinquième les enfants qu'on ne sait « orienter » ailleurs. France Vincent, au hasard de son odyssée de maîtresse auxiliaire, a ainsi échoué dans une CPPN [1] mémorable : « C'était une classe de filles, et j'étais censée leur enseigner les maths. Elles m'ont expliqué que la collègue qui m'avait précédée, profitant de ce que la salle contenait des cuisinières électriques, avait transformé les cours de maths en cours de cuisine. Je me suis d'abord acharnée à leur apprendre les quatre opérations (qu'elles ignoraient, à quinze-seize ans). Puis, de guerre lasse, je me suis mise à la cuisine moi aussi. Pour casser les œufs, pour pétrir la pâte, tout allait bien. Pour nettoyer après, rien à faire. Les recettes rataient. Un jour, la blouse d'une élève s'est enflammée, j'ai réussi à étouffer le feu de justesse. Un autre jour, une fille a demandé à se rendre aux toilettes. Ne la voyant pas

1. Rappelons qu'il s'agit des « classes pré-professionnelles de niveau ».

revenir, j'en envoie une seconde aux nouvelles. La gamine — quinze ans — avait avalé dans les WC tous les médicaments possibles parce qu'elle était enceinte. Sa mère, arrivée d'urgence et découvrant à la fois la grossesse et la tentative de suicide, lui a flanqué une paire de gifles. »

Un exemple limite ? Sans doute. Mais il est indéniable que les « problèmes de discipline » sont devenus un des paramètres du métier. Nul, abordant la carrière, ne saurait prétendre qu'il est hors d'atteinte. Même si les différences, d'un endroit à l'autre, sont criantes, elles semblent être plus de degré que de nature. Dans les verts pâturages, dans les lycées classiques, c'est une gêne, une sorte de relation paradoxale avec un public qui postule sa dangerosité, qui cherche le corps à corps : « Les élèves, dit Anne Loup, germaniste en seconde, réclament qu'on leur transmette des connaissances à la petite cuillère. Et de l'autorité : ils vous demandent de les visser, de les diriger. Ils déclarent : si vous étiez plus autoritaire, cela irait mieux. Ils se désintéressent très vite, ils bavardent, ils pensent à autre chose — on en arrive parfois à les mettre à la porte, bêtement, parce qu'on est à court d'idée. » Bizarre symétrie : à la passivité dans la relation pédagogique correspond une agitation latente si le prof n'accroche pas — le fonctionnel, ou le brouhaha. Les élèves, au dire des maîtres, se comportent comme les producteurs blasés d'Hollywood à la centième audition : allez-y, étonnez-moi, vous avez dix minutes, sinon je me replonge dans mon journal.

Sur les terres arides, la réussite ou l'échec se décident plus vite, et la tension grimpe à l'extrême. Huguette Suffrage, trente-sept ans, enseigne le français et l'histoire-géographie dans un LEP qui forme des dessinateurs et des charpentiers : « Mes élèves sont incapables de fixer leur attention plus d'un quart d'heure. Je parviens à communiquer mon goût de la lecture à deux ou trois d'entre eux. Mais ce n'est pas le français que j'enseigne, ce sont des techniques d'expression. Je suis heureuse quand l'un ou l'autre réussit à opérer la distinction entre la langue orale et la langue écrite. J'ai dû me procurer un manuel d'alphabétisation puisque, sur trente élèves de quinze à dix-huit ans, trois ne savent ni lire ni écrire. A la longue, l'absence de résultats est éprouvante. Certains collègues ne font plus cours du tout. Moi, il m'est arrivé deux fois de perdre mon sang-froid. Je me rappelle surtout un épisode : un garçon était intenable, je le mets à la porte ; au bout de dix minutes, je vois de la fumée sous la porte. J'ouvre : il avait rassemblé ses affaires de classe en tas et y avait mis le feu. » Huguette Suffrage est une femme d'un gabarit peu commun. Elle a carrément boxé l'incendiaire...

Mais que fait la hiérarchie ? Tout potache qui, un jour, s'est écarté du droit chemin, se rappelle avoir été convoqué, honteux et confus, chez M. le Proviseur ou M. le Censeur. Admonestation, lettre aux parents, heures de colle, exclusion temporaire : la sanction tombait comme le couperet en place de Grève. Par les temps qui courent, les administrateurs sont d'abord des gestionnaires. Pourvu que les profs soient à l'heure dite dans la salle convenue, tout est en règle. La majorité des enseignants, quoique de tempérament anti-hiérarchique et toujours prêts à fustiger les empiétements de l'Administration (avec un grand A), s'estiment abandonnés à leurs élèves, abandonnés à eux-mêmes, sans recours. France Vincent : « Une année, en sixième, j'ai eu un élève sujet à des crises de violence très spectaculaires. Dès la première semaine, je ne sais plus à quel propos, il a balayé du bras tout ce qui était devant lui, puis s'est mis à renverser les tables les unes après les autres. Affolée, persuadée qu'il est en proie à une crise de démence, je file chercher de l'aide auprès du sous-directeur. Il me répond que je devrais être en classe, que rien ne m'autorise à quitter mes élèves. Par la suite, le même garçon, lors d'accès de rage, fonçait se cogner la tête droit contre le mur. Et dans une autre classe de sixième — la moyenne d'âge y était de quatorze ans —, je me heurtais à des refus collectifs et sans cause : refus d'entrer en classe, refus de s'asseoir. Ils m'effrayaient. Je suis souvent partie du collège en pleurant. »

Les enseignants sont-ils vraiment « lâchés » par leurs supérieurs ? Généralement, oui. Et ce, pour deux raisons. La première est la prolifération des conflits. Dans les collèges péri-urbains, dans les LEP, dans certaines sections de l'enseignement technique long, le rapport de forces aigu est la règle et non l'exception. Cela ne signifie pas que chaque séance est émaillée d'épisodes sanglants. Cela signifie que la tension, en permanence, est maximale, qu'un rien, un détail, un lapsus, un rire, est susceptible de déclencher une réaction en chaîne. La seconde raison est l'inanité des sanctions. Si la peur du gendarme (de l'exclusion) demeure efficace dans les bonnes sections — où la discipline, précisément, n'est pas une préoccupation majeure —, la dissuasion n'opère que faiblement dans les zones à haut risque. Les élèves de dix-huit ans n'ont de comptes à rendre qu'à eux-mêmes. Quant à leurs cadets, ils sont

« protégés » par l'obligation scolaire. Une fois relégués sur un parking sans issue, que craignent-ils ? Tout au plus que leur chef d'établissement tente de les repasser à un confrère. Le conseil de discipline est une machine lourde. Ses arrêts ne sont efficaces que lorsque l'encadrement scolaire est doublé d'un encadrement familial stable — or la coïncidence de la désagrégation scolaire et de celle de l'environnement est patente.

Un personnage se situe à l'intersection de tous les conflits : le conseiller d'éducation. On l'appelait naguère « surveillant général », et cette appellation évoquait une silhouette trapue, une voix d'adjudant, un quotient intellectuel déficient, et parfois un penchant chronique pour la bouteille. Cette branche de l'espèce est pratiquement disparue. Au crédit de l'Éducation nationale, il faut porter l'assez étonnante mutation des garde-chiourme au front bas en animateurs vigilants. Les conseillers d'éducation (souvent adjoints d'enseignement à l'origine) des dernières cuvées jouent un considérable rôle régulateur, d'autant que les surveillants, les « pions », viennent à manquer. Reste que, dans les collèges-catastrophes, leur bureau ne désemplit pas. Antoine Roudy, sur le plateau de Creil, baisse les bras : « Il n'y a plus de discipline, ni de système de sanctions. Les élèves font ce qu'ils veulent et savent qu'au pire, ils écoperont d'une heure de retenue. Les profs chassent de leur classe ceux qui exagèrent, et me les envoient. J'en ai parfois une dizaine, là, dans mon bureau transformé en halte-garderie. On se débarrasse sur moi : je suis la poubelle disciplinaire. En fait, près de la moitié des enseignants ne parviennent plus à contrôler leur classe. Voilà peu, je suis intervenu à l'improviste lors d'un cours et j'ai découvert des élèves qui se battaient par terre. Mieux : il est arrivé que les gosses brisent tout en présence de leur professeur, et que ce dernier propose de rembourser les dégâts de sa poche. »

Nul doute que trente ou quarante mille enseignants, à la lecture de ces lignes, s'armeront de leur plume des grands jours pour dénoncer ici une inclination morbide vers le sensationnel. « Chez moi, rien à signaler », affirmeront-ils. Et ils auront raison. Il est des collèges épargnés et des lycées sereins. Les hôtes bienheureux de ces oasis ignorent que, cinq cents mètres plus loin, la guérilla bat son plein. Ils ignorent même parfois que, à trois portes de leur havre, au fond du couloir à gauche, un collègue débutant, un maître auxiliaire, un tempérament fragile revit Waterloo d'une sonnerie à l'autre. Et encore, l'indiscipline n'est que l'antichambre de la violence...

Où passe la frontière entre l'une et l'autre ? Là où naît la peur. Il faut le dire, il faut y insister : une importante minorité de maîtres vivent dans la peur. Non pas le trac du comédien, non pas l'angoisse du candidat à l'oral : la peur, la vraie peur, physique, tripale. Témoin ce récit public[1] d'une enseignante, Marion Lebrun : « ... Ils continuent à s'agiter de plus belle. L'un frappe frénétiquement sa table avec un plumier. Un autre se lève et fait coulisser les volets dans un vacarme assourdissant. Celui-là me dessine nue, semblable à Barbarella. Deux garçons se précipitent pour battre une fille en lui reprochant d'être trop grosse. Mes appels au calme ne servent à rien — et, par ailleurs, je n'ai plus de voix. Je les observe, médusée ; je lance en l'air quelques vagues menaces de punition, sans trop y croire moi-même. Ils savent bien que, par lassitude, j'abandonnerai vite la partie. Ils m'insultent pour m'obliger à réagir : 'Je vais te claquer la gueule, tu es une pute !' Toutes leurs injures sont sexuées, au féminin, bien sûr. J'ai une envie folle de les frapper... »

Une scène de grand guignol, citée hors contexte ? Non : une « tranche de vie », comme on dit. La violence affleure dans le discours des maîtres les plus équilibrés, pour peu que le hasard des nominations les ait exposés au vent mauvais. « Les élèves, lâche une jeune enseignante de collège au détour d'une phrase, je puis autant les haïr que les aimer. » « Il y en a, enchaîne un de ses collègues, dont on pense : 'Il a une tête à claques, qu'est-ce que j'aimerais bien le foutre contre le muret, et puis le jeter dehors !' » La première a surmonté son conflit. Le second a toujours retenu le geste qui s'amorçait. L'un et l'autre aiment les enfants, se « défoncent » pour remplir leur contrat. N'empêche que la violence, tel le requin des *Dents de la mer,* rôde juste sous la surface.

Tout le monde est d'accord sur un point : ce sont les femmes qui souffrent le plus, et particulièrement celles qui exercent en LEP. Dans les établissements qui préparent aux spécialités « masculines », les enseignantes, minoritaires et affectées aux disciplines générales tandis que les ateliers sont le domaine réservé des hommes, se déclarent victimes d'une agression sexiste chronique ou aiguë. Plus grave : ce climat, disent-elles, ne résulte pas du seul

1. *Le Monde,* 29-30 mai 1983.

comportement des élèves mais d'une complicité implicite ou explicite entre ces derniers et leurs professeurs mâles. Un machisme tous azimuts, nourri de gaillardise prolétarienne. Catherine Albert, littéraire de formation, nommée dans un LEP de Montrouge, en a lourd sur le cœur : « C'est toute une atmosphère. Les graffiti obscènes sont devenus, ici, un véritable art de la fresque. Les femmes n'en parlent pas trop, et feignent de ne pas entendre les épithètes qui leur sont destinées. Elles intériorisent cela, le ruminent, en tiennent compte quand elles s'habillent. Et les profs d'atelier entretiennent l'ambiance ; l'un d'entre eux a traité une de mes collègues de nymphomane devant ses élèves. »

Les ingrédients de cette tension sont plus difficiles à isoler qu'il n'y paraît. Les professeurs d'enseignement général sont fréquemment des maîtres qui ont échoué au CAPES et qui se sont rabattus vers le LEP faute de mieux. Orientés par l'échec, comme leurs élèves. Les professeurs d'atelier, au contraire, sont des hommes pour qui l'accès à la condition enseignante a valeur de promotion symbolique mais qui préservent, entre eux, un code, un langage — celui du « monde du travail », parfois désuet dans sa vulgarité mais aussi truchement d'un complexe envers les collègues « intellectuels ». Une ligne de partage se dessine ainsi, fruit de frustrations symétriques. Quand, pour comble, l' « intellectuel » est une « intellectuelle », et que cette femme, plus exposée en enseignement général où les élèves sont nombreux et de niveau très faible, rencontre des problèmes de discipline, un double courant l'assaille : jalousie à l'égard d'une détentrice de culture, simultanément privilégiée et fragilisée ; fascination vis-à-vis d'une femme d'un autre monde et pourtant à portée de mots, de signes, voire de gestes.

Tout le désir non-dit qui circule clandestinement dans le système éducatif émerge ainsi, souvent avec une force suspecte, dans les couloirs du LEP et, à un moindre degré, dans ceux du collège. Beaucoup d'enseignantes estiment être coincées entre les mâchoires d'une provocante alternative : ou bien choisir la grisaille, les talons plats, le chignon, l'œil nu ; ou bien revendiquer sa féminité, le proclamer dans sa mise et dans son verbe, au péril de libérer les fantasmes qui rôdent. Ariane Lascaux, sur les pentes du Larzac, a décidé d'être séduisante en LEP. Il y faut une détermination rebelle : « Un jour, les langues se sont déliées. Ma plus proche collègue m'a révélé qu'on entendait beaucoup de choses sur moi, qu'on me reprochait de ne porter qu'une boucle d'oreille, de m'habiller de manière sophistiquée, d'arriver en cours avec les cheveux défaits, achevant précipitamment un croissant comme si je venais de m'arracher aux bras d'un amant. Elle m'a conseillé la discrétion, le port de la blouse — couleur muraille. Je suis une intellectuelle et l'amie notoire d'un intellectuel notoire : je trahis parce que je n'épouse pas l'uniforme. »

La maman ou la putain. De façon voilée le plus souvent, et crue de temps à autre, telle est bien l'image fantasmagorique que les enseignantes se voient renvoyer. En collège ou en LEP, les graffiti ordinaires tournent autour du mot « pute », de même que, par oral, les invectives courantes. Agression et désir, rejet et demande. Jusqu'en quatrième, les élèves appellent spontanément leur professeur « Maman ». Le basculement vers une terminologie moins tendre ne signifie pas pour autant que les pôles sont soudain violemment inversés. L'injure sexuelle adressée au professeur de LEP est aussi une protestation contre l'impossibilité d'une relation affective, et, paradoxalement, le signe que cette relation ne serait pensable qu'avec de telles destinataires. Malgré les barrières sociales, à travers les jeux de rôles, les enseignantes ne sont pas seulement des cibles : elles — parce que femmes — reçoivent de plein fouet les séquelles de la désagrégation du tissu familial et de l'environnement. Il est révélateur que les enseignantes « sans problème » se considèrent « comme des hommes », et regardent avec dédain ou commisération, comme les hommes, celles de leurs consœurs dont la fragilité attise tant d'appels souterrains.

Concrètement, c'est très dur. Huguette Suffrage, trente-sept ans, vient de passer une décennie dans un LEP du bâtiment en Bretagne. Ce qui la navre, c'est moins la désinvolture de ses ouailles que celle des professeurs du sexe opposé : « Nous ne sommes que quelques femmes, et le machisme autour de nous est incroyable. Les profs d'atelier nous accusent de 'séduire les élèves'. Sans cesse, nous avons droit à des plaisanteries graveleuses. Lors du dernier conseil de classe, un collègue s'est penché vers moi et m'a dit aimablement : 'Mieux vaut tourner sept fois sa langue dans la bouche de sa voisine avant de prendre la parole.' Les commentaires sur les élèves filles étaient analogues, du style : 'Une telle, heureusement qu'on a autre chose à se mettre sous la dent.' Bref, il règne une ambiance de chambrée. »

Nous sommes loin de la vigilance sommaire du regard, génératrice chez l'homme du « complexe de la braguette[1] » (dont l'hermétisme est furtivement vérifié), ou, chez tous, du syndrome de la fermeture éclair imprudemment coulissante. Si, dans les lycées classiques, le conflit est amorti, dans les établissements de l'enseignement technique long, il reprend de plus belle — la fraîcheur de la pré-adolescence en moins. France Vincent, physicienne, n'en est pas encore remise : « Ma saison la plus rude, ce fut avec une classe de premiere F1 (mécanique-construction). Rien que des garçons. Pour une femme, c'était horrible, intenable : du sexe partout. A mon entrée, le tableau était couvert de bites. Chaque fois que j'y dessinais une courbe, une figure quelconque susceptible d'alimenter leur imaginaire, ils m'interrompaient grossièrement. Je n'étais pas un cas rare. Les plus visées étaient les femmes célibataires. »

Un véritable fantasme de viol naît ainsi dans les secteurs propices. Catherine Albert, précitée, déclare avoir entendu parler d'une collègue « que les élèves avaient coincée dans un labo pour lui arracher ses vêtements ». Jeanne York, historienne dans le même établissement technique que France Vincent, conte une aventure analogue : « Nous sommes en proie à une misogynie extrême. Les garçons ne supportent pas une autorité féminine. L'affrontement est direct : graffiti obscènes sur les tables, aux murs, circulation de revues pornographiques pour provoquer une réaction du professeur. Les classes de techniciens industriels sont invivables pour une femme. Je me suis fait traiter de ' grosse pute ' pendant mon cours, insulter à la gare. Un soir, à la fin de mon service, une douzaine d'élèves m'ont encerclée, avançant sur moi, m'acculant derrière mon bureau, pour que je montre, pour que je dise ma peur. »

Des histoires de bonnes femmes, bien sûr. Daniel Paravisini, fort à l'aise dans son atelier de mécanique auto, en est sincèrement convaincu : « Oui, il y a toujours des petits rigolos qu'il faut remettre sur les rails. Mais la discipline, c'est physique, c'est une question de rayonnement. Si l'on émet une sorte de force, d'intimidation, les élèves le perçoivent. Les profs qui ne contrôlent pas la situation sont certainement eux-mêmes des gens en difficulté. » Tel est, probablement, le point de vue de la plupart des chefs d'établissement, et de l'administration centrale.

Ils devraient méditer le témoignage de Miguel Deloin, spécialiste

1. Claude Pujade-Renaud, *op. cit.*

de mécanique générale dans un LEP de la banlieue rouennaise. Fraîchement entré dans l'Éducation nationale après un brevet de technicien supérieur, il a goûté le caractère convivial des cours d'atelier « où l'on travaille sous le regard les uns des autres, dans une atmosphère de compagnonnage dont le paternalisme n'est pas absent ». Le sexisme lui a également sauté aux yeux : « Quand une femme prof s'aventure dans un atelier, il y a des sifflets, des cris 'à poil !' » Mais surtout, lui, ceinture noire de judo, n'a pas échappé à la confrontation physique ni à la peur : « J'avais une classe de quinze-seize ans, je sentais que la tension montait, et je me suis retrouvé devant un refus collectif d'obéissance. J'ai demandé à un élève de balayer l'atelier. Il a dit non, puis m'a balancé le balai à la figure. Alors, sans réfléchir, hors de moi, je l'ai frappé très fort, et il a valdingué dans les vestiaires. »

Miguel Deloin flaire qu'il se trame quelque chose. Le mot passe et lui effleure l'oreille : « On lui casse la gueule à la sortie. » Vient le soir, les autres enseignants quittent le lycée. Il reste seul et devine, par un vasistas, une troupe d'une centaine de garçons qui le guettent sans bruit. « Je ne me suis pas montré, j'ai attendu qu'ils se lassent les premiers. Le lendemain, je suis arrivé habillé 'cuir', roulant les mécaniques. Mes collègues, alertés, ont estimé qu'il fallait vider la querelle. Ils m'ont enfermé avec trois élèves dans un vestiaire et ont monté la garde. Je leur ai flanqué une gifle à chacun et nous en sommes restés là. Mais si les élèves avaient réellement voulu se battre, j'aurais été obligé de suivre. Après cette affaire, j'ai failli arrêter l'enseignement. Là où je suis, le conflit physique est inévitable, tout se tranche par la violence. »

Cette violence reste exceptionnelle, mais là où elle sévit, les dégâts sont impressionnants. A une extrémité du système éducatif, côté jardin, dans les lycées enchanteurs, le rapport de forces se joue en signes et symboles : « Les élèves, dit Suzanne Bayard à Compiègne, ont un adulte devant eux ; s'ils peuvent se le bouffer, ils se le bouffent. » Ici prévaut la métaphore. Mais à l'autre extrémité, côté cour, dans les LEP-dépotoirs et dans les collèges péri-urbains, les profs, on « se les bouffe » pour de bon. L'institution scolaire importe aux yeux des enfants : c'est le lieu essentiel de leur socialité, dans un contexte familial, ethnique et culturel parfaitement dissolvant. Mais seul le lieu importe, non ce qui s'y transmet — une agora fléchée, obligatoire, et dont le sens demeure mystérieux.

Ceux qui vivent quotidiennement ce climat finissent par en

minorer les nuages. « Les enfants ne sont pas vraiment agressifs, commence M. Étienne, principal de collège en Picardie. Quelques menaces, quelques insultes. » Puis la mémoire se précise : « En 1982, les élèves ont mis le feu à une porte (le gymnase avait déjà brûlé l'année d'avant). Le conseiller d'éducation a été frappé à coups de chaîne, une surveillante giflée. Un maître d'internat ordonne à un gamin d'entrer en étude ; l'élève se baisse, ramasse une raclette par terre, et cogne. » Pudique, M. Étienne omet de rappeler qu'il a lui-même blessé par balle, une nuit sans lune, un ancien élève de l'établissement qui tentait de piller la caisse. A quelques kilomètres de là, un de ses confrères a la gâchette moins chatouilleuse mais dresse le même constat : « Les violences verbales sont courantes, et les violences physiques ne sont pas à exclure. En réalité, nous disposons de très peu de moyens de rétorsion. Le fameux conseil de discipline est d'une lourdeur extraordinaire : il faut convoquer le ban et l'arrière-ban. Et puis, que risque le délinquant ? Il est soumis à l'obligation scolaire ; si nous le bannissons, il ira au collège voisin, et inversement. »

A l'audition des uns et des autres, il convient de distinguer entre deux types de « criminalité ». Dans toutes les zones « à risque », on rencontre une petite et moyenne délinquance qui se traduit par des déprédations et des vols. Ainsi, au collège de Clichy-sous-Bois, le principal, M. Carré, a-t-il obtenu des crédits pour équiper ses couloirs d'un signal d'alarme et ranger le magnétoscope de l'établissement au fond d'un coffre-fort, lui-même installé dans une salle blindée. Du reste, les vols avec effraction, antérieurement, étaient si nombreux que les bureaux et les appartements privés du personnel sont ornés de fenêtres grillagées et pourvues de solides barreaux, à faire rêver un gardien de Fresnes. Aux intrusions extérieures (les grands frères) s'ajoutent les facteurs constants de péril, reflets d'une population où marginalité sociale et dispersion ethnique se conjuguent. Le couteau, sur ces terres, est de règle, fût-il dissuasif. Et ce n'est nullement l'apanage de la région parisienne : toutes les agglomérations urbaines importantes sont concernées. Qu'on ne croie pas non plus les établissements féminins à l'abri. Ludovic Quinquis, proviseur du LEP La Calade, spécialisé dans le tertiaire et implanté sur la crête des quartiers nord de Marseille, est formel sur ce point : « Les filles, ici, se battent au cutter. Elles sont sur les nerfs, mènent une double vie, avalent du Maxiton avec de la gnôle et consomment des drogues douces. Plus les histoires d'avortement, et la prostitution — qui touche aussi les garçons. »

Cela, c'est une criminalité nouvelle mais « normale » dans la mesure où les collèges accueillent aujourd'hui des milieux qui en étaient naguère évincés. Plus surprenante peut-être est l'autre délinquance, une délinquance endogène née du rapport même entre enseignants et enseignés. La vengeance symbolique contre les biens du professeur apparaît comme une riposte classique à la menace qu'il représente aux yeux de l'élève. Une orientation défavorable, un commentaire méprisant, une série noire de notes basses : attention, danger de représailles. En règle générale, le maître est « averti » verbalement et l'affaire s'arrête là. Mais la riposte est parfois effective. Objectif numéro un : les pneus de voiture. Quiconque se gare à moins de deux cents mètres d'une école « chaude » est un débutant, un inconscient ou un enseignant chéri de ses élèves, rangé par la rumeur dans la caste des intouchables. Au LEP La Calade, ci-dessus mentionné, les professeurs ont été jusqu'à faire grève pour obtenir de garer leurs automobiles dans la cour de récréation, à portée du regard. Il arrive même que des véhicules flambent. Et Bernard Ravel, un « ancien » de Clichy, se rappelle que des élèves experts en mécanique n'ont pas hésité à sectionner le circuit de freinage d'une voiture afin qu'elle s'emballe dans la descente qui mène vers Pavillons-sous-Bois.

Ce qui est préoccupant, dans ce phénomène, c'est moins le déferlement d'une délinquance gratuite que l'entrée en vigueur tacite d'une vendetta qui obéit à une forme de logique. Le jugement du maître n'est pas la sanction d'un effort ou d'une nonchalance, d'une réussite ou d'un échec, mais — s'il s'avère négatif — un acte d'hostilité qui appelle une réponse, généralement indirecte, éventuellement musclée. En face, dans les rangs des profs, certains estiment qu'il faut considérer la guerre comme déclarée, accepter l'antagonisme, l'escalade, rejeter la tentation d'accorder à l'agresseur les circonstances atténuantes de l'âge ou du handicap social. M. Bonhomme, chef de travaux au LEP Frédéric-Mistral de Marseille, est un de ces partisans de la « légitime défense » : « Les problèmes de discipline, explique-t-il crûment, ça se règle au coup par coup. Un élève, par exemple, m'a agressé verbalement. Il m'a dit : 'Je vais te faire la peau, je te tuerai ta femme !' Eh bien, j'ai porté plainte, comme je conseille à chacun de le faire en pareil cas. Je contacte la police urbaine, ou je travaille en collaboration avec une brigade de gendarmerie. »

Qui n'a pas visité le collège Henri-Wallon, à Garges-lès-

Gonesse, ressemble au cinéphile se piquant de western sans avoir vu *Fort Alamo*. Le principal, M. Caillat, vous accueille courtoisement dans une bâtisse analogue au CES Pailleron, où périrent par le feu les victimes d'une allumette et de l'impéritie bureaucratique. Peut-être, d'ailleurs, est-on injustement sévère pour les architectes du collège-brasier : l'établissement de M. Caillat, on ne sait pourquoi, a miraculeusement survécu à maintes tentatives d'incendie. Alentour, des « barres », une muraille d'immeubles dont les balcons gris surplombent, à un jet de pierre, la cuvette sale où est blottie l'école — unique édifice bas et long dans ce décor tout en saillies. Ecole-dépotoir, au propre si l'on ose dire : dans la cour s'amoncellent les détritus en provenance des fenêtres hostiles.

Ecole-bunker, surtout. Un tiers des vitres ont été remplacées par des panneaux de bois récupérés ici et là. Quant aux carreaux apparemment anodins, banalement translucides, ne vous y trompez pas : ils sont le luxe suprême de la maison. Allez-y, essayez de les briser, de les griffer, de les ternir. Ça résiste. Et pour cause : ce verre n'est pas du verre, mais du lexan, un matériau à l'épreuve des billes de fer ou des balles de 22 long-rifle que les riverains dirigent contre le collège-cible. Il en a coûté au rectorat de Versailles un million de francs, et ce n'est pas assez. Tout le matériel audiovisuel a été volé. Au printemps, de leur balcon, les voisins apostrophent en termes peu châtiés les enseignants lors de leurs cours. Et des bandes, cassant ou forçant les portes, effectuent de soudaines razzias, au point que les profs ont pris l'habitude de laisser leur classe ouverte pour que les bruits annonciateurs du danger leur parviennent, et qu'ils se prêtent mutuellement secours. M. Caillat conte ces péripéties d'un ton rassis. On travaille, dans son collège. Lui-même ou les siens peuvent s'aventurer jusqu'au supermarché du lieu sans encourir d'insultes, comme jadis. Les inscriptions « Caillat pédé » se diluent lentement sur les murs du quartier. En trois ans, quarante plaintes ont été déposées par l'administration de l'établissement contre des familles de la cité. Une ligne directe relie le principal au juge du tribunal pour enfants de Pontoise.

Une situation limite, spectaculaire ? Incontestablement. Mais instructive. La Fédération de l'Éducation nationale elle-même, sourcilleuse sur tout ce qui entache l'image de l'école publique, constatait en 1981 que « l'institution scolaire, longtemps milieu protégé, est devenue lieu révélateur d'une société en crise [1] ». Pour

1. *Fen Informations*, 15 mars 1981.

le vérifier, il suffit de se reporter à la rubrique des faits divers. Juin 1979 : à Metz, un surveillant meurt sous les poings de trois garçons venus venger leur camarade puni. Octobre 1979 : à Aubervilliers, un collégien de douze ans est tué à coups de couteau lors d'une banale prise de bec. Novembre 1979 : à Grenoble, un lycéen est très grièvement blessé en tentant de s'opposer à l'une des opérations de racket qui se généralisent. A Chelles, dans la même période, la police démantèle un « réseau » d'adolescents spécialisés dans l'extorsion d'argent aux portes des collèges. Sur l'ensemble de cette année 1979, la brigade des mineurs, à Paris, estime avoir été informée d'un cas de racket par semaine [1]. Mars 1980 : encore à Chelles, une « ratonnade » est organisée par des individus masqués contre les lycéens arabes. Décembre 1980 : au LEP Jules-Verne de Clichy-sous-Bois, un élève est poignardé au cours d'une bagarre. Janvier 1981 : le principal du collège de Clères, frappé par un élève de CPPN âgé de quinze ans, est blessé d'une triple fracture du nez. Mars 1981 : deux garçons du LEP de Neufchâtel-en-Bray sont interpellés et accusés du viol d'une de leurs camarades. Avril 1981 : à Lyon, trois lycéens sont écroués pour racket. Mai 1981 : le journal *Parents* publie les photos de scènes analogues devant le lycée François-Villon, à Paris.

La série noire ne s'interrompt guère. Janvier 1982 : le recteur de l'académie de Lille dépose plusieurs plaintes. Au collège Villars, de Denain, un professeur d'éducation physique a eu le nez cassé par le frère d'un élève. Dans un autre collège, à Tourcoing, les enseignants subissent des menaces verbales, et leurs voitures des dommages sérieux. Et le principal adjoint d'un troisième collège, à Loos-lès-Lille, reçoit dans la figure le poing d'un père d'élève furieux que son rejeton ait été mis à la porte par un professeur. Novembre 1982 : un commando assaille les lycéens qui sortent du LEP Mistral à Marseille, et se livre à une « chasse au faciès » qui rappelle de sombres souvenirs. A la même époque, la grève est décrétée au collège Terres-Rouges d'Épernay, au terme d'une assemblée commune parents-enseignants, pour protester contre le climat « d'agression et de saccage » qui s'y est instauré. Mai 1983 : André Argouges, proviseur du lycée Jean-Bart à Grenoble, est assassiné — au couteau — par un élève qui n'admet pas son renvoi. Août 1983 : à la veille de la rentrée, des incendiaires mettent le feu

1. Cf. Patrick Benquet, « Violences dans les collèges », *Le Monde Dimanche*, 24 février 1980.

en deux endroits au collège Pablo-Picasso de Garges-lès-Gonesse, qui est partiellement détruit. Octobre 1983 : au lycée Marseille-Veyre, les élèves se mettent en grève pour attirer l'attention sur les agressions dont ils font l'objet à la sortie.

Cette revue de presse est partielle et datée. Il serait aisé de l'étoffer ou de la prolonger. Citons, à l'appui, le verdict d'un sondage effectué par la SOFRES[1] en mai 1982 sur l'image de l'école auprès des parents. 56 % de ces derniers estiment que la discipline s'est considérablement dégradée. Et surtout, relève René Rémond qui commente l'enquête, « quand on demande à l'ensemble de la population et aux parents si les élèves courent des dangers réels à l'école, j'avoue que je suis impressionné de voir que c'est, en fait, la question qui réalise la plus forte concentration de 'oui' : 80 % contre 15 % ».

Psychose, intoxication, vent de panique en ces temps où les honnêtes gens agrémentent leurs résidences secondaires de pièges à loup et de transistors explosifs ? Malheureusement, les faits parlent. Ils parlent notamment par la bouche de Georges Tallon, inspecteur général de la vie scolaire, chargé par son ministre d'une mission d'information sur la violence dans le second degré. Un premier rapport confidentiel, remis en juillet 1979, étudie le profil des collèges urbains parisiens et provinciaux[2]. Les résultats sont accablants. Au rayon des vols, on se bouscule. Dans la totalité des établissements, des disparitions d'effets ont été constatées, et de matériel dans 63,5 % d'entre eux. A l'extérieur, notamment aux supermarchés voisins, les délits connus concernent 87,8 % des collèges. Bagarres dans l'école : 39 %, dont 34 avec blessures. Dehors, et singulièrement à la sortie : 51,2 %. Agressions contre des adultes de l'établissement : 43,9 %. Racket : 58,5 %. Affaires sexuelles : 26,8 %. Problèmes de drogue : 19,5 %. Fugues : 68,3 %. Tentatives de suicide : 46,3 %.

Rappelons que nous sommes chez les « petits », les tendres, là où est censée rayonner la fraîcheur de la pré-adolescence. C'est effrayant mais c'est ainsi : dans un collège urbain sur deux, on essaie de se suicider ; dans un collège urbain sur deux, des manifestations de racisme sont enregistrées. En droit protectrice et fournisseuse de valeurs, l'école, en fait, devient arène. Non

1. *Le Parisien,* 4 mai 1982.
2. L'échantillon comporte des collèges urbains « en situation *a priori* difficile », soit 41 établissements, dont 31 dans les banlieues de grandes villes, 6 dans des villes moyennes, 4 dans des petites villes.

seulement reproductrice d'un environnement périlleux, mais — l'hypothèse mérite d'être soulevée — elle-même probablement pathogène. Un quart des chefs d'établissement sont, en pareilles circonstances, jugés par l'inspection « médiocres ou complètement débordés ». Et la fréquence des épisodes violents est qualifiée de « forte » dans 24,4 % des cas, de « moyenne » dans 41,5 %, et de

VI. LA VIOLENCE DANS LES COLLÈGES ET LES LEP

en %	COLLÈGES	LEP
Déprédations	80,5	84,3
Vols d'effets	100	100
Vols de matériel	63,5	58,8
Intervention de la police du fait de vols	43,9	42,3
Vols commis à l'extérieur par des élèves	87,8	82,4
Manifestations de racisme de la part d'adultes	19,5	13,7
Manifestations de racisme de la part des élèves	46,3	35,3
Bagarres dans l'établissement	39	82,4
Bagarres à la porte de l'établissement	51,2	74,5
Agressions contre des adultes de l'établissement	43,9	41,2
Racket	58,5	45,1
Affaires sexuelles	26,8	13,7
Problèmes de drogue	19,5	21,6
Cas de fugues	68,3	74,5
Tentatives de suicide	46,3	41,2

Source : G. Tallon, *Rapport de l'Inspection générale de l'éducation et de la vie scolaire sur les lycées d'enseignement professionnel*, document destiné au ministre, septembre 1980. Les pourcentages désignent la part d'établissements concernés par une rubrique.

« faible » dans le tiers restant, soit 34,1 %. Le rapporteur conclut que « l'essentiel de la violence dans les établissements est une conséquence directe de la violence extérieure[1] ». Mais il note, parallèlement, qu'à sa vive surprise, « la composition de la population scolaire ne paraît pas jouer un rôle déterminant[2] » : les collèges « non violents » comportent, en moyenne, plus d'enfants de catégories socio-professionnelles défavorisées, plus d'enfants d'immigrés et plus de boursiers que les autres. La grille d'interprétation, comme on le voit, n'est pas simple à définir.

Un second rapport confidentiel, consacré aux LEP, est remis au ministre en septembre 1980. L'échantillon, cette fois, est représentatif de l'ensemble des établissements. Et là aussi, les chiffres parlent ou plutôt hurlent. Le tableau le plus impressionnant est celui qui compare la violence dans les LEP avec celle qui sévit dans les collèges urbains. On découvre avec quelque étonnement que, si les tendances sont les mêmes, si les bagarres bénignes sont plus nombreuses dans l'enseignement professionnel, le collège est, au total, une zone un peu plus exposée pour ce qui touche aux vols, aux manifestations de racisme, aux agressions contre des adultes de la maison, au racket, aux tentatives de suicide, et même aux affaires sexuelles. Il est enfin remarquable que les agressions physiques sont plus fréquentes dans les LEP tertiaires, à majorité féminine, que dans les LEP industriels, à majorité masculine. Et que la prostitution concerne les LEP polyvalents. La drogue sévit dans un lycée sur cinq[3]. Il est vraisemblable qu'en cette matière, la différence entre les divers types d'institutions est maigre.

Quand les profs se plaignent d'un « manque de formation », ils n'ont certes pas tort. Mais ce manque est doublement criant. Ils n'ont pas appris l'art de la scène. Cela, du moins, s'acquiert sur le tas pour peu qu'on s'y jette. Reste ce qui ne s'acquiert pas : le heurt, non avec *le* public mais avec *un* public, rétif, impitoyable, et quelquefois dangereux, parce que lui-même en danger. Quant aux issues de secours, elles existent. Malheureusement, les remèdes ne semblent guère préférables au mal...

1. p. 39.
2. p. 34.
3. Et, selon le rapport Prost, l'alcoolisme touche 13 % des lycéens.

CHAPITRE 3

Traumatismes

Juges et coupables – Des parents pour quoi faire – On se retrouve seul – Désinvestir, surinvestir : les deux thérapies – « Je craque » – Leçons d'une maladie professionnelle.

L'enseignement est un magistère. Et l'enseignant un magistrat. Être prof, c'est être juge. C'est accoler un chiffre à une copie, une appréciation à un nom, un destin à un dossier. Ce pouvoir de vie et de mort scolaires, les maîtres le revendiquent et le démentent tout à la fois. Ils contestent la moindre intervention extérieure, la moindre irruption dans le cercle de leurs débats. Ils n'apprécient guère les procédures de concertation ou d'appel qu'ils perçoivent comme une atteinte à leur indépendance, et comme un doute jeté sur leur sérieux. Mais, en même temps, ils se croient ou se prétendent innocents des conséquences de leurs arrêts, et plaident que les causes profondes, déterminantes de l'échec, sont hors d'atteinte de leur champ d'action. A les entendre, ils sont par essence les mieux ou les moins mal qualifiés pour décider du sort de leurs élèves ; cependant, lorsque ce sort s'avère funeste, il va de soi que pareil malheur les traverse et ne saurait procéder d'eux. Ils sont là pour le bien des enfants. Si les enfants tournent mal, ce ne peut être que malgré leurs soins vigilants.

A l'époque bénie de la vieille école, quand les instituteurs se chargeaient d'écrémer le troupeau, le professeur du second degré jouissait en parfaite quiétude de sa souveraineté. Le verdict qu'il rendait, s'appliquant à une population homogène, rompue aux exercices qu'on attendait d'elle, ne souffrait ni perplexité ni critique. Les uns notaient sec, les autres étaient plus indulgents, mais on évoluait au sein de frontières sûres et reconnues. L'institution scolaire était socialement « ailleurs », et se pensait comme un foyer de résistance aux iniquités du monde. Dès lors qu'il était admis à se ranger sur la ligne de départ, chaque enfant avait sa chance. S'il s'essoufflait, c'était par manque d'effort à l'entraînement ou de capacités sur le terrain. Cette virginité républicaine s'est soudain perdue aux alentours de mai 1968. Des sociologues impertinents et des contestataires échevelés ont démontré et clamé que, loin de pallier les injustices, l'école reproduisait les inégalités. Aux fils de milieux défavorisés s'ouvraient majoritairement les filières courtes, et aux autres les voies royales. Toute la mystique du boursier courageux parvenu à la force du poignet jusqu'à la rue d'Ulm, afin de secourir, à son tour, d'autres boursiers courageux qui, à leur tour, etc., toute cette mystique bleu-blanc-rouge s'évanouissait. Les maîtres « de gauche » se sont anxieusement demandé s'ils n'étaient pas les agents inconscients, les complices involontaires de puissances ténébreuses. Jusqu'alors, l'école transcendait son environnement. Désacralisée, elle apparaissait tout à coup dominée, manipulée, corrompue, détournée par un déterminisme supérieur.

Dans un cas comme dans l'autre, l'attitude du prof était postulée au mieux bénéfique, et au pire crédule. Le magistrat se découvrait « objectivement » allié à des visées qui n'étaient pas siennes. L'ultime verrou protecteur de cette « objectivité » a sauté depuis. Juges, les enseignants se découvrent tacitement coupables, et s'efforcent, à défaut de modifier cet état, d'en préserver le secret. Désespérant de sauver les meubles, ils s'appliquent à sauver les apparences. Envahis par un non-dit trop lourd, qui leur pèse sur le cœur, ils réagissent, pour cette raison même, en assiégés qui refusent de rendre les armes. Tout le monde sait que l'école n'est pas ou n'est plus un temple inviolé. Tout le monde sait qu'elle ne compense pas les injustices. Et tout le monde devine que, non contente de ne point panser les plaies, elle achève le malade. Mais on fait « comme si ». Comme si les jugements étaient justes et l'égalité des chances en vue. Celui qui, de l'intérieur, vend la mèche, passe pour hardi ou sacrilège parce qu'il dévoile un truisme. Et celui qui, de l'extérieur, glisse un regard, passe pour inquisiteur et poujadiste.

D'abord, le boom démographique, l'envolée des effectifs assortie de la sixième pour tous, ont multiplié les bifurcations. Naguère, les profs du second degré accordaient ou n'accordaient pas le brevet et le baccalauréat, et, d'une étape à l'autre, se prononçaient sur les redoublements. Aujourd'hui, le parcours du combattant est tellement complexe, tellement encombré de haies, passerelles ou goulots, que les juges siègent sans désemparer. On sélectionne en cinquième, on sélectionne en troisième, on sélectionne en seconde, on sélectionne en première (certains élèves ont franchi le cap des seize ans réglementaires et s'arrêtent là), on sélectionne en terminale. Bien entendu, dans les textes, on ne sélectionne pas : on oriente. Mais les enseignants, même s'ils jurent le contraire sur la tête de Jules Ferry, sont mieux placés que quiconque pour vérifier qu'une orientation par l'échec s'appelle une sélection. Or le modèle culturel qui prévaut encore dans l'école publique induit que l'unique voie « noble » est celle des études longues, et que mieux vaut devenir maître auxiliaire de sciences naturelles qu'électricien ou coiffeur. En conséquence, toute interruption, tout raccourcissement du cursus, sont vécus et par le maître et par l'élève comme une sanction, un fiasco. L'orientation se mue ainsi en sélection, et en sélection honteuse — qui est la plus honteuse des sélections.

Ensuite, les instruments d'évaluation perdent leur validité. Il ne s'agit pas des écarts dus au tempérament de tel ou tel prof — les chercheurs, au demeurant, s'aperçoivent avec malice qu'ils sont plutôt supérieurs dans les disciplines scientifiques, notamment les sciences physiques, que dans les disciplines littéraires où l'appréciation semblerait volontiers intuitive. Il s'agit de l'hétérogénéité des élèves. Dans les sections classiques de l'enseignement long, l'adéquation est forte entre l'exécutant et l'exercice. Disons, pour aller vite, que l'élève sait à peu près ce qu'on attend de lui, et que le professeur n'est pas en peine d'estimer ce travail. Mais en amont, là où précisément la sélection sera sévère — et probablement définitive —, la distance croît entre l'exécutant et l'exercice convenu. Des enfants incapables de déchiffrer un énoncé sont jugés sur leur capacité à résoudre un problème. Avec la meilleure bonne volonté du monde, il est impossible de garantir un étalon fiable et une sentence infaillible.

Suzanne Bayard, germaniste à Compiègne, avoue sans complexe qu'elle vit une contradiction forte. Elle a cinquante et un ans, sa réputation d'efficacité est solidement établie, et, son magistère, elle y tient : « Le lycée est le lieu où j'ai du pouvoir. C'est le seul endroit où l'on me reconnaît une qualité, où je suis convaincante, dangereuse — et c'est ce qui plaît, de manière implicite, à une majorité de collègues. Quand j'ai un homme et une femme devant moi dans un salon compiégnois, et qu'ils me disent : 'Vous êtes le prof de ma fille... ', je sais que je pèse, que j'existe. Et je sais aussi, par expérience, que l'année d'après je leur suis complètement indifférente. »

Pour autant, Suzanne Bayard doute, sinon de ses jugements, du moins de leur transcription quantitative : « Ils sont sujets à caution, je rêverais d'être dans un établissement où l'on ne note pas. Au bac, je finis toujours par trouver que ma note ressemble étrangement à celle qui est portée sur le livret du candidat. Or, comme on est revenu à l'avant-68, les élèves surveillent leurs comptes de très près : j'en connais actuellement qui ont 11,34 de moyenne en histoire-géographie ! Lorsque je leur dis que leur note est la résultante de travaux écrits et d'une appréciation orale, ils ne sont pas heureux, cela ne leur paraît pas très scientifique... »

Tel est le thème sur lequel on entendra, dans les lycées, toutes les variations concevables, depuis le mathématicien sûr de son fait et qui distribue des quarts de point jusqu'au lecteur de dissertations qui s'arrache les cheveux pour ne les pas couper en quatre, et se demande s'il doit sanctionner ou non des fautes d'orthographe inadmissibles à ce niveau. Dans les collèges, le dilemme ne varie pas seulement en degré mais en nature. La distance entre notation et sélection est infime : évaluer les connaissances d'un élève n'est pas anticiper sur son aptitude à décrocher un examen, c'est déterminer à brève échéance si l'élève en question restera dans le bateau ou sera jeté par-dessus bord. En outre, que juge-t-on ? L'attention, l'aisance, l'effort ? Qui sait si tel enfant, incapable de se couler dans le moule rhétorique en vigueur, ne révélera pas ultérieurement des virtualités indécelables ? L'hypocrisie des filières clandestines transforme cette incertitude en casse-tête. En 6e 1, en 6e 2 (parfois, comble de raffinement, on s'abstient d'attribuer le numéro 1 comme si l'absence d'étiquette gommait la hiérarchie des sections), les élèves « scolaires » confiés à des maîtres « scolaires » subissent des épreuves « scolaires » normalement notées. Ailleurs, les enseignants se débrouillent, partagés entre le désir d'encourager et la crainte d'entretenir l'illusion.

Vient, en fin d'année, le moment où il faut lever le pouce vers le ciel, ou le retourner vers le sable de l'arène. Pierre Lutz : « Moi, je suis professeur principal en troisième. Je sélectionne les élèves, des élèves que je trouve très sympa — il n'y a pas que des têtes à claques —, qui fournissent parfois des efforts incroyables, mais trop tard, et qui veulent aller en seconde. Alors, qu'est-ce que je décide ? Un élève qui a accumulé deux ou trois années de retard en troisième, qui parle mal le français, et qui travaille comme un fou, est-ce que je peux l'envoyer en seconde où il sera complètement laminé, où il sera condamné à la guillotine ? On est face à la réalité sociale, et elle n'est pas toujours belle à voir. » Valse-hésitation : refuser l'entrée en seconde, n'est-ce pas refuser à l'enfant une chance, même infime, même improbable, de poursuivre au-delà ? En revanche, céder à cette inclination, n'est-ce pas jouer à tout-ou-rien, vouer, avec d'excellentes intentions, celui qu'on souhaite aider à une chute si brutale qu'il ne s'en remettra pas ?

Une minorité d'enseignants s'installent sans remords sur des positions extrêmes et symétriquement confortables. A gauche, un laxisme modèle Ponce Pilate, qui fut fort en vogue au lendemain de mai 1968 : sommé de juger, je me déclare incompétent, j'inscris l'ambiguïté de mes actes au compte de l'injustice sociale, et, en attendant qu'un choc politique renverse la tendance, j'opte pour le laissez faire-laissez passer. A droite, un arbitrage style olympiades : la réussite ne saurait être le lot que du petit nombre, donc je tranche et je taille sans m'interroger plus avant sur les critères de ma sentence. Attitudes l'une et l'autre pusillanimes sous des dehors farouches. En pratique, incapables de peser ce qui, dans l'échec scolaire, est le fruit de handicaps sociaux et de conduites individuelles, conscients ou à demi conscients de la pertinence très relative des épreuves que subissent leurs ouailles, la plupart des enseignants errent d'une grille d'interprétation à l'autre, en quête d'une introuvable sérénité. Ils conservent tant bien que mal des outils d'évaluation amplement périmés, et les tordent dans un sens ou dans un autre afin qu'ils remplissent encore l'ébauche d'une fonction. En dictée, le « tarif » de la faute d'accord varie d'un à quatre points. François Hébertot, physicien, propose à ses élèves de seconde une double gamme d'exercices : la première permet de « tirer sa moyenne », la seconde de se hisser au niveau des filières scientifiques...

Le malaise est général, tant on ne sait s'il faut plier l'enfant au critérium ou le critérium aux enfants. Même en terre bénie. Marguerite Jacob, professeur agrégée au lycée international de Strasbourg, ne s'estime pas à l'abri du doute : « L'orientation est une chose terrible parce que les repères changent considérablement. Nous, notre équipe, prenons parfois la responsabilité de laisser monter un élève médiocre sinon il se retrouverait à la rue. Et nous l'expliquons. De même, si un gosse redouble, nous essayons que cela lui serve effectivement. Nous détenons le pouvoir horrible de sortir les jeunes du circuit. Mais tout est prêt avant le conseil. Et

les échelles de notations sont souvent discordantes, ici de 2 à 12, là de 9 à 17. »

Le grand mot est lâché : conseil. Les temps sont durs. Les notes deviennent ou redeviennent de plus en plus déterminantes alors que leur assise s'effrite. Du moins les profs ont-ils la consolation de rendre un arrêt solidaire, de fondre leur état d'âme singulier dans la péroraison solennelle d'un jury. Erreur : le conseil des professeurs, prélude au conseil de classe (où sont admis deux délégués des élèves et deux autres des parents), est un rituel anxiogène et non un facteur de rémission. Il est peu de maîtres, en privé, qui en parlent sans une gêne apparente, un frisson réprimé. Un sale boulot, voilà ce qu'expriment, généralement de façon détournée, la nervosité des doigts, le craquement des jointures, l'agacement de la voix. Un sale boulot qui contredit l'image très XVIIIe de l'éducateur propagandiste des lumières, de la raison et du droit.

Le conseil ? Une formalité lugubre et dérisoire, disent les uns. Jean Ungaro : « Les profs qui y siègent font à peu près sérieusement le travail qu'on leur demande de faire ; mais c'est le travail qu'on leur demande de faire qui n'est pas sérieux. Les parents croient qu'il s'y passe des choses extraordinaires, redoutables. Alors qu'au fond, cela n'a guère de sens. Il ne s'y passe rien, rien de nouveau : les participants formulent un commentaire sur les notes obtenues par les élèves durant le trimestre. » En d'autres termes : une chambre d'enregistrement où le chiffre 8 signifie « doit progresser », le chiffre 10 « passable », et où le chiffre 12 s'interprète « assez satisfaisant, mais n'a pas donné toute sa mesure ». Ainsi, à la veille du baccalauréat, les postulants sont-ils classés en deux catégories, comme aux portes du purgatoire et de l'enfer : « avis favorable » ou « doit faire ses preuves ».

D'autres ont la dent plus dure. Michel Ondine, certifié de lettres dans un collège d'Ile-de-France, donne froid dans le dos : « La surdétermination du marché du travail est un non-dit permanent. L'objectivité se révèle parfaitement factice : tout le monde en remet, pour se rassurer, au moyen de notes d'autant plus arbitraires que précises. Beaucoup de profs se sentent et sont déclassés. Et le conseil de classe est un des rares moments où ils ont le loisir d'exercer un pouvoir sans risque (contrairement à leur cours, où l'autorité est fragile, et la compétence douteuse face à des élèves impitoyables). Ce pouvoir, ils en usent jusqu'à la basse vengeance, avec une sorte de plaisir trouble qui ne relève pas de la méchanceté mais de la reconquête, de la récupération d'une faculté de décider dont ils ont été, croient-ils, dépossédés. » Et Michel Ondine ajoute : « Pendant longtemps, j'ai éprouvé une culpabilité parce que les critères de sélection sont bâtards. Mais cette culpabilité s'éloigne dans la mesure où, prof de lettres, on me met en situation d'irresponsabilité : ce sont les résultats en mathématiques qui importent. Je ne suis qu'un supplément d'âme, je sers à relativiser le tranchant du couperet. »

La synthèse de ces témoignages ressemblerait à un titre en page trois de *France-Soir :* « Règlement de comptes à... » Le conseil des professeurs, puis le conseil de classe, sont des péripéties banales en ce que les marges d'initiative sont inscrites dans la collecte de données antérieures. Quoi de plus ordinaire, de plus routinier, que cette « addition de notes et d'impressions vagues[1] » ? Ce qui est moins banal, c'est que, pour une fois, les enseignants s'assemblent afin de parler de leurs élèves. Étonnant, non ?, dirait un humoriste. C'est oublier qu'un prof se définit par la conjonction d'une discipline (ou d'une bivalence) et d'un emploi du temps. Les disciplines des uns, remarque profonde, ne sont pas celles des autres. Et il est fort concevable que, par le jeu des grilles de service, les uns et les autres ne se rencontrent jamais. A cet égard, le conseil crée l'événement. Oui mais... Mais il est coincé entre le conseil précédent et le conseil suivant. Mais le chef d'établissement — ou son représentant — qui le préside tranche, après un rapide tour d'horizon, sur des enfants qu'il ne connaît guère. Mais la hiérarchie des matières retire la parole aux spécialistes de disciplines « secondaires » (même si, tels les professeurs d'éducation physique, ils sont susceptibles d'apporter sur l'élève un point de vue original). Mais les arrière-pensées politiques ou syndicales ne demeurent pas au vestiaire, découpant l'assistance en réseaux et fractions. Mais les désaccords, surgis entre professeurs, sont tus devant les parents et les élèves afin d'opposer un front unique à l'ennemi de l'intérieur et à l'ennemi de l'extérieur[2].

Bref, tout est là et rien ne se passe, selon l'expression de Jean Ungaro. Rien ne se passe mais le jugement est prononcé, objecterait Michel Ondine. Subtil aller-retour qui permet aux enseignants de se déclarer spectateurs de leurs propres gestes, et de se désolidariser — *in petto* — de mesures qu'ils ont néanmoins ratifiées. Hors les murs, ils protestent de leur scrupule. Mais les

1. Guy Herzlich, *Le Monde de l'Éducation*, mars 1979.
2. Cf. l'enquête de Michèle Saltiel, « Le lieu des conflits », *ibid.*

plus scrupuleux ne parviennent pas à réprimer le harcèlement intime d'une frustration latente. Ils détiennent le pouvoir sans en tirer jouissance, sinon la jouissance équivoque de revanches honteusement assouvies. Embauchés pour instruire et pour éduquer, fonctions nobles s'il en est, ils ont l'impression d'être floués, transmués en agents recruteurs de l'ANPE. Encore cette conversion constitue-t-elle une sorte d'impensé collectif. Les maîtres sortent des conseils meurtris et soulagés d'avoir refilé à d'autres — leurs collègues de LEP, en particulier — les « cas » qu'ils n'ont pas su ou pu traiter. Tout le monde se décharge sur tout le monde, personne ne se sent maître de la décision (personne donc n'est coupable : la culpabilité est collective et « machinale ») ; rien de surprenant si, en bout de chaîne, l'image et le fumet du dépotoir s'imposent. « On nous prend pour des boueux », grognent les professeurs de LEP. Ils n'ont pas tort. L'orientation, telle qu'elle fonctionne, consiste à éliminer des élèves par tranches successives d'un cursus imaginaire conçu à l'image de celui des enseignants, en dégageant au mieux son implication personnelle tout en préservant l'autorité du corps.

Pour comble, une partie des opérations se déroulent devant témoins : après avoir délibéré entre eux, les professeurs siègent à nouveau en présence d'élèves et de parents. Sauf dans les établissements où la violence est courante (l'invective y surgit volontiers), les porte-parole des élèves sont assez facilement neutralisés : ils sont coincés entre deux feux. Les parents, c'est une autre affaire. Et d'abord c'est un œil, l'œil qui traque Caïn jusque dans la tombe. L'œil du faux frère, qui en sait trop et pas assez. L'œil d'un parent « professionnel », mandaté, qui n'est pas représentatif des vrais parents, les amateurs. Un agrégé conservateur : « Le profil du 'parent d'élève' officiel, c'est quelqu'un qui s'intéresse à l'éducation parce qu'il côtoie plus ou moins le milieu — il est parfois lui-même enseignant. Ou bien, c'est quelqu'un dont l'enfant connaît des difficultés, qui a un compte à régler avec le système scolaire, et qui décide d'y venir voir de plus près. » Un PEGC : « Dans mon collège de banlieue, il y a 1 080 élèves, issus de 750 à 800 familles. Les associations de parents d'élèves ne fédèrent qu'une trentaine de ces familles, dans la frange supérieure de la population. Leur sociologie ne coïncide pas avec celle de nos classes. Et leurs options sont politiquement partisanes. »

Tous les griefs sont ici rassemblés. D'abord, un parent, ça n'existe pas. Les profs qui ont eux-mêmes des enfants seraient-ils moins parents que les parents qui ne sont pas profs ? Quel est donc ce titre, cette appellation, qui fait abstraction du métier, de l'idéologie ? Quelle qualité, quelle compétence la procréation, expérience banale entre toutes, pourrait-elle conférer ? Au fond, les enseignants sont convaincus qu'ils sont les seuls parents qualifiés. Ils le montrent en pesant lourd au sein de la FCPE [1], dont l'état-major est largement issu du milieu lui-même. Ensuite, ils contestent la représentativité des intrus. Il est vrai que la participation électorale n'est que de 36 % dans le secondaire, et que les votants se prononcent par correspondance sur des déclarations d'intention ou des sigles plus ou moins explicites. Il est encore vrai que les élus issus de ces scrutins se recrutent dans les couches moyennes/supérieures, notamment parmi les épouses de techniciens et de cadres. Enfin, les maîtres « qui ne sont pas de gauche » (la litote, ici, est de rigueur) observent que les associations de parents sont le champ clos ou l'enjeu d'affrontements politiques indirects, lesquels rejaillissent indûment sur la vie scolaire. En un mot comme en cent, le monde enseignant, dans sa majorité, estime que les associations dont ils subissent l'ingérence ne sauraient, autant qu'eux-mêmes, exprimer et défendre l'intérêt général. Les syndicats conservateurs se sont prononcés contre l'admission des parents aux conseils. Les autres se sont déclarés plutôt pour. Mais même chez les adhérents de ces derniers, la réticence est vive.

La réplique de Jean Andrieu ne manque pas de sel, ni de vigueur. « Notre vrai conflit avec les enseignants, explique-t-il [2], c'est le conseil de classe. On est là confronté à un groupe social qui détient un pouvoir exclusif et entend préserver cette exclusivité. Les enseignants se croient toujours menacés par ce qui vient du dehors : en témoigne la relation quasi paranoïaque qu'ils entretiennent avec tout ce qui touche à la communication, avec toute technologie déstabilisatrice. Il faudra bien que les professionnels de l'éducation acceptent d'être interpellés. Les parents ne demandent pas à exercer un contrôle pédagogique, mais à comprendre. Ils réclament une transparence de l'acte éducatif. L'école est opaque, dans une société où le thème de la transparence devient une aspiration quasi générale. Le 'monde parents' s'organise. C'est

1. Fédération des conseils de parents d'élèves, présidée par Jean Andrieu. Elle obtient 57,2 % des suffrages dans le second degré, contre 31 % à sa rivale « apolitique », la PEEP (Parents d'élèves de l'école publique), dite fédération Schléret.

2. Entretien avec les auteurs, janvier 1984.

redoutable pour les profs qui préfèrent s'adresser au parent isolé, infantilisé, réduit au statut d'ancien élève. »

Sur ce dernier point, Jean Andrieu parle d'or, et son rival de la PEEP ne s'exprimerait sans doute pas autrement. Les enseignants sont pleins de commisération pour la mère ou le père qui sollicitent anxieusement un entretien, mais ils redoutent le « parent associé » qui en a vu d'autres et s'oriente sans difficulté dans le labyrinthe éducatif. Michel Ondine : « Je n'ai guère de problèmes avec les parents qui souhaitent me rencontrer parce qu'ils sont impressionnés par le bagout et les diplômes — les PEGC sont plus vulnérables que les certifiés. Dans la plupart des cas, les parents répètent de la pensée pré-pensée. C'est très rare qu'on entende une phrase qui ne soit pas un discours reproduit. En tête à tête, leur démarche traduit ordinairement une demande pathétique pour que leur enfant s'en sorte. »

On assiste fréquemment à de plaisants jeux de rôles. Jean Andrieu, qui fustige la crispation des professionnels, est lui-même maître-adjoint à l'école normale d'Agen. Sa blouse et son casier l'attendent au terme de son mandat. Les profs considérant qu'ils sont les seuls parents qualifiés, c'est-à-dire porteurs de l'intérêt collectif, se révèlent naturellement, et en parfaite bonne conscience, les plus « parents » des parents. Malheur au pédagogue audacieux ou dilettante qui héberge dans sa classe le rejeton d'un collègue conformiste — et réciproquement. Le parent d'élève modèle standard est déjà, par essence, un faux frère. Est-il pire faux frère que le confrère qui corrige la correction, évalue l'évaluation, inspecte le cours de ses pairs, et, au besoin, y va de son commentaire, de son appréciation d'ensemble ? Les clivages syndicaux et politiques se mariant avec les divergences pédagogiques, le prof-parent se transforme en demi de mêlée, jouissant, dans l'assemblée des géniteurs anonymes, d'un statut d'expertise qui lui permet de récupérer par la bande la parcelle de pouvoir dont il se sent dépossédé.

De quoi ont-ils si peur, les profs, pour qu'ils aillent ainsi jusqu'à tenter de contrôler les deux bouts de la chaîne, parents avec les parents et maîtres avec les maîtres ? Jean Andrieu nous a fourni la réponse tout en exprimant son aspiration : ils ont peur de la transparence. Dans une école où l'on fait « comme si », dans une école où nul ne parvient à décomposer le processus de la décision, attribuant à chacun sa part de responsabilité, dans une école qui sélectionne en douce, sans critères fiables, et la honte au front, dans une école qui, finalement, ne remplit pas son contrat, rien ne serait plus terrible qu'une mise à plat du système, un décryptage des codes, une vérification des actes et des choix. La pénétration des parents dans les conseils de classe est dérangeante parce que source d'affrontements potentiels en une enceinte qui méconnaît ou feint d'ignorer le caractère normalement conflictuel des rapports sociaux, de la « vraie vie », celle de l'entreprise. A défaut de préserver les élèves des agressions du monde, l'école consacre une énorme proportion de son énergie pour tâcher de s'en protéger elle-même, et se défie des porteurs de germes que sont devenus enfants et parents.

L'intrusion de ces derniers est un des signaux de la désacralisation de l'institution et de ses clercs, désacralisation que chacun observe mais que le groupe se refuse à entériner. Albert Bourricaud, PEGC dans les Landes, analyse bien le phénomène : « Le niveau des enseignants est mis en cause dans la mesure où celui des parents à évolué. Pour la génération précédente, l'instituteur était un personnage plus instruit que la moyenne des gens. Grâce à la scolarisation, beaucoup de parents sont parvenus à un stade culturel proche du bac, et parfois supérieur. Ils jettent sur les profs un regard critique, et ceux-ci s'en trouvent diminués, assaillis. Ils se sont fait rattraper — ce qui est à la fois réjouissant et difficile à vivre. Comme dit Ionesco, le cercle, à force d'être caressé, est devenu vicieux : la diffusion d'éléments de jugement intellectuel provoque un effet pervers. »

Pervers, voilà bien le mot. Après tout, qu'une institution propagatrice de savoir et d'esprit critique voie se retourner contre elle des armes qu'elle a elle-même distribuées, c'est la rançon d'un certain succès. Malheureusement, ce retournement paradoxal s'opère au moment précis où la vieille maison ne parvient plus à déguiser ses lézardes. Le goût de la victoire se révèle alors diablement amer.

Vidons le calice jusqu'au fond. L'explication de tant d'amertume tient, semble-t-il, à un facteur principal : les enseignants ne reçoivent aucune sanction sociale de leur travail effectif dans le cadre de l'institution qui les emploie. *A priori*, c'est fort sécurisant : note administrative sans conséquences majeures, note pédagogique décernée tous les trois ou quatre ans, statut inébranlable, garanties maximales de maintien dans le poste — le rêve. Le rêve, tant que la machine tourne rond. Et le cauchemar, dès qu'elle s'emballe ou grippe. Si, en effet, aucune instance ne couronne les maîtres lorsqu'ils réussissent, il n'en est aucune non plus qui les excuse quand ils échouent. Or, en principe, l'école réussit : c'est la norme, l'enseigne même de l'établissement. On est là pour fournir du progrès. Et, en réalité, l'échec sévit — massif, simultanément inavouable et patent. Défense, pourtant, de modifier l'enseigne : on est toujours là pour fournir du progrès. L'échec de l'institution étant impensable, chacun se retrouve aux prises avec son échec.

Sur la lancée de mai 1968, la vie scolaire était agitée, mais combien plus légère. Durant quelques années, alors que la dégradation était amorcée mais non cruciale, il fut loisible d'incriminer le système. L'école « bourgeoise » allait mal, mais c'était tant mieux, disaient les « gauchistes » : de sa crise sortirait du neuf ; surtout pas question de la rafistoler au moyen de quelque « réformisme » pédagogique. La gauche « responsable », elle, dénonçait l'insuffisance des moyens alloués par les gouvernants au service public. Depuis, les gauchistes sont devenus responsables et la gauche responsable a accédé aux responsabilités. L'école va de plus en plus mal ; de cette crise ne sort qu'un mal pire encore. Et les moyens sont gelés pour cause de rigueur.

Les alibis sont donc tombés. L'échec perdure. Du moins, objectera-t-on pour se rassurer, s'agit-il d'un échec collectif. Maldonne : cette clause-là, qui n'est pas alibi mais bien réalité, ne saurait être invoquée. Tabou infranchissable. L'école n'échoue pas, des enseignants échouent à l'école. La dérive commune se camoufle en une myriade de détresses singulières : chacun échoue devant son public, chacun compose avec son échec, le chevauche, le contourne, le refoule, l'habille, le surmonte ici et lui cède là. On comprend pourquoi le conseil de classe est le lieu géométrique de tensions exceptionnelles. Les profs s'y présentent, sous la présidence d'une autorité qui les soupèse mais ne vient guère à leur secours, avec dans leur besace une ration plus ou moins forte d'échec plus ou moins déclaré. On comprend aussi pourquoi l'œil des parents déchaîne les passions : ils sont témoins, à l'instant fragile, de la manière dont les uns et les autres s'efforcent de penser l'impensé, d'avouer l'inavouable.

Un représentant de commerce sait s'il vend ou s'il ne vend pas. Un écrivain sait s'il trouve des lecteurs ou s'il n'en trouve pas. Un prof est dépourvu d'étalon pour mesurer objectivement, sinon ses dispositions, du moins son efficacité. L'absence de sanction sociale, l'irresponsabilité de fait dont jouissent et souffrent à la fois les enseignants entraînent une conséquence capitale : ce sont les élèves qui les sanctionnent. Même quand le décalage culturel est insurmontable, même quand les handicaps sont flagrants, il n'est pas d'instance qui puisse innocenter le maître en difficulté. Comment se fier à des chiffres incomparables, tels les pourcentages de réussite aux examens, ou d'admission dans la classe supérieure ? Le professeur « installé » depuis longtemps dans le même établissement, auquel sont confiées les bonnes sections, regardera de haut l'auxiliaire ou le jeune arrivant improviser. Qui sait si l'inversion des rôles tournerait à l'avantage du premier ? Qui sait si, dans les classe d'adaptation, le brouhaha n'est pas indispensable à l'expression ? Qui sait si le professeur « sans histoire » n'est pas, tout simplement, le privilégié de la maison ?

Et derrière les élèves, il y a les parents. Ainsi s'établit une « cote », une « bourse des valeurs », impitoyable et implicite, modérément gratifiante pour celui qu'elle inscrit à la hausse, et violemment traumatisante pour celui qu'elle range dans le bas du tableau. Les enseignants bâtissent des murailles de carton pour s'abriter du monde extérieur. Ils se contentent de sanctions symboliques et dérisoires. Ils redoutent qu'on les juge pour de bon. Résultat : ils sont jugés quand même, mais mal ; jugés par une rumeur, une réputation. Les trompettes de la renommée les précèdent et les suivent. Les voici répertoriés, étiquetés, notés à leur tour selon des critères qui ne valent guère mieux que les leurs — la prime, en règle générale, va au maître rassurant qui professe à l'ancienne, c'est-à-dire qui exerce dans un secteur où les méthodes traditionnelles fonctionnent encore. Celui qui se devine mal noté — même si l'administration, sous pression syndicale, lui octroie le chiffre dû à son rang — intériorise cette condamnation qui n'a pas été prononcée, la rumine. Elle lui colle à la peau, elle dessine et désigne son personnage. Les hommes politiques ont au moins la satisfaction d'être épinglés par des instituts savants : on les aime à deux points près. Mais les profs, magistrats théoriquement inaccessibles, sont livrés à une opinion impalpable.

Demandez-leur s'ils sont « bons ». Françoise Vigé-Hélie : « Ce n'est pas moi qui puis le dire, ce sont plutôt les élèves. J'ai l'impression d'être un prof honnête, qui joue le jeu. » Pierre Lutz : « Je ne crois pas que je sois un bon prof dans la mesure où je ne sais pas si ce que je fais est efficace. Mais les élèves m'acceptent, et ce n'est déjà pas mal. » Jean Ungaro : « Je ne sais pas, posez la question aux élèves, aux parents — pas aux inspecteurs. J'essaie d'être un prof qui compte pour les enfants. » Danièle Bousquet : « Je ne peux pas juger, moi. J'ai de bonnes relations avec les élèves. » Benoît Le Roux, qui bute sur l'aveu : « Ça n'est pas à moi de me prononcer. C'est à... C'est aux... Je ne dirai pas : c'est aux élèves. Ils ne peuvent s'en rendre compte que longtemps après. » Même le plus réticent prend acte de la cote implicite. Encore convient-il d'ajouter que les ingrédients qui la fixent son passablement contradictoires et accusent ainsi son caractère clandestin : les parents, on l'a déjà souligné, se forment du sérieux une image volontiers conventionnelle, tandis que les enfants (sauf dans les sections « sérieuses » précisément, celles qui marchent au rendement) sont plus sensibles aux excentricités de la séduction.

Peu à peu, nous parvenons à cerner l'apparent paradoxe de la condition enseignante. Ces femmes et ces hommes formidablement encadrés, protégés par un statut, soumis en tous lieux aux mêmes obligations de service codifiées pour chaque catégorie, ces femmes et ces hommes dont le plan de carrière est gravé dans le marbre se sentent désespérément, irréductiblement seuls. Questionnés sur les causes de leur malaise, telle est la réponse qu'ils fournissent en premier (36 %), et particulièrement dans les tranches d'âge moyennes, donc majoritaires (39 % chez les 26-35 ans, 36 % chez les 36-45 ans [1]).

L'explication couramment avancée est l'isolement géographique des jeunes titulaires. Cet élément ne saurait être sous-estimé. En juillet 1982, 63 % des postes vacants à l'échelon national se situaient dans les académies de Lille, Amiens, Nancy et Metz. Parallèlement, sur les 26 000 agrégés et certifiés qui avaient demandé leur mutation, 6 000 seulement obtenaient satisfaction. Et, à la rentrée suivante, 1 500 enseignants manquaient à l'appel dans la seule académie du Nord [2]. 8 000 professeurs choisissaient la « mise en disponibilité » — congé sans solde — plutôt que de rejoindre le poste auquel ils étaient affectés (en 1979, ils n'étaient que 3 900 à opter pour ce que le SNES, syndicat de la FEN, appelle un « chômage volontaire »). Le problème est incontournable : les académies les plus « peuplées » (dans l'ordre : Versailles, Lille,

1. Enquête de Michèle Navarro, *op. cit.*
2. Cf. l'enquête d'Antoinette Lorenzi et de Marie Muller, « Les immigrés de l'enseignement », *Les Nouvelles*, 7 septembre 1983.

Créteil, Nancy-Metz) se trouvent au nord de la Loire. Quels que soient leurs vœux, quelle que soit leur région d'origine, les maîtres recrutés pour les « corps nationaux » — les PEGC, eux, relèvent d'un cadre académique — atterrissent là où l'administration les réclame. Rude parachutage, douloureuse transplantation. Après la (relative) convivialité de la vie étudiante, les débuts dans le métier coïncident souvent, et pour longtemps, avec une mise à mal, voire une déchirure des liens antérieurs, familiaux, amoureux, amicaux.

Seul dans la classe, seul dans la ville. Et une seule solution : le mariage. Pour s'évader, le « rapprochement de conjoints » octroie treize points, auxquels s'ajoutent trois points pour la première année de séparation et huit points pour chaque année supplémentaire. Simple question d'arithmétique : sachant que l'endroit convoité « coûte » soixante points (calculés lors de commissions paritaires où se débattent les nominations), le célibataire est *a priori* disqualifié. Cela ne vaut pas seulement pour l'axe Nord-Sud. France Lizt, par exemple, certifiée de lettres — et célibataire —, effectue depuis huit ans une navette de deux cents kilomètres entre la ville où elle souhaite résider, Rennes, et le collège normand qu'elle ne parvient pas à quitter, faute d'époux. Si l'endogamie est forte — nous y reviendrons — chez les maîtres des générations précédentes, leurs cadets sont doublement affectés par la valorisation culturelle de l'union libre et par la féminisation du milieu. A supposer que les nouveaux profs brûlent de convoler, ce qui n'est pas démontré, ils ne le pourraient point. Il subsistera parmi eux un irréductible contigent de femmes célibataires. Certes, beaucoup d'enseignantes se lient à l' « extérieur », avec des employés ou des cadres. Mais justement, celles qui sont victimes de l' « exil » sont les plus mal placées pour nouer semblables relations. Le dilemme est angoissant : pour fuir, il faut se marier; mais comment rencontrer l'âme sœur en terre étrangère, et bouclé dans un environnement majoritairement féminin?

On aurait, à moins, le moral ébranlé. Certains — certaines — recourent d'ailleurs à des moyens extrêmes. Telle cette annonce, dans la rubrique « rencontres » d'un hebdomadaire national : « Nice, J. F., vingt-six ans, prof. agrégée, cherche mariage blanc avec enseignant titulaire académie Nice ou Aix pour éviter exil dans le Nord. Conditions à débattre [1]. » La quête d'un conjoint de complaisance, exceptionnelle, n'est plus rare. Du reste, les isolés

1. Relevé par *Le Monde*, 26 janvier 1982.

s'organisent pour dénoncer le jacobinisme et le conformisme matrimonial de la machine scolaire, et se rassemblent en des « Collectifs exil des enseignants célibataires ». Ces derniers recensent « plus de 4000 maîtres qui exercent à 200, 500 voire 1000 kilomètres du lieu de leur choix, pour des durées indéterminées, à vie s'ils sont célibataires [1] ».

L'isolement d'une partie d'entre eux — qui ne se résorbera que très lentement, et par l'arrêt du recrutement — n'est cependant qu'une explication fragmentaire de la solitude des profs. Certains sont seuls à Dunkerque ou Bar-le-Duc. La plupart sont seuls dans leur tête. 70 % des professeurs estiment que chacun d'eux est « en difficulté à un moment ou à un autre dans une de ses classes au moins [2] ». 81 % admettent « avoir connu des périodes où ils ont ressenti un besoin d'aide ». Mais — tout est là — ils ne sont que 22 % à envisager d'en parler « facilement ». Quand le vertige de l'échec, d'un échec personnel, se combine avec l'isolement géographique et/ou les clivages catégoriels, sous la pression des parents et le regard des élèves, le fond de l'abîme n'est pas loin.

Le corps enseignant, socialement perçu comme un groupe compact et soudé, manifeste en pratique une absence remarquable d'élémentaire solidarité. France Vincent — relatons son témoignage entre mille —, que nous avons vue se débattre avec des classes particulièrement dures qu'elle initiait à la cuisine faute de parvenir à leur apprendre le calcul, signale, comme tous ceux qui ont traversé une épreuve analogue, que le plus douloureux était l'indifférence ou le dédain ambiants : « On penserait spontanément que l'entraide est l'unique remède, l'unique chance de survie. Eh bien, pas du tout. C'était horrible. Le collège était divisé en deux camps inégaux : ceux qui réussissaient à ' tenir leur classe ', et puis les autres, les fragiles, les déclassés — dont j'étais. Renseignements pris, les premiers avaient les bonnes sections, et les jeunes, les auxiliaires, les nouveaux obtenaient les autres. Cela n'empêchait pas qu'un courant de mépris s'abatte sur ceux qu'on envoyait au casse-pipe. La coupure était telle que les repas se prenaient dans deux salles à manger distinctes. Un jour où le niveau de décibels était singulièrement élevé dans ma classe, un collègue y a fait irruption sans me saluer et a injurié grossièrement les élèves. Il est

1. *Ibid.*
2. Michèle Navarro, *op. cit.*

reparti aussi brutalement. Il avait voulu me montrer qu'un homme, lui, sait mater la meute. » Interrogé sur semblable péripétie, l'ancien principal de France Vincent répond avec philosophie : « Quand un prof perd pied, on ne peut rien pour lui. »

Effectivement, si l'échec n'est pas une donnée objective mais un drame individuel, personne ne peut rien pour personne. A qui confier ses états d'âme ? Devant les élèves, il s'agit de ne pas se trahir — le spectacle continue. En salle des professeurs, chacun passe en coup de vent et nul ne souhaite être renvoyé, par des confessions importunes, à sa propre incertitude. Dans le bureau du chef d'établissement, la consigne est « tout va bien à bord » : le prof qui sanglote dans le giron du commandant est définitivement étiqueté. Lors du conseil de classe, les parents, eux-mêmes anxieux et avertis par la rumeur, sont aux aguets. Le suspect respecte la loi du silence, et, pour une fois, ses collègues, sur ce terrain, expriment par le mutisme une forme de complicité corporative. Ne s'épanchant nulle part, la douleur devient lancinante. Celui qu'elle frappe n'imagine même plus que les ombres sereines croisées dans les couloirs sont, elles aussi, habitées d'un secret. Sous les apparences d'une communauté, toute une kyrielle de peurs rentrées glissent ainsi les unes sur les autres au lieu de se dissoudre en se confondant. L'enseignant est une monade, une « substance sans porte ni fenêtre », comme dit le dictionnaire philosophique. Paradoxe du paradoxe : seuls, peut-être, les collèges catastrophes, où le péril, par son omniprésence même, est assez également réparti, connaissent une atmosphère chaleureuse.

Les chefs d'établissement ne sont pas à l'abri du mal. Mais, par fonction, ils avouent les derniers. « Voilà deux ans, confie un proviseur de LEP, j'ai voulu tout laisser tomber. J'étais à bout, je rêvais de me recycler comme thérapeute de groupe. Finalement, j'ai compté les sept années qui me séparaient de la retraite, arpenté mon logement gratuit, et je suis resté. » Et un autre, principal de collège à la périphérie de Paris : « J'ai cinquante-sept ans et je souhaiterais redevenir enseignant de base, cesser d'arbitrer des conflits byzantins, de présider des conseils décourageants. Mais quoi ! Il y aura bientôt seize années que je n'ai pas planché devant une classe. Serais-je encore capable de faire cours ? Je n'en suis pas sûr, et je vais donc attendre... »

Un enseignant sur deux accole une image négative au corps dont il est membre[1]. Les profs ne s'aiment pas. Les profs disent « les profs » pour parler des profs, se retranchant du groupe, s'excluant du jugement. Annick Ferlas : « Les profs se plaignent de tout et de tous, doutent de leur utilité, se sentent impuissants. Le leitmotiv des conseils de classe, c'est : ils sont nuls, ils sont nuls. La faute aux élèves, à la famille, à la télévision. » Ariane Lascaux : « Les profs, c'est un univers de lâches. Ils ne courent aucun risque. Ils sont coupables de leur médiocrité. » Jean Ungaro : « Les profs pleurent sur un monde disparu où les profs professent et les surveillants surveillent. Ils pleurent parce qu'ils sont de grands enfants, qui appellent leur Maman pour pleurer un bon coup. D'ailleurs, s'ils n'étaient pas de grands enfants, ils feraient autre chose. On devient prof parce qu'on refuse de grandir, parce qu'on refuse de devenir adulte, parce qu'on reste avec les petits. Il y a chez les profs une irresponsabilité, un infantilisme affligeants, qui se traduisent fréquemment par une servilité envers l'autorité. Le père a parlé, on se tait. Ils rêvent de reproduire ce modèle-là, ce modèle-là qui ne marche plus. »

Aucun discours sur le milieu enseignant ne sera aussi sévère, aussi agressif et vengeur que celui tenu, en privé, par des enseignants eux-mêmes. La relation dialectique qui les écartèle entre la solitude et la sécurité nourrit un bouillonnement d'anathèmes et d'autoflagellations. En tout cas, hors les murs, « les profs », tel Jean Ungaro, considèrent que « les profs » sont frappés d'une sorte d'infantilisme dont les aliments s'énumèrent sans peine. C'est d'abord une mauvaise conscience professionnelle amplement répandue quoique dissimulée. Le devoir d'éducation est présenté aux maîtres comme un devoir moral, qui ne tolère pas le droit à l'échec. L'enseignant est par définition inférieur à sa tâche, alors que les aspirations et les réalisations sont censées coïncider[2]. Par les temps qui courent plus encore qu'auparavant, l'objectif est hors de portée, la mission se révèle mission impossible. C'est ensuite une quête de sécurité qui verrouille l'appareil bureaucratique dont les professeurs s'entourent et se plaignent simultanément. Le remède est pire que le mal, le rempart s'avère oppressant, étouffant. C'est enfin une fâcheuse tendance à osciller « entre le

1. *Ibid.* 43 % des sondés se déclarent « peu reconnus et mal appréciés », et 7 % « à l'écart et incompris ».
2. Nous utilisons ici l'intéressante analyse de Jacques Beillerat dans une thèse dont la conclusion a été publiée par les *Cahiers pédagogiques*, novembre 1973.

conformisme moutonnier et la révolte puérile[1] ». Des batailles symboliques parfaitement dérisoires sont menées. On entame des grèves de la faim pour deux points de note administrative. On interpelle le proviseur sur l'air de *la Carmagnole*. Et l'échec continue de sévir, la solitude de peser.

Elle continue de peser parce que les parades adoptées l'entretiennent. Le monde enseignant ne se rassure que par la subdivision du groupe. Le non-dit, le refoulé se chuchote à demi entre certifiés, entre PEGC, entre naturalistes ou historiens. Au lieu de se dégager à l'air libre, il investit les fissures du système, et les creuse, et les élargit. Fausses confidences qui ont pour effet de morceler encore un milieu disparate. Elles ne seraient pas fausses, elles ne seraient pas vaines si ce milieu assumait les conflits qu'il engendre — comme en engendre toute entreprise. Mais, précisément, l'Éducation nationale n'est pas une entreprise, l'Université est postulée irresponsable de son destin. Le principal point commun entre les maîtres, toutes catégories confondues, est l'irréalité de leur trajectoire, de leurs repères, de leurs qualifications, des sanctions qu'ils encourent. Ils n'ont jamais quitté l'école, et voici que c'est l'école qui les quitte. Ils se sont claquemurés dans la matrice originelle et voici que parviennent, du dehors, des messages et des discordes qu'ils ne sont entraînés ni à déchiffrer ni à surmonter.

Le verdict de Michèle Navarro, concluant une enquête officielle au cours de laquelle 1400 professeurs de 92 établissements ont répondu à un questionnaire détaillé, confirme cette analyse et vérifie que nous ne nous fondons pas sur quelques états d'âme épars : « L'enseignant, écrit-elle, a le sentiment d'être d'autant plus mis en échec qu'enfermé dans ses problèmes, il a l'impression de lutter seul, et l'amertume qui l'habite apparaît comme une constante tout au long de cette enquête. Il se sent seul vis-à-vis de ses collègues à qui — sauf cas d'exception — il ose rarement se confier, quel que soit son désir de le faire ; seul face aux parents, indifférents ou agressifs, seul face à l'administration, distante, méfiante devant toute tentative d'innovation ; seul face à ses élèves, en cas de conflits[2]. »

1. *Ibid.*
2. Document INRP, *op. cit.*

Que faire ? Comment les maîtres tentent-ils de traverser pareille épreuve ? Quelles « thérapies » inventent-ils pour retrouver un équilibre ? L'attitude la plus fréquente est de pousser jusqu'à l'extrême la logique de l'isolement, de muer la nécessité en vertu (ou, du moins, en modèle culturel) par une stratégie de repli, par la recherche de compensations individuelles, par la quête délibérée du plaisir consumériste. La caravane, puis la résidence secondaire. Les week-ends de planche à voile. Le coin du feu. Les voyages clés en main réglés à crédit. Bref, l'alignement sur les pratiques dominantes des couches moyennes/supérieures, avec un peu moins d'argent — mais plus facile à investir, car assuré —, et beaucoup de loisirs.

Rien d'observable à la surface. Des professionnels consciencieux, qui sont à l'heure dite à l'endroit convenu, qui dispensent des cours, qui corrigent des copies, attribuent des notes, siègent aux conseils. Rien à signaler, sinon que leur vraie vie est ailleurs, qu'elle reprend sitôt franchie la porte du collège, sitôt expédiées les 15, 18 ou 21 heures de corvée. Une proportion considérable de maîtres, mine de rien, sans bruit ni fureur, s'entraînent méthodiquement à se désinvestir, à rejeter la passion comme le doute, la nostalgie de la réussite comme le désir d'entreprendre. Ils font leur boulot, ni plus ni moins, juste la quantité requise, aidés en cela par la précision des normes, des emplois du temps, des programmes. Le carcan des textes et des règlements leur sert à fixer la stricte limite de leur assiduité. Ils réduisent au minimum leur durée de séjour sur le lieu de travail, arrivent à la sonnerie et fuient à la sonnerie. Par-dessus tout, ils craignent qu'une audace ministérielle n'ébranle le fragile équilibre patiemment obtenu, récusent la moindre mesure susceptible de le rompre en introduisant du mouvement, du possible, de l'inachevé, de l'indéfini — les élèves n'en apportent que trop, pourquoi en remettre ? Cramponnés à leurs habitudes, à leurs acquis, ils considèrent que le pire est toujours sûr, que l'altération de l'ordre des choses signifie fatalement sa dégradation. En ce sens, ils sont conservateurs. Non par idéologie mais par précaution, ou par peur. Question de survie, estiment-ils.

Lasse d'avoir erré, lorsqu'elle était auxiliaire, de classe-happening en lycée sexiste, France Vincent, à présent titulaire, s'est « fait une raison » : « Dire que je m'épanouis, certes non. Mais je ne centre absolument plus ma vie sur mon métier. A partir d'avril, je sais que je suis sur la bonne pente, du bon côté de l'année. Je suis intellectuellement frustrée, je n'intéresse guère mon public. Alors je me dis que j'en ai pour une heure, et que je serai bientôt dehors. C'est le tempérament fonctionnaire qui prévaut : je suis payée, et, tant que je suis payée, je laisse courir... »

Pierre Lecru, qui vient de franchir le cap de la cinquantaine dans un établissement bon chic bon genre, avec tradition maison et vertes pelouses, s'exprime, lui, sans amertume. Il se tasse, il se range. Malgré ses idées de gauche et son tempérament libertaire, il suit son cours et ne rêve plus de renverser le flot. C'est dit tranquillement, sur le mode d'une bonhomie mélancolique dont l'aigreur est absente : « La qualité essentielle d'un prof est de s'adapter à son public. Depuis vingt-cinq ans, je m'adapte, je mets le paquet, et, s'il faut faire les pieds au mur, je le fais. Question de tonus. Le tout est de savoir prendre la température d'une classe. J'ai ce tour de main, j'ai du métier. Mon public marche. Mais, dans le fond, j'en ai marre, je me dis que j'ai beaucoup ramé pour pas grand-chose. Je me replie sur des recherches personnelles, qui n'ont guère de rapport avec le numéro de clown que je continue d'accomplir. » *Les Feux de la rampe*, version souriante. Ils sont nombreux qui terminent ainsi leur carrière estimés des parents et bien notés par leurs chefs, et qui dissimulent sous l'apparente aisance d'une prestation rodée une fêlure secrète, le regret d'une bifurcation manquée.

A mi-parcours entre France Vincent et Pierre Lecru, Louis Ménault serait fort scandalisé qu'on le qualifie de conservateur. Mais lui aussi s'est — il emploie le terme — désinvesti. Spécialiste en résistance des matériaux, il enseigne à de futurs techniciens de haut niveau. Sans passion marquée, ni pour le rapport aux élèves ni pour le monde des profs. Le lycée est devenu un secteur annexe de son existence : « J'ai vécu le printemps 1968 dans l'enthousiasme et une sorte de fièvre. Mais cette fièvre, par la suite, s'est révélée dévorante, et, pour moi du moins, quelque peu malsaine. Les affrontements politiques et syndicaux étaient violents entre 'réformistes' et 'révolutionnaires', entre 'gauchistes' et 'staliniens'. On se sentait quasiment sommé de changer l'enseignement en changeant le monde. Cette atmosphère tendue, cette relation difficile avec des élèves qu'on se culpabilisait de former insuffisamment, et, en même temps, de trop contraindre, tout cela m'envahissait, me gâchait la vie. J'ai décidé de lever le pied, de tenir mes distances. Aujourd'hui, mes principaux centres d'intérêt sont dans la sphère associative : je m'intéresse aux énergies renouvelables, à l'habitat solaire, j'étudie la musique, j'apporte ma contribution à un organisme de solidarité avec le Tiers Monde. Je reste prof, mais, si j'ose dire, dans une proportion raisonnable. » Un profil « ex-soixante-huitard » dans lequel se reconnaîtront nombre d'anciens des barricades...

Ces trois témoignages, contrastés, montrent que le désinvestissement procède d'origines multiples et frappe à tout âge. Ce qu'ils ne montrent pas, c'est peut-être la caractéristique majeure du phénomène : sa généralisation inconsciente. France Vincent, Pierre Lecru ou Louis Ménault assument une trajectoire partiellement volontaire mais identifiée comme telle. Ils déclarent que leur attitude s'est fortement, résolument modifiée, qu'ils ont, bon gré mal gré, renoncé à un comportement antérieur, à une aspiration, à un modèle. Le corps enseignant, en règle générale, n'est pas si transparent à lui-même. C'est moins une lassitude qui s'installe, comme chez Pierre Lecru, ou une reconversion de l'énergie, comme chez Louis Ménault, qu'une sorte de cynisme impensé, d'ankylose bienfaisante. Le devoir moral d'éduquer cède allégrement la place à l'obligation de service scrupuleusement remplie — un contrat couleur rouille. Loin de figurer un épouvantail, le train-train hebdomadaire devient bouclier. Chacun s'abrite derrière une carapace de réflexes et de rites. Les élèves défilent et les heures passent, les pages du cahier de textes se remplissent des mêmes matières indéfiniment renouvelées, les copies succèdent aux copies, et cette répétition grise, cette absence d'implication finissent par sécréter un ordre défensif, une sécurité morne. Le feu sacré s'éteint en douceur. Et ceux qui ne l'ont jamais eu puisent dans ce constat une forme de légitimité : ce n'étaient pas eux les déviants, tous comptes faits...

A l'autre extrémité du spectre, une « thérapie » adverse et tâtonnante se cherche. Le grand nombre opte pour le désinvestissement. Une minorité, au contraire, sur-investit. La tradition des mouvements d'expérimentation pédagogique n'est pas récente. Le plus célèbre de ces réseaux, l'Institut coopératif de l'école moderne, fondé en 1948 par Célestin Freinet après vingt années d'essais iconoclastes, est solidement enraciné dans l'enseignement primaire. En revanche, dans le second degré, ses militants n'excèdent pas deux centaines — si l'on recense les correspondants dûment « encartés ». Chiffre dérisoire, en regard de l'influence réelle de ce courant. Ses stages d'été sont combles, et ses thèmes circulent abondamment : la pierre angulaire est l'idée qu'une classe, par nature, se définit comme un ensemble hétérogène, et qu'il faut donc modifier les techniques et les outils pédagogiques pour que chaque élève honore un contrat qui lui soit propre — en un temps où l'hétérogénéité des publics est le casse-tête numéro un des maîtres, pareil discours connaît un regain d'actualité. D'autant qu'après mai 1981, la politique ministérielle a été d'inciter les professeurs à entreprendre, par eux-mêmes, des micro-expériences, plutôt que d'enfermer, comme à l'ordinaire, l'innovation dans un secteur préalablement circonscrit (par exemple le collège Jean Lurçat, de Saint-Denis, où la pluridisciplinarité et les groupes de niveau par matière sont devenus réalité, ou bien encore le fameux lycée « différent » de Saint-Nazaire, où la vie communautaire et la dynamique de groupe sont entrées dans les mœurs).

Pierre Lespine, longtemps professeur de français au lycée technique de Creil, et aujourd'hui permanent de l'ICEM, explique ce qui l'a conduit du gauchisme au « freinétisme » : « Après 1968, l'attitude des profs dans le vent consistait à déclarer aux élèves : allez-y, exprimez-vous, choisissez votre sujet. Rapidement, ce libéralisme conduisait à la conclusion que les jeunes n'ont rien à dire puisqu'ils sont le produit de déterminismes socio-culturels qui les privent de parole. J'ai découvert qu'en réalité, si l'on se contente de cultiver la spontanéité, si l'on se contente des premiers jets des adolescents, on n'obtient que le miroir de ce qu'attend le maître. Il faut du temps, il faut avancer petit à petit pour s'acheminer vers une expression qui appartient à ceux qui s'expriment. L'idée force de la philosophie Freinet est que l'essentiel se vit entre les élèves, que cela prime sur le rapport, même séducteur, même passionnant ou passionné, que le professeur entretient avec eux. » Cet itinéraire est fort singulier. Mais il illustre une tendance plus ample : la dénonciation de la pédagogie comme mystificatrice, comme stratégie de camouflage au sein d'un appareil idéologique, qui a prévalu chez maints enseignants contestataires dans les années soixante-dix, tend à marquer le pas au profit d'une réappropriation de l'acte pédagogique comme technique manipulable.

Concrètement, que produit cette évolution ? Par exemple ceci, qui se déroule au lycée Rabelais de Saint-Brieuc. Au début de 1982, le recteur de l'académie de Rennes, nouvellement nommé, effectue une tournée des établissements. De passage au lycée Rabelais, il est interpellé par un groupe de maîtres qui dressent un bilan sévère de la seconde dite « indifférenciée » et observent dans leur classe un rejet de l'activité scolaire, une désorganisation du travail, une vive médiocrité intellectuelle. Le recteur les prend au mot : vous voulez agir, agissez ; rédigez un projet, soumettez-le-moi. Ce qui est fait. Une douzaine de professeurs s'assemblent, débattent, émettent des propositions qu'ils vont expliquer à l'inspection académique puis au rectorat. On les écoute. Encouragés, ils envoient une délégation à Paris, au ministère. On les reçoit. Ils sont effarés de découvrir, en ces lieux réputés impénétrables, des interlocuteurs attentifs qui paraissent eux-mêmes surpris de découvrir des profs volontaires pour dépasser leur obligation de service. Un savant montage est négocié : décharges d'heures, budget avec la participation d'instances locales. L'expérience démarre à la rentrée de 1982. Si le dossier avait mollement suivi la voie hiérarchique, disent les intéressés, il aurait mis un an de plus pour monter puis redescendre.

L'opération concerne une classe de seconde à option « gestion » (il s'agit donc, selon le jeu des filières clandestines, d'éléments qui ne sont pas destinés aux sections scientifiques nobles). Objectif : lutter contre l'échec en parvenant à une orientation « positive » — ce qui ne signifie pas que tout le monde doit être admis en première, mais que chacun doit comprendre la décision qui le concerne. Une longue concertation avec les élèves, puis avec la totalité des parents, rythme l'année scolaire. Elle débute par une semaine de séjour commun, enseignants et enseignés, dans un village de vacances, avec diverses procédures de découverte du milieu. Il s'agit de modifier d'emblée la relation entre maîtres et élèves. Il s'agit aussi de motiver ces derniers par un contact avec la réalité, avec le concret, avec les gens — hors les murs de l'école. Ce souci d'assurer la perméabilité entre l'intérieur et l'extérieur ne cessera de se manifester. Les élèves seront notamment invités à rencontrer et questionner, par oral, par écrit ou au moyen de caméras vidéo, des professionnels qui exercent les métiers auxquels ils songent pour eux-mêmes.

Tous les mardis, l'équipe enseignante se réunit longuement pour faire le point sur la méthodologie et le suivi des élèves. L'accent est porté sur le travail inter-disciplinaire. On s'efforce, d'une spécialité à l'autre, d'harmoniser les thèmes abordés, d'établir des correspondances. Surtout, les maîtres, constatant que la principale carence est là, s'appliquent à transmettre aux jeunes des méthodes d'organisation et de travail. Cet apprentissage de l'efficacité s'opère, en particulier, au moyen de grilles hebdomadaires sur lesquelles chacun note le temps consacré à telle ou telle tâche, et ainsi évalue son rendement, ses facilités et ses lenteurs. Au conseil de classe, les élèves, accompagnés de leur délégué, sont libres de participer à l'étude de leur cas. Les parents peuvent également assister à ces délibérations.

A la fin de l'année, les résultats sont nets. Dans une section analogue, la saison précédente, un peu plus de la moitié des postulants avait été rejetée au seuil de la première. Cette fois, 29 jeunes sur 33 franchissent l'étape « sans coup de pouce », précisent les animateurs de l'expérience. Et sur les 4 qui ne parviennent pas au niveau requis, l'un, de lui-même, avant tout pourparler, déclare qu'il a décidé de redoubler — ce qui ne s'était jamais vu, de mémoire de prof.

Pour les élèves, le bilan est positif, et pas seulement en termes quantitatifs : « Nous nous apercevons, dit un d'entre eux approuvé par le chœur de ses camarades lors d'une assemblée générale, que certains professeurs sont capables de s'estimer collectivement concernés par ce qu'il adviendra de nous. » Il met le doigt sur la zone sensible. La dimension « révolutionnaire » de la tentative menée par cette douzaine de maîtres qui ne sont affiliés à aucun mouvement pédagogique officiel et « bricolent » empiriquement n'est pas dans les recettes inventées : après tout, se réunir le mardi pour un meilleur suivi de la classe, chercher quelque harmonie entre les disciplines sans trop violer les frontières du programme, assurer une certaine transparence des jugements et des sanctions, cela paraît relever plus du bon sens que de la sédition. Ce qui est vraiment nouveau, et subversif, c'est que des enseignants s'unissent sur un objectif, et acceptent donc de partager explicitement la responsabilité du résultat final. Ils mettent ainsi un terme à la pratique dominante qui veut que l'imputabilité de l'échec, étant partout, ne soit nulle part. Assumant le risque de réussir ou de faillir, ils convertissent l'institution à une logique d'entreprise — là est la transgression.

Que vaut la « thérapie » de ces innovateurs ? A l'unisson, ils se déclarent touchés par un « regain d'intérêt » pour leur métier. « C'était la première fois, commente une participante, que nous avions entre nous des échanges non syndicaux sur le travail, que nous déterminions en commun une finalité de l'acte pédagogique, exposée aux élèves, et ayant valeur de contrat. » Le gros de l'équipe, après une première année « pas comme les autres », s'est porté volontaire pour continuer — et les maîtres d'une seconde classe les ont imités. Cela dit, l'aventure est rude à vivre. D'abord, malgré les décharges de service (que l'administration préfère régler en heures supplémentaires, ce qui procure de l'argent mais non de la disponibilité), le temps consacré à l'expérience est considérable, notamment de présence dans le lycée. Réunions et conseils tournent parfois au débat fleuve. Ensuite, les profs concernés découvrent — avec une relative ingénuité — ce qui est le lot quotidien de n'importe quel cadre ou employé : l'interdépendance professionnelle.

Exercer son activité sous le regard (donc sous le jugement) de l'autre est une épreuve parfaitement banale au sein d'une banque ou d'une maison d'édition. Chez les enseignants, c'est une quasi-défloration. Tout, dans l'organisation de leur emploi, les préserve des conflits qui surgissent normalement ailleurs, et dérive les contentieux latents vers des joutes institutionnelles. La décision de s'assembler, de se réunir en équipe les renvoie au cas de figure courant, à la vraie vie. Le choc n'est pas mince. La dynamique du groupe n'exclut pas la passion, et les coordinateurs sont entraînés vers des arbitrages qu'ils n'ont guère l'habitude de rendre. Mais les uns et les autres constatent, à vif, que le conflit n'est pas seulement une déperdition d'énergie, qu'il crée de la chaleur, de l'émotion, de l'élan, qu'il casse la routine et qu'il recèle d'étonnantes vertus contre le vertige solitaire.

L'obstacle principal est que ce sur-investissement, si bénéfique soit-il quoique dévorant, est condamné à demeurer structurellement minoritaire. A mots feutrés ou carrément hostiles, il rencontre la réprobation du milieu « profond ». Et, pour commencer, la réprobation argumentée des composantes idéologiquement conservatrices. Au lycée Rabelais, Benoît Le Roux ne dissimule pas, lui qui est franchement marqué à droite, son scepticisme ou son refus : « Je me méfie de ces 'innovations' parce qu'elles m'apparaissent souvent comme une sorte de fuite. C'est toujours la même histoire : on proclame les meilleures intentions du monde, on ne parvient pas à réaliser ce programme, et, finalement, au lieu de constater que les élèves n'étaient pas adéquats à cet enseignement, on décrète une nouvelle mutation pédagogique — la dernière, la bonne. Les 'expériences' se sont ainsi multipliées sans bilan réel, sans qu'il soit reconnu que, si l'on change d'outil, c'est que le précédent était inefficace. Je ne crois pas à l'avenir de ce qu'entreprennent mes collègues dans la mesure où leurs efforts, à supposer qu'ils soient couronnés de succès, seront fatalement limités à une aire restreinte. »

Sur ce dernier point, Jean Ungaro, passablement désespéré quant aux capacités de ressourcement des enseignants, n'est pas en désaccord avec son confrère. Mais, quant au fond, il s'insurge. Pionnier des techniques audiovisuelles, et surtout de la vidéo (« Le dernier gadget à la mode ! », observe dédaigneusement Benoît Le Roux), il est traumatisé par les réticences de son entourage : « C'est plus qu'une antipathie, cela va jusqu'à la haine. Les activités culturelles auxquelles j'ai participé ont suscité un mouvement de répulsion irrépressible, qui s'est exprimé violemment en salle des professeurs. Aux yeux de beaucoup de collègues, nous mettons en cause l'exclusivité du savoir dont ils se croient détenteurs. Par le biais de l'image, je m'aperçois que la relation prof-élèves devient moins univoque. Et cela leur fait peur. Ça fait peur à tout le monde, la liberté, en particulier à l'école. Parce que ce n'est pas la destination de l'école — où doit régner l'obéissance —, et que, nous autres, par le déséquilibre que nous introduisons, sommes perçus comme les complices d'un véritable détournement. »

On a compris que les réserves des conservateurs « politiques » ne seraient pas suffisamment dissuasives si elles n'étaient confortées par l'inertie réprobatrice des « désinvestis » — fussent-ils adhérents des syndicats de gauche majoritaires. Les innovateurs, les expérimentateurs sont montrés du doigt comme de dangereux masochistes qui effectuent des heures non payées, s'attardent dans l'établissement plus qu'il ne convient, brisent la glace invisible qui protège l'institution du monde extérieur, livrent le secret professionnel à l'œil inquisiteur des parents, et, surtout, jettent eux-mêmes un regard indiscret, sous prétexte d'harmonisation, sur les méthodes et les aptitudes du voisin.

A considérer de près les réactions qu'ils suscitent, on retire l'impression que les perturbateurs sont contraints de manipuler un engin de quinze tonnes pour déplacer quinze kilos. C'est vrai à Saint-Brieuc. C'est également vrai ailleurs. Huit expériences analogues ont démarré en même temps dans le second degré — à l'échelle de la machine scolaire, le chiffre est dérisoire. Pourtant, presque partout, le phénomène est présent et constant : les adeptes de la seconde « thérapie » forment une minorité dont il serait hasardeux de prédire l'expansion. Du moins, cette minorité, féconde en « projets d'action éducative » (au ministère, on dit

« PAE »), a-t-elle essaimé à travers l'ensemble du système. Découragée ici, stimulante là, elle perdure même si elle est largement sous-employée.

Deux exemples entre cent. Au douillet lycée de Chantilly, Jean-Claude Grimal, professeur d'économie : « Nous avons réuni un groupe pédagogique très hétérogène, très contrasté, au rythme d'une séance hebdomadaire de concertation. Les conseils de classe se déroulent en présence de tous les élèves qui saisissent ainsi mieux ce qui leur arrive et nous obligent, nous-mêmes, à être plus sérieux. Il en résulte, chez les profs, une émulation : qui accrochera le mieux ? Le tabou reste d'assister aux cours les uns des autres. Chaque enseignant suit de plus près sept élèves. Mais, hors du groupe, on nous regarde d'un sale œil, on nous accuse de casser le boulot, d'en faire trop, d'inciter à la concurrence... »

Le deuxième témoignage nous vient d'une planète dont les habitants de Chantilly n'ont pas de représentation. Dans les hauts quartiers de Marseille, deux collèges se touchent au point de partager un terrain de sport. Le premier, Massenet, est une école convenable : on y pratique l'option allemand dès la sixième. Le second, Albert-Camus, ceint de grilles revêches, accueille les rejetons d'une cité de transit — on l'appelle « le collège des Arabes ». Daniel Beaume y enseigne la musique et Annie Bellatorre les lettres. Ils ont eut l'idée de s'associer, ainsi que deux autres collègues, pour amener leurs élèves à s'exprimer en chansons.

« Ils ont le sens du tempo, explique le musicien, même si leur français est incorrect. Nous sommes partis de jeux de percussions. Puis, petit à petit, sur ces scansions, les gosses ont inventé des bribes de textes où ils parlaient de leur vie, scolaire et personnelle. En salle des professeurs, nous passions pour de dangereux — et bruyants — démagogues. Mais nous avons persisté, jusqu'à enregistrer un disque dans un studio improvisé : une salle isolée par des panneaux d'aggloméré. Titre : *Les enfants des quartiers nord brisent la glace*. Le collègue de maths était indigné. Le principal nous regardait de travers. Nous avons vendu, en tout et pour tout, onze disques dans l'établissement... Mais, dehors, ça marchait. La recette a dépassé l'investissement. France-Culture, FR 3 nous ont rendu visite. Le patron nous a dit précipitamment : donnez-moi deux disques, un pour l'inspecteur d'académie et un pour le recteur ! Là-dessus, nous avons décroché un prix. » Juste revanche, mais sur les quatre qui s'étaient lancés dans l'expérience, un seul a pu continuer à plein temps — les autres étaient à bout.

Illustration parfaite des limites de la seconde « thérapie »... Pourtant, la demande de concertation — payée et incluse dans les maxima de service — est forte chez les enseignants : près d'un sur deux (48 %), à ces conditions, s'y prêteraient. Et le quart des maîtres seraient enclins à bouger, s'ils ne se heurtaient, disent-ils, à des « freinages administratifs [1] ». Les pédagogues du deuxième type sont néanmoins inégalement répartis, comme le trahissent les méthodes auxquelles ils recourent. 70 % des mathématiciens pratiquent le cours magistral traditionnel, alors qu'en lettres, histoire-géographie, sciences économiques, seuls 47 % des professeurs fonctionnent à l'ancienne mode. Un chiffre, terrible, domine tous les autres : 5 %, seulement 5 % des profs ont engagé un travail inter-disciplinaire.

La divergence entre désinvestis et sur-investis, la voici crûment mesurée lors d'un face-à-face, au collège de Clichy-sous-Bois, entre Pierre Lutz, historien, et Colette Briffard, spécialiste de lettres classiques. « Nous avons encore un pouvoir, estime cette dernière, mais nous le perdons, ce qui est toujours désagréable, et nous le perdons mal. Si nous ne nouons pas entre nous d'autres relations, si nous n'inventons pas d'urgence une autre manière d'enseigner — et quand je parle de manière 'autre', j'envisage beaucoup plus que des aménagements de circonstance —, cette déroute est inéluctable. Ou bien le mouvement s'amorce. Ou bien, pour ma part, d'ici peu de temps, je serai hors d'état de continuer à exercer ce métier. »

Pierre Lutz : « Il ne faut pas me faire rigoler avec l'innovation pédagogique. D'abord, si l'on réunit deux profs de français, l'un est pour les dictées et l'autre est contre — avec chacun d'excellents arguments. Ensuite, qu'est-ce que ça veut dire concrètement ? Qu'est-ce que ça veut dire pour moi qui suis chargé d'enseigner l'histoire avec trois diapositives ? J'essaie, par tous les moyens, avec des grimaces, d'amener mes élèves à comprendre. Je me débrouille, j'improvise, comme tout le monde. Mais croire, laisser croire qu'avec de l'expérimentation nous résoudrons, nous, la question de l'échec scolaire, c'est de l'escroquerie totale. »

Tous deux en ont gros sur le cœur. La première a choisi son

1. Michèle Navarro, *op. cit.* Rappelons que ces données datent de novembre 1981.

alternative : changer la profession ou changer de profession. Le second demande régulièrement sa mutation pour les pays chauds : son découragement est l'attitude qui prévaut, et de fort loin, parmi les maîtres. Aucun n'est vraiment sûr que sa « thérapie » est la bonne, qu'elle est susceptible de marcher. Et tous redoutent, au fond de l'impasse, un spectre désormais familier.

Qu'advient-il, en effet, si aucun radeau de survie ne se gonfle, si les profs se débattent entre la pérennité de leur impuissance et celle d'un statut dans lequel ils s'obstinent à chercher refuge jusqu'à l'enfermement ? Ils « craquent ». Le verbe revient sur toutes les langues, sous toutes les latitudes, quels que soient les paramètres individuels ou locaux. Il appartient au vocabulaire enseignant de base, à côté d' « emploi du temps », de « titulaire », ou d' « inspecteur ». Une forte minorité de maîtres y recourent pour raconter leur expérience ; les autres, pratiquement sans exception, pour évoquer leur hantise. Les élèves eux-mêmes l'emploient pour caractériser l'état de tel ou tel prof absent. Les parents, en revanche, ne manient que du bout des lèvres un mot dont la connotation dramatique paraît excuser celui qu'il désigne, semble le dépeindre comme victime d'un accident objectif et non d'une faiblesse insuffisamment corrigée.

La rumeur, hors les murs, chuchote et parfois clame que les professeurs sont des natures frêles, promptes à fuir la charge du travail et la fatigue « naturelle » qui en découle. Des embusqués, des planqués qui filent vers l'arrière dès que l'air sent la poudre. Il est clair qu'aux yeux de maints salariés d'entreprise, la caste enseignante jouit en parfaite impunité d'une exorbitante protection, et s'abandonne à ses vapeurs avec cynisme ou délices. Le parent modèle standard, dont la fille est régulièrement privée de mathématiques une ou deux fois par mois, se déclare convaincu que les maîtres, grâce à des certificats de complaisance, ajoutent indûment des congés clandestins aux longues vacances dont ils sont déjà les enviés bénéficiaires. La seconde fédération de parents d'élèves, la PEEP, au terme d'une enquête sérieuse effectuée en janvier 1983 et portant sur 300 000 heures d'enseignement, concluait qu'en moyenne, 8,73 % des cours n'étaient pas assurés en collège, et 8,78 % dans les lycées[1].

Ces chiffres mêlent des facteurs cumulatifs mais de nature différente : d'une part, les arrêts de travail des professeurs malades, et, d'autre part, l'incapacité des inspections académiques ou des rectorats de pourvoir à leur remplacement. Pour tirer l'affaire au net, et se délivrer des tentations polémiques, il convient de répondre à deux questions : l'absentéisme, dans le milieu scolaire, est-il supérieur à celui qu'on observe dans d'autres secteurs de la Fonction publique, ou dans les entreprises privées ? Excessif ou pas, est-il la conséquence d'une véritable maladie professionnelle, ou bien trahit-il l'incurie de simulateurs désinvoltes ?

Un rapport confidentiel remis au ministre de l'Éducation nationale le 28 octobre 1982 tranche, données quantitatives à l'appui, sur ces matières[2]. Les taux d'absence des personnels ont été examinés sur l'ensemble de la période 1976-1982. Verdict final : non, les enseignants ne sont pas plus tire-au-flanc que les autres corporations. Avec un pourcentage global d'absentéisme qui n'excède pas 4,59 % dans le second degré[3], ils « sèchent » nettement moins que les ouvriers et à peu près autant que les employés du privé. Et la comparaison avec d'autres départements ministériels (le rapport omet pudiquement de préciser leurs noms) tourne carrément en faveur des profs. Alors, hallucination collective, aveuglement parental ? Il est vrai que la carence d'un maître de musique touche 18 classes, soit au bas mot 450 familles. Si l'adjoint de votre percepteur se remet lentement d'une mauvaise grippe, vous n'en êtes guère informé. Mais si votre enfant rentre de l'école deux heures plus tôt parce que « la prof d'anglais n'était pas là », le message se répand illico. On en parle, on s'insurge, on craint pour l'exécution du programme, et, comme l'étanchéité administrative interdit d'embaucher tel enseignant disponible qui réside à deux pas, on conclut au complot.

A l'intérieur des 4,59 % considérés, la part de la maladie est de 3,11 %. Et les interruptions longues et graves n'affectent que

1. *La Voix des parents*, n° 218.

2. Marc Rancurel, inspecteur général : *Malades et Anciens Malades — réadaptation, adaptation, prévention (étude sur un aspect de la gestion des personnels de l'Éducation nationale)*, 165 p., document inédit.

3. Le taux d'absence s'obtient en divisant le nombre de jours d'absence par le produit du nombre d'enseignants et du nombre de jours ouvrables. Il est de 4,53 % chez les instituteurs.

1,74 % du potentiel annuel d'enseignement dans le second degré. « Opinion globale » du rapporteur : il est en présence d'un corps « attaché aux vertus d'assiduité et plutôt en bonne santé ». Constat rassurant, qui confirme l'exceptionnelle espérance de vie des professeurs : à trente-cinq ans, en moyenne, il leur reste plus d'une quarantaine d'années à courir (contre 33 à un manœuvre, et 36 à l'ensemble de la population française). On inclinerait donc, dans un premier temps, à considérer que le débat procède surtout de la dialectique paranoïaque qui oppose les maîtres aux géniteurs de leurs élèves, et de la pagaille structurelle d'une administration si lourde qu'elle ne saurait assurer au débotté la relève d'un de ses agents victime d'une crise de foie.

Si l'on entre, néanmoins, dans les détails, l'observation s'affine et l'interprétation se complique. On remarque d'abord une sur-représentation féminine parmi les défaillants : « La part des absences féminines est supérieure à la part des femmes dans les populations étudiées et la durée des absences féminines est plus longue. Le taux masculin d'absence est de 3,85 % ; le taux féminin (hors maternité) est de 6,75 %. » Seconde donnée, encore plus spectaculaire : les arrêts de 31 à 90 jours, rançon d'affections sévères, ne représentent que 3 % des absences. 80 % de l'ensemble des congés couvrent une période de moins de 8 jours (2 à 3 jours, en régle générale). Enfin, la distribution de ces courtes séquences est nettement saisonnière.

Essayons de traduire ces chiffres en clair. Les profs sont jeunes, en bonne santé physique, et vivront vieux. Ils y regardent à deux fois avant de solliciter un arrêt de longue durée. Mais, de manière massive, et surtout les femmes, ils ponctuent l'année d'interruptions brèves, de « ponts » hâtivement jetés entre les zones creuses de leur emploi du temps. Quantitativement, cette pratique n'alimente pas un taux global d'absentéisme élevé. Mais, qualitativement, ce taux rassurant dissimule la tension d'un parcours d'obstacles émaillé d'éphémères plages de repos dérobées. Le maître qui est libre le lundi « prendra » son vendredi et son samedi : 48 heures d'arrêt, quatre jours pour souffler. Celui qui est libre le samedi fera plus volontiers halte le jeudi et le vendredi. Le jeu des grilles de service aidant, il est plus « rentable », pour l'enseignant fatigué, de s'interrompre trois fois deux jours que de disparaître durant une semaine. Un médecin de famille ne saurait chipoter sur une demande aussi légère. Les contrôleurs de la Sécurité sociale non plus. Et les statistiques sont sauves.

VII. FRÉQUENCE ET DURÉE DES ABSENCES DES ENSEIGNANTS

(tous corps confondus)

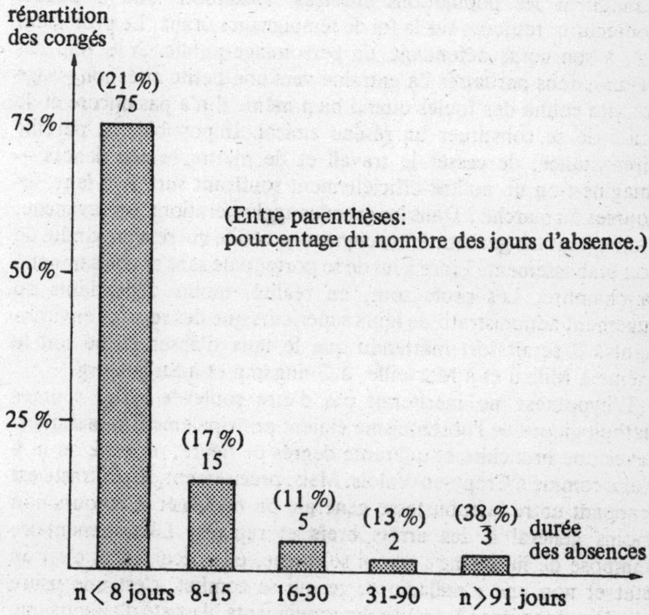

Source: Rapport de l'inspecteur Rancurel.

Le rapport ministériel ne nous éclaire pas plus avant sur la « distribution nettement saisonnière » de ces courtes escales. Dommage. Hasardons une conjecture, fondée sur les confidences des uns et des autres. Au début du trimestre, pas de problème. A mi-chemin, l'effort est plus rude, la parole moins aisée, la correction plus lente. Mais les conseils de classe s'approchent, et il convient de fournir en temps voulu la ration convenue de notes et d'appréciations. Ce cap franchi, la voie est libre. De même, il semble probable qu'au fil de l'année, l'investissement soit inégalement réparti. La fin du premier trimestre est redoutable — il est très long. Celle du second, peut-être plus encore. Le troisième, en revanche, est semé de fêtes du travail, d'ascensions et de pentecôtes qui dispensent de feuilles de maladie...

Un autre paramètre est absent du rapport : la taille des villes où enseignent les populations étudiées. Hasardons une deuxième conjecture, toujours sur la foi de témoignages oraux. Le professeur est, à son corps défendant, un personnage public. Si le vent des commissions paritaires l'a entraîné vers une petite cité, son visage est vite connu des foules quand bien même il n'a pas encore eu le loisir de se constituer un réseau amical. Impossible, en pareille circonstance, de cesser le travail et de mettre le nez dehors — imagine-t-on un maître officiellement souffrant surpris à faire ses courses au marché ? Dans les grandes agglomérations, en revanche, l'anonymat est garanti. L'enseignant ne réside guère à proximité de son établissement. Libre à lui de se porter pâle sans se condamner à la chambre. Les profs sont, en réalité, moins dépendants du jugement administratif de leurs supérieurs que des regards environnants. Il serait fort inattendu que le taux d'absentéisme soit le même à Millau et à Marseille, à Guingamp et à Strasbourg.

L'hypothèse ne mériterait pas d'être soulevée si les sources pathologiques de l'absentéisme étaient principalement somatiques. Avec une bronchite et quarante degrés de fièvre, on reste au lit à Paris comme à Crépy-en-Valois. Mais, précisément, le contraste est frappant entre la robustesse générale du milieu et le recours non moins général à des arrêts brefs et répétés. Le commentaire s'impose de lui-même : ce qui se soigne, en l'occurrence, c'est un état et non une « maladie » ; ce qui se combat, c'est une usure plutôt qu'un virus. A écouter les enseignants, il existe d'ailleurs une espèce de microbes bienfaisants : ceux qui vous infligent une angine modérée mais incontestable à l'instant exact où vous éprouvez le besoin de reprendre haleine...

Le taux de 4,59 % glorieusement brandi ne s'avère ainsi qu'à moitié rassurant. Il dissimule autant qu'il montre la fragilité nerveuse des enseignants, qui n'a d'égale que leur santé physique. Précision qui n'est pas de détail : c'est dans les dix années suivant le début de carrière que la fréquence des congés de courte durée est particulièrement remarquable. Chez les professeurs du secondaire, elle est très prononcée parmi les maîtres qui ont entre six et dix ans d'ancienneté. On distingue ainsi deux zones « à risque » : la décennie première, et celle qui précède la retraite (mais là, les affections somatiques se multiplient). Le phénomène trahit la dureté du métier : cueilli à froid, l'impétrant qui ne s'en doutait guère est vulnérable et met fort longtemps avant de sécréter une carapace protectrice ; et, même dans ce cas, il n'est pas à l'abri, en fin de course, d'une nouvelle déstabilisation.

Ce qui est certain, c'est que les profs ne jouent pas cyniquement avec les congés de maladie. Ils jouent, certes, avec le damier de leur emploi du temps, et glissent le plus habilement possible d'une case à l'autre. Mais y déceler les signes d'une paresse roublarde, d'une fainéantise impunie, serait se tromper complètement de syndrome. Les enseignants sont infiniment plus soumis à la pression de l'opinion publique que les postiers ou les électriciens. Ils s'arrêtent parce qu'ils en ont réellement besoin. Et s'ils déguisent ou fractionnent leur malaise, l'explication par le dilettantisme est infiniment trop sommaire. D'abord, ce dilettantisme entrerait en contradiction avec la culpabilité sourde dont l'idée même de maladie est ici *a priori* chargée : « Il existe, note très pertinemment l'inspecteur Rancurel[1], une grande proximité dans l'imaginaire collectif entre l'éducation et la subversion. C'est le corps social qui exige dans l'école des maîtres en parfaite santé physique et mentale. » Ensuite, le camouflage est de règle parce que la plus inavouable des maladies, la plus inquiétante, est celle qui ne résulte pas d'une affection de l'organisme, d'une agression extérieure, mais de son affaiblissement lié à une lassitude de l'esprit.

Or, il s'agit bien de cela. Tous les documents français et étrangers tournent autour du même mot : épuisement, *Erschöpfung, exhaustion, burn out*... 73 % des maîtres déclarent que la « tension nerveuse » est une source de difficulté « très importante » (47 %) ou « importante » (26 %) dans l'exercice de leur métier. Difficulté qu'ils associent à l'hétérogénéité de leurs publics et au doute quant à l'efficacité de ce qui est entrepris — 34 % « n'arrivent plus à cerner les caractéristiques de leur fonction[2] ».

Le Bureau international du travail, à Genève, est en possession d'une floraison d'enquêtes menées sur les professeurs dans divers pays développés (Grande-Bretagne, États-Unis, Australie, Scandinavie). Une constante s'en dégage : cette population, plus qu'une

1. *Ibid.*, p. 68-69.
2. Michèle Navarro, *op. cit.*

autre, est menacée par le stress. « Certains travaux, rapporte Marc Rancurel, concluent à un taux actuel de prévalence de 20 % : un cinquième des enseignants se rangent parmi les 'très atteints' et 'extrêmement atteints'. Le Pr Lennart Levi de Stockholm, dans une étude étendue à 11 000 fonctionnaires, relate que le groupe qui a le plus souvent exprimé une situation de stress est celui des enseignants des matières générales. » Nous voilà très loin de la dénonciation quelque peu poujadiste d'un absentéisme commode. La locution « Je craque » trouve progressivement sa traduction scientifique : « Le mot 'stress' désigne les réactions à la fois physiologiques et psychologiques engendrées par des situations alarmantes, menaçantes pour l'individu... Il est employé aussi dans un sens plus spécifique pour désigner les tensions engendrées par des conflits internes non résolus ou des situations insolubles et provoquant des états d'anxiété, voire des états névrotiques[1]. »

Un pas est franchi, dont on ne sait s'il s'évalue en degré ou en nature. X., 37 ans, professeur de mathématiques dans un LEP normand, raconte sur quelle pente il s'est découvert engagé. Il parle d'une voix nouée, plaintive mais sans trémolo : « A chaque fin de cours, le bilan m'apparaissait presque totalement négatif, et cela s'accumulait. Depuis le début de l'année scolaire, je me sentais inapte, je n'étais plus à ma place dans ce boulot qui ne produisait aucun résultat. Je me disais que gagner sa vie sans... sans rien au bout, ce n'est pas un idéal, qu'il vaudrait mieux s'arrêter là, démissionner. J'étais gagné par une angoisse profonde — et solitaire. Je ne communiquais plus avec personne. Ces questions, je ne me les posais pas il y a dix ans, douze ans. Alors ? Qu'est-ce qui avait changé ? Moi ? Les élèves ? C'est quelquefois terrible de penser qu'on va se retrouver face à des adolescents jusqu'à la retraite. Ils évoluent tellement vite... Je me suis arrêté. Cette période m'a permis de devenir un peu plus philosophe, de m'apercevoir qu'après tout je travaillais de mon mieux, honnêtement. Et puis, que mon état n'est pas particulier, qu'il se généralise, que ce n'est pas normal de se concentrer exclusivement sur le métier et d'oublier toute vie extérieure. Maintenant, je vais reprendre. Je ne vois d'ailleurs pas de reclassement possible. »

Le timbre et le débit se sont peu à peu apaisés. Ces propos ont

1. Définition proposée par l'*Encyclopædia Universalis*.

été recueillis en janvier 1984 à l'Institut Marcel-Rivière, hôpital psychiatrique géré par la MGEN, la mutuelle des enseignants. X., parmi les malades, était un des plus faibles consommateurs de médicaments anxiolytiques. Il a, effectivement, rejoint son poste, non sans crainte ni tremblement. Nul besoin d'être grand exégète pour percevoir dans son discours combien la frontière est ténue entre le professeur « qui craque » et celui qui entame une « déprime » — le mot revient dans la conversation aussi souvent que l'expression précédente. Cela ne signifie naturellement pas que tous les maîtres angoissés sont voués à la maison de repos. Cela signifie que, chez tous, la « déprime » est un fantôme obsédant. Il n'est pas d'établissement scolaire où l'on n'évoque, en salle des professeurs, les trois ou quatre collègues qui, de manière chronique ou aiguë, ont notoirement affaire aux psychiatres. On s'en dit proche et l'on s'en tient à l'écart — frisson fasciné, vertige collectif.

Attention : le terrain est miné, à commencer par les intéressés. De même qu'on accuse volontiers les profs d'assurer nonchalamment le service public, on se plaît à les peindre comme une cohorte de malades mentaux en puissance. Caricature, du reste, alimentée par l'usage abusif que les enseignants eux-mêmes ont tendance à faire du mot « déprime », confondant l'expression du stress avec son éventuel prolongement maladif, baptisant à la sauvette, pour en souligner la force dramatique, le surmenage des fins de trimestre. Au vrai, les maîtres d'école ne sont pas plus « fous » que le reste de la population ; les troubles psychiatriques sévères ne sont nullement leur apanage. En revanche, s'il existe une pathologie professionnelle du milieu — toujours difficile à isoler —, c'est incontestablement du côté de certaines maladies mentales, nettement typées, qu'il convient de la chercher.

Un chiffre simple, un chiffre rond nous est donné par le Dr Chanoit, directeur du plus important établissement de soins dévolu aux enseignants : « Les enquêtes épidémiologiques, dans de nombreux pays industrialisés, fixent à 10 % le taux des maladies mentales dans la population générale ; d'autres études, en France et en Angleterre, estiment que 30 % de la clientèle des médecins généralistes peuvent recevoir le qualificatif de 'mental' ; les statistiques du ministère de l'Éducation nationale démontrent que plus de 50 % des congés de longue durée sont attribués pour maladie mentale[1]. » C'est clair. Pour sa part, Marc Rancurel relève dans son rapport confidentiel que, pour le corps des PEGC[2], 62 % des candidats à une réadaptation après un long congé sont des malades mentaux. Ce pourcentage, parmi les sujets de moins de quarante ans, croît jusqu'a 75 % chez les hommes et 67 % chez les femmes. Et le Dr Fradkine, conseiller médical du ministère de l'Éducation nationale, constate sans ménagement « un accroissement régulier du nombre des maladies mentales qui représentaient, en 1981-1982, 60 à 75 % de l'ensemble des maladies ou handicaps selon les catégories d'enseignement, et qui se révèlent actuellement de plus en plus tôt dans la carrière des intéressés[3] ».

Quittons la sécheresse et la généralité des chiffres pour le choc d'une émotion singulière. X. préférait que son nom ne fût pas cité, afin que sa réinsertion professionnelle s'opère dans l'anonymat. Jean-Renaud Michon, lui, professeur certifié de lettres classiques près de Poitiers, n'hésite pas à livrer son patronyme. Sa maladie est notoire, et pour cause : « Il me serait très difficile de vous raconter ce qui m'est arrivé le jour de la rentrée parce que je n'en ai pas eu conscience. Je suis resté une heure devant mes élèves, incapable de prononcer quoi que ce soit d'intelligent, puis je suis parti. Ils ont été très sympathiques, ils m'ont regardé patiemment dans le blanc des yeux. J'ai fini par leur dire : ' Excusez-moi, je m'en vais. ' J'ai pris ma voiture et j'ai quitté le collège. »

Après un internement très pénible à Clermont, Jean-Renaud Michon a été admis à l'Institut Marcel-Rivière, situé près de Trappes, à La Verrière. Trois mois plus tard, il analyse ce qui, selon lui, « use les nerfs » dans le métier : « C'est un problème de société. Les enfants sont de moins en moins respectueux envers les adultes. On se heurte à leurs insolences. Et l'on ne peut pas donner d'heures de colle, on ne peut plus donner de gifles, on est obligé de refouler, refouler, refouler. » Un silence, le temps d'allumer une Gitane. La main tremble un peu. L'analyse reprend : « Les Grecs avaient parfaitement compris l'éducation, ils avaient compris que la relation entre l'élève et le professeur est une relation érotico-hostile. Ne soyons pas Tartuffe, il y a une attirance entre les jeunes

1. « Le fourre-tout des maladies mentales », *L'Éducation magazine*, 24 mars 1983.
2. On donne ces chiffres non parce qu'ils sont plus marqués pour cette catégorie que pour une autre, mais parce que le rapporteur estime disposer ici de renseignements fiables.
3. *L'Éducation magazine*, *loc. cit.*

et les maîtres, mais au travers d'un affrontement. Un amour déçu, oui, c'est ça, un amour déçu. On part sur les chapeaux de roue, plein de bonnes intentions. Et l'on se cogne aux élèves, on se cogne à l'administration, on se cogne aux parents. Le découragement arrive, le sentiment d'une trahison... »

Notre interlocuteur souhaiterait-il s'évader de cet univers, lui qui, la nuit, écrit des maximes (il les publiera, dit-il, quand il sera parvenu à la millième) ? « J'aimerais bien être vendeur de disques classiques, car je suis mélomane. Mais je pense que mon patron risquerait un jour d'être mécontent de moi et de me mettre à la porte. Je suis écrivain, j'ai besoin d'argent, je ne veux pas finir clochard. La sécurité de l'emploi, c'est ce qui me retient, le bifteck. Une fois, j'ai rédigé une lettre au ministre, une lettre de démission. Quelque chose m'a dissuadé de la jeter à la boîte. De toute façon, je crois que, dans ces cas-là, l'Éducation nationale est quand même assez humaine, et qu'avec un rapport de psychiatre, on vous dédouanerait de votre démission. Quand je ne suis pas arrêté, je me considère comme tout à fait apte à enseigner. Pourquoi pas ? »

Autour de nous, rien qui ressemble à l'asile traditionnel, à ses blocs de brique et à ses murs d'enceinte. L'institut Marcel-Rivière (du nom de son fondateur, ancien président de la MGEN) a plus l'allure d'un village de vacances que d'un hôpital. Des pavillons bas, groupés par trois, sont égaillés dans le parc d'un château blanc. Au centre, le restaurant, la bibliothèque, la cafétéria, les ateliers de musique et de peinture associées, les salles de dynamique de groupe et de psychodrame. Plus loin l'imprimerie, l'atelier de marionnettes. Les bâtiments médicaux proprement dits, les cellules de massage et d'hydrothérapie jouxtent l'accueil. Pas de remparts, pas de cerbères. Chaque hôte dispose d'une chambre. On s'efforce, en principe, de mélanger les profils, d'équilibrer âges et sexes. Nul uniforme ne distingue les soignants des soignés. On reconnaît les uns et les autres à la silhouette, à la raideur ou l'allant de la démarche. On sent que, pour certains, les deux cents mètres qui séparent le pavillon du restaurant sont la grande épreuve du contact avec le monde, que cet espace paisible et verdoyant, plan et découvert, grouille de résistances invisibles, de chausse-trappes imaginaires.

« Voilà vingt-cinq ans, explique le Dr Chanoit, maître céans, la MGEN a acheté ce terrain et le château pour en faire un sanatorium. Mais la tuberculose était déjà en voie de régression, alors que les maladies mentales devenaient plus fréquentes parmi les adhérents, et notamment les enseignants. La mutuelle a donc modifié ses projets, et converti son hypothèse initiale en hôpital psychiatrique aussi différent que possible des établissements asilaires[1]. » Aujourd'hui, l'Institut Marcel-Rivière héberge environ 1500 malades par an[2], et la durée de séjour, les psychotropes aidant, a considérablement chuté — l'hospitalisation, naguère, se comptait généralement en mois ; on la limite, maintenant, à quelques semaines. La politique d'investissement retenue consiste même à s'efforcer de la supprimer. La MGEN, pour répondre à la demande, a ainsi ouvert douze hôpitaux de jour, dont trois à Paris qui cumulent environ 4500 entrées par an. Une étude portant sur l'ensemble de ces structures ouvertes[3] a révélé qu'en l'espace d'une semaine, 1700 personnes s'y étaient présentées. Si l'on considère que les professeurs, plus peut-être que d'autres catégories, hésitent fort avant d'entrer dans le circuit institutionnel de la médecine psychiatrique, on mesure l'étendue des dégâts.

Les enseignants présentent-ils une pathologie spécifique ? Oui, mais les experts sont contraints, pour en dégager les traits, de se livrer à des acrobaties compliquées. En 1981, l'équipe de La Verrière a publié une passionnante enquête établissant la comparaison entre 2000 mutualistes et un échantillon analogue de malades issus du XVe secteur des Yvelines et ayant eu recours aux services de la MGEN. Il en ressort que le taux de dépression est sensiblement plus élevé chez les enseignants que chez les autres. Cet écart provient surtout du pourcentage considérable de dépressions névrotiques, lesquelles atteignent leur prévalence maximale parmi les sujets jeunes — autour de trente-cinq ans —, et célibataires. 55 % des mutualistes hospitalisés souffrent de troubles relevant de névroses, contre 36 % de malades en provenance du secteur. Le phénomène, en particulier, est fortement sensible chez les femmes enseignantes. Commentaire du Dr Chanoit : « Tous les métiers impliquent des risques, mais il est probable que les enseignants courent des risques qui leur sont propres. Si l'on consulte les statistiques sanitaires, on s'aperçoit, par exemple,

1. Entretien avec les auteurs.
2. Un peu plus de 60 % sont des enseignants (les autres malades proviennent des branches administratives de l'Éducation nationale, plus les enfants ou conjoints et des personnes du secteur).
3. « Analyse instrumentale des hôpitaux de jour de la MGEN », *Cahiers de La Verrière*, 1983.

qu'ils sont moins enclins à la schizophrénie — cette maladie de longue évolution —, mais plus à la dépression, et notamment à des dépressions réactionnelles qu'on est en droit de relier à des conditions difficiles de vie professionnelle[1]. »

Une investigation parallèle auprès de psychiatres extérieurs (indépendants ou liés aux organismes de la MGEN) confirme ces observations. Ils rencontrent majoritairement des états dépressifs de type névrotique, et sont frappés par « le caractère exceptionnel du diagnostic de mélancolie[2] ». En revanche, prédominent « les structures hystériques et/ou anxieuses ». La clientèle, mêlant volontiers les effets et les causes, attribue ses troubles à des facteurs externes, et les médecins citent « l'affectation à une classe déshéritée, les changements de programmes, le caractère infantilisant du milieu scolaire ». Bilan global : « L'enseignant présenterait un mode de dépression atypique, intellectualisé et focalisé sur un aspect stressant de sa vie (dimension sensitive), par opposition aux dépressions beaucoup plus généralisées à tous les secteurs de la vie des déprimés issus de la population générale[3]. » En termes plus profanes : la « déprime » des profs n'est pas un mythe, les psychiatres l'ont rencontrée, et elle ne ressemble guère aux autres.

Comment interpréter ces traits spécifiques ? Les médecins de La Verrière sont d'abord impressionnés par le faible pourcentage d'alcoolisme et de toxicomanie chez leurs patients de sexe mâle. Hypothèse : « L'alcoolisme et la dépression névrotique sont deux modes équivalents de réponse à une situation de stress, l'alcoolisme plutôt ' masculin ', la dépression plutôt ' féminine ' ; or, les interdits sociaux liés au statut d'enseignant feraient que les hommes enseignants, privés du mode de réponse masculin, l'alcoolisme, ne disposeraient plus que du mode de réponse féminin, la dépression[4]. » Quant au fond — nous n'en sommes ici qu'à une lecture statistique —, nos auteurs invoquent la théorie de deux confrères américains[5] qui insistent sur « l'importance d'une relation à un autre dominant ». En substance, Arieti et Bemporad notent que,

1. Entretien avec les auteurs.
2. *La Place et les Traitements des états dépressifs dans une population particulière : les enseignants*, communication de l'équipe de La Verrière à la 2e Rencontre internationale « Psychiatrie et Épidémiologie », Genève, mars 1983.
3. *Ibid.*, p. 21.
4. *Ibid.*, p. 6.
5. Arieti S., Bemporad Jr, « The psychological organization of depression », *Journal of psychiatry*, novembre 1980.

VIII. LA PATHOLOGIE DES ENSEIGNANTS

d'après une comparaison, à l'hôpital de La Verrière, entre les malades mutualistes et les malades issus du secteur

Diagnostics généraux

	SECTEUR	MUTUALISTES
Psychoses	28 %	32 %
Névroses	36 %	55 %
Alcoolisme	17 %	2 %
Autres	19 %	11 %

Tableau synoptique par sexe

MUTUALISTES				SECTEUR		
Hommes	*Femmes*	*Total*	*Diagnostics*	*Hommes*	*Femmes*	*Total*
9 %	8 %	8 %	Psychose maniaco-dépressive	5 %	4 %	4 %
13 %	9 %	11 %	Schizophrénie	7 %	6 %	6 %
5 %	5 %	5 %	Délire chronique	3 %	4 %	3 %
9 %	7 %	8 %	Psychose délirante aiguë	5 %	4 %	4 %
0,3 %	–	0,1 %	Psychose alcoolique	10 %	0,5 %	4 %
19 %	23 %	21 %	Névroses	12 %	18 %	16 %
4 %	1 %	2 %	Alcoolisme névrotique	13 %	4 %	8 %
30 %	36 %	34 %	Dépression névrotique	20 %	32 %	27 %
11,7 %	10,9 %	12,5 %	Autres	25 %	28 %	28 %

dans notre culture, les femmes « se valorisent à travers l'éloge venant d'autrui plutôt que d'un effort indépendant », entraînées qu'elles sont sous la pression sociale à « supprimer leur potentiel de dérivation de sens autonome ». Reste, poursuivent les deux chercheurs, que ce comportement n'est pas exclusivement féminin. Une variante, en particulier, s'observe fréquemment chez les hommes, selon laquelle « la relation nécessaire ne renvoie pas à un autre être humain mais à une organisation ou une institution ». Les psychiatres confrontés à la clientèle enseignante se demandent si ce n'est pas là une attitude distinctive de cette population. Le besoin d'être valorisé par le système, d'être approuvé, se heurterait à la rigueur des temps. En découlerait « la frustration d'une série d'espérances de type névrotique ou idéalisées ». Considérant enfin qu' « un psychotique a bien moins de possibilités d'accéder à l'enseignement qu'un névrotique », ils estiment qu'un « mécanisme d'élimination par pré-sélection » renforce encore la tendance.

Le risque est-il également réparti entre les disciplines ? Quiconque a mis les pieds dans diverses salles des professeurs sent bien que les seuils de résistance, selon les spécialités, ne sont pas les mêmes. « La déprime ? Connais pas !, certifie — en haussant les épaules — Daniel Paravisini dans son atelier de mécanique auto au LEP Mistral de Marseille. Vous savez, nous, on s'arrange pour ne pas être menacés. Si des profs en souffrent, c'est peut-être parce qu'ils ont mal compris leur mission, ou qu'ils n'étaient pas taillés pour cette mission. » Tranquille assurance. A deux pas de lui, sa collègue Elisabeth de Saporta, qui enseigne les lettres, cite sa propre expérience pour le contredire : « La majorité des enseignants qui s'arrêtent s'y résolvent quand ils sont au bout du rouleau. Cela m'est arrivé l'an dernier. Je n'en pouvais plus, littéralement. C'était somatisé — j'avais des bronchites successives —, mais cela venait d'ailleurs, d'un mal vivre, d'une difficulté d'être. J'ai pris quinze jours de congé, sinon... c'était..., c'était impensable. Je me serais effondrée. »

L'inspecteur Rancurel, pour les besoins de son rapport, a étudié les indices de morbidité par discipline enseignée, d'après les candidatures à la réadaptation [1]. Les contrastes sont très accusés.

1. L'étude vaut pour l'ensemble des maladies (mais comme la part des affections mentales est dominante, les tendances qui se dégagent s'appliquent sans équivoque à ce domaine). Marc Rancurel prend soin de souligner que la demande de réadaptation n'est pas l'indice certain d'un taux de morbidité, qu'il y entre une part de subjectivité et d'attitudes culturelles.

En gros, les « techniciens » sont, et de loin, les plus à l'abri. Les « scientifiques » représentent moins du tiers des populations concernées et se situent en dessous de la moyenne ; parmi eux, les mathématiciens sont les plus vulnérables. Et ce sont les littéraires qui se révèlent les plus fragiles, surtout les philosophes et les linguistes (à l'exception des germanistes). Le commentaire du rapporteur ne manque pas de sagacité. Citant le Dr Chanoit pour qui « la matière enseignée touche au plus près à l'objet du désir », il tente une explication : « Ce qui est plus construit, plus structuré, plus objectif exige peut-être beaucoup d'efforts, de la conviction, mais moins d'engagement, prête moins à l'adhésion ou à la contestation, donne lieu à une évaluation apparemment plus sûre des succès ou des échecs. Il y a des zones de sécurité et d'insécurité parmi les matières enseignées. Mais peut-être les entraînements pédagogiques devraient-ils être tout à fait différents et adaptés à la nature des parcours[1]... »

Tous les mardis après-midi, à La Verrière, une séance de « classe-thérapie » réunit autour d'un thème — annoncé dans les pavillons — ceux des malades qui désirent s'informer ou s'exprimer. Ce mardi-là est froid et venteux. A l'affiche : la condition enseignante et les maladies mentales. Une vingtaine de personnes s'assemblent peu à peu dans la salle de réunion. Les femmes sont en majorité. Démarches saccadées, gestes lents, somnolence de certains sous l'empire des médicaments. Le débat est animé par le Dr Garrabé, directeur adjoint de l'Institut. Vite, très vite, deux idées forces, deux leitmotive s'imposent comme pivot de la conversation : un métier encombrant, engloutissant, et un métier culpabilisant, qui induit la faute, l'échec. Une jeune femme d'une trentaine d'années, le visage fin (la seule qui sourie d'un vrai sourire et non d'une crispation amère), le dit carrément : « Je pense que ma profession m'a amenée ici. Je ne parvenais plus à faire la coupure entre la classe et la vie familiale, à trouver des dérivatifs, à oublier l'école... » Les autres, à l'image des psychiatres, sont plus réservés sur l'engrenage des effets et des causes. Mais quand ils parlent de leur travail, c'est sur la même longueur d'onde, et avec une passion obsédante.

Une enseignante d'environ quarante ans, la voix nouée, se lance tout à coup : « On a subi tellement de réformes, de changements de méthodes, que beaucoup arrivent à leurs cours traqués, avec la

1 *Op. cit.*, p. 80.

peur. Nous avons perdu l'assurance de notre pédagogie ; nous savons quels dangers contient telle pratique, mais nous ne savons pas ce qu'il faut faire. Je suis parvenue au point de rupture parce que je ne sais plus ce qu'il faut faire avec les enfants. J'appréhende de reprendre parce que... parce que si c'était une entreprise, eh bien elle serait fichue, vraiment condamnée. J'ai tout essayé, moi, au point de vue relationnel, émotionnel. Je m'entends bien avec les gosses. On se décarcasse, et puis on arrive en fin d'année, et il y a là six ou sept enfants (elle pleure) qui vont redoubler, qui ne remonteront pas leur retard. Alors (elle se ressaisit), je sais bien qu'il ne faut pas prendre sur soi tout le poids de l'institution, mais c'est trop lourd ! »

Le Dr Garrabé s'interpose : « Moi aussi, je connais des échecs ; il y a des malades que je ne réussis pas à guérir. Et pourtant, mon sentiment de culpabilité n'atteint pas cette vivacité pathologique. » Une patiente, professeur de collège dit-elle, lui objecte aussitôt : « Nous, docteur, nous avons affaire à des enfants. Est-ce qu'on a le droit d'échouer avec des enfants ? Si cela marche, c'est parce que les élèves sont bons. Et, en cas d'échec, ce sont les enseignants qui sont de mauvais enseignants. »

Un homme, au fond, réclame la parole depuis quelque temps. Barbu, la quarantaine, il s'exprime de manière assez affectée, précieuse même, et se frotte les mains au rythme de son discours — il se déclare agrégé de lettres : « Le facteur professionnel intervient dans la maladie en ce sens que nous sommes, dans notre métier, par notre métier, aliénés à des degrés divers. Nous sommes aliénés par un programme, enfermés dans un ghetto de techniques, de dissertations, de commentaires qui nous isolent des élèves. Nous sommes aliénés par l'administration qui nous juge, par les parents qui attendent de nous l'impossible. Ces éléments stressants réunis ont provoqué chez moi, dans un premier temps, un ulcère au duodénum, pas très grave mais douloureux. Ensuite, j'ai glissé dans ce qu'il est convenu d'appeler une 'déprime', bref quelque chose de psy. Mes liens avec l'extérieur se rompaient petit à petit. Je n'étais plus capable, physiquement et psychologiquement, de poursuivre mon activité. Au bout du compte, j'ai découvert une figure de l'aliénation moins évidente que les autres : nous sommes aliénés parce que nous avons besoin de créer, et pas simplement de digérer un faux savoir acquis à la Faculté. Un besoin d'écrire, de peindre, de jouer de la musique, qui n'est pas satisfait. Cette soupape nous manque. En fait, avant d'être malades mentalement, nous sommes déjà des aliénés, au sens vrai de ce terme[1]. »

Difficile de n'être pas impressionné par la cohérence d'un tel langage. Difficile aussi de ne point souligner que ces propos, tenus dans un établissement psychiatrique à l'occasion d'une thérapie, auraient pu l'être dans n'importe quelle salle des professeurs. « Nous nous apercevons, confie le Dr Garrabé à la sortie, que les problèmes des enseignants que nous traitons ne sont pas tellement différents de ceux des enseignants que nous ne traitons pas. » Une pause, puis : « Au total, c'est réconfortant pour nous[2]... » Ce dernier sentiment risque de n'être pas accueilli avec autant d'optimisme à l'extérieur. Il traduit, en fait, la « banalité » de la maladie mentale. Celle-ci, le plus souvent, n'est qu'un épisode relativement bref dans la carrière des maîtres, même si la gravité de leurs maux a nécessité une mise à l'écart. Parmi les malades de moins de quarante ans, 70 à 80 % n'ont pas bénéficié de longs congés avant leur hospitalisation. Et, après, 69 % ne sont jamais revenus à La Verrière (13 % y effectuent au moins trois séjours). Les études sur le devenir des hospitalisés[3] seraient donc plutôt rassurantes, sauf sur un point : parmi les décès qui frappent cette population, le taux de suicides est très anormalement élevé — 5 % (principalement chez les 25-35 ans) contre une moyenne nationale de 0,05 %. Deux grilles de lecture sont possibles : pour dédramatiser la maladie mentale, et c'est nécessaire, on observera que les deux tiers des sujets sérieusement atteints « guérissent », c'est-à-dire reprennent un cursus normal ; reste que la diffusion et le contenu de ces troubles sont lourds de signification quant aux angoisses et aux fragilités du milieu.

Pour s'en convaincre, il suffit de franchir les trois cents mètres qui séparent l'Institut Marcel-Rivière de l'école nationale — dite « école bleue » — où des « stagiaires » en cours ou en fin de traitement réapprennent, aux côtés d'un collègue, à soutenir le regard des élèves. Ils sont entre 40 et 70 qui, chaque année, passent ainsi cinq ou six semaines en « doubles commandes » avant de rejoindre leur poste d'origine (les trois quarts sont effectivement réintégrés). « L'expérience est unique en son genre », précise

1. Séance enregistrée le 24 janvier 1984.
2. Entretien avec les auteurs.
3. *Que deviennent les malades mentaux hospitalisés ? Analyse du devenir de 2000 malades mutualistes hospitalisés au C.H. de La Verrière entre 1960 et 1971*, recherche collective sous la direction du Dr Chanoit.

Lucien Brunelle, l'inspecteur chargé de la suivre, et qui souhaiterait qu'elle soit étendue. Elle se déroule dans des classes du primaire et du premier cycle du second degré, devant un public scolaire qui n'est pas de tout repos (les enfants sont plutôt d'extraction sociale modeste, 40 % d'entre eux comptent deux ans de retard à l'entrée en sixième). L'intérêt de la visite ne provient pas seulement de l'examen des vertus thérapeutiques du lieu. On découvre là, face à face ou plus exactement côte à côte, des maîtres « malades » et des maîtres « normaux ». Et il est intéressant d'écouter ce que les seconds disent des peurs des premiers.

Un des conseillers, pilier de l'expérience depuis une décennie, sait mieux que quiconque de quoi il parle : il a lui-même, jadis, séjourné à l'Institut Marcel-Rivière. Il s'en est sorti, mais ne s'en est pas éloigné : « Je crois que les stagiaires m'empêchent d'y retourner parce que je perçois ce qui les bloque, et qui nous menace tous. C'est une sorte de perfectionnisme, de crainte panique de ne pas être à la hauteur. Ils déploient des efforts quelquefois atroces, démesurés, se crèvent à préparer leur leçon jusqu'à minuit, et la ratent parce qu'ils n'ont pas dormi, parce que, de toute manière, le résultat sera inférieur à leur attente. Plus ils investissent, plus ils sont en échec. Ils se rendent compte qu'ils perdent le pouvoir dans leur classe, ils ne se sentent plus crédibles devant les élèves. Ils ne supportent pas cette réalité, ne parviennent pas à se situer, à s'évaluer par rapport à elle. C'est, au fond, le problème de chaque prof. »

Yvette Vignel, animatrice pédagogique de l'établissement, partage le jugement de son collègue. Les stagiaires, à son sens, expriment de manière aiguë l'immaturité structurelle de la condition enseignante : « Ils ne sont pas socialement adultes, et se comportent comme de grands enfants. Plus que de pédagogie, ils ont besoin d'écoute. Les professeurs sont des gens qui sortent du lycée pour entrer à l'université ou à l'école normale, puis qui en sortent pour revenir au lycée ou au collège. Ils sont des élèves toute leur vie, ils reçoivent des notes, des appréciations, ils se croient fautifs s'ils achoppent sur un obstacle. J'ai vu des stagiaires, en classe, lever le doigt lorsque le maître posait une question, et répondre avant les enfants. »

Les conseillers ne s'identifient certes pas à leurs stagiaires, ce serait trop simple, et démagogique aussi. Jean-Claude Page, PEGC de mathématiques et de physique, met douloureusement les points sur les i : « Au contact de ces collègues, quand on observe leurs réactions devant les élèves, on se dit que nous sommes tous des stagiaires en puissance, des malades mentaux en puissance, que nous sommes tous susceptibles de connaître la dépression nerveuse. Mais il est un souvenir qui nous reste sur le cœur, et qui échappe à notre compréhension. Voilà quelques années, nous avons accueilli une malade particulièrement attachante. Bien que je ne sois pas psychiatre, elle m'est vite apparue comme le type même de l'enseignant qui traverse une mauvaise passe mais ne va pas tarder à reprendre le dessus et à regagner son poste. Il est assez fréquent que des stagiaires découvrent ici qu'ils ne sont décidément pas aptes — psychologiquement du moins — à demeurer profs : quand nous contribuons à une reconversion librement assumée, nous le vivons comme une victoire. Mais, s'agissant de cette collègue, la question ne se posait pas. Vers la fin de son traitement, elle avait en cours une attitude parfaitement normale. Je me rappelle le dernier jour, celui de son départ. Elle était parmi nous, en salle des professeurs. Elle nous a dit au revoir. Un peu plus tard, elle s'est rendue à la gare et s'est jetée sous le train... »

Il entre toujours, dans la maladie mentale, une composante singulière[1], irréductible aux tropismes du groupe et aux lois du milieu. La réserve des médecins, sur ce terrain, est très légitime : il serait caricatural et imprudent de dépeindre les troubles qu'ils ont à soigner comme la copie accentuée, ou le prolongement jusqu'à l'aigu, d'attitudes spécifiques du corps enseignant. Reste que ce n'est pas un hasard si, après le déclin de la tuberculose, la MGEN a investi prioritairement dans cette direction. Et ce n'est pas un hasard non plus si les profs, population dont la santé physique est amplement supérieure à la moyenne, révèlent une fragilité en ce domaine, et plus exactement dans un champ précis — la dépression névrotique. Chaque patient a ses problèmes et mérite une attention particulière. Pour autant, l'étude épidémiologique du groupe est éloquente.

Marc Rancurel, qui n'est pas tenu aux précautions épistémologiques des psychiatres, lâche le mot : il parle, lui, de « maladie professionnelle[2] ». Non pas au sens où les maîtres d'école seraient, par origine ou par destination, voués au cabanon. Mais, non sans

1. Quoique, sur le grand nombre, les chiffres parlent : les psychiatres observent ainsi que le risque suicidaire croît quand les troubles diminuent, quand le malade se dégage des médicaments et recouvre une plus forte autonomie.

2. *Op. cit.*, p. 101.

courage, il met le doigt sur les plaies. Et principalement sur deux d'entre elles. Première observation : « La fréquence des affections mentales chez les jeunes et chez les très jeunes (moins de trente ans), si elle est confirmée, est alarmante ; elle oblige à s'interroger sur le recrutement, la formation, les attitudes des nouvelles générations d'enseignants devant le métier, leur aptitude à continuer d'assumer une mission que l'évolution des temps rend difficile même aux plus expérimentés. » L'auteur du rapport se fonde ici sur une donnée fournie par le Dr Chanoit, et selon laquelle les troubles névrotiques sont deux fois plus abondants chez les enseignants que dans d'autres professions en début de carrière.

Seconde observation, plus incisive encore : « Tout maître exerce un métier de la communication dans lequel la relation au groupe tient une place considérable, presque 'anormale' ; dans la plupart des activités, les problèmes relationnels et émotionnels sont en position seconde par rapport à l'accomplissement de la tâche, dont ils colorent positivement et négativement la progression. Pour le maître, la relation est un élément central, à la limite une condition nécessaire de l'activité principale, qui est d'enseigner. Que quelque chose se détraque, il n'enseigne pas moins, il n'enseigne plus rien. » Impossible de démêler, conclut l'inspecteur Rancurel, ce qui dans la pathologie mentale procède de causes externes ou internes. Mais une chose est certaine : « Que l'étiologie soit endogène, exogène ou mixte, semblables sont les répercussions professionnelles. »

Notre long détour par La Verrière ne nous a donc pas éloignés du vécu de la corporation enseignante. Au contraire, il aide à « boucler la boucle ». Nous avons vu les maîtres embarqués par la logique de leurs études vers un destin, une « vocation » qu'ils ont subis ou découverts en cours de route. Nous les avons vus contraints, une fois lancés dans le circuit, d'improviser un numéro auquel rien ne les préparait devant un public médusé ou rétif. Nous les avons vus condamnés à réussir quand bien même l'échec est la norme clandestine de l'institution. Nous les avons vus solitaires alors qu'un formidable cocon les préserve des vicissitudes du monde. Nous les avons vus jugés alors qu'ils n'encourent que des sanctions symboliques. Nous les avons vus désinvestis ou surinvestis, fort en peine d'évaluer les limites de leur devoir, malgré la profusion des règlements et des textes. Ceux qui « craquent » n'expriment-ils pas tant d'insoutenable non-dit ?

Le plus frappant, au cours de cet éprouvant voyage, est sans doute la spirale perverse qui s'établit entre le risque et la sécurité. Aux États-Unis, où les recrutements et les carrières ne relèvent pas de la Fonction publique, le *turn over* est considérable dans les premières années d'exercice — de l'ordre de 10 %, tant et si bien qu'un enseignant sur deux quitte la profession dans la décennie qui suit son entrée. En France, tout le monde reste à bord. Un avantage, un privilège ? *A priori*, oui : on est « tranquille » pour la vie. N'empêche que cette extrême sécurité coïncide avec l'extrême péril de séjourner à La Verrière (autre havre, sécurité de remplacement, ou de substitution). 61 % des maîtres (68 % en lettres) souhaiteraient exercer périodiquement une autre activité [1] — mais le cadre qui les enserre, et qui les rassure tant, interdit cette mobilité. La contradiction, portée à son degré pathologique, est passablement effrayante.

Deux chercheurs australiens [2] ont mené une longue enquête auprès des enseignants de la ville d'Adélaïde. Il en résulte, souligne Marc Rancurel, « que la conversion du stress en maladie dépendrait pour une large part du fait que les maîtres se sentent soumis à des règles extérieures, anonymes, inflexibles ; en revanche, lorsque les règles sont malléables, l'autonomie plus grande, il n'y a pas corrélation entre le stress et la maladie... ». Ce point est capital. Osons l'hypothèse : ce qui est facteur de risque, pour les enseignants, n'est-il pas précisément ce qui les sécurise ? Les « privilèges » auxquels ils s'accrochent ne sont-ils point pathogènes plutôt que sédatifs ?

1. D'après Michèle Navarro, *op. cit.*
2. N. Hicks, *The teacher health study*, et R Totman, *The social causes of illness*, documents du BIT cités dans le rapport Rancurel.

DEUXIÈME PARTIE

LE SYSTÈME

CHAPITRE 4

La Centrale

Dans toutes les directions – Pléthore – Tutelles – Inégalités – Courts-circuits –Demandez le programme.

Une des plus grandes entreprises du monde. La plus grande peut-être, si l'on excepte l'Armée rouge. Millionnaire en employés — au dernier recensement, on approche d'un million deux cent mille agents —, l'Éducation nationale est une énorme machine que la boulimie scolaire a rendue obèse. Un actif sur vingt vit en son giron ; chaque Français, durant dix à vingt ans de sa vie, subit sa loi ; douze millions d'élèves, collégiens, lycéens, étudiants, vivent à son rythme, presque un cinquième des dépenses de l'État s'engouffre dans ce ventre insatiable. Lorsqu'on contemple le monstre, le vertige saisit. La bête impressionne, tel un cachalot échoué sur la grève. On hésite, par crainte de s'égarer, à en entreprendre le tour. Puis vient l'étonnement : cette chose démesurée qu'on imagine figée par l'enflure, elle bouge encore. Par quelle mystérieuse logique du vivant ? On ne sait trop. Et pourtant, éternellement recommencé, le miracle quotidien s'accomplit.

Chaque jour qu'épargnent les congés et la semaine des quatre jeudis (ou mercredis ?), les trois cent mille enseignants du secondaire retrouvent quatre millions d'élèves dans les cinq mille collèges, les treize cents LEP et les onze cents lycées. Les professeurs professent. Bien ou mal. Les adolescents étudient. Bien ou mal. La machine tourne, plutôt mal que bien. Mais elle tourne, mue par quelque étrange turbine interne. De l'école, ses millions d'usagers, enseignants comme enseignés, n'aperçoivent que le visible : des bâtiments grisâtres et moroses, des salles endeuillées de l'éternel tableau, des tables tatouées, ridées de graffiti, des couloirs obscurs et bruyants, des cours de récréation conçues pour la promenade en rond autour du platane centenaire.

Immuable univers de ceux qui, aux deux sens du mot, apprennent. Sous ce monde de carte postale qui nourrit l'imaginaire d'une vie, un autre, souterrain, secret et méconnu, s'ordonne : le monde de l'administration.

Les bénéficiaires du système éducatif ignorent cette organisation, qui emploie pourtant des centaines de milliers de personnes. Sur un million de salariés rétribués en 1982 par le ministère de l'Éducation, un peu plus de la moitié, soit 650 000, étaient des enseignants. Les autres, tous les autres, gèrent, entretiennent, prévoient, encadrent, dirigent, surveillent, inspectent, réparent. Pour deux profs, un non-prof — ou presque. Cependant, agrégés, certifiés ou PEGC ne tiennent pas à ausculter les rouages de la mécanique. Ils attendent, en bout de course, que l'administration fournisse des postes, des salaires, des moyens, comme si la gestion, question subsidiaire, apanage de quelques grouillots de la rue de Grenelle, devait se contenter de combler le mieux possible les désirs des uns et des autres.

A priori, les profs ont raison : administrer et enseigner sont deux fonctions antinomiques ; le pédagogue est au centre même de l'acte éducatif, en première ligne, exposé au contact direct de ceux qui sont la finalité de l'ensemble du processus. Le gestionnaire est loin à l'arrière, et son rôle se borne à assumer le soutien logistique. Le prof « traite » des enfants, l'administrateur manipule des dossiers. Le second doit être au service du premier. Cette répartition des rôles communément admise n'a qu'un inconvénient : elle méconnaît la réalité. La gestion ne constitue pas le vice caché d'un acte vertueux ; elle est son indissociable complément, elle le commande même. Dans le système éducatif plus qu'ailleurs, l'intendance ne suit pas, elle précède. Voilà pourquoi les louables ambitions de repenser la pédagogie, de modifier les relations dans la classe, de remodeler les programmes, de changer la vie scolaire, sont condamnées à être déçues si le mode de gestion, lui, ne varie pas. Dans la brochure de présentation de « l'organisation administrative du système éducatif français[1] » publiée par le ministère, la première phrase, en un raccourci saisissant, résume le propos de ce chapitre : « Héritier d'une longue tradition centralisatrice, le système éducatif français est encore très hiérarchisé. » Aveuglante lucidité ; le « encore » suppose une prise de conscience, un lent mouvement qui s'amorce, en effet, depuis quelque temps vers un

1. Service d'information, novembre 1983.

plus grand partage des responsabilités. Mais avec quelle timidité. Tel qu'il « tourne » aujourd'hui « encore », ce système souffre de deux maux congénitaux : le gigantisme et l'hypercentralisme, qui le condamnent à l'incohérence et à la gabegie. Une visite au cœur de cet appareil complexe aura tôt fait de persuader les sceptiques.

Naturellement, la photographie de l'organigramme, si elle permet de situer les différents étages de l'édifice, ne nous révèle pas grand-chose des mécanismes internes : au sommet, le ministère, divisé en grandes directions. Au niveau régional, vingt-sept académies dont la compétence est géographique. Au stade départemental, l'inspection académique. Enfin, tout en bas, le chef d'établissement, qui est le représentant de la hiérarchie administrative auprès des personnels. Parallèlement à cette structure, les corps d'inspection ont pour tâche d'observer, contrôler, évaluer, juger. Correspondent à chaque niveau administratif, en remontant : les inspecteurs départementaux (IDEN), les inspecteurs pédagogiques régionaux (IPR), les inspecteurs généraux (IG). Ce schéma, pour la clarté, simplifie ; dans la réalité, une foule de conseils, de comités, d'instances diverses interviennent. La description statique n'éclaire guère sur l'articulation entre ces étages. Pour découvrir les lieux réels de pouvoir(s), pour comprendre comment s'élaborent les décisions, la pénétration dans le maquis administratif s'avère indispensable. Le dessin doit s'animer.

Une image, banale, vient immédiatement à l'esprit de l'enquêteur : l'Éducation nationale est bâtie comme une pyramide. Peu explicite pour les familiers des lieux — où sont les momies ? —, cette représentation est fort incorrecte. Une pyramide, certes, mais dont le sommet serait aussi le centre. Inutile de feuilleter les manuels de géométrie : pareille figure n'existe pas. Dans le jargon des fonctionnaires qui peuplent le ministère, en revanche, un mot désigne cette étrange construction. On l'appelle, précisément, la « Centrale ». Jacobinisme impénitent ou bien vision carcérale ? Les deux, peut-être. Le terme, en tout cas, sert à nommer le siège social de l'entreprise. Officiellement localisés rue de Grenelle, dans le VIIe arrondissement de la capitale, les services de l'administration centrale sont implantés dans vingt-cinq édifices à Paris et en banlieue. On recensait, en 1983, 4 647 personnes sur les registres. La croissance a suivi les effectifs scolarisés. A mesure que les classes s'emplissaient, le ministère recrutait pour sa gestion, créait et développait ses services, entassait des bureaux. Le souffle de l'explosion scolaire a parallèlement dilaté l'administration, saisie

IX. ORGANIGRAMME DU FONCTIONNEMENT DE L'ÉDUCATION NATIONALE

Les hiérarchies du système éducatif

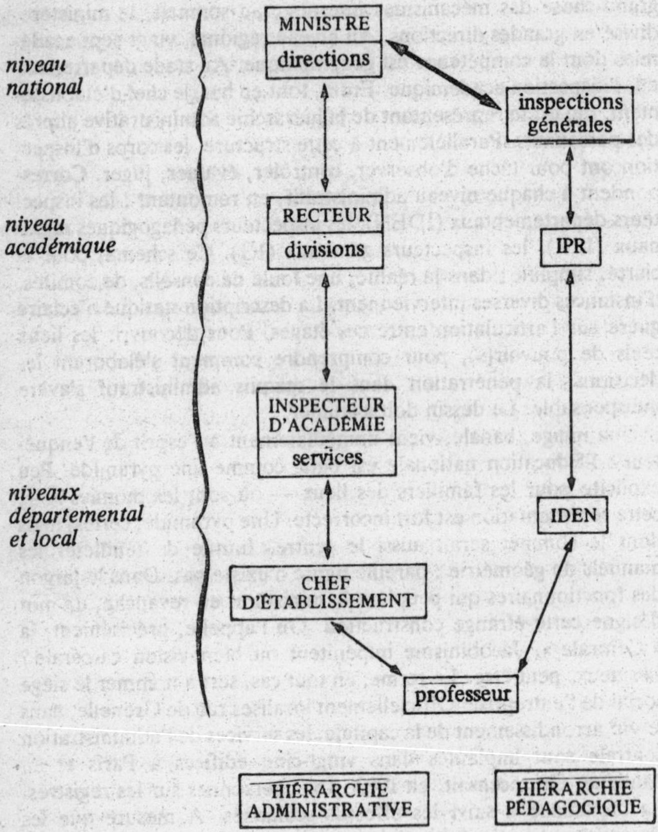

par un gonflement anarchique. En 1940, la direction du second degré ne chapeautait que 123 lycées, suivis individuellement. La direction des lycées gère, aujourd'hui, 2 500 établissements qui accueillent 130 000 enseignants et 1 500 000 élèves. La structure, elle, traverse les ans, imperturbable.

Au sommet et au centre, donc, le pilote de cette embarcation géante : chef hiérarchique de tous les services, le ministre est le représentant du gouvernement, il est responsable devant le parlement. Seul maître à bord, il dispose de tous les pouvoirs sauf un : celui d'être éternel. Lourd handicap dans un secteur où l'on mesure l'effet des décisions des années après leur promulgation : vingt-cinq ministres se sont succédé depuis la Libération — une durée moyenne, pour chacun, de dix-huit mois dans le fauteuil de la rue de Grenelle. Le temps de comprendre comment marche la maison et de préparer le discours de bienvenue pour le remplaçant. Les ministres passent, les réformes trépassent, l'administration demeure.

Par tradition historique (le ministère de l'Instruction publique date de 1828), le ministère de l'Éducation nationale — le terme est utilisé pour la première fois par Édouard Herriot en 1932 — est découpé en grandes structures étanches. Les unes, les directions pédagogiques, renvoient aux niveaux d'enseignement : direction des écoles (DE), direction des collèges (DC), direction des lycées (DL) et, depuis la disparition, en 1981, du secrétariat aux universités, direction des enseignements supérieurs (DGESR). Les autres, il y en a quatorze au total, recoupent des secteurs précis : les salariés non enseignants dépendent de la direction des personnels administratifs ouvriers et de service (DOPAOS). La direction des affaires financières a en charge le colossal magot du ministère, 141 milliards de francs en 1983, soit 16 % du budget de l'État. La direction des personnels enseignants (DPE), une place forte, gère la carrière des maîtres du second degré (à l'exception des PEGC). Les demandes d'un agrégé du lycée d'Ermont dans le Val-d'Oise qui postulera pour le lycée voisin d'Enghien, d'un certifié de Nîmes qui souhaitera retourner dans sa Bretagne natale, d'un professeur de LEP à Montceau-les-Mines, originaire du Midi, qui désire se rapprocher de la Méditerranée, aboutiront toutes dans ce service. Les quatre cents personnes qui officient à la DPE détiennent entre leurs mains le destin de centaines de milliers d'enseignants. Lourde charge, redoutable pouvoir que celui d'assouvir ou non les rêves des profs...

X. ORGANIGRAMME DE L'ADMINISTRATION CENTRALE

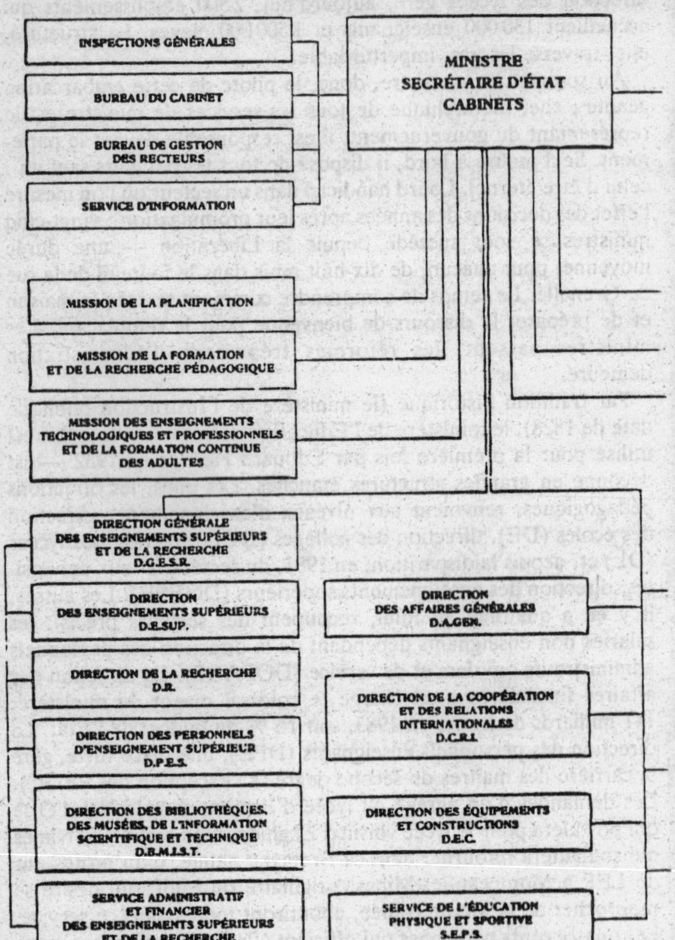

DU MINISTERE DE L'ÉDUCATION NATIONALE

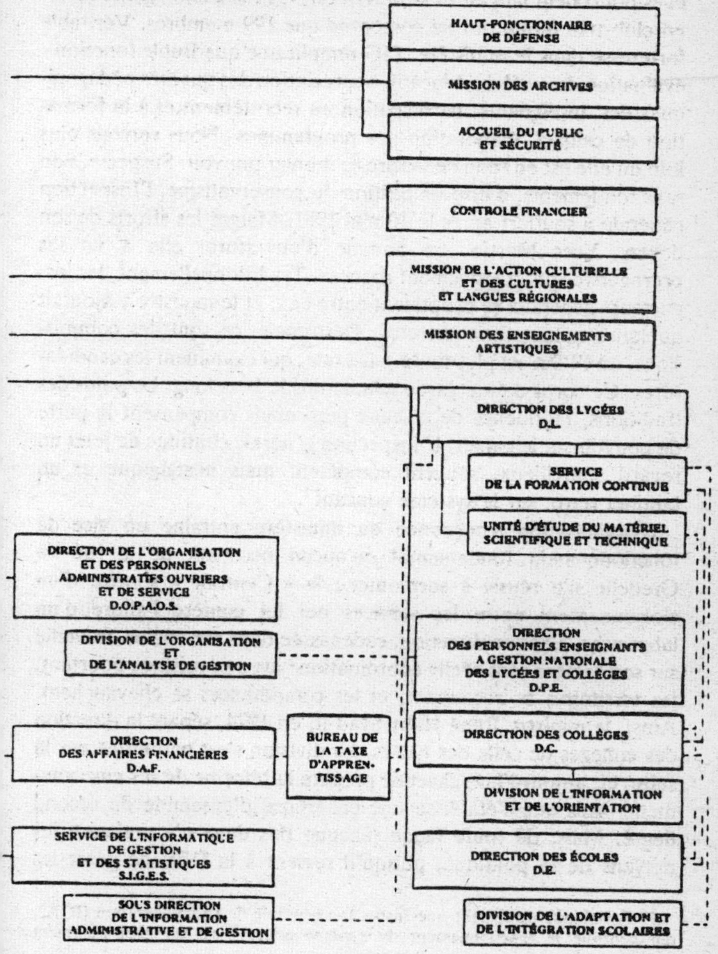

Créée par Napoléon, afin de « tenir toutes les parties de l'administration studieuse dans une activité soutenue, sans laquelle elles pourraient languir et se détériorer », l'Inspection générale est un club très fermé qui ne comprend que 199 membres. Véritable forteresse dans le ministère, l'IG remplit une quadruple fonction : évaluation du système éducatif, appréciation des qualités pédagogiques des enseignants, participation au recrutement et à la formation de ceux-ci, élaboration des programmes. Nous verrons plus loin qu'elle est en train de perdre ce dernier pouvoir. Suspecte, non sans fondements, d'être un bastion du conservatisme, l'Inspection générale a souffert après le 10 mai 1981. Malgré les efforts de son doyen, Yves Martin, un homme d'ouverture, elle a vu ses prérogatives progressivement rognées. Traditionnellement, les inspecteurs généraux se cooptaient entre eux, et le ministre y ajoutait quelques nominations directes. Désormais, ce sont des commissions, où l'IG n'est plus toute-puissante, qui examinent les candidatures. Ce corps d'élite garde néanmoins le bras long. Le poids des traditions, l'influence de réseaux personnels compensent la perte de pouvoir sur le papier. L'Inspection générale continue de jeter un regard sourcilleux, souvent compétent mais nostalgique et un tantinet rétro, sur le système éducatif[1].

L'organisation tronçonnée du ministère entraîne un vice de fonctionnement fondamental qu'aucun occupant de la rue de Grenelle n'a réussi à surmonter : la « Centrale » souffre d'un cloisonnement entre les services qui lui confère l'allure d'un labyrinthe. Chaque direction, cadenassée dans son enclos, travaille sur son secteur sans réelle coordination[2] avec sa voisine ; pourtant, les territoires se recoupent, et les compétences se chevauchent. Ainsi, le ministre René Haby avait-il, en 1974, séparé la direction des collèges de celle des lycées. La division s'est perpétuée par la suite, et, aujourd'hui, chacune prépare la réforme de ses enseignements sans que s'établisse une cohérence d'ensemble du second degré. Mais, de toute façon, aucune des deux n'a vraiment les moyens de sa politique, puisqu'il revient à la DPE de gérer les

1. Fonctionne également une Inspection générale de l'administration (IGA), qui contrôle le fonctionnement du système éducatif sur un plan purement administratif.

2. Il existait, avant 1981, une direction générale pour la coordination (DGPC). Une trouvaille : créer une direction pour coordonner le travail des autres. Elle a été supprimée à la satisfaction générale des autres directions !

personnels[1]. Celle-ci, en revanche, a le pouvoir de recruter et d'affecter des enseignants, mais elle l'exerce de manière administrative, sans lien avec les directions qui déterminent la politique éducative. Le directeur des lycées peut décider de développer l'enseignement artistique ; il dépendra de la direction des personnels que cette orientation entre dans les faits. Et encore, elle-même ne détient pas le pouvoir financier qui, en dernière instance, revient au ministre du budget. Au niveau de la Centrale, la plupart des choix mettent ainsi en branle plusieurs services, qui fonctionnent chacun selon sa propre logique. Comme, par nature, ils n'ont point la même finalité, la guérilla courtelinesque est inévitable. Ces incessants conflits de compétences exigent des négociations et des arbitrages permanents : la « réunionite » est une occupation fort prisée au ministère, mais, comme elle ne mobilise que des subalternes, elle débouche rarement sur une décision.

« La cohérence, confie un vieil habitué de la maison, c'est le cabinet qui la donne, autrement elle n'existe pas. » Les avis se sont ainsi partagés sur la compétence du *brain-trust* d'Alain Savary. A l'extérieur de la Centrale, on lui a volontiers reproché d'être trop politique, trop idéologique, de manquer d'éléments qui possèdent une connaissance interne, technique, de la machine. Mais, rue de Grenelle, un familier du sérail considérait au contraire que, à l'exception de trois ou quatre proches du ministre, les membres du cabinet se sont laissé absorber par les tâches administratives ; qu'ils n'ont pas acquis une vision d'ensemble de la politique menée. Dans les faits, chaque grande direction est suivie par un conseiller technique qui supervise son travail : toutes les circulaires qui paraissent au *Bulletin officiel de l'Éducation nationale* sont revues par un membre du cabinet, lequel, peu à peu, est amené à entrer dans la démarche gestionnaire du secteur dont il a la charge. Formidable logique d'un système où tout remonte vers le sommet : seul un groupuscule infime autour du ministre, en fin de compte, est capable de resituer les choix techniques dans une perspective cohérente.

La bonne marche du ministère dépend du penchant personnel du titulaire du portefeuille pour les problèmes de gestion. René Haby, qui se voulait avant tout pédagogue, rédigeait parfois ses circulaires dans l'avion ; elles provoquaient des turbulences à l'atterrissage.

1. Et à la direction des affaires financières (DAF) d'effectuer les choix budgétaires stratégiques.

Christian Beullac, qui venait de l'industrie, attachait une grande importance à l'organisation. Une fois par mois, pour pallier le manque de coordination interne, il rencontrait les grands directeurs, sans ordre du jour. Une manière de compenser les rigidités structurelles par le contact humain. Alain Savary a choisi de gouverner en politique, coupé des directions. Chaque ministre tente l'équilibre entre le choix politique et la gestion, mais nul n'est jamais parvenu à contrecarrer la pente naturelle de toute administration, qui est justement de la suivre, sa pente. Le malheur est que chaque direction a la sienne, et que l'inclinaison est rarement la même. Premier constat, donc : au niveau du ministère, contrairement aux apparences, l'extrême centralisation n'induit pas une concentration du pouvoir. Celui-ci est dilué entre des services concurrents, étanches comme des sous-marins, qui morcellent le processus de décision. Cet éclatement de sommet n'est pas sans conséquence, nous allons le constater, sur la marche de l'ensemble du système. Il conditionne également le comportement des hommes.

L'administration centrale est pléthorique. Des avis autorisés, émanant de l'intérieur, estiment que le sureffectif est d'un bon tiers. Une mission interne, au terme de 1983, a soumis l'ensemble des salariés de la Centrale à un questionnaire qui portait sur le contenu et l'organisation de leur travail. Cette enquête visait à rationaliser la machine dans la perspective de la décentralisation. Une première synthèse des réponses a été dressée en mars 1984[1] : les personnels estiment consacrer 45 % de leurs tâches à la communication, à l'information et aux relations avec l'extérieur ; 38 % au traitement de courrier avec les parlementaires et les usagers ; 27 % à la gestion de données ; 25 % à la réalisation d'études ; 19 % à l'élaboration de textes réglementaires[2].

A une interrogation concernant les entraves dans l'exécution des tâches, ce sont les « retards dus à des unités externes à leur propre bureau » qui sont le plus souvent cités (88 %), mais les dysfonction-

1. Direction de l'organisation et des personnels administratifs, ouvriers et de service. Division de l'organisation et d'analyse de gestion, n° 840105, 21 mars 1984.

2. Le total est supérieur à 100. Les interviewés cochent des réponses en ordre décroissant.

nements internes du bureau sont aussi mentionnés (46 %). Les promoteurs de cette douloureuse introspection se risquent à demander s'il existe des cas de double emploi. Les personnels constatent que leur travail est en doublon avec celui d'une autre direction du ministère dans 18 % des cas, avec un autre bureau de la même direction dans 17 %, avec un service extérieur dans 14 %, au sein de la même unité dans 13 %, avec les autres départements ministériels pour 10 %. « Le sondage fait ressortir peu de cas de double emploi », affirme le commentaire. Si l'on additionne tous les exemples donnés, force est de conclure en sens inverse : les fonctionnaires de la Centrale relèvent que 70 % de leurs activités sont également effectuées ailleurs !

Affirmons-le sans risque : des centaines d'employés du ministère sont utilisés à des travaux inutiles. Une autre enquête interne a été menée par le service de l'informatique de gestion et des statistiques (SIGES) sur un bureau, en vue de son automatisation. Le bureau en question, qui compte 68 personnes, s'occupe de gestion des personnels. Un des auteurs de l'enquête estime que « la productivité par agent est très faible. Ainsi, le fichier des personnes concernées est tenu au même endroit en quatre exemplaires légèrement différents. Il est presque impossible, avec une telle organisation, d'exploiter correctement l'information : par exemple, il a fallu quinze jours pour dresser la liste des attachés du ministère avec le montant de leurs primes. Si l'on informatise, le gain de travail par agent peut être de 100 % et le matériel serait amorti en deux ans ». Le rapporteur juge enfin qu'à volume de travail constant, une dizaine d'emplois peuvent être supprimés dans le bureau (soit 15 % des effectifs). Estimation prudente en regard des 100 % de gain de travail possible mais qui, extrapolée à la totalité de la Centrale, induirait la suppression de près de 700 postes. Non seulement leur disparition ne serait pas ressentie comme un manque, mais, en mettant fin à des interférences inutiles, elle améliorerait le fonctionnement de l'ensemble.

Bizarrement, l'improductivité générale s'accompagne d'une surqualification, du moins en théorie. Si on laisse de côté les personnels ouvriers et de service, plus de 40 % des fonctionnaires de la Centrale sont classés aux rangs A et B, au sommet de la hiérarchie. Les énarques pullulent : on dénombre 250 administrateurs civils, dont 130 occupent des fonctions de chef de bureau. L'énarchie massive présente au moins l'avantage, dans une organisation verticale, de permettre une circulation horizontale par le réseau des anciens camarades de promotion. Le contact personnel, les relations individuelles se substituent aux carences d'un appareil trop hermétique. Le copinage court-circuite allègrement la voie réglementaire.

A quoi servent les 307 attachés d'administration centrale, à quoi servent les 483 secrétaires administratifs d'administration centrale, les 151 chefs de groupe, les 408 adjoints administratifs ? A quoi sert la Centrale ? Elle est la tête et le cœur du système éducatif. Soit. On comprend aisément en quoi consiste la direction des personnels ou la direction des affaires financières. On peut regretter, cela ne va pas tarder, leur centralisme d'un autre siècle, mais leur attribution est claire. Et les autres ? La réponse s'impose lorsqu'on sait que la logique d'un appareil hiérarchique est de « carburer » au texte écrit. Administrer, c'est signer. Et la consommation s'affole. Une part non négligeable de l'activité des fonctionnaires de la Centrale, nous l'avons relevé, consiste à rédiger des circulaires. Puisque tout part du ministère, et que tout y revient après avoir effectué un circuit complet, le sommet édicte des règles et s'assure qu'elles sont appliquées. La même loi doit être valable partout ; il faut donc codifier, réglementer, normaliser. La Centrale vomit des montagnes de littérature, qui accouchent de souris du calibre convenu.

Par un de ces faux paradoxes dont l'administration est friande, les hommes chargés de fixer les normes qui détermineront, avec une chirurgicale précision, la vie interne des collèges, qui conditionneront les contenus et les rythmes de l'enseignement, qui fixeront les horaires de service... n'ont, pour l'immense majorité d'entre eux, jamais mis les pieds, depuis leur adolescence boutonneuse, dans un établissement scolaire. Une muraille de papier les sépare de la réalité pédagogique. La circulaire du *Bulletin officiel,* le fameux *BO,* véritable bible, pieusement conservée et fiévreusement consultée par les proviseurs, est conçue *in vitro,* par insémination artificielle d'un père anonyme qui ne mesurera guère les dégâts de sa semence. Jamais ils ne connaîtront, les malheureux fonctionnaires de la rue de Grenelle, la sanction de leur « travail », jamais ils ne pourront en apprécier l'efficacité. Et pourtant, l'administration, bonne mère que l'âge pousse à l'humour, leur verse de substantielles primes de rendement, jusqu'à 15 % des salaires, qui les accrochent à leurs bureaux de manière indéfectible.

« Un ministre, qui vient d'être nommé, arrive et déclare : ' C'en est assez de cette administration centrale. Sur les quatre mille agents, j'en mets deux mille à la porte.' Vous savez ce qu'il se passera ? Rien. Personne ne s'en apercevra : l'Éducation nationale continuera de fonctionner. » L'auteur de cette boutade est un fin connaisseur de la maison. Nous la livrons avec les recommandations d'usage, et le sentiment fondé qu'elle frappe juste. Kafka + Ubu = Courteline.

Les hauts fonctionnaires de la Centrale ignorent la réalité scolaire qu'ils régentent de fort loin. Mais ces tigres de papier sont également coupés des agents des services extérieurs : dans les 27 rectorats, dans les inspections académiques, travaillent en effet 22 000 personnes employées aux tâches de gestion. Une académie est une sorte de mini-ministère qui reproduit à son échelle les services et les directions. L'inflation numérique sévit là aussi. L'académie de Versailles, une des plus importantes de France, utilise dans ses bureaux rectoraux 550 administratifs. Le recteur est entouré de 19 conseillers techniques, 67 inspecteurs régionaux, 22 inspecteurs de l'enseignement technique. L'organigramme est presque aussi impressionnant que celui de la rue de Grenelle : il concerne, il est vrai, 700 000 élèves et plus de 50 000 enseignants. Quand le recteur souhaite réunir les 550 chefs d'établissement de son académie, il est obligé de louer une salle. Les plus gros rectorats sont devenus d'une taille aussi respectable que l'ensemble du ministère il y a vingt-cinq ans. Dans ces conditions, il est tout à fait impossible de connaître les problèmes de chaque collège, ou même, personnellement, chacun des principaux ou proviseurs.

Le recteur, choisi parmi des universitaires titulaires d'un doctorat d'État, est nommé par le président de la République, suivant décret pris en Conseil des ministres. Depuis le 10 mai 1981, 21 des 27 recteurs ont été remplacés. Pratique qui fut inaugurée sous le précédent septennat. Le patron d'une académie est donc le représentant direct du locataire de la rue de Grenelle, dont il doit faire appliquer les décisions. Le recteur dispose de larges pouvoirs d'organisation des services administratifs, d'enseignement : il est responsable de l'organisation de la carte scolaire et détermine le réseau d'unités du secondaire, leur implantation, leur secteur de recrutement. Il répartit les moyens en postes et en crédits de fonctionnement, et contrôle la gestion financière des établissements. Chef hiérarchique des personnels, il gère la carrière de certaines catégories.

Néanmoins, le pouvoir le plus important du recteur ne figure pas dans les textes : c'est une fonction d'animateur, de chef d'orchestre, d'arbitrage entre toutes les parties concernées. Il consacre beaucoup de temps aux instances de concertation qui foisonnent : comités techniques paritaires académiques, commissions administratives, commission académique de la carte scolaire. Ces dernières années, la volonté de transparence affichée en haut lieu s'est traduite par une accentuation de la concertation tous azimuts. Une circulaire ministérielle de décembre 1981 demandait aux recteurs de mettre en place des groupes académiques ou départementaux tripartites rassemblant usagers, personnels et élus. L'académie de Versailles a servi de laboratoire à cette expérience. Les syndicats de personnels, qui étaient déjà étroitement associés à la gestion des carrières par l'entremise des commissions paritaires, sont amenés à contrôler davantage l'élaboration des décisions ; ils passent ainsi du stade revendicatif à la coresponsabilité.

Cela ne va pas sans heurts et affrontements, et, souvent, le conseil académique tripartite se transforme en partie de bras de fer entre le recteur — ou son représentant — et les organisations syndicales. Ainsi, lorsqu'on aborde, comme à Versailles, l'épineuse question de la répartition des moyens entre les départements et les établissements, le secrétaire général de l'académie émet une proposition. Un porte-parole des parents d'élèves s'insurge contre la procédure : « C'est scandaleux, vous nous demandez de nous amputer nous-mêmes. » Le délégué du « pouvoir » lui répond ironiquement : « Vous avez tort de protester ; autrefois, l'administration procédait de manière expéditive. Elle disait : 'Statistiquement, les Français sont plutôt droitiers. Comme il nous faut couper quelque chose, choisissons la main gauche.' Dans une deuxième étape, elle a fait remplir un questionnaire pour savoir si les intéressés étaient gauchers ou droitiers, et elle a coupé le membre opposé. Aujourd'hui, on vous propose de choisir le membre sacrifié. Si vous vous appelez Rostropovitch, vous pouvez toujours vous couper le pied. » Cynisme administratif, invite à « gérer la pénurie » ? Les griefs ne manquent pas contre une démarche qui a, au moins, le mérite d'ôter quelque opacité à une opération par nature controversée. Le secrétaire général qui assiste le recteur est responsable des services administratifs du rectorat ; il veille à l'organisation du travail entre les différentes instances, afin d'éviter que les compétences se chevauchent. Et il a, en ce domaine, fort à faire.

L'inspecteur d'académie est, dans chaque département, le représentant du recteur, qui lui délègue une partie de ses pouvoirs, notamment pour le premier degré. En bas de l'échelle, le chef d'établissement. Issu des personnels enseignants, il est nommé par le ministre après inscription sur une liste d'aptitude. A la fois délégué de la hiérarchie et porte-parole de la communauté scolaire dont il a la charge, le chef d'établissement est souvent pris entre des exigences contradictoires. Sur le papier, ses compétences sont étendues : il gère le budget, exerce son autorité sur les personnels, organise le fonctionnement pédagogique en fixant le service de chaque enseignant. En pratique, chacune de ces fonctions, étroitement codifiée, l'enserre dans un corset de réglementation qui ne lui accorde que peu d'initiative. En principe, la tutelle qu'exerce l'autorité devrait être un contrôle *a posteriori*. « La tutelle ainsi conçue est une fiction juridique, estime le proviseur du lycée Paul-Valéry, Robert Brechon. La réalité vécue est tout autre. Les mœurs sont plus fortes que les lois [1]. » Les mœurs confondent, dans le fonctionnement quotidien du système éducatif, pouvoir de tutelle et pouvoir hiérarchique. Chaque instance, à chaque niveau, ordonne, contrôle. « Vécue au fil des jours par ceux qui la subissent, la tutelle académique est tatillonne, aveugle, irresponsable », accuse Robert Brechon qui, d'un trait, résume le ballet incohérent des instances auxquelles il a affaire : « Les services administratifs sont devenus si lourds, complexes et tentaculaires que l'autorité, celle justement qui exerce la tutelle, est indéfiniment démultipliée et diluée. »

Le chef d'établissement subit la pression cumulée de tous les pouvoirs qui s'amoncellent au-dessus de sa tête. Luc Soubré, auteur d'un rapport sur la décentralisation des institutions scolaires, qui a été remis en 1982 au ministre de l'Éducation et, depuis, oublié sur quelque étagère, écrit : « L'évolution négative des institutions scolaires et des pratiques qui en découlent ont rendu les collèges et les lycées, en dépit de leur statut d'établissement public national à caractère administratif, étroitement dépendants de la tutelle administrative. Plus exactement, les établissements voient les différents champs de leurs activités régis par des tutelles

1. Administration et Éducation, bulletin de l'Association française des adminis trateurs de l'éducation, 1982, n° 3.

différentes qui ne cessent d'interférer : tutelle administrative des inspections académiques et rectorats, tutelle pédagogique des inspections[1]. » La loi avait ainsi octroyé au conseil d'établissement (5 membres de l'administration, 5 représentants des enseignants, 5 représentants des parents d'élèves, 5 personnalités locales, 2 à 5 élèves) la tâche de voter le budget, d'élaborer le règlement intérieur, de donner son avis sur le fonctionnement pédagogique. Organisme purement consultatif, le conseil d'établissement s'est vidé de sa substance. Puisque le rapport Soubré n'a pas eu la diffusion qu'il méritait, citons-le encore sur ce point : « Les compétences dévolues aux conseils d'établissement ont été réduites au point que leur marge d'initiative réelle et leur possibilité d'opérer des choix responsables sont perçues par les différents partenaires comme pratiquement nulles. Les participants à ces instances, quand ils ne succombent pas à l'absentéisme, ont fini par opter pour le mutisme ou des prises de position empreintes d'irréalisme, ce dont les auteurs sont, dans la plupart des cas, pleinement conscients. » Pour qui a assisté en spectateur à ces réunions, la description est rigoureuse : surenchère syndicale, manipulation politique assez grossière, impuissance congénitale (« J'en référerai aux autorités » est le leitmotiv du chef d'établissement), bref un *happening* assez navrant.

Le parcours du proviseur est fléché comme un jeu de piste ; il ne saurait évoluer que dans l'étroite frange laissée par les oukases administratifs. L'autonomie pédagogique — bâtir avec les professeurs un projet éducatif qui réponde aux besoins de la clientèle —, qu'en reste-t-il face aux obligations de service des enseignants ? Un véritable carcan, forgé nationalement, ôte toute souplesse aux emplois du temps, à l'organisation des cours. Plus contraignant encore : un principal de collège est bien obligé de s'accommoder des professeurs qui lui sont envoyés. Les uns, les PEGC, sont affectés par le rectorat ; les autres, les certifiés et agrégés (et, courant 1984, les adjoints d'enseignement) sont dispatchés par la Centrale. Cette dualité de décision entraîne une totale absence de perspective cohérente au sommet. Quant au chef d'établissement, il ne peut qu'entériner : tant pis si le profil de l'enseignant ne « colle » pas avec celui du collège. On a vu ainsi une administration rectorale, chargée de mettre en place la rénovation des collèges,

1. Luc Soubré, *Décentralisation et Démocratisation des institutions scolaires*, Service d'information du ministère, 1982.

muter dans des établissements où devait être appliquée la « réforme » Legrand des personnels qui s'y déclaraient violemment hostiles, tandis qu'elle nommait dans des collèges non concernés des professeurs volontaires pour l'expérimentation.

Pas plus que pour l'organisation des enseignements, l'établissement n'est maître de ses finances. Dans un rapport datant de 1965, la Cour des comptes constatait que, pour l'enseignement du second degré, « le régime d'autonomie financière traduit en réalité une simple modalité d'exécution du budget de l'État ». Auscultant les textes, un conseiller d'État, Jacques Théry, observe que l'autonomie budgétaire est incompatible avec les principes de la démocratie représentative. Le gouvernement est en effet responsable devant le parlement de l'utilisation du moindre centime. « Comment un ministre pourrait-il répondre, interroge ce juriste, de ce qui lui échapperait totalement ? Comment admettre que des secteurs entiers de l'administration soient soustraits au contrôle du parlement[1] ? » Pas question de distribuer des fonds publics sans en connaître la répartition et la destination dans le détail. Le budget de fonctionnement moyen d'un établissement s'élève à deux ou trois millions de francs annuels. Si l'on multiplie par le nombre de collèges et de lycées, ce sont plusieurs dizaines de milliards qui s'évaderaient ainsi chaque année. Juridique constat : tant que les établissements émargeront au budget de l'État, leur autonomie financière sera une fiction.

L'observation de terrain ne dément pas la lecture des textes. L'unique liberté accordée au chef d'établissement est celle de choisir la couleur du crayon avec lequel il affectera les sommes reçues à des postes incontournables. Les dépenses obligatoires (chauffage) dévorent les crédits avant qu'ils ne soient arrivés. Le budget global n'est que la somme des moyens répartis administrativement selon la logique des services rectoraux ou centraux. « Dans le domaine financier, affirme M. Brechon, proviseur à Paul-Valéry, la tutelle, au lieu de s'alléger, s'est appesantie depuis dix ans, malgré le discours officiel sur l'autonomie. On ne prend même plus la peine de nous demander nos besoins. L'autorité de tutelle les détermine elle-même, à partir de données, et fixe unilatéralement le montant de la subvention. » Même si l'administration joue la transparence de ses critères, l'établissement est contraint d'adapter

1. Jacques Théry, « L'établissement public », *Administration et Éducation*, 1982.

ses projets éducatifs aux moyens dont il dispose. Une inversion des priorités, génératrice de paralysie ; la contradiction entre un discours « autonomiste » et une machine normalisatrice est d'abord criante en matière de finances. Observation pratique : tant que les établissements ne disposeront pas de ressources propres, ils seront condamnés à l'immobilisme. L'autonomie financière commande les autres.

Le ministère du Budget verse à l'administration centrale du ministère de l'Éducation les crédits qui sont répercutés sur les rectorats, qui, eux-mêmes, les distribuent aux établissements. Logique rançon de la centralisation, on attend d'un système aussi ordonné quelque justice dans la répartition. Que la machine, au moins, serve l'équité. Naturellement, il n'en est rien. Tous les responsables, de bas en haut de la hiérarchie, le savent pertinemment : il règne une incroyable inégalité dans la répartition des moyens, tant financiers qu'humains. Amère pilule pour les jacobins impénitents qui plaident en faveur d'un service national générateur d'égalité. Guy Bourgeois, actuel secrétaire général de l'académie de Versailles : « Nous savons tous qu'il y a des établissements riches et des établissements pauvres, mais nous ne savons pas le plus souvent lesquels sont riches et lesquels sont pauvres[1]. »

Après la lecture des pages précédentes, le lecteur ne s'étonnera pas de cet étonnant aveu. Le pilotage sans visibilité imposé par la centralisation de la gestion entraîne cette conséquence fatale que personne ne saurait, à distance, interpréter les bilans ni comprendre les besoins. « Quand un compte financier, poursuit Guy Bourgeois, fait apparaître une forte consommation de produits énergétiques, faut-il réduire la subvention pour cause de gaspillage ou l'augmenter pour tenir compte de l'existence d'une installation si défectueuse qu'elle consomme toutes les ressources de l'établissement ? » Trop loin des réalités, l'administratif, de son bureau, gère à l'aveuglette ; deux établissements, avec le même nombre d'élèves, recevront la même dotation. L'un, moderne, conçu à l'âge des économies d'énergie, sera riche ; l'autre verra ses ressources partir en fumée. Le critère pertinent pour la répartition reste l'effectif des élèves. Et chacun, devant l'injustice flagrante, gonfle ses chiffres avec l'espoir de gratter un peu plus : « Dans les périodes de répartition des moyens, explique le secrétaire général du rectorat de Versailles, les prévisions les plus farfelues peuvent

1. *Administration et Éducation, op. cit.*

circuler. Il y a toujours de bons arguments techniques — immeubles en cours de livraison dans le voisinage, augmentation des taux de redoublement, impossibilité de maîtriser les doubles inscriptions —, mais, face à un chef d'établissement qui annonce une forte hausse d'effectifs, nul ne peut savoir s'il est de bonne foi dans l'annonce de cette hausse... » Conséquence : « La réaction du système rectoral est donc de nier en bloc les hausses qui dérogent aux prévisions statistiques, faute de pouvoir les situer, et d'attendre, pour les situer, l'explosion. »

Normative, injuste, à courte vue, ignorante, la gestion bureaucratique se montre également incapable de s'autocorriger : l'inégalité engendre l'inégalité et se perpétue. D'une année sur l'autre, les crédits sont reconduits sans grandes modifications. Pourquoi changerait-on, alors que l'information provient de rapports écrits dont on se méfie ? Et vogue la galère ! Dans certaines académies, on commence à s'inquiéter d'une situation aussi inique. A Grenoble, on s'efforce de définir de nouveaux critères d'attribution des crédits, plus rationnels et plus justes. Le ministère lui-même tente d'installer la transparence au poste de commandement. Les usagers de l'école, professeurs et parents, sont en droit d'attendre de la norme jacobine qu'elle permette l'égalité.

La publication par les services compétents de la répartition actuelle des crédits et des personnels serait explosive. Pourquoi le taux d'agrégés varie-t-il du simple au double suivant les départements ? Pourquoi le taux d'auxiliariat dans les LEP des huit académies du Nord et de l'Est dépasse-t-il les 20 %, alors qu'il est en dessous de 10 % à Toulouse, Montpellier ou Poitiers ? A l'intérieur d'une même académie, les disparités entre départements sont stupéfiantes : chaque recteur pourrait citer les exemples d'endroits surencadrés à côté d'autres qui souffrent de pénurie. Le rectorat de Versailles s'est livré à une enquête-diagnostic dans les établissements de l'académie afin d'étudier la répartition des personnels ouvriers[1]. Les résultats prouvent, une fois encore, l'incapacité du système à réguler équitablement ses moyens : 192 établissements se trouvent au-dessus de la norme moyenne, 203 en dessous. 8 lycées possèdent 7 postes du bon côté de la ligne médiane, et 4 en recensent 6 de l'autre. Les différences s'expliquent ici ou là par des raisons démographiques et sociologiques, mais on constate qu'un des arguments les plus employés en faveur de la

1. Académie de Versailles, note d'information n° 5, mars 1983.

centralisation du service public, à savoir la capacité de réduire les inégalités et d'offrir aux petits Français des moyens identiques, est un leurre.

Ce qui est vrai pour les crédits ou les personnels l'est tout autant pour les constructions : « On compte, en moyenne, 2,7 lycées (publics et privés) pour 1 000 adolescents de seize ans, constate le rapport Prost, mais cet indicateur sommaire tombe à 1,5 pour l'Oise, le Pas-de-Calais ou le Loir-et-Cher, tandis qu'il dépasse 4 dans l'Ardèche, la Haute-Loire, les Hautes-Alpes et les Alpes-Maritimes[1]. » Plus concrètement encore, certains quartiers ou certaines villes sont sous-équipés. Douze communes de plus de 40 000 habitants n'ont pas de lycée public. Stains, avec ses 36 000 habitants, doit aiguiller ses enfants sur la ville voisine de Saint-Denis, qui ne dispose déjà, pour ses 100 000 habitants, que d'un seul lycée. De populations équivalentes, Avignon et La Rochelle comptent chacune trois lycées, Cannes en a quatre. La rareté engendre naturellement une sélection accrue : les places sont plus chères. Comment s'étonner, dès lors, des étonnantes disparités que présente la carte du taux de scolarisation à seize ans, dans l'enseignement long : près de 50 % en Haute-Garonne, contre 25 % dans la Haute-Saône[2] ? « Où est l'égalité des jeunes Français devant le service public d'Éducation nationale ? » interroge Antoine Prost. Force est de reconnaître que, selon le lieu d'habitation (région, département, quartier), les enfants ne jouissent pas des mêmes possibilités de formation. Le centralisme est lourd, inopérant, inefficace. Il est aussi injuste.

Le profane s'étonnera peut-être qu'une administration qui emploie des milliers d'agents chargés d'évaluer, de surveiller, de contrôler, ne réussisse pas à harmoniser un fonctionnement aussi défectueux. Car les inégalités sont connues ; les enquêtes abondent. Il n'est pas un bureau, un service, une direction qui ne lance son questionnaire. Les chefs d'établissements remplissent à longueur d'année des formulaires expédiés à l'inspection académique, qui répercute au rectorat, qui fait suivre au ministère, qui renvoie au

1. *Les Lycées et leurs études*, rapport du groupe de travail national sur les seconds cycles, présidé par Antoine Prost.
2. *Le Monde de l'Éducation*, novembre 1983.

rectorat, tandis qu'un autre service demande à son tour le même renseignement. Exagération courtelinesque? Écoutons encore M. Brechon : « On nous accable d'instructions, d'ordres et de contrordres, d'enquêtes et d'états statistiques, à remplir en deux, quatre, huit exemplaires... Il m'arrive sans cesse d'avoir à fournir des renseignements que le rectorat possède déjà mais qu'il est plus simple, pour un service, de redemander à l'établissement qu'au service voisin : le réseau de communications de l'administration centrale ou académique fonctionne en étoile, comme les routes et les chemins de fer, et un message met plusieurs jours pour parvenir d'un bureau à l'autre. »

L'abondance engendre la lassitude. Les demandes de la Centrale perdent toute signification ; les chefs d'établissement ou les responsables n'y prêtent guère attention, et répondent machinalement, « au pif ». Chacun sait, à la Centrale, que c'est souvent une secrétaire de l'établissement qui remplit les questionnaires en cochant les cases selon son inspiration. Un chef de division, dans un rectorat, reconnaît ainsi avoir répondu à une enquête complexe en extrapolant selon son intuition d'après les chiffres de l'année précédente ! Comment s'étonner des erreurs, approximations et bévues ? Elles sont inévitables. Un gestionnaire avisé pourrait rêver de distinguer les circuits d'information de ceux qui répartissent les moyens, de réunir en un seul endroit toutes les données recueillies. Ce souci de rationalisation se heurterait fatalement aux bastilles concurrentes. La dilution du pouvoir au sommet se répercute sur l'ensemble de la hiérarchie. La guerre des directions au niveau de la Centrale, la coupure entre les services, que nous avons déjà relevées, induisent la mise en place d'une multitude de circuits parallèles — qui provoquent des courts-circuits.

Chaque direction de la Centrale s'est constitué son propre réseau de correspondants ; le phénomène est si répandu que, sur l'académie de Rennes, un inspecteur s'est spécialisé dans la chasse aux chargés de mission de la rue de Grenelle. Au niveau des rectorats, une lutte sourde oppose des clans rivaux qui jouissent d'appuis au ministère. Le recteur lui-même est souvent doublé par des canaux verticaux. Un exemple éclaire particulièrement l'impuissance d'une administration centralisée à unifier les lieux de pouvoir et de décision. Dans les rectorats, deux personnes sont chargées de la formation professionnelle. L'une, inspecteur principal de l'enseignement technique (IPET), s'occupe de la formation initiale. L'autre, le délégué à la formation continue (DAFCO), comme son

XI. TAUX DE SCOLARISATION A SEIZE ANS DANS LES SECONDES DE LYCÉE

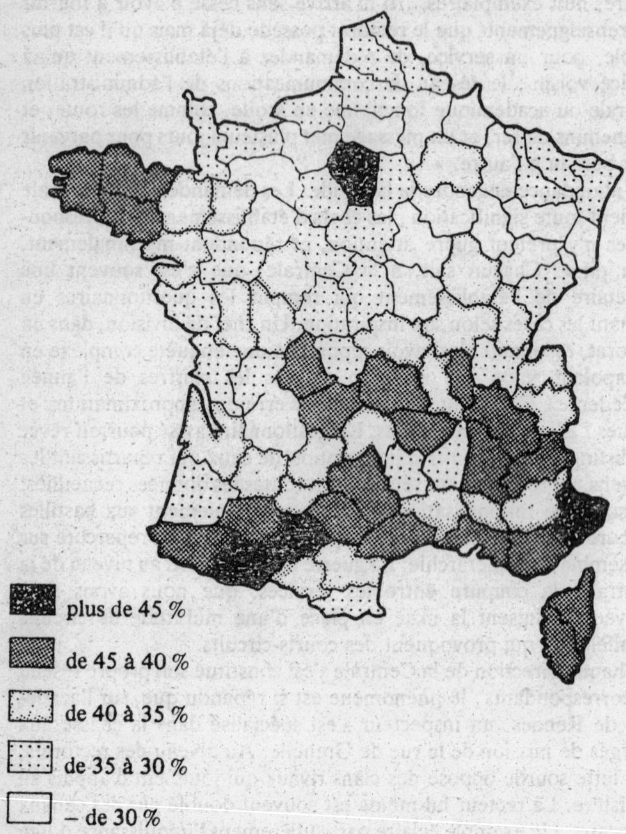

Source: *Le Monde de l'éducation*, novembre 1983.

titre l'indique, veille à l'éducation postscolaire. Comme beaucoup de jeunes sortent du système éducatif avec une qualification insuffisante, ils suivent une formation supplémentaire à travers des plans spéciaux (plans 16-18 ans). L'IPET et le DAFCO se livrent alors une guérilla institutionnelle et permanente, chacun cherchant à attirer sur son territoire les attributions et les crédits. Derrière le Blitzkrieg de bureaux se profile la lutte d'influence de deux réseaux rivaux qui se détestent : la neutralisation mutuelle de ces deux lobbies paralyse toute initiative coordonnée et efficace dans un secteur pourtant crucial de la formation professionnelle. Le patron de l'académie éprouve maintes difficultés pour circonscrire l'influence des pouvoirs parallèles qui découpent son domaine.

Dans une circulaire aux recteurs (N° 81-190), Christian Beullac, ministre de l'Éducation, avait tenté de mettre un terme à ces querelles absurdes en réaffirmant que tous les fonctionnaires travaillant dans l'académie sont sous l'autorité du recteur : « S'il est indispensable que des liens fonctionnels puissent s'établir entre les fonctionnaires de l'administration centrale, les inspecteurs généraux, les personnels des services académiques, la primauté et l'unicité du pouvoir hiérarchique dont dispose le recteur pour assurer le bon fonctionnement du système éducatif dans toute sa dimension institutionnelle doivent être clairement réaffirmées[1]. » Cette circulaire, datée du 7 mai 1981, n'est jamais entrée en application. Il avait fallu deux ans de négociations prudentes à M. Beullac pour la concevoir. Deux ans pour édicter en fin de compte que le patron, dans l'académie, c'est le recteur. Un délai qui en dit long sur l'extraordinaire enchevêtrement de filières, de pouvoirs qui ligotent l'administration de l'Éducation nationale dans une nasse bureaucratique aussi solide que divisée.

Quand les pôles de décision se neutralisent, quand un pouvoir sécrète son propre contre-pouvoir, il devient assez légitime de s'interroger : qui prend les décisions, dans cette machine extravagante ? Lors d'un colloque tenu en 1979, un des participants, Jacques Minot, qui se présentait lui-même comme une créature de l'administration centrale où il a passé trente années, s'est laissé aller à ce cri du cœur : « A l'heure actuelle, comme les astrophysiciens en parlent, il y a une espèce de trou noir où le pouvoir disparaît ! On ne sait plus qui est responsable de quoi ; la machine

1. Circulaire du ministre à mesdames et messieurs les recteurs. Objet : collaborateurs du recteur, fonctionnement du rectorat.

marche sous l'effet de son propre emballement, et l'on n'a plus aucune prise sur quoi que ce soit [1]. » Le ministre, au moins, exerce-t-il son autorité ? Olivier Guichard, titulaire pendant trente-sept mois du portefeuille : « Le ministre peut faire passer un nombre limité d'idées auxquelles il tient, à condition de savoir convaincre. Pour le reste, il doit prendre bravement la responsabilité de ce que font les services. » Entre le pouvoir légal et le pouvoir réel passe la pesanteur de la machine : « Un homme politique et un million d'agents, observe M. Guichard, ce n'est pas le cheval et l'alouette, c'est le mammouth et la puce ! Surtout, cette masse multiplie de façon exponentielle le fait administratif, donc le poids du pouvoir administratif [2]. »

Confessons-le modestement : cette découverte n'est pas bouleversante de nouveauté. Depuis des décennies, une constellation de chercheurs, de sociologues, d'analystes a dénoncé la pesanteur du phénomène bureaucratique. Que l'administration la plus lourde soit celle où il est plus marqué n'a rien pour surprendre. La bureaucratie de l'Éducation nationale fait son travail de bureaucratie : elle justifie son existence en autoconsommant sa production. Elle érige en système le geste inutile, la démarche vaine, l'acte gratuit. Louis Legrand, auteur du rapport sur les collèges, en fournissait lors d'un colloque l'illustration frappante : « Je pourrais vous expliquer comment un projet de recherche doit, pour aboutir, cheminer par des voies multiples, être soumis successivement à des consultations officieuses puis officielles, puis par les voies formelles du conseil scientifique, du conseil d'administration... Si, au bout d'un an, on arrive à y voir clair, on peut déjà être assez content. Mais on n'a pas fini ! Car, à ce moment-là, il faut mettre en œuvre. Alors, tout un tas de papiers doit remonter. Bref, pour donner une demi-heure de service à Pétaouschnock, il faut au moins une dizaine de tampons, d'autorisations. C'est absolument invraisemblable [3]... »

La norme fonde le pouvoir bureaucratique. Enseignants, parents et usagers de l'école croient en une unité du service public qui, de Dunkerque à Perpignan, édicte la même loi pour tous. Nous savons que cette égalité est un mythe, mais l'administration fonctionne, elle, sur ce schéma, et veille à ce que personne ne s'écarte du

1. *Administration et Éducation*, n° 3, 1979.
2. *Ibid.*, n° 4, 1981.
3. *Administration et Éducation*, n° 3, 1979.

chemin commun. Et cette codification permanente est responsable de la prolifération de tumeurs bureaucratiques. Elle produit des tonnes de textes qui normalisent la vie scolaire. En 1972, une commission présidée par Louis Joxe diagnostiquait : « La procédure écrite est rigoureusement incapable de susciter des comportements adaptés aux situations. Les circulaires et les instructions ne peuvent pas engendrer chez les professeurs les démarches pédagogiques qu'elles préconisent : un comportement vécu est rarement façonné par un texte[1]... »

Simple remarque de bon sens. Faut-il que la machine soit folle pour nier de ces évidences. Un système empâté, englué dans sa graisse bureaucratique, ne saurait épouser la réalité du terrain parce qu'il l'ignore. Il engendre inévitablement incohérences et aberrations. M. Blanc, proviseur du LEP Frédéric-Mistral à Marseille, en conte un exemple aussi cocasse que tragique : « A la rentrée de 1982, je n'ai pas de cuisinier. Le rectorat m'envoie à la place un menuisier. Je proteste. On me répond que ce n'est pas un menuisier mais un agent de service auxiliaire. Un véritable dialogue de sourds s'instaure : je répète sur tous les tons que je n'ai pas besoin d'un menuisier mais d'un cuisinier. On me rétorque que, pour faire de la purée, il sera très bien — il suffit de mettre de l'eau dans la poudre. Je refuse d'ouvrir la cantine sans chef. Les élèves se révoltent. Le matin, je suis accueilli par des jets de pierres. Je ne trouve aucun interlocuteur au rectorat pour arranger l'affaire. On s'en tient à la règle : l'administration dresse la liste des agents de service candidats à une affectation, force est d'embaucher sur cette liste dans l'ordre, quelle que soit la qualification. Interdit, naturellement, de recourir à des prestations extérieures. Il a fallu que je monte jusqu'au ministère[2]. » Monter au ministère pour suppléer à l'absence d'un cuisinier dans un des treize cents LEP de France ! Plus qu'un symbole. « Étoffer les bureaux des rectorats, du ministère, voire des inspections académiques, c'est accroître inévitablement la masse totale de papiers brassés par le système, et donc alourdir les réglementations et les comptes rendus qui pèsent sur les établissements. C'est accroître la paralysie du système. » Ce jugement de la commission Joxe date de 1972.

1. *Op. cit.*
2. Entretien avec les auteurs.

Pour l'administration, la rentrée est un test. Est-elle réussie ? On pousse un soupir de soulagement dans les bureaux de la rue de Grenelle. Est-elle ratée ? Le titulaire du portefeuille est fraîchement accueilli au Conseil des ministres. Les parents râlent, les journaux ricanent, les syndicats publient des communiqués vengeurs. Par définition, une rentrée dure une matinée. Techniquement, c'est du grand art : elle se prépare pendant douze mois et met en branle tous les étages de l'édifice, condamnés, pour une fois, à travailler de concert sous peine de sombrer dans le ridicule. Sur le papier, le principe d'une rentrée confine à la simplicité : il s'agit de faire coïncider le mouvement des élèves avec celui des enseignants. Mais voilà, l'établissement exprime les besoins, et la Centrale fournit les moyens. Dans ce système où le moindre geste de la base exige une approbation du sommet, mettre des enseignants là où sont les élèves relève de la quadrature du cercle. Le collège ou le lycée connaît ses effectifs juste avant les grandes vacances, voire dans les premiers jours de septembre ; les profs, eux, reçoivent leur affectation à la mi-juin. Chaque année, l'administration doit donc, à coups de prévisions et de projections, accomplir ce miracle : nommer des enseignants sur des postes en ignorant si l'offre s'ajuste à la demande.

Le mouvement national des certifiés et agrégés est une gymnastique compliquée qui nécessite un grand écart constant ; le chef d'établissement, selon les prévisions d'élèves dans telle ou telle discipline, supplie le rectorat de libérer des postes. Celui-ci obtempère ou non et, dans le cas le plus favorable, accepte de dégager un prof de maths pour un lycée, un prof d'histoire pour un collège. Il appartient alors à la direction des personnels enseignants, au ministère, d'inscrire des noms sur ces emplois. Opérations longues, qui imposent un calendrier rigoureux tel un compte à rebours. Pour que la DPE puisse notifier en temps utile les affectations aux intéressés, soit vers le 15 juin, il est indispensable qu'elle ait reçu au plus tard le 15 février la liste des chaires à pourvoir. Les rectorats ont besoin de six semaines pour répartir les postes qui leur sont octroyés entre les départements et les établissements. C'est donc le 15 décembre que le ministère doit fixer le nombre global de postes nationalement nécessaires pour la rentrée suivante. Comme il ne peut sortir ses chiffres des seuls ordinateurs, il consulte auparavant les rectorats qui, eux-mêmes, répercutent l'interrogation vers le bas. Voilà comment les établissements sont amenés à préciser leurs desiderata en personnels au mois d'octobre, *onze mois* avant la rentrée scolaire.

Un mécanisme aussi complexe est à la merci de la moindre erreur. Or, ne serait-ce qu'un pour cent d'erreur, un pour cent de postes non affectés au jour J, cela donne 3 000 enseignants dans la nature, plusieurs dizaines, voire centaines, de milliers d'élèves à la recherche d'un prof de quelque chose, une foule de parents furieux qui assiègent les proviseurs. Et le décalage est inévitable : les maîtres malades, décédés pendant l'été, mécontents de leur affectation, fournissent déjà un contingent de classes vides. On s'aperçoit aussi que les obligations de service ne coïncident pas nécessairement avec les horaires des élèves : tel prof est à mi-temps, un autre bénéficie d'une décharge, un agrégé s'en tient à ses quinze heures réglementaires. Résultat, ce qui était ajusté sur le papier ne colle plus dans la réalité : une, deux ou trois classes manquent d'enseignants. Comment une gestion centralisée pourrait-elle s'adapter aux sinuosités concrètes ? Les rentrées scolaires sont condamnées à être plus ou moins catastrophiques.

Celle de 1982 est restée dans les annales comme une année noire ; une indescriptible pagaille ! Des professeurs attendaient leur nomination, des élèves attendaient des professeurs, des chefs d'établissement attendaient que cela se calme — une tempête provoquée par un amoncellement de dysfonctionnements qui avaient tous la même origine : une Centrale qui s'offrait la fantaisie de se passer des services extérieurs. L'administration de la rue de Grenelle avait introduit par circulaire des mesures coûteuses en postes sans consulter les hommes chargés de les mettre en application. C'est ainsi que, le 1er juillet, le ministère autorise notamment le temps partiel, avec effet à partir de la rentrée. N'importe quel fonctionnaire rectoral aurait pu décrire la désorganisation qui résulterait de cette décision.

A la suite de ce superbe ratage, une réunion s'est déroulée au ministère, regroupant le cabinet et les directions d'un côté, les services extérieurs de l'autre. L'explication fut, au dire des témoins, orageuse, mais le directeur de cabinet du ministre reconnut le bien-fondé des griefs formulés. A cette occasion, un mémoire collectif, rédigé par les secrétaires généraux, fut remis au ministre. Il développe en termes prudents les motifs de la colère et les moyens d'y remédier : « Il ressort que la raison principale des difficultés de la rentrée 1982 est sans doute l'extrême complexité de notre système de gestion et, de ce fait, les difficultés qu'il éprouve à absorber dans des délais trop courts des complexités supplémentaires (temps partiel, augmentation de la diversité des services des enseignants) et des changements de règle du jeu en cours de parcours... Les secrétaires généraux d'académie estiment que les réflexions engagées sur la nécessaire rénovation en profondeur du système éducatif doivent intégrer, comme préoccupation majeure, le souci de simplifier notre gestion et d'y introduire une indispensable flexibilité. » Quelle que soit la face par laquelle on tente l'escalade, on en revient toujours au même goulot d'étranglement : un système centralisé peut-il être souple, élastique ? Il semble que la réponse ait été déjà abondamment donnée.

L'éloignement du lieu où est prise la décision de celui où elle est appliquée provoque un décalage permanent, qui n'est réduit qu'à coups d'expédients, générateurs de nouveaux problèmes. Pour la rentrée scolaire, l'administration se réserve la possibilité de procéder à des rectifications de dernière heure. Dans ce but, elle garde un contingent de postes qu'elle répartit à chaud. Comme les intéressés connaissent cet éventuel recours, les décisions antérieures perdent toute valeur ; on espère, en dernière instance, obtenir satisfaction. Les ultimes modifications pervertissent un peu plus un mode de répartition dont on a constaté l'inégalité fondamentale.

C'est peut-être dans la gestion des personnels que l'incohérence de la machine est la plus flagrante — encore que la concurrence soit rude. D'abord, le ministère est incapable d'effectuer un recensement exact. Selon les services et les statistiques, le nombre d'enseignants en activité varie de 1 % : cette imprécision équivaut à la totalité d'une promotion d'agrégés et de certifiés. Nous retrouvons là les conséquences de l'enflure bureaucratique ; chaque service a sa manière de comptabiliser, et l'applique dans l'ignorance de la comptabilité du voisin. Nous avions noté plus haut l'incapacité de l'administration à corriger les injustices patentes dans la répartition des personnels entre les établissements. Entre les disciplines se perpétue la même inégalité : les décisions de recrutement de personnel sont prises, en effet, en fonction de postes à pourvoir. Si une discipline est surdotée relativement aux autres, rien ne viendra remettre en cause ce privilège, puisqu'on continuera à se fier aux mêmes données pour les recrutements futurs. En 1978, la direction des affaires financières avait entrepris une étude afin d'évaluer la pléthore de certaines spécialités. Sans résultat.

Incohérence, encore et toujours : il a fallu des années de

dysfonctionnement pour qu'on tente d'harmoniser la gestion des postes et la gestion des personnels. On répartissait ainsi les agrégés et les certifiés au cours du fameux mouvement national, sans tenir compte des créations de postes à l'échelon académique. Et l'on trouvait trois agrégés de français privés d'affectation, alors qu'à côté l'on recrutait des maîtres auxiliaires.

Les « MA », malheureux enseignants ballottés d'établissement en établissement, pompiers volants appelés à éteindre des incendies sans cesse ranimés. L'Éducation nationale ne saurait se passer des maîtres auxiliaires, car ils servent à réguler un système inconséquent. L'administration gère les personnels « au pif », incapable de répondre avec finesse à la demande de sept mille établissements secondaires. Pour colmater les brèches, elle a recours à ce merveilleux ersatz qui coûte cher à la collectivité. Chaque année, une fois accompli l'exploit, digne d'un aveugle qui jouerait au billard, de mettre les titulaires en place, il faut boucher les trous : on recrute alors deux à trois mille maîtres auxiliaires, avec une étonnante absence de critères de sélection. Ce sont des employés subalternes du rectorat qui, à la vue d'un dossier, prennent la décision d'embauche. Comme le ministère finit par intégrer un jour ou l'autre les MA, un fort contingent de fonctionnaires est ainsi recruté dans des conditions douteuses, par la bande. Effet pervers du centralisme…

Il est pourtant un domaine où l'administration devrait faire montre d'une flexibilité et d'une rapidité dont elle est incapable : le remplacement des professeurs absents. Ce n'est pas, nous l'avons noté, un phénomène exceptionnel. Les parents s'en préoccupent à juste titre, et il est parfaitement inadmissible que des élèves attendent deux ou trois semaines un nouvel enseignant. L'administration fonctionne selon des règles intangibles et rigides. La vie scolaire, elle, est remplie d'aléas. Le divorce est inévitable : « Ne voit-on pas des situations paradoxales, note le rapport Soubré, où des enseignants effectuent des compléments de service dans un autre établissement, alors que les cours de leurs collègues absents dans la même discipline ne peuvent être assurés ? »

Inefficace, cette politique administrative de gestion des enseignants est en outre profondément inhumaine : on déplace des femmes et des hommes comme des pions sur un échiquier. L'administration argue de l'immensité de la tâche (en 1982, le centre informatique de Montrouge a traité 47 656 demandes de mutation et 6 092 premières affectations). Mais les professeurs ont le sentiment d'être happés par une terrible broyeuse illogique. Même les administrateurs en sont conscients. Pierre Van Devoorde, qui fut directeur des personnels enseignants de lycée, observe qu' « un grand nombre de professeurs se ressentent comme autant d'individus ignorés en tant que tels par la grande machine administrative de l'éducation[1] ». Les responsables de la Centrale risquent quelques tentatives pour satisfaire les demandes, mais est-il normal que des conjoints patientent une dizaine d'années avant de travailler dans la même ville ? Est-il compréhensible qu'une décennie de purgatoire soit de règle pour retourner dans sa région ?

C'est à l'ordinateur qu'il revient de résoudre quantitativement une question d'ordre individuel. Sur tous les plans, le lecteur aura compris que la gestion de la carrière des enseignants en un lieu unique est une aberration.

L'administration centrale répartit les moyens et les crédits, recrute et affecte les enseignants, édicte le contenu des cours, les fameux programmes, identiques dans toute la France. Pendant longtemps, les programmes ont été l'apanage de l'Inspection générale. Ce monopole est désormais remis en cause ; des commissions sont à l'œuvre, par discipline et par niveau, pour déterminer les nouveaux « savoirs » indispensables, et, dans ces groupes de travail, les inspecteurs généraux sont en minorité face à des chercheurs et à des professeurs en exercice, recrutés selon des affinités électives assez subjectives. On espère au ministère que cette révolution de palais débouchera sur une refonte des programmes, qui tiendront ainsi davantage compte des mutations culturelles et sociales provoquées par l'explosion scolaire. Mais l'idée d'un programme commun à tous les élèves n'est, pour le moment, pas abolie. Luc Soubré souligne pourtant, dans son rapport resté semi-confidentiel : « L'unanimité des partenaires se fait sur un constat : l'inadéquation des programmes nationaux qui doivent être respectés à la lettre, d'instructions officielles fixant, pour toutes les classes de tous les établissements scolaires, les modalités pédagogiques et le rythme d'apprentissage dans chaque discipline. »

Peu d'enseignants ou de parents d'élèves sont prêts, toutefois, à pousser la critique jusqu'à la dénonciation des normes nationales

1. *Administration et Éducation*, n° 1, 1979.

en matière de contenus d'enseignement ; elles leur apparaissent, avec leur rigidité et leur lourdeur, comme la garantie d'une égalité de niveau entre tous les établissements. Il serait aisé de reprendre les arguments égrenés tout au long de ce livre pour démontrer que définir un programme sur le papier n'implique pas qu'il sera reçu de la même manière partout. Ne nous attardons pas sur ce genre d'évidence, mais à propos du contenu même des enseignements, observons un paradoxe étrange : voilà un ministère « jacobinissime » qui délimite soigneusement les savoirs que chaque enfant se doit d'engloutir. Cette précision maniaque est cependant toute théorique, puisque, dans la pratique, il se montre d'un affligeant laxisme. Qui détermine, en effet, pour la grande majorité des enseignants,. le contenu des programmes : les textes de la rue de Grenelle ou les manuels scolaires qui les transcrivent ? Peu de professeurs s'écartent du manuel, une minorité s'en inspirent, et beaucoup le « recrachent » avec application. Or, les livres scolaires sont écrits par des enseignants et publiés par des éditeurs en toute indépendance des autorités universitaires.

Le manuel appartient au marché privé de l'édition ; il n'émane pas d'une direction du ministère. La comparaison entre les ouvrages destinés à une même classe laisse pantois : les différences de contenu, d'orientation, de niveau, sans parler d'idéologie, entre des livres censés traiter des mêmes questions sont flagrantes et ont été maintes fois répertoriées. Si bien que la Centrale s'épuise à bâtir des programmes nationaux qui satisfassent à la fois le petit Savoyard et le jeune Lillois, l'Alsacien et le Béarnais et, dans le même temps, abandonne la réalisation de cette ambition aux aléas du marché, aux compétences individuelles, aux savoir-faire de quelques-uns. Le résultat est que, dans certaines disciplines comme le français ou l'histoire, l'écart entre les connaissances est vertigineux. Cette situation est d'autant plus curieuse que c'est l'État qui finance l'achat des manuels scolaires pour en assurer la gratuité aux élèves des collèges.

Bien entendu, un manuel unique, qui imposerait une version officielle, serait catastrophique ; il faudrait plutôt s'interroger sur l'utilité réelle du manuel et sur la possibilité de son remplacement grâce aux techniques modernes de reproduction rapide associées aux centres de documentation. Mais notre propos n'est pas là ; il est, précisément, de démontrer que le tabou du programme national auquel personne n'ose toucher a déjà, dans les faits, volé en éclats. Une fiction de plus parmi la panoplie des défroques de l'Éducation nationale.

La qualité — le défaut ? — de l'administration du système éducatif est d'être une administration. On s'est rendu compte, au cours de ce chapitre, de ce que ce truisme charriait par lui-même d'incohérence, d'erreur et de pesanteur. Bien des maux décrits ici pourraient être exportés dans quelque administration voisine ; paperasserie, bureaucratie, lenteur alimentent la rancœur permanente des usagers contre une fonction publique chargée de tous les péchés du corps social. La différence, que l'on ne soulignera jamais suffisamment, c'est que les gestionnaires de l'Éducation nationale traitent de femmes, d'hommes et d'enfants ; et cette finalité singulière de la démarche administrative même justifie la critique. L'incapacité paralysante générée par le coït du centralisme et du gigantisme s'aggrave encore des travers du fonctionnariat.

Dans l'Éducation nationale, la promotion des cadres administratifs s'effectue à l'ancienneté. Ils sont naturellement jugés, catalogués, mais la notation n'est qu'une formalité sans incidence sur la carrière. Pour ne prendre qu'un exemple un peu caricatural, tous les agents de l'administration centrale sont notés entre 19,5 et 20. La promotion interne est ainsi étrangère au mérite, que personne n'est à même de discerner ni de récompenser. On grimpe lentement au fil des indices et des ans sans que le travail fourni intervienne le moins du monde. Quiconque a épuisé les joies de l'utopie sait qu'une entreprise humaine d'où la concurrence disparaît sombre dans le sommeil. La règle de ce jeu est que les fonctionnaires inventifs, efficaces et compétents — ils sont légion — enragent de subir l'autorité médiocre de supérieurs qui varappent sans à-coups sur la pente de leur carrière. Cette situation engendre résignation, laisser-aller et frustration.

A quoi bon, en effet, se décarcasser pour agiter un peu la machine si le bureau, au bout du couloir, chloroforme toute initiative ? La Centrale, comme les autres administrations, crève de cette indolence interne qu'aucune compétitivité ne vient éveiller ; on est prié de laisser l'imagination au vestiaire. A la sclérose en planques s'ajoute l'immobilité géographique et professionnelle. Récompensés par de solides primes, les fonctionnaires de la Centrale ne vont jamais travailler dans les services extérieurs. Et le phénomène se reproduit en descendant : les agents rectoraux ne se mélangent pas avec les employés des inspections académiques qui, eux-mêmes, traitent avec un mépris souverain les personnels des établissements. Chacun à sa place, et que personne ne bouge : la grille de la Fonction publique ferme toute possibilité de communication. La déconcentration administrative amorcée depuis plusieurs années n'a pas été suivie d'effets en ce qui concerne les hommes ; la Centrale a transféré aux rectorats des responsabilités, mais les fonctionnaires n'ont pas accompagné le mouvement. Ce cloisonnement, cette incommunicabilité entre les lieux et les individus sont pour beaucoup dans les ratés de l'attelage.

Comme l'eau d'un fleuve retenue par des barrages successifs, l'information se heurte à des digues. Elle circule pourtant, par la bande, ou plutôt par les bandes : les réseaux, confréries que nous avons déjà observées, se montrent particulièrement actifs pour le recrutement des chefs d'établissement ou des inspecteurs d'académie. Ces personnels se choisissent en effet par cooptation. Le professeur que démange l'envie de devenir proviseur s'inscrit sur une liste d'aptitude et fournit un dossier à la hiérarchie, qui se prononce après un entretien individuel. Ce type de sélection laisse la porte ouverte à toutes les pressions, aux recommandations, aux clientèles. Nul, c'est la loi du genre, n'a un « mauvais » dossier. Lorsqu'on sait que la personnalité du chef d'établissement influe, dans les limites soulignées plus haut, sur la vie scolaire, on reste ahuri de constater qu'aucune compétence particulière n'est requise. Etre un bon animateur et un bon gestionnaire n'est guère à la portée du premier prof venu. Comment s'étonner que le bilan tiré en haut lieu ne soit pas rose : on estime, au ministère, qu'une proportion importante de patrons d'établissement est incompétente. Mais ils sont en fonction, et indélogeables ! Un secrétaire général de rectorat se plaint devant les auteurs que les proviseurs ne connaissent rien à l'administration, qu'ils ne savent même pas lire un bilan : « Ils sont comme Fabrice à Waterloo », se lamente-t-il. On cherche Napoléon.

L'ordinateur sauvera-t-il l'administration de l'Éducation nationale ? Le cafouillis engendré par la superposition de cercles concentriques est-il soluble dans l'informatique ? Interrogés avec une profane naïveté, les spécialistes répondent à cette question, moins incongrue qu'elle n'en a l'air, que les « grosses machines » ne sont jamais que des instruments au service d'une politique ; elles ne sauraient se substituer à cette dernière, ni la contrecarrer.

Historiquement, le ministère de l'Éducation a abordé tardivement l'informatisation de sa gestion. La plus grosse administration de l'État a été l'une des dernières à s'équiper. Le retard s'explique par l'absence de crédits et le manque de moyens humains : contrairement aux Postes, par exemple, la rue de Grenelle ne dispose pas d'un corps d'ingénieurs capables d'opérer cette révolution. Les administrateurs civils et les inspecteurs généraux ne sont pas des techniciens, et l'administration hésite longtemps avant de se lancer dans l'aventure. Ce n'est qu'au Conseil des ministres du 24 février 1978, après sept années de discussions, que le premier schéma directeur pour l'informatisation de la gestion est approuvé. Il décide la création de neuf centres inter-académiques de traitement de l'information (CIATI), qui travaillent chacun pour deux à quatre rectorats. Chaque académie est équipée, en outre, d'un centre académique de traitement de l'information, le CATI, relié lui-même au CIATI dont il dépend. Dans la répartition des responsabilités, le CIATI est en principe prestataire de services : il répond aux demandes du centre académique. Sur le plan national, le service de l'informatique de gestion et de statistiques (SIGES) est responsable de la production et du contrôle des informations statistiques nécessaires à la mise en œuvre de la politique éducative et à la gestion du système.

Les choix technologiques arrêtés par le premier schéma directeur étaient déjà dépassés en 1980, tandis que commençait l'application. Il aurait fallu le réviser tout de suite. Or, la remise en cause n'est intervenue que quatre années plus tard. En 1984, une équipe, chargée de réorienter toute la politique d'informatisation, tire le bilan de quinze années en la matière. Il est sévère : « En premier lieu, le schéma directeur ne comportait aucune planification budgétaire, ni en durée ni en effort financier, pour assurer les investissements en matériel, le recrutement de personnel et les actions de formation. En deuxième lieu, bien que prévoyant la nature des emplois informatiques nécessaires, il ne comportait aucune définition d'une véritable politique de formation des informaticiens, et surtout des gestionnaires[1]. » La carence à ce niveau est particulièrement nette : la transformation accélérée des gratte-papier en concepteurs-programmeurs par stages intensifs de trois mois ne pouvait pas produire de miracles. Le ministère a peu

1. Document de travail, rapport du groupe de pilotage. *Rénovation du schéma directeur de l'informatique de gestion*, 122 p., avril 1984.

recruté à l'extérieur, et, aujourd'hui, la pénurie d'informaticiens de haut vol, capables de piloter une aventure de cette envergure, est durement ressentie. Le document de travail à usage interne, élaboré par les experts, relève que « dans les fonctions d'analyse et de programmation, environ 50 % seulement des personnels ont un niveau de qualification satisfaisant ». Sur les 1 330 agents qui s'occupent, à l'Éducation nationale, d'informatique de gestion, plus de 600 sont donc incompétents.

Pour couronner l'ensemble, les administrateurs se sont peu investis dans l'informatique. Les décideurs n'ont pas accompli l'indispensable effort pour intégrer le fait informatique dans leur démarche. Il est resté un « plus », un département à part, une embellie vite ressentie comme un contre-pouvoir, d'autant plus terrifiant qu'on en ignore les potentialités et les limites. Le document déjà cité insiste sur « le faible niveau d'informatisation des différentes instances du ministère de l'Éducation » et met en évidence « le décalage important entre, d'une part, le besoin et l'attente des gestionnaires et, d'autre part, le niveau de service que peut leur apporter l'équipement informatique en place, matériel et logiciel, largement en retard sur les possibilités technologiques actuelles ». Pourtant, là où les administratifs étaient aussi des informaticiens, comme à Grenoble et à Rennes, l'introduction maîtrisée de l'ordinateur au cœur de la gestion a contribué à renverser quelques donjons. Ailleurs, et c'est le cas le plus fréquent, l'informatique est plaquée sur un système de gestion traditionnel et, parfois, les fonctionnaires méfiants et néophytes refont à la main le travail de la machine. La faiblesse des crédits octroyés à l'informatique explique, pour une large part, le cafouillage. L'enveloppe allouée à l'informatique de gestion s'élève à 0,1 % du budget de l'Éducation nationale. « Ce chiffre est dérisoire, commente le rapport des experts, et place loin le ministère de l'Éducation par rapport aux autres grandes administrations. »

L'informatisation, au-delà des problèmes de finances, a provoqué, et provoque toujours, au sein de la Centrale, de belles empoignades qui se tranchent au niveau du cabinet. Chacun pressent en effet que, selon la méthode choisie, selon les équipements retenus, on parviendra ou non à desserrer le carcan centralisateur. L'ordinateur peut être l'instrument de l'émancipation, l'outil de la conquête de l'autonomie. Il peut tout aussi bien être un jouet totalitaire, et, de son œil cyclopéen, surveiller la totalité du système. C'est malheureusement en ce sens que penche la machine. Depuis une quinzaine d'années, la plupart des applications informatiques ont été construites dans la perspective d'un pilotage du système éducatif par le sommet de la pyramide. Ainsi, les décideurs ont-ils d'abord arrêté le choix initial d'équiper les établissements de terminaux reliés aux ordinateurs rectoraux. Il a fallu attendre le début des années quatre-vingt pour que cette tendance s'infléchisse par l'informatisation des établissements à l'aide de micro-ordinateurs — la saisie de l'information, son traitement, son utilisation s'effectuent à l'échelon décentralisé. Le document de travail signale que ce « phénomène, dont les prémices existaient bien avant 1978 dans les milieux professionnels, était totalement ignoré dans le schéma directeur à la même époque ». L'entrée des micros dans les établissements ne s'est opérée que grâce à la volonté de quelques francs-tireurs.

Tout indique que le sauvetage sera difficile. Le groupe d'experts qui a rédigé le document-bilan que nous avons largement utilisé ne manifeste point un optimisme forcené : « Dans l'environnement de l'Éducation nationale, il semble que tout concorde pour dire qu'informatique et organisation se sont superbement ignorées... On peut citer de nombreux exemples où le langage commun n'existe pas et où la complexité des règles administratives rend le couplage informatique-organisation difficile, sinon impossible. » Et en conclusion : « Est-il concevable d'améliorer les choses ? Sur ce sujet, on peut rester sceptique, vu la taille et la complexité d'une administration comme l'Éducation nationale, et il est probable que l'amélioration ne résultera pas de quelques directives et orientations liées à la rénovation du schéma directeur de l'informatique de gestion, mais, plùs, de réformes fondamentales sur la structure du ministère et de son fonctionnement. »

L'administration est renvoyée à son miroir. Et à son impuissance. Elle tire encore assez de ressources de sa propre inertie pour « tenir », au prix d'un incroyable gâchis, la boutique. Elle se sait pétrie de contradictions, paralysée par le travail inutile, les contrôles inopérants, les manœuvres superflues. De lucides managers portent — en privé — de non moins lucides diagnostics sur les maladies incurables qui minent l'efficacité de l'ensemble. Mais le bilan est non moins clair : le pachyderme est incapable de s'administrer les remèdes qu'il pressent comme vitalement indispensables. Le système est menacé d'asphyxie par un centralisme galopant ? On se redonne un peu d'air : le poids des contingences a provoqué, depuis une décennie, une lente et graduelle poussée vers la déconcentration. Mais les fonctions essentielles, nous l'avons observé, restent nationales, tandis que les rectorats, à leur tour, s'engorgent, gagnés par la même peste. Aujourd'hui, il ne manque pas d'avis autorisés pour le constater : la déconcentration n'a eu comme résultat notable que de déplacer les problèmes. On a empilé les responsabilités au lieu de les déléguer. Jacques Minot, spécialiste de l'administration, juge cette procédure de transfert inutile et inefficace : « Elle m'apparaît comme un système dans lequel, au sommet, on puise dans une grande vasque. L'eau ainsi récoltée est passée au recteur — et il s'en perd pas mal en cours de route —, puis à l'inspecteur d'académie ; puis, au bout de la chaîne, le chef d'établissement signe les congés de maladie de ses professeurs [1]. »

La déconcentration a atteint ses limites qu'il est indispensable de franchir. Luc Soubré distingue clairement deux notions qui s'entremêlent, parfois de manière confuse : « La déconcentration, c'est la remise des compétences au niveau local à un représentant nommé par le pouvoir central et qui, soumis au pouvoir hiérarchique, est chargé de le représenter et de faire appliquer ses décisions. La décentralisation consiste à donner le pouvoir de décision à une autorité élue... » La loi de décentralisation votée en 1983 devrait permettre une accélération du processus. Elle donne en effet aux collectivités locales davantage de pouvoirs, notamment en ce qui concerne la construction et la carte scolaire. Financièrement, le département prend en charge le collège, et la région, le lycée. Mais, déjà, des craintes se font jour : enseignants et chefs d'établissement redoutent l'intrusion du maire voisin bien plus que celle d'un lointain bureau parisien. Et, de toute façon, cette décentralisation timide est bien en deçà des nécessités [2].

La question décisive est de rapprocher celui qui prend la décision de celui qui l'applique. Et même de les confondre. Ni la décentralisation telle qu'elle est conçue actuellement, ni, *a fortiori*, la déconcentration ne permettent de la résoudre. L'uniformisation empêche l'institution de tenir compte des innombrables cas particuliers, de répondre aux situations locales, d'écouter les différences. Le chemin est difficile à explorer, tant les obstacles sont divers. Le

1. *Administration et Éducation*, 1979, n° 3.
2. Cf. *infra*, chapitre 8.

principal se situe sur le terrain des mentalités : donner des responsabilités aux hommes les libère des contraintes, mais supprime aussi la sécurité.

Fini le parapluie.

CHAPITRE 5

L'état prof

Contre-administration – Guerre des tendances – La fin des moyens – Adieu à la réforme – L'alibi laïque – La première gauche.

A la Centrale et aux services extérieurs qui en dépendent répond une structure parallèle du côté des administrés : l'appareil syndical dont se sont dotés les enseignants. « Parallèle », en l'occurrence, n'est sans doute pas le meilleur adjectif. Il est adéquat s'il signifie que l'architecture du cocon corporatif patiemment filé par les maîtres épouse jusqu'au mimétisme celle de la machine gestionnaire. Mais il ne convient plus s'il évoque un décalque distant du ministère et de ses relais, qui glisserait sur l'original sans le modifier. En réalité, la puissance et l'organisation des associations de personnels sont telles que la frontière entre le pouvoir et le contre-pouvoir est fort indécise. D'une part, les agents du système éducatif, qu'ils soient administrateurs ou pédagogues, se rangent fréquemment sous la même bannière. D'autre part, le fonctionnement des instances d'arbitrage inclut la participation des uns et des autres. En France, où la co-gestion des entreprises demeure étrangère aux mœurs et à la culture du monde du travail, pareil cas de figure ne manque pas d'intriguer.

Pour comprendre cette singularité, il faut se rappeler qu'aux yeux des enseignants fonctionnaires, le service public est une conquête. Une conquête idéologique, une conquête politique, une conquête professionnelle. Et ils n'ont pas tort. En 1890, l'école de Jules Ferry accueillait, au sortir du primaire, 83 680 élèves mâles [1], soit 3,54 % des garçons de onze à dix-sept ans. En 1946, les

1. On retient ici la population masculine pour disposer d'éléments comparables sur une longue distance. Les chiffres incluent l'enseignement secondaire et l'enseignement « primaire supérieur » (qui a débouché sur les collèges d'enseignement général).

effectifs étaient de 239 840, et le taux de 10,72 %. En 1964, la courbe s'envolait : près d'un millions d'admis, soit le tiers de la population scolaire correspondante. Quels que soient les avatars ultérieurs de l'institution, ces données sont brandies comme autant de trophées de batailles difficilement remportées. « En 1950, observe un ancien prof aujourd'hui titulaire d'un des postes clés du dispositif ministériel, il y avait quelque 100 000 gosses en sixième. A présent, ils sont 600 000, dont 200 000 possèdent un niveau comparable aux précédents. » Les esprits chagrins s'inquiéteront des 400 000 autres. Reste que semblable bilan chiffré ne saurait être salué avec désinvolture. C'est vrai qu'un tel investissement n'a pu être réalisé sans une dose appréciable de ferveur républicaine, d'idéalisme humaniste et de dévouement militant. C'est vrai que la volonté de bâtir une école du peuple, où régnerait un esprit de tolérance non pas neutre mais impartiale, a mû des générations de missionnaires convaincus. Le second degré de l'enseignement public est passé de 133 000 inscrits en 1900 à 911 000 en 1950 et près de quatre millions en 1975. La rage de scolariser, même si elle s'est quelque peu emballée, appelle à coup sûr le respect.

Cela explique, au moins en partie, l'ambiguïté ou l'ambivalence du sentiment profond des artisans de cette œuvre. Embauchés par l'État pour servir le bien commun, ils ne se sont pas seulement perçus comme soumis à une obligation en contrepartie d'un statut, comme fournisseurs d'un travail en échange d'un salaire. L'appartenance à une corporation s'est doublée de l'appropriation de l'école — de « leur » école — par les maîtres, et le ciment corporatif s'en est trouvé durci, lié par une légitimité d'essence morale. Certes, les murs, la craie, la carte des départements, propriétés inaliénables de la collectivité, devaient être fournis par l'État qui l'exprime, et détenus par lui. Mais les serviteurs de cet État, incarnant la constance du Progrès et du Droit face aux vicissitudes gouvernementales et à l'impéritie bureaucratique, ont entendu veiller à ce que ce dernier fût lui-même au service de la bonne cause, et se sont érigés en garants suprêmes de l'orthodoxie, prêts à déclencher le signal d'alarme en cas de péril ou déviation. Subtile dialectique : l'employeur a dû subir l'ascendant de l'employé au nom d'un principe supérieur.

L'enseignant, quoique fonctionnaire rémunéré par d'autres fonctionnaires, est parvenu à s'imposer comme l'homme qui sait, détenteur, non de techniques de gestion subalternes, mais d'un arsenal de valeurs qui transcendent et le politique et l'administratif.

Ainsi a-t-il été amené, par une sorte de vigilance nécessaire, à pénétrer l'appareil dont il dépend. L'idéologie du sacrifice républicain a donc engendré un axiome intangible : ce qui est bon pour l'école est bon pour les professeurs. Corollaire : ce qui est bon pour les professeurs est bon pour l'école. En d'autres termes, les maîtres de l'enseignement public sont nés et ont grandi dans une conviction que nul n'oserait soutenir ailleurs : leur intérêt propre coïncide, pour les raisons les plus nobles qui soient, avec l'intérêt général. Les prendre à partie, ce n'est pas interpeller une profession mais insulter la République. Souligner les défaillances du système scolaire n'est pas contribuer à son amélioration mais, jetant un discrédit importun, entraver les efforts des enseignants face au manque de moyens et à l'hostilité de la réaction.

Il n'est guère étonnant, dès lors, que le taux de syndicalisation soit sans commune mesure chez les maîtres (majoritairement « encartés ») et dans les autres secteurs d'activité. La totale confusion des motivations corporatives et des options idéologiques, des préoccupations de boutique et des fins dernières, du progressisme lyrique et de la revendication terre à terre, dispense ici d'une cruelle alternative : quémander son bifteck ou réclamer justice pour autrui. La Fédération de l'Éducation nationale, dans sa pratique et dans ses thèses, relègue ce cas de conscience au placard. Elle constitue tout à la fois une matrice idéologique, un bouclier protecteur, et une administration supplétive. Voilà qui fournit maintes raisons de la rejoindre. De fait, elle rassemble 500 000 adhérents et recueille, lors des scrutins où s'apprécie la représentativité des diverses associations, environ 65 % des suffrages. Elle ne se contente pas d'être le syndicat des profs : tous les personnels de l'Éducation nationale [1], depuis l'agent du lycée jusqu'au directeur ministériel en passant par l'intendant ou le conseiller d'orientation, y trouvent l'écho de leurs préoccupations spécifiques. Il ne faut pas moins de 49 organisations affiliées pour couvrir l'ensemble du spectre. Au monstre administratif réplique le colosse syndical.

L'imbrication entre l'un et l'autre est saisissante, au point qu'on ne saurait préciser qui, du secrétaire général de la FEN ou du ministre, tient les commandes. Ce qui est certain — répétons-le —, c'est que l'un passe et l'autre demeure. Ce qui est non moins certain, c'est que l'un est susceptible d'agir sur la carrière de

1. Plus un syndicat des maîtres de l'enseignement privé désireux de jouir des mêmes protections que leurs collègues du public.

l'autre, et que ce n'est pas le ministre. Jean-Claude Barbarant, porte-parole des instituteurs, l'avoue crûment : « Il est évident que nous avons les moyens d'avoir la peau d'un ministre. Nous avons eu celle de René Haby, nous pourrions avoir celle du ministre en exercice — le tout est de savoir par qui on le remplacerait[1]. » Quant au rôle de contre-administration que joue le syndicat, notre interlocuteur s'exprime avec la même franchise : « Pourquoi ne pas l'admettre ? Les commissions paritaires créées à la Libération nous donnent la possibilité de contrôler le système. Et il n'est pas rare qu'un recteur ou un inspecteur d'académie téléphone au secrétaire syndical pour demander si tel texte ancien est encore en vigueur, et où il est possible de se le procurer. »

Rue de Grenelle, les aveux sont anonymes mais identiques. Un observateur particulièrement bien placé pour suivre le cheminement de l'information et des pourparlers est catégorique : « La FEN n'a nullement besoin de pratiquer l'entrisme — même si certains personnels lui sont affiliés — pour peser sur les décisions. Concrètement, à la Centrale, on prépare une mesure en anticipant sur son attitude, on teste à son contact les projets en cours, on attend sa réaction. Tout texte qui commence à revêtir sa forme juridique évolue à ce rythme. Et chaque secret est un secret de Polichinelle. » La légende — étayée de diverses sources — veut qu'à l'époque où Christian Beullac, dernier ministre de Valéry Giscard d'Estaing, occupait le poste suprême, l'état-major syndical ait été informé heure par heure de ses rendez-vous et déplacements, à croire qu'un double de son agenda s'envolait, page après page, vers le siège de la Fédération...

Comme l'a suggéré Jean-Claude Barbarant, la toute-puissance syndicale transite par le paritarisme. Cela signifie, sur le terrain, qu'un principal de collège ne saurait baisser la note administrative d'un professeur, ni un secrétaire général de rectorat déplacer vingt affectations d'agents, sans l'avis de ses omniprésents partenaires. Des comités techniques paritaires se prononcent à chaque échelon — départemental, académique, ministériel — sur la ventilation des effectifs, sur la carte scolaire. Et des commissions administratives se penchent, elles, sur la gestion des personnels. Le recrutement, l'avancement, la notation, les créations ou transferts de postes, les procédures disciplinaires — tout ce qui nourrit les grandes étapes de la carrière comme la vie quotidienne des enseignants est ainsi

1. Entretien avec les auteurs, janvier 1984.

passé au crible commun. L'informatique est-elle à l'odre du jour ? Des représentants de la FEN examinent le dossier rue de Grenelle, prennent contact avec le ministère des Postes et Communications, rencontrent les experts de Thomson, servent même d'intermédiaires entre les organismes concernés.

L'avis des syndicalistes est juridiquement consultatif. En réalité, les militants qui se consacrent à ces tâches acquièrent un degré d'expertise quasi professionnel. Ce savoir, cumulé avec la pression potentielle que libérerait un désaccord, leur confère rang d'égalité. Or la FEN, au dernier recensement, disposait, dans les commissions, de 7 porte-parole sur 10 dans 6 académies, de 8 sur 10 dans 15 autres, et de 9 sur 10 dans les 6 restantes. Ecrasante proportion. En outre, nombre de ses spécialistes sont libres de consacrer tout leur temps à cette charge ; ils sont, en effet, dégagés de leurs obligations scolaires pour remplir le mandat qui leur est confié. Le chiffre exact est tenu secret, mais on évalue à 1 200 le nombre des « mis à disposition », c'est-à-dire des enseignants qui, au titre d'une responsabilité syndicale ou d'un engagement à la tête d'une œuvre périphérique, sont détachés par le ministère en continuant de percevoir leur traitement et de gravir les échelons de la carrière. On dépasse, et de beaucoup, la contrainte imposée aux employeurs d'accorder une disponibilité légale aux délégués syndicaux et aux animateurs des comités d'entreprise. Ici, les interlocuteurs semblent moins antagonistes que complémentaires. Malgré les éventuelles divergences politiques, le partage technique s'opère dans la communauté du service public.

L'exemple le plus frappant est le mouvement annuel des mutations, point chaud des préoccupations des maîtres. Le double circuit, en l'espèce, est un rite incontournable. Le prof qui désire quitter Alençon (Orne) pour Ramatuelle (Var) remet à son proviseur une demande officielle qui suivra la voie hiérarchique. Parallèlement, il adresse à son syndicat un dossier complet où figurent, très exactement, les mêmes renseignements, la même liste de vœux (dans le même ordre), que ceux transmis par le canal administratif. Lorsque s'assemblent, à la fin de l'année scolaire, les commissions paritaires qui vérifient le nombre de points alloués à chacun et départagent les *ex aequo*, les représentants du ministère et ceux des syndiqués examinent de concert les cas simples et les cas litigieux. Les premiers n'appellent guère de négociations : c'est l'ordinateur qui arbitre. Les seconds, en revanche, font intervenir des facteurs difficiles à chiffrer (maladie, problèmes familiaux) ou bien exigent qu'on tranche entre postulants de profil analogue.

En ces temps où les postes vacants sont rares et chers, la partie se joue fréquemment aux franges. Les casse-tête se multiplient, irréductibles. Chaque candidat au voyage vit sa situation comme pressante et particulière. Résultat : l'administration propose, le syndicat assouplit. Malheur au naïf qui croit pouvoir se passer des services d'un « commissaire » : son dossier sera épluché de moins près, sa cause ne sera pas plaidée. Il est significatif qu'un certain courant de désyndicalisation s'observe après obtention d'une mutation. L'administration-bis, tant qu'on en a besoin, apparaît plus fiable que l'autre. Du reste, cette dernière se décharge sur ses partenaires du soin d'annoncer aux intéressés la bonne ou la mauvaise nouvelle. Deux ou trois jours après la séance, le syndicat expédie à ses mandants une fiche sur laquelle deux formules sont prêtes à être cochées, du style : « Nous sommes heureux de... », ou bien : « Malgré tous nos efforts... » Dans la première hypothèse, ce sont les camarades qui ont arraché la décision ; dans la seconde, c'est l'administration qui a fait preuve de mauvaise volonté. L'avis officiel, lui, suit au train officiel — qui est lent. Il n'est pas exceptionnel qu'un mois s'écoule entre la fiche syndicale et l'arrêté ministériel. Comment l'homme de base n'en viendrait-il pas à conclure que l'instance majeure est celle qui se manifeste sans délai ?

Un des meilleurs techniciens de la gestion administrative, qui a occupé de hautes fonctions au ministère et poursuit sa carrière dans un service extérieur, a rédigé un mémorandum confidentiel destiné à ses pairs où il s'étonne d'un partage des rôles à ce point inégal. « Peu à peu, écrit-il, au fil des ans, les syndicats ont conquis un véritable monopole sur l'information. Aujourd'hui, plus encore qu'hier, l'interrogation qui est posée est celle des libertés réelles laissées, dans l'enseignement, aux minorités... Le désir légitime des personnels d'être informés de ce qui les concerne n'explique-t-il pas, en partie, les taux de syndicalisation élevés que connaît l'enseignement ? Par les décharges syndicales, l'Administration, bonne mère, paye des fonctionnaires pour assurer l'information des personnels des décisions qui les concernent, les met à disposition des syndicats, et leur permet ainsi de se substituer à elle, défaillante dans ce qui devrait être l'une de ses plus ardentes obligations. Et par une belle construction juridique, on explique que le formalisme est obligatoire, que, hélas, cela prend du temps ; les syndicats, eux, ont la chance de pouvoir s'en abstraire [1] ! »

Le propos du rédacteur n'est pas, quant au fond, antisyndical. Il ne reproche point à la FEN de grignoter un espace qu'on lui abandonne, mais à l'administration de consentir à cet abandon, voire de le planifier. L'effet pervers de l'interpénétration est aisément perceptible — et il ne s'agit pas ici de querelle sur la vocation du syndicalisme. Dans l'état actuel des choses, la confusion des genres entraîne deux conséquences. D'abord, les syndicalistes ont tout intérêt à ce que la machine ministérielle demeure obèse, difforme, inefficace. Plus les centres de décision seront insaisissables, plus l'entrelacs des textes sera indéchiffrable, et plus l'appareil militant, lui, jouera de ces aberrations et détournera, pour son propre compte, les instruments d'arbitrage. Ensuite, ils ont également intérêt à ce que la fantastique centralisation des services perdure : elle leur permet à la fois de frapper à la tête, de s'immiscer au poste de commandement et de tirer parti, sur le terrain, du manque de coordination qu'engendre — on l'a vu — l'extrême jacobinisme. Bref, moins l'administration va, mieux la contre-administration se porte dans la mesure où elle est ainsi amenée à exercer une forme d'autorité qui excède le simple contrôle.

La FEN conforte donc le gigantisme et la centralisation d'une machinerie que Jacques Pommatau, secrétaire général, dépeint comme « un tanker » qui ne saurait « changer de cap comme un hors-bord [2] ». Elle détient, en outre, une carte maîtresse : l'éclatement des personnels atteint un tel degré de raffinement et de byzantinisme qu'elle incarne l'unique trait d'union, l'unique garant de la cohérence du corps face à l'incohérence du système. Ses structures verticales, les syndicats nationaux, et horizontales, les sections locales et départementales, quadrillent la carte scolaire et fournissent aux enseignants des points de rassemblement que l'exercice de la profession n'offre guère. A la limite, ce n'est pas le collège ou le lycée, ce n'est pas la salle des profs qui sécrètent l'appartenance, mais le tissu syndical.

1. Source privée.
2. *Le Point*, 26 septembre 1983.

Il reste que, là encore, le dispositif militant entretient ce qu'il corrige, et s'en nourrit. Contrairement au SGEN-CFDT[1], qui se conçoit comme une fédération d'industrie et rassemble ses 60 000 adhérents sans distinction de spécialité ou de hiérarchie, la FEN reproduit sous une enseigne commune l'extraordinaire segmentation du milieu. Chaque catégorie a son syndicat. Tout le monde connaît le SNI-PEGC, qui regroupe 260 000 instituteurs et professeurs de collège, et est l'âme, l'assise de la Fédération. Le sigle du SNES[2] — 70 000 cartes déclarées — est, lui aussi, un emblème familier. Mais sait-on que 19 000 maîtres de LEP possèdent leur organisme spécifique, le SNETAA[3] ? Que les professeurs d'éducation physique adhèrent au SNEP, tandis que les chargés d'enseignement de la même discipline se retrouvent, eux, au SNEEPS[4] ? Que les proviseurs rejoignent le SNPDES[5], tandis que les directeurs d'école normale sont affiliés au SNDEN[6] ? On pourrait à loisir laisser libre cours à l'avalanche. Mais entrer dans ces détails n'est pas succomber à l'anecdote. Car nous saisissons ici la pierre de touche du corporatisme enseignant. L'union fait sa force dans l'exacte mesure où elle se repaît des désunions catégorielles, de distinguos infinis. De même que la FEN a besoin de la pagaille administrative pour légitimer ses interventions, elle tire profit de l'émiettement des personnels pour conserver le monopole du discours collectif.

Ce monopole n'est pas sérieusement menacé. Le principal « concurrent », le SGEN, faiblement implanté dans le primaire mais représentatif de 20 à 25 % des maîtres du second degré, constitue une sorte de bureau d'études et de mouvement pédagogique informel. Ce qui n'est pas rien — un aiguillon inventif, le refuge des profs « différents ». Le SNALC[7] — 12 000 cartes — est, au sens strict, un courant réactionnaire, nostalgique de l'époque où le lycée n'accueillait que les meilleurs, où le public convenait aux programmes, où Thucydide et Lucrèce n'effrayaient pas le lecteur.

1. Syndicat général de l'Éducation nationale, seconde organisation de la CFDT.
2. Syndicat national des enseignements du second degré.
3. Syndicat national de l'enseignement technique et de l'apprentissage autonome (concurrencé par un autre syndicat affilié à la CGT).
4. Syndicat national des enseignants d'éducation physique et sportive.
5. Syndicat national du personnel de direction des établissements d'enseignement secondaire.
6. Syndicat national des directeurs d'école normale.
7. Syndicat national des lycées et collèges, précédemment lié à la CGC.

Très minoritaire, marqué à droite, il n'en exprime pas moins une sensibilité « rétro » qui, en période de crise, rencontre un écho jusque dans les rangs de ses adversaires. Enfin, le SNC, Syndicat national des collèges, issu d'une scission du SNI, revendique 30 000 adhérents et est à l'origine de la création, en 1969, des PEGC dont un tiers lui apportent leurs suffrages. La FEN contemple de très haut ces rivaux qui ne lui arrivent qu'au mollet. Elle surveille néanmoins de près le SGEN, dont l'effervescence et l'anticorporatisme l'agacent. Et dans les collèges, elle tient à l'œil le SNC, dont la surenchère corporatiste l'inquiète. Elle reste seule, en fait, à doser en un discours médian idéologie modérée et vigilance alimentaire.

Ce qui la mine, c'est autre chose. Comme si le monde des profs n'était pas assez déchiré par des lézardes juridiques, d'autres clivages le découpent transversalement, qui sont d'essence politique. La FEN, en effet, est divisée en tendances qui sont autant de sédiments de son histoire. Les syndicats enseignants qui la constituent étaient, à la Libération, affiliés à la CGT. Quand celle-ci, en décembre 1947, s'est scindée en deux — la direction communiste accentuant son emprise, d'autres quittant la confédération pour fonder Force ouvrière —, les maîtres d'école ont refusé ce partage et ont décidé de poursuivre la cohabitation de manière autonome. Cohabitation réglementée entre tendances officiellement organisées qui s'affrontent lors de scrutins internes. La composante majoritaire, dite « Unité, indépendance et démocratie » (UID pour les initiés), se heurte au courant « Unité et action » (alias U&A). S'y ajoute une alluvion de moindre envergure : l'École émancipée — 5 à 6 % des mandats — perpétue la tradition du syndicalisme révolutionnaire. Le Front unique ouvrier — environ 4 % — est l'instrument des trotskistes du PCI [1] et a quitté la FEN pour FO en mai 1984.

Revenons aux deux grands. UID, c'est la matrice où le syndicat des instituteurs — lequel contrôle la FEN — puise son identité. Laïcité, socialisme réformiste, humanisme dreyfusard : le creuset dont sont sorties des générations de normaliens guidés par la Raison et la Science, républicains jusqu'à la tripe, prêts à pourfendre (verbalement) les bourgeois et les curés, francs-maçons en nombre imposant, amateurs conviviaux de cassoulet radical et de

1. Parti communiste internationaliste, aile « lambertiste » du mouvement trotskiste.

fanfares SFIO, anticommunistes congénitaux. U&A, précisément, c'est l'antre des « moscoutaires », héritiers de la CGTU d'avant-guerre, beaucoup plus implantés dans le second degré que dans le premier, dialecticiens de bon niveau, jamais en retard d'un programme, et toujours maintenus à l'écart des instances dirigeantes de la Fédération. Le rapport général des forces est d'un à deux (60 % contre 30 %). La guerre de tranchées ne connaît pas de trêve. Dans les moments de tension, un regard exercé distingue un groupe de l'autre en salle des professeurs.

La vie serait simple si les proportions étaient également réparties au sein de chaque syndicat. Mais la vie n'est pas simple. En 1967, U&A a pris le contrôle du SNES pour n'en plus être délogé. Du coup, l'affrontement de tendances à l'intérieur des organisations respectives s'est mué en conflit SNI-SNES. Aux alentours de 1968, le centre de gravité de l'Éducation nationale a tendu à se déplacer du premier vers le second degré. Les séminaires laïques qu'étaient les écoles normales — où l'on adhérait « naturellement » au SNI, et « naturellement » sur des positions UID — ont cessé d'être le vivier principal de nouveaux militants. Les collèges sont apparus comme la zone des grandes turbulences. La conquête du SNES par U&A peut se comprendre comme une résistance des maîtres des lycées à la pénétration des « instits ». Les animateurs du courant victorieux ont joué sur ce registre. Difficile d'imposer une direction communiste à des adhérents qui, en forte majorité, ne le sont pas. Il ne suffit point, pour y parvenir, d'égayer le Bureau national des traditionnels alibis — le chrétien ou le socialiste de service. Afin de faire accepter ou de faire oublier sa dépendance partisane, l'équipe qui s'est emparée du SNES s'est condamnée à suivre sa base, à en remettre sur le terrain corporatif.

L'opération a été bien menée, et a failli s'étendre. Michel Bouchareissas, alors chargé de la « vie interne » au SNI, en frissonne encore : « UID, c'était en quelque sorte le parti socialiste des instituteurs. On s'y retrouvait par une espèce d'engagement de curé. Et l'on était certain que jamais les communistes ne passeraient — un patriotisme viscéral d'organisation et de courant. N'empêche qu'ils ont pris le SNES. Et que, de 1968 à 1971, nous avons perdu vingt-deux départements. Il a fallu réagir, et vite. J'ai servi de pompier. Je courais d'un foyer d'incendie à l'autre, filant du Val-d'Oise en Ardèche, et d'Ardèche vers les Hautes-Pyrénées, pour dynamiser les militants UID. Lors de notre congrès de 1971, le rapport moral a été adopté d'extrême justesse par 51 % des voix.

Le boulet n'est pas passé loin et, un instant, le PC a cru que c'était arrivé. Depuis, nous avons méthodiquement remonté la pente. Notre force, c'est qu'après les réunions, on se tape un magret. Eux, ce sont des dogmatiques, ils marchent au jambon sec[1]... » La rupture de l'union de la gauche, en 1977, a sensiblement affaibli le courant U&A (auquel maints socialistes s'étaient agrégés par sentiment unitaire). Mais la direction du SNES tient bon, quoique le SNI la conserve dans sa ligne de mire.

Le scénario de ce western politique met en lumière un facteur supplémentaire d'hétérogénéité du corps enseignant. Non seulement la FEN, malgré son quasi-monopole et sa façade massive, n'abolit pas les cloisonnements catégoriels, mais sa vie interne les complique, les habille de déchirures idéologiques, d'enjeux partisans directs ou indirects. Et ce n'est pas tout. Ces batailles politiques interfèrent avec les débats pédagogiques en cours. Les enseignants, par définition, ne veulent que du bien à leurs élèves. Les réformes qu'ils réclament ou suggèrent ont pour objectif déclaré d'améliorer le service public. Il n'empêche que la réalité est plus complexe, et moins transparente. Un dossier, entre tous, cristallise cette ambiguïté : l'avenir du collège, charnière du système éducatif ; et l'avenir des PEGC, charnière des personnels d'éducation.

Deux thèses sont en présence : « l'école fondamentale », modèle breveté SNI, et « l'école progressive », prototype signé SNES. Il faut, dit le premier, assurer la continuité des contenus depuis l'école maternelle jusqu'au collège, instituer un tronc commun qui gomme l'inutile et traumatisante rupture du passage en sixième, qui supprime le palier d'orientation en fin de cinquième, qui délivre l'enfant du sentiment d'effectuer une course d'obstacles ponctuée de tournants brusques, de hiatus forts. Et, pour traduire dans les faits cette volonté de garantir des transitions souples, il convient qu'à la continuité des enseignements corresponde la continuité des enseignants — même statut, même rémunération, mêmes conditions de travail dans le primaire et au collège. L'inspiration du défunt plan Langevin-Wallon est ici perceptible.

Objection, plaident les défenseurs de « l'école progressive ». Ce que vous voulez, c'est « primariser le second degré », c'est un nivellement par le bas alors que la situation exige une « sortie par le haut », une élévation générale du niveau de qualification des

1. Entretien avec les auteurs.

maîtres et des élèves. Sous prétexte d'atténuer le heurt de l'entrée en sixième, le SNI tire à lui le premier cycle du second degré pour assouvir un vieux rêve expansionniste. Va-t-on, poursuivent les pédagogues du SNES, donner une instruction de meilleure qualité si les profs nouvelle formule mettent moins les pieds à l'université ? Le bon sens exige, au contraire, que soient définitivement balayées les scories du recrutement hâtif des années soixante et soixante-dix, qu'on en finisse avec l'hypothèque d'une catégorie bâtarde, d'autant plus handicapée par la minceur de sa formation initiale qu'elle est censée assurer un service bivalent.

Les arguments, de part et d'autre, sont de poids. Les certifiés, clame UID, s'accrochent à l'ancestral lycée napoléonien, et privilégient l'appropriation d'un savoir, l'enfermement dans une discipline, au détriment de la relation pédagogique. Allons donc, riposte U&A, pourquoi généraliserait-on ce qui, déjà, contribue à mettre le collège en péril ? Et l'on ne tarde pas à quitter le ciel des idées pour parler statuts. Gérard Alaphilippe, secrétaire général du SNES : « Quand on se trouve devant un tonneau percé, mieux vaut commencer par le boucher. On ne saurait continuer à recruter des PEGC dont le niveau de qualification n'est pas suffisant. Même la droite avait fini par s'en apercevoir. Nous étions d'accord, sur ce point, avec Christian Beullac. Nous proposons que tous les maîtres de collège aient une formation de cinq années après le baccalauréat, et que les PEGC soient progressivement intégrés dans le corps des certifiés. Constater qu'il existe une spécificité des temps et des lieux n'est pas théoriser la fatalité des coupures[1]. »

Jean-Claude Barbarant, le patron du SNI-PEGC, n'est pas du tout de cet avis. Et ce n'est point un hasard si le très puissant syndicat des instituteurs s'est donné, à l'automne 1983, un secrétaire général professeur de collège : « Il s'agit, dit ce dernier, d'un problème financier et d'un problème politique. Côté finances, soyons sérieux. Sur une génération, soit trente-sept annuités et demie, l'alignement des PEGC sur les certifiés signifierait 3 % d'augmentation annuelle constante de la masse salariale. C'est monumental. Quant à l'essentiel, je rappellerai que le SNI était réservé, à l'origine, sur la création de cette catégorie, mais qu'il n'a pu résister à la fascination qu'elle exerçait parmi les instituteurs. Le collège fonctionne mal, c'est une évidence. Les PEGC, qui ne sont ni meilleurs ni pires que les autres, sont des boucs émissaires tout

1. Entretien avec les auteurs, décembre 1983.

désignés. Je note d'ailleurs que ceux d'entre eux qui, dans nos rangs, adoptent les thèses d'U&A, sont les plus culpabilisés, tenaillés par une mentalité de 'petit blanc' qui contemple avec envie ou remords le certifié qu'il aurait pu ou devrait être. Le tronc commun jusqu'à la troisième n'implique pas qu'il est concevable d'enseigner la même chose aux mêmes élèves en les amenant tous au même point. L'égalité serait une égalité d'efficacité pour les uns et pour les autres, une attention égale garantie par un corps unique d'enseignants[1]. »

Bac + 4 (SNI) ou bac + 5 (SNES) ? Bivalence + formation continue (SNI) ou monovalence pourvue de l'estampille universitaire (SNES) ? La querelle semble d'une extrême complexité technique — sans oublier que, pour l'instant, les PEGC aspirent à réduire de 21 à 18 heures leur grille hebdomadaire. Au ministère, un des hommes clés chargés de démêler l'écheveau pousse un douloureux soupir : « Un dossier complètement pourri, où l'on mélange tout. L'intérêt de la solution SNES est de proposer cinq ans de formation initiale. L'intérêt de la solution SNI est de jeter un pont entre l'école et le collège. La synthèse est introuvable. On s'achemine vers la cohabitation d'un corps formé en quatre ans et d'un corps formé en cinq ans, et l'on unifiera les obligations de service — mais il faudra que les agrégés, eux, acceptent de monter de 15 à 18 heures. »

Que le lecteur profane veuille bien, ici, reprendre son souffle. Si nous l'avons entraîné dans ces arcanes (encore nous reprochera-t-on d'avoir schématisé à l'excès), ce n'est pas seulement pour offrir un aperçu de l'imbroglio catégoriel et de ses transcriptions revendicatives. C'est pour montrer combien les querelles pédagogiques, dont la réussite scolaire est l'objectif avoué, recèlent des préoccupations corporatives et politiques. Ramenons donc l'empoignade à son échelon le plus prosaïque. Ce que veut le courant communiste, qui dirige le SNES, c'est bouter le SNI hors du collège et conquérir le « marché » des 80 000 PEGC en plein vague à l'âme. Ce que veut le courant anticommuniste, qui dirige le SNI, c'est consolider sa pénétration dans le second degré — naguère domaine réservé du SNES —, et repousser les certifiés au-delà de la troisième. A terme, l'enjeu est le contrôle de la FEN et de son empire. Les uns et les autres protesteront que nous réduisons leur réflexion éducative à de la vile tactique. Ils auront partiellement raison — ils

1. Idem, janvier 1984.

se soucient *aussi* de pédagogie. Mais est-ce une coïncidence si le projet d' « école fondamentale » est sorti des cartons du SNI en 1971, à l'instant précis où la tendance rivale menaçait de l'emporter ? Question naïve : les constructions pédagogiques, les projets de réforme des uns ou des autres sont-ils la source ou l'habillage des affaires de « boutique » ?

Cette question naïve tend à devenir insistante. Cela est dû, principalement, à l'intervention des usagers dans la vie interne de l'école. La généralisation du tripartisme (administration-enseignants-parents) dans la gestion du système place les profs et leurs porte-parole syndicaux sous le regard averti et parfois inquisiteur de consommateurs vigilants. Les maîtres, pris en bloc, ont perdu leur prestige intellectuel. Fini, l'ascendant du penseur professionnel. On les juge à l'aune d'une efficacité technique, on examine si les demandes qu'ils formulent pour améliorer le rendement sont fondées et cohérentes. Or, le doute perce.

Voilà qui retourne les syndicats sur le gril. La FEN, pourtant, devrait se sentir à l'abri. La première organisation de parents, la FCPE, est quasiment, à l'origine, une de ses filiales. Elle a vu le jour après la Libération, sous l'égide du SNI et de la Ligue française de l'enseignement, pour mener bataille du même pas contre l'octroi de crédits à l'école privée. Cantonnée au primaire jusqu'en 1960, elle s'est ensuite étendue à l'ensemble des secteurs. Et, il y a peu de temps encore, son siège était l'immeuble du syndicat des instituteurs, boulevard Saint-Germain. De l'aveu même de ses dirigeants, les enseignants-parents d'élèves se chiffrent dans ses rangs à plus de 100 000 (sur 800 000 adhérents revendiqués) et l'état-major, on l'a déjà vu, en porte la marque. Sur le terrain, à la base, pareille situation engendre des épisodes cocasses. Témoin, ce récit de François Hébertot, professeur de sciences physiques dans l'Ouest : « J'étais membre du conseil départemental de la FCPE. Le président, qui enseigne en LEP, a pris la succession d'un prof de gym. La secrétaire est institutrice. Pour ma part, en qualité de responsable de la commission du second degré, j'ai eu, un jour, à rencontrer officiellement le SNES. Notre délégation de parents comprenait outre moi-même, adhérent du SNES, un conseiller d'orientation, également adhérent du SNES. Et nous avons gravement débattu de nos difficultés respectives avec deux secrétaires départementaux du SNES, nos collègues. J'ai démissionné... »

Malgré tous les liens qui l'unissent à la FEN — essentiellement la solidarité laïque et l'image de gauche —, la FCPE a compris que la préservation de son leadership implique qu'elle se tienne à distance et entre dans une certaine logique des rôles. « Elle aspire, dit Jean-Claude Barbarant, à asseoir son indépendance, à faire oublier que c'est nous, le SNI, qui l'avons portée sur les fonts baptismaux. » Il y a, effectivement, péril en la demeure — un recul électoral sensible [1], une hémorragie militante très nette. Jean Andrieu a parfaitement compris où le bât blesse. Un sondage commandé par la Fédération à Publimétrie [2] établit que sa notoriété demeure forte — 1 Français sur 3 la cite —, que 61 % des questionnés la situent à gauche, mais que seulement 40 % la croient indépendante des syndicats. Commentaire de l'homme qui donne son nom à l'organisation : « Nous devons revendiquer de plus en plus le statut d'élu social, même si c'est insupportable aux yeux des profs. Les parents d'élèves sont porteurs de l'intérêt général face à des gens qui défendent des intérêts particuliers. La réforme de l'enseignement est une chose trop sérieuse pour être laissée aux enseignants [3]. » Lancé par un compagnon de route du SNI, le propos ne manque pas de sel. Il révèle à quel point l'axiome « ce qui est bon pour les maîtres est bon pour les enfants », pierre angulaire du corporatisme de la FEN, est en voie de sénescence.

Jean-Marie Schléret, le rival de Jean Andrieu, suivra volontiers son homologue sur cette pente, et l'y précédera au besoin. Lui aussi connaît un problème d'image. La PEEP est apparue longtemps comme la fédération de droite face à la fédération de gauche. Elle vise aujourd'hui le « créneau » de la compétence non partisane : « Nous essayons, explique son président [4], de réunir des parents qui savent de quoi ils parlent, qui ne sont plus prisonniers du cas spécifique de leur rejeton. Le dialogue inter-individuel maintient les blocages, accuse les pesanteurs. Seule l'association éduque les parents, les libère du souvenir qui survit en eux de leur propre passé scolaire. Inversement, si les professeurs acceptent de travailler en équipe, ils seront moins traumatisés par notre interpellation, ils ne la vivront plus comme une mise en cause personnelle. Les temps sont venus où les enseignants ne pourront plus être des sourds qui s'adressent à des muets. »

1. Entre 1982 et 1983, la FCPE a perdu 2 points (57,2 % contre 59,3 % l'année précédente), tandis que sa concurrente, la PEEP, est passée de 29,3 % à 31 %.
2. Enquête effectuée entre le 15 novembre et le 2 décembre 1983.
3. Entretien avec les auteurs.
4. Idem, janvier 1984.

Un verrou capital est en train de sauter, et Jean-Claude Barbarant pressent le danger. Non seulement les parents adoptent une attitude de consommateurs critiques, mais on ignore jusqu'où ce mouvement les emportera : « Il est hors de question, s'insurge le secrétaire général du SNI, qu'un jour un conseil d'établissement décide de promouvoir tel type de projet, les enseignants, les professionnels de l'éducation, étant chargés de le mettre en œuvre. L'institution scolaire, avant d'être un lieu de vie, est un lieu d'enseignement ; c'est sa singularité. Les maîtres décident, le conseil traduit. Même à la FCPE, des choses ont été écrites qui transforment les enseignants en exécutants. » Qu'adviendrait-il si les syndicats de l'Éducation nationale étaient dépossédés du monopole de la définition du bien public, et renvoyés à leurs appétits égoïstes ? Seul le SGEN-CFDT ne s'effarouche pas d'une telle interrogation. Les satellites de la FEN, eux, selon une formule de Jean-Marie Schléret, « s'abritent derrière la sacro-sainte liberté pédagogique ».

En 1978, un pacte de non-agression était signé entre la FCPE et le SNI. Actualisé en septembre 1981, il précisait : « Les parents s'interdiront d'intervenir dans tout ce qui relève de la fonction spécifique et de la responsabilité propre de chacun des membres de l'équipe pédagogique... Il n'y a pas, il ne peut y avoir rivalité entre parents et enseignants. » Deux ans plus tard, le ton de Jean Andrieu a changé : « Avant la victoire de la gauche, dans l'opposition, nous nous ' battions contre ' aux côtés de la FEN, nous pensions que nous menions le même combat que les syndicats amis. Maintenant, nous percevons mieux combien la tutelle des enseignants professionnels est excessive, combien nous nous heurtons à leur corporatisme [1]. » Parole d'expert...

Le paradoxe est rude : c'est au moment — tant attendu — où la gauche parvient aux affaires que le syndicalisme enseignant se découvre nu. Jusqu'alors, son slogan (ou son alibi) tenait dans la formule qu'a illustrée François de Closets : « Jamais assez, toujours plus ! » A la boulimie d'absorber constamment de nouvelles filières, de conquérir de nouveaux marchés, à la hantise de laisser échapper une parcelle de territoire, répondait la dénonciation

1. Idem.

rituelle de la mauvaise volonté budgétaire de la droite. Il était loisible de réclamer l'extension indéfinie du secteur public, et d'inscrire les dysfonctionnements qu'engendrait une croissance galopante au compte des réticences du pouvoir. Permanente et rassurante navette : la FEN cogérait l'Éducation nationale, exerçait sa pression sur la refonte des structures et la réforme des enseignements, mais dégageait sa responsabilité des carences et des échecs. L'innocence politique n'avait d'égale que l'eschatologie des projets. Le jour venu, on verrait ce qu'on verrait.

Le jour venu, on a « géré la pénurie ». On s'est aperçu que, fussent-ils octroyés par un gouvernement complice, les moyens n'étaient pas indéfiniment extensibles. Et que le courage, le souci de la justice, ne consistaient point à mendier des rallonges et des collectifs, mais à effectuer des choix, à opérer des transferts — et, surtout, à garantir la transparence de ces décisions et de ces procédures. Par la vertu d'un succès électoral qui était amplement sien, le lobby enseignant s'est trouvé arraché, de force plus que de gré, à son irresponsabilité coutumière. Il a dû sacrifier un mythe fondateur sur l'autel des évidences : l'état de la machine éducative est tel que, par un effet cumulatif et pervers, des inégalités criantes y ont germé sous la surface des textes univoques, au point qu'il est urgent de distinguer le normal du pathologique, le convenable du prioritaire. Un des artisans, au ministère, de ce retournement douloureux, en expose le caractère radical : « La gauche a traditionnellement fonctionné selon une logique des besoins, or on passe d'une logique des moyens infinis à une répartition de moyens limités. La FEN, après le 10 mai 1981, avait chiffré à 170 000 le nombre de créations d'emplois nécessaires. On n'y parviendrait pas en dix ans ! »

Et la question revient, toujours la même, et lancinante : le syndicalisme enseignant n'est-il pas fâcheusement enclin à légitimer le confort de ses membres par des revendications dont l'objet proclamé est autre ? Un exemple, en cette matière, est particulièrement éloquent. L'échec de la réforme Haby, le fiasco de la pédagogie de soutien, ont résulté, dit la FEN, d'un défaut de volonté politique et de l'avarice ministérielle. L'inspecteur Binon, après enquête, rejette fermement cette interprétation : « Les critiques indéfiniment répétées des syndicats d'enseignants ou de certaines fédérations de parents d'élèves ont depuis trois ans essayé d'accréditer l'opinion que l'échec de la réforme tenait uniquement au manque ou à la mauvaise organisation des moyens, donc découlait d'une responsabilité politico-administrative. Contrairement à ces idées presque reçues, les données chiffrées recueillies au cours de la présente étude montrent qu'une marge de manœuvre d'environ 5 % existe à tous les niveaux, et que la distribution des moyens pour les options en quatrième a été aussi large qu'il se puisse imaginer. Et s'il est vrai que ce capital est loin d'être toujours bien utilisé, une telle situation provient le plus souvent des décisions prises à la base, à l'évidence pour satisfaire les demandes des groupes de pression[1]. »

La faute de René Haby serait-elle moins criante qu'on ne l'a crié ? En tout cas, les socialistes régnant, l'art de l'esquive est d'un moindre secours. Force est d'aborder l'inabordable. De s'interroger, en particulier, sur un dogme de la pédagogie syndicale : plus les effectifs par classe diminuent, plus l'efficacité de l'apprentissage croît. Depuis 1950, malgré l'explosion démographique, le nombre moyen d'enfants par section à chuté de 28 à 24 dans le premier cycle du second degré, et de 31 à 28 dans le deuxième — l'amélioration, de la Libération à nous jours, a été de 30 %. L'expert du PS Jean-Louis Piednoir, se fondant sur les travaux de maints chercheurs, risque un commentaire peu orthodoxe : « Le fait de diminuer la taille de la classe n'assure pas, par lui-même, de gain au niveau des résultats... Dans les classes à effectifs légers, le climat de travail est souvent déprimé, et les résultats peuvent être moins bons, notamment pour les enfants des milieux populaires. Même si les professeurs bénéficient de petites classes, ils n'en tirent généralement pas avantage pour adapter leurs méthodes ni pour individualiser leur enseignement. En bref, la relation entre les résultats des élèves et la taille de la classe est hautement complexe... Elle ne laisse la place à aucune évidence fruste (sinon fausse). » Écrit en toutes lettres dans une publication socialiste[2].

On imagine ce qu'induit le viol d'un pareil tabou. On imagine des maîtres qui, délaissant l'uniformité des textes (tant d'élèves par classe quelles que soient les singularités du lieu), s'assembleraient pour décider que tel cours se donne devant 35 auditeurs, et tel autre devant 15, dosages variables au vu des réactions du public. On imagine des syndicalistes qui renonceraient à une part de leur puissance de feu centrale, de leur pression sur le législateur, pour inciter leurs troupes à exercer par elles-mêmes, dans l'entreprise,

1. Rapport Binon, *op. cit.*, p. 185-186.
2. *École et Socialisme*, décembre 1983-janvier 1984.

un droit à l'initiative ; qui reconnaîtraient l'inégalité des manques — cet établissement a vraiment besoin d'argent pour évoluer, mais cet autre ne requiert que de la concertation. Le passage, selon les termes de notre interlocuteur ministériel, « de la logique des moyens infinis à une répartition de moyens limités », est difficile parce qu'il exige des options publiques, assumées, dont la pertinence est ensuite sanctionnée. Et, surtout, parce qu'il implique un transfert du pouvoir du haut vers le bas.

Il fallait que la gauche vînt au gouvernement pour que le syndicalisme enseignant majoritaire fût dépouillé de son alibi chronique — la carence de ressources. Mais, on le voit, la démythification ne s'arrête pas en si dur chemin : après l'argument des moyens détournés s'effondre le mirage de la grande réforme. On en rêvait depuis que la gauche est gauche, depuis Jean Zay et Langevin-Wallon : le jour où la réaction serait boutée hors du ministère, les architectes se mettraient à l'œuvre (le programme commun signé en 1972 n'annonçait-il pas « la reconstruction de tout l'édifice scolaire » ?). Tant et si bien que la droite s'est acharnée à devancer l'événement, concédant d'ailleurs des gages à ses encombrants partenaires : de réforme Fouchet en réforme Fontanet puis en réforme Haby, les stratèges d'état-major n'ont pas chômé. Et, finalement, c'est un ministre de François Mitterrand qui a effectué la révolution que nul n'attendait : considérant que le système n'était pas radicalement modifiable par décret, il a renoncé à imposer *la* réforme, la seule, la vraie, renvoyant la balle dans le camp des profs.

Un des collaborateurs d'Alain Savary explique cette méthode et ce renoncement : « Nous avons constaté qu'il est impossible d'améliorer la machine éducative sans que les individus prennent en charge notre disposition. La difficulté est double : celle du cadre et celle de l'impulsion. Et notre philosophie se résume en une formule : on ne transforme pas le système, il se transforme. Quoi qu'on dise et quoi qu'ils disent, les enseignants sont libres dans leur classe. Il y a certes les programmes, il y a les inspecteurs, mais personne n'a jamais empêché les profs de travailler ensemble. Simplement, dans le passé, l'administration gênait l'innovation pédagogique par crainte des conflits internes. Aujourd'hui, elle n'hésite plus à y inciter. » Le premier épisode de cette démarche a été la divulgation du rapport Legrand sur les collèges, et l'invitation transmise aux intéressés d'en débattre. Coordination, concertation, élaboration collective d'objectifs précis (soit auto-évaluation), groupes de niveau mobiles, assouplissement de l'obligation de présence dans l'établissement, tutorat instituant entre le maître et l'élève une relation attentive (et, donc, introduisant un certain dévoilement, une vulnérabilité du premier), personnalité propre de chaque équipe enseignante : ces thèmes ont déchaîné les passions, séduisant les minorités sur-investies, inquiétant la majorité désinvestie. Le rapport Prost sur les lycées, un peu plus tard, a souligné les lignes de force : pédagogie du contrat, modulation extensive des horaires, autonomie des unités éducatives.

Sans entrer dans les querelles portant sur l'appréciation technique de ces mesures, retenons ce que la procédure comporte d'inédit. Jusqu'alors, les enseignants ont été habitués à la férule d'une autorité supérieure — férule dont le manche était en partie manipulé par leurs syndicats. « On » leur infligeait des consignes, des normes qui, bombardées depuis la Centrale, étaient jugées recevables ou irrecevables mais en tout cas de provenance étrangère. L'insuccès d'une tentative ou la mollesse dans l'application étaient imputables à la lourde coercition de « l'administration » (inversement, un « acquis » bénéfique s'inscrivait au compte de la contre-administration, du syndicat). La « méthode Savary » a cassé net ce jeu parfaitement rodé, menaçant du même élan l'irresponsabilité postulée de la base et le monopole de ses représentants.

Il n'est que d'observer l'attitude, face à un gouvernement « ami », des principales officines. A la publication du rapport Legrand, le SNES commence par saluer des « points positifs ». Puis surgissent les réserves : pas question de toucher — fût-ce pour un aménagement — aux maxima de service, pas question d'accepter un tutorat qui grignoterait les indemnités du professeur principal, pas question d'admettre un temps de présence plus étendu sur le lieu de travail (d'accord, en revanche, pour enseigner 16 heures au lieu de 18, et réserver les deux heures dégagées à la concertation). Un mot d'ordre éloquent : « Rénover les collèges, oui ; sur le dos des professeurs, non ! » Quant au rapport Prost, il éveille certes l'intérêt. Mais pas question de développer une autonomie pédagogique qui s'évaderait des cadres nationaux, pas question de subir la « charge supplémentaire » que suppose la « pédagogie du contrat ». Ce n'est même pas un « oui mais ». C'est un non catégorique, ou plutôt catégoriel...

L'accueil du SNI-PEGC est fort différent. Non sans courage, ses dirigeants n'ont pas hésité à secouer leurs troupes en émettant un jugement globalement favorable. Jean-Claude Barbarant : « Le rôle d'un syndicat, par les temps qui courent, est de risquer d'être en avance sur ses adhérents pour ne pas être en retard d'une guerre. La réforme clé, c'est d'amener les enseignants à travailler collectivement, de reconstruire leurs obligations de service afin qu'elles incluent une part de concertation. Les révolutions sont toujours conduites par des minorités. Une minorité est prête, elle serait capable d'entraîner la majorité [1]. » Le patron du SNI serait-il donc « savaryste » ? Non. D'accord sur la visée, il ne l'est pas sur la méthode. Au lieu de parier sur la diffusion, sur la contagion d'expériences éparses, il faudrait, estime Jean-Claude Barbarant, trancher du sommet, produire des circulaires, manifester une volonté impérieuse, bref contraindre : « La stratégie du volontariat n'engendre que des aménagements partiels et ponctuels, un rafistolage éclaté. Le ministère s'en remet aux votes de conseils d'établissement plutôt que d'assumer ses responsabilités, et chaque mois qui passe voit l'enthousiasme s'effondrer. Chacun va se replier dans son coin. Nous répondons : n'hésitez pas à faire râler les gens contre des mesures claires, ne refusez pas de légiférer ! » Et Jean Andrieu, à la FCPE, tient un langage analogue. Paradoxalement, c'est la fédération de Jean-Marie Schléret, la fédération « de droite », qui manifeste le plus de compréhension envers le gouvernement socialiste...

Le SNES refuse le fond, le SNI refuse la forme. L'un et l'autre considèrent que les trois premières années de la gestion de l'Éducation nationale par les socialistes ont subi l'empreinte d'une inspiration cédétiste. Si minoritaire soit-il, le SGEN-CFDT, foncièrement décentralisateur, hostile au dirigisme étatique, apparaît comme le laboratoire intellectuellement influent où puisent certains « politiques » du ministère (on lui doit, notamment, l'idée — combattue par le SNES — de « zones d'éducation prioritaires » auxquelles serait alloué un soutien spécial). La contradiction paraît insurmontable entre un réformisme « horizontal », anti-autoritaire, misant tout sur l'initiative locale ou régionale, et la traditionnelle version jacobine du changement programmé au sommet. Il est vrai que les expérimentations pédagogiques engagées çà et là, démarrées avec entrain, butent très vite sur mille obstacles institutionnels et budgétaires. Il est non moins vrai que, constatant ces limites, Jean-Claude Barbarant défend aussi la toute-puissance de son organisation, laquelle repose, par symétrie et/ou osmose,

1. Entretien avec les auteurs.

sur la centralisation du système. Que ce dernier s'assouplisse, se fragmente, et la FEN se sentira elle-même menacée.

Exit, donc, quoique aucun substitut ne réunisse les suffrages des appareils majoritaires, le mythe de la grande réforme. Le troisième traumatisme, le plus spectaculaire, qui ébranle et révèle le corporatisme enseignant, c'est la querelle laïque. Il convient ici de garder la tête froide, et de commencer par le commencement. Les polémiques sont si aiguës que certains rappels sont indispensables. Et d'abord, l'incontestable noblesse du concept même de laïcité. L'idée d'un libre exercice de la pensée hors de dépendances dogmatiques, l'idée que la conviction s'épanouit quand elle s'enracine sur l'examen et s'émancipe de la doctrine, cette idée-là est une conquête. Pas seulement la conquête des athées ou des francs-maçons. Au fil du XXe siècle, nombre de chrétiens y ont découvert « l'expression juridique de la liberté de l'acte de foi [1] ». En ce sens, l'éclosion et l'expansion d'une école laïque ne sont pas un mince acquis républicain. Il faut se rappeler que, rescapée de l'Université impériale napoléonienne dont le monopole fut démantelé entre 1833 et 1875, l'Église s'est refusée d'admettre la distinction entre neutralité et irreligion [2], et a enjoint, comme devoir de conscience, à ses fidèles, de confier exclusivement leurs enfants aux établissements catholiques. L'enseignement public, face à semblable mise en demeure, s'est bel et bien affirmé comme un enseignement libre en droit — même si, en fait, le « laïcisme » militant l'a fréquemment emporté sur la laïcité sereine. Les caricatures n'ont point manqué de part et d'autre quand a été rétablie l'aide de l'État à l'école privée — lois Marie et Barangé après la Libération, loi Debré en 1959, loi Guermeur en 1977. On a parfois vu d'un côté Jésus-Christ et Ponce Pilate sous la même casquette. On a souvent observé de l'autre un discours « laïcard » passablement religieux.

A l'aube de la Ve République, une pétition de onze millions de signatures a protesté contre les « cadeaux » accordés au privé, un serment solennel de contrebattre ce scandale fut prononcé par des centaines de milliers de manifestants, réunis à l'appel du Comité national d'action laïque sur la pelouse de Reuilly. Le CNAL — où siègent le SNI, la FEN, la FCPE, la Ligue de l'enseignement et la

1. Selon André Latreille et Joseph Vialatoux dans *Esprit*, en 1951. Sur la pénétration de l'idée laïque dans les milieux chrétiens, cf. H Hamon et P. Rotman, *La Deuxième Gauche, histoire intellectuelle et politique de la CFDT*, Ramsay, 1982.
2. La formule est de René Rémond in *Le Monde*, 3 mars 1984

Fédération des délégués départementaux de l'Éducation nationale — est alors apparu comme le seul foyer de rassemblement de la gauche tout entière. En mai 1972, un colloque sur le devenir du système éducatif, où figuraient le PC, le PS, les radicaux de gauche, la CGT, la CFDT, FO, le Grand-Orient de France, l'Union rationaliste, la Ligue des droits de l'homme, la Libre pensée, etc., accouchait d'un projet de charte annonçant une nationalisation laïque de l'enseignement et une gestion tripartite du service public. La résolution prévoyait une intégration volontaire des établissements et personnes privés ayant perçu de l'argent de l'État, sans spoliation ni monopole, sans sanction ni privilège. Cette inspiration, ultérieurement, se retrouvait dans les programmes et déclarations de l'opposition à Georges Pompidou et Valéry Giscard d'Estaing. La proposition numéro 90 du candidat François Mitterrand n'était pas autre, bien qu'elle fût tempérée par des formules verbales beaucoup plus évasives.

Le contraste est patent entre une aussi longue détermination et les tergiversations, puis la quête d'un compromis, qui ont suivi la victoire électorale des socialistes. Et le retournement de l'opinion est plus spectaculaire encore. Où sont passés les onze millions de pétitionnaires de 1960 ? En mars 1984, un quart de siècle plus tard, 79 % des Français se proclament favorables au *statu quo*. Mieux : dans l'électorat de la majorité, celui qui a porté au pouvoir les ex-signataires de feu le programme commun, 74 % des sondés indiquent la même tendance. Incroyable : un sur deux, parmi ces derniers (47 % contre 48 %), s'avoue « solidaire » des manifestants qui défendent l'école dite libre [1]. Quelle que soit l'ampleur des grands-messes défensives organisées — non sans effort — par le CNAL, la renverse du courant est indéniable. Quiconque, du reste, hante durant des mois les couloirs des lycées et collèges, est frappé de constater combien les personnels du second degré (sauf les PEGC originaires de l'enseignement primaire) sont démobilisés sur la question.

Monseigneur Lustiger, s'adressant à l'immense foule qui se pressait à Versailles le 4 mars 1984, n'avait pas tort de lui lancer : « Ni une Église ni un parti ne pourraient vous revendiquer tous ! »

1. Enquête Ipsos-*Le Point*, 4 mars 1984. Une autre enquête Louis Harris, *Le Matin*, publiée le 8 septembre 1983, indique que 48 % des parents (contre 42) considèrent que le respect de toutes les opinions n'est pas garanti dans l'enseignement public (la SOFRES, en 1973, donnait des résultats inverses : 50 % de confiance contre 33 % de défiance).

Quoique l'école privée soit à plus de 90 % confessionnelle, quoique l'Unapel[1], qui regroupe les parents concernés, soit une terre d'élection (c'est le mot juste) de la droite politique, le phénomène auquel on assiste n'est pas réductible au sempiternel schéma réactionnaires-cléricaux-contre-progressistes-laïques. Une donnée nous introduit au cœur du paradoxe : si l'enseignement privé est, pour l'essentiel, un enseignement catholique, il n'est guère plus d'un cinquième de ses usagers qui y inscrivent leurs enfants pour des raisons religieuses. Reste à comprendre pourquoi 16 % de la population scolaire (19 % dans le second degré) fréquentent cette institution plutôt que l'école du peuple.

Tradition « bourgeoise » ? Il est vrai que trois groupes sociaux sont sur-représentés dans le secteur privé par rapport au public : les agriculteurs, les professions libérales et cadres supérieurs, les patrons de l'industrie et du commerce — ces deux dernières catégories évoquent, en effet, les zones privilégiées de l'éventail des revenus. Une comparaison, établie voilà quelques années[2], montrait qu'en classe de quatrième, on dénombrait 39,3 % d'enfants d'ouvriers dans le public contre 24,9 % dans le privé, et 17 % d'enfants de patrons dans le privé contre 9 % dans le public. C'est clair. Mais il est clair aussi que l'électorat décisif de la gauche socialiste se recrute dans les couches moyennes, et que la fragilité des frontières socio-professionnelles entre camps adverses tend à réduire l'antagonisme : une partie croissante des supporters de François Mitterrand ne se sent nullement ancrée du côté de la « laïque » par une appartenance « de classe ». Le populisme hugolien des instituteurs de la haute époque fait de moins en moins recette.

A-t-on assisté, depuis une décennie, à une hémorragie considérable du public vers le privé ? Tous chiffres confondus, rien n'est moins sûr. Les statisticiens établissaient en 1980 que l'accroissement annuel moyen des effectifs de l'école « libre » n'était que de 0,5 %, soit la moitié de celui de l'autre école. C'est seulement dans le second cycle long que l'enseignement privé a progressé un peu plus entre 1967 et 1977[3]. Commentaire de la sociologue Lucie Tanguy : « L'école privée cherche moins à s'étendre qu'à se

1. Union des associations de parents d'élèves de l'école libre
2. Ces données datent de 1980
3. Cf. le dossier très complet du *Monde de l'Éducation*, mars 1981

promouvoir[1]. » Loin de préconiser un développement tous azimuts, ses responsables ont choisi d'occuper les « créneaux » libérés par leurs concurrents. Tandis que le collège unique multipliait les problèmes dans l'enseignement d'État, ils ont porté leurs efforts sur ce terrain. Un rapport officiel en convient : « L'amélioration récente des pourcentages des élèves des établissements privés du premier cycle du second degré, alors que le public est en baisse, semble révéler une confiance grandissante des parents[2]. » De 1977-1978 à 1980-1981, les effectifs du premier cycle public ont chuté de 1,3 %, ceux du privé ont augmenté de 4,1 %. Bilan : pas de transfert global massif, mais un courant ponctuel sensible.

Deux logiques antagonistes. La FEN et l'Éducation nationale, sur la lancée du « toujours plus » scolaire, n'ont cessé de revendiquer de nouveaux territoires (on le voit s'agissant de la formation permanente). L'école privée, au contraire, a fonctionné par objectifs. C'est probablement là le secret d'une cote en hausse. Et c'est aussi ce qui invalide, *a priori*, les tentatives de comparaison trop rapides. L'enseignement « libre » est-il meilleur que son rival ? Si l'on rapporte les résultats du collège catastrophe de Garges-lès-Gonesse à ceux de la douillette institution Bossuet ou de la prestigieuse Sainte-Geneviève, la réponse paraît s'imposer d'elle-même. Mais elle ne vaut rien : le tout est de comparer ce qui est comparable. L'honneur de l'école publique est de ne pas concentrer son implantation dans les banlieues sud et ouest de Paris. Si l'on compare, en revanche, l'excellent lycée technique de Versailles, pionnier de l'apprentissage des automatismes programmés, avec un quelconque homologue du privé, le premier l'emporte à tout coup. Dans les régions où l'histoire fournit des échantillons commensurables — ainsi dans l'académie de Nantes —, on s'aperçoit que, malgré tout, l'enseignement laïque obtient globalement de meilleurs résultats, ce que confirment les pourcentages de succès au baccalauréat[3].

D'où vient alors l'image positive du privé, y compris auprès de parents qui ne se soucient guère du facteur religieux ? D'une option

1. « L'État et l'école, l'école privée en France », *Revue française de sociologie*, septembre 1972.

2. *Accueil des élèves dans les établissements d'enseignement privé*, document de travail, SEIS, février 1980.

3. Résultats au baccalauréat 1983 : moyenne des lycées de l'enseignement public : 63,6 %, moyenne du privé : 63,2 %. Pour la section C : public 77,9 %, privé 69,7 %.

XII. COMPARAISON DES EFFECTIFS DU PUBLIC ET DU PRIVÉ

PART (EN POURCENTAGE) DES EFFECTIFS DE L'ENSEIGNEMENT PRIVÉ, PAR RAPPORT A L'ENSEMBLE DES ÉLÈVES PUBLIC-PRIVÉ

France métropolitaine

Années / *Niveaux*	1958 - 1959	1960 - 1961	1965 - 1966	1970 - 1971	1975 - 1976	1980 - 1981	1981 - 1982	1982 - 1983
Préscolaire	17,3	14,3	15,2	14,6	13,6	13,2	13,2	13,0
Primaire	16,4	16,0	14,6	13,9	14,1	14,5	14,5	14,6
1er cycle	26,0	24,9	22,0	18,4	18,1	19,3	19,4	19,5
Second cycle court	33,6	33,1	31,0	26,2	22,7	22,2	22,5	22,0
Second cycle long	23,7	22,7	22,8	23,0	23,5	22,9	23,2	22,8

Source : *SIGES*, ministère de l'Éducation nationale.

POURCENTAGE DES ÉLÈVES SCOLARISÉS DANS L'ENSEIGNEMENT PRIVÉ DU SECOND DEGRÉ

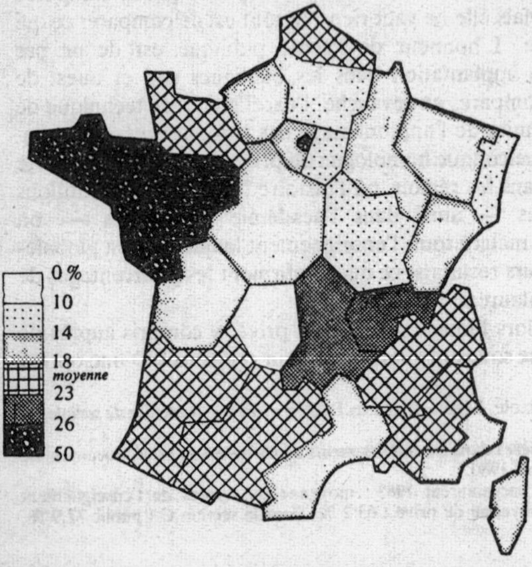

Aix	18,8
Amiens	13,1
Besançon	14,4
Bordeaux	18,6
Caen	22,3
Clermont	24,6
Corse	8,7
Créteil	12,1
Dijon	12,5
Grenoble	20,3
Lille	21,7
Limoges	9,9
Lyon	25,7
Montpellier	16,5
Nancy	15,0
Nantes	49,9
Nice	14,6
Orléans	14,9
Paris	36,6
Poitiers	16,6
Reims	14,2
Rennes	44,3
Rouen	14,7
Strasbourg	11,5
Toulouse	20,5
Versailles	16,0
Total	20,6

simple : l'école « libre », contrairement à l'école publique, ne prétend pas offrir à tous le même service, les mêmes chances, les mêmes méthodes. Au contraire, elle joue sur la diversité et accepte le verdict de la concurrence. Personne ne s'étonnera qu'une « boîte » privée spécialisée dans le rattrapage d'enfants en déroute connaisse des échecs. Inversement, un établissement ultra-sélectif s'adressera à d'autres « clients » et demandera d'être jugé au centième de point près. La prétention égalitaire du service public, dont l'inspiration généreuse est contredite par l'inégalité des situations, est vécue par le parent-consommateur comme une utopie ou une escroquerie. Il réclame une forme de publicité comparative et, obéissant à son réflexe consumériste, aspire à être « libre » de s'adresser à une « libre » entreprise.

Robert Ballion, chercheur au CNRS, illustre bien ce propos au fil d'une enquête[1] sur les établissements catholiques dans la région parisienne. Sa typologie distingue cinq profils fort tranchés : les « établissements d'excellence » (13 %) qui assurent, mais après sélection, 80 % et plus de réussite au baccalauréat ; les « établissements d'éducation pour classes élevées » (19 %), maisons bon chic bon genre qui préservent les jeunes gens et surtout les jeunes filles de promiscuités détestables ; les « établissements novateurs » (5 %) qui pratiquent la pédagogie de pointe ; les « établissements d'éducation substitut » (41 %) qui recueillent des éléments en rupture scolaire ; enfin, les « établissements refuges » (15 %), écoles de charité implantées dans les quartiers populaires et les arrondissements défavorisés. En fait, seules les unités du premier et du deuxième type correspondent à l'image qu'on se forme, sur l'autre bord, du privé. La multiplication des structures « substitut » exprime l'inflation d'une demande de recours contre l'uniformité administrative et la normativité culturelle du secteur public. Ce qu'Alain Besançon, dans un éditorial, résume avec une force accusatrice : « La rage de nivellement, la poursuite de l'égalité des conditions jusqu'à l'effacement de tout classement, de toute différenciation naturelle entre les enfants, peut passer pour une sorte d'exaspération déréglée de l'idéal démocratique[2]. »

On s'aperçoit, à ce stade, que la « question laïque » a purement et simplement changé de contenu. Il ne s'agit plus du combat

1. *Les Fonctions sociales de l'enseignement privé*, commissariat général au Plan, CORDES, 1978. Du même auteur, *Les Consommateurs d'école*, Stock, 1982.
2. *L'Express*, 9 mars 1984.

républicain contre les privilèges, il s'agit d'un débat entre une école qui joue la concurrence et une école prête à tout pour s'y dérober. Là encore, il a fallu que la gauche connaisse l'épreuve du pouvoir pour que se dévoile le dessous des cartes. Le lobby laïque s'est senti abandonné par les siens. Jean Andrieu, le plus déçu ou le plus intransigeant, est allé jusqu'à parler de « trahison[1] ». « Et le vrai traître, c'est Mitterrand », précise-t-il en confidence[2]. Michel Bouchareissas, le secrétaire général du CNAL, est plus modéré dans l'analyse quoique sa fonction l'amène à élever le ton au micro : « Le privé a su se créer une image positive face au public, face à l'école de l'échec qui devrait battre sa coulpe[3]. »

En réalité, ils assistent — et sont trop fins connaisseurs, trop vieux routiers aussi, pour être dupes — à l'effondrement de l'ultime alibi, pilier de tous les autres, tel qu'il figurait dans la résolution finale du fameux colloque organisé par le CNAL en 1972 : « Le pouvoir est l'instrument des féodalités économiques qui dans leur volonté d'asservir l'Éducation nationale mènent leur offensive à la fois par le développement confessionnel et patronal, et par l'assujettissement du service public. C'est pourquoi il porte la responsabilité de la crise que traverse l'Éducation nationale. » Heureux temps où les ratés du système provenaient, à l'évidence, d'une cause extérieure — malveillance politique, mainmise du CNPF, convoitises cléricales. A présent, l'État est « socialiste », et une majorité de Français, fussent-ils électeurs de la gauche, considèrent que l'octroi de subventions à une institution confessionnelle, même contestable dans son principe, n'est point pervers dans ses effets. Par une étrange pirouette du siècle, le droit à la différence, qui est le cœur même de l'idéal laïque et démocratique, paraît avoir changé de camp. Les partisans de la nationalisation à outrance font figure de doctrinaires craintifs désireux de refermer sur tout et sur tous le couvercle de l'État, de peur que les bouillonnements internes ne montent à la surface.

Il suffit, pourtant, de se pencher sur le concret pour découvrir que la marmite est chaude. La concurrence ? Elle ne s'éteindra pas de sitôt, et surtout pas par décret. D'ailleurs, elle joue dans tous les sens. Hervé Benoît, professeur de collège dans une bourgade vendéenne, vit avec humour le dualisme scolaire : « Ici, il y a

1. *Pour l'enfant, vers l'homme*, novembre-décembre 1983.
2. Entretien avec les auteurs.
3. Idem.

l'école du haut — privée — et l'école du bas — publique. Le plus souvent, sévit une rivalité stupide et paralysante. Chez moi, c'est plus complexe ; une curieuse émulation produit des résultats inattendus. Contrairement au cas de figure classique (dit-on), c'est le privé qui se lance dans l'innovation pédagogique, et le public qui observe un conformisme routinier. D'où un chassé-croisé assez piquant entre les parents. Ceux qui aiment l'ordre et la discipline, à l'ancienne, retirent leur gosse de l'école libre — qui sent le soufre. Les autres, y compris ceux de gauche, les retirent de l'école publique — qui sent le rance... »

Le cas semble paradoxal. Mais existe-t-il un bon usage de la différence, puisqu'elle est vouée à perdurer ? Michel Chauou, jeune principal du collège de Moncontour-de-Bretagne, en zone « sensible », dans les Côtes-du-Nord, est un authentique fils de la « laïque », de l'école normale. Il n'en tient pas moins un discours original : « Nous sommes dans une région traditionnellement catholique, rurale et conservatrice. Brandir ici la bannière laïque est la meilleure façon de conforter le camp d'en face. Ce n'est pas par des manifestations ostentatoires qu'il faut se battre. C'est sur le terrain de la pédagogie, en laissant à l'UNAPEL la responsabilité de la guerre scolaire. Les établissements publics qui ne répondent pas aux besoins des élèves, qui n'évoluent pas, qui ont des taux d'échec considérables, voilà ce qui transforme le privé en recours. Les groupes de niveau, ça donne des résultats ; la pédagogie ouverte, ça donne des résultats. Si l'on intègre purement et simplement le privé au public, on accroîtra les pesanteurs, on accumulera les verrous sans dégager les novations. Que l'enseignement public se transforme, qu'il montre ce dont il est capable. La concurrence n'est pas une mauvaise chose, à condition de l'utiliser comme stimulant. »

Michel Chauou est membre du SNI-PEGC, ainsi que les vingt maîtres de son établissement. Il prêche à contre-courant. Ce que veut la FEN, c'est l'inverse : légiférer d'abord, réduire l'adversaire en titularisant ses salariés à défaut d'absorber l'institution, peser sur les collectivités locales et régionales pour qu'elles refusent leur financement. Méthode radicale qui ne laisse d'alternative qu'entre le consumérisme sauvage et l'étatisme empâté. Un homme tel que Jean-Claude Barbarant, qui ne triche pas avec les dossiers (il ne nie guère que le collège va mal), souhaiterait jouer sur les deux tableaux — la protection d'en haut et le mouvement d'en bas. Mais tout indique que ces deux procédures s'annulent mutuellement —

que force sera d'opter entre l'une et l'autre, entre un conservatisme statutaire et le risque d'une décentralisation.

Or, le sens de la pente corporatiste est net. Le syndicalisme enseignant majoritaire (fût-ce dans ses composantes « révolutionnaires », notamment l'École émancipée) a élu pour épouvantail la logique d'une relative concurrence qui rendrait le service public responsable de son destin. « Jamais, écrit Jacques Pommatau, secrétaire général, la FEN n'acceptera que soit accordée une autonomie aux établissements, particulièrement en matière de projet éducatif, aussi longtemps que subsisteront des établissements de statut privé, et conservant leur 'caractère propre'[1]. » Tout est là, dans ce préalable qui, au bout du compte, sert à préserver le tabou des tabous : la diversification du système, ce ne serait pas la fin de l'école, ce serait la fin d'une école au-dessus de tout soupçon.

Pourquoi diable des compagnons de toujours, dès lors qu'un fauteuil ministériel ou présidentiel leur échoit, renvoient-ils aux calendes grecques l'application d'engagements maintes fois réitérés? Parce que la transition est rude entre la solennité des programmes et le prosaïsme des choses? Parce que la politique, à qui s'approche du commandement, enseigne la fatalité du compromis? Le refus de François Mitterrand et de son gouvernement de donner pleine et entière satisfaction au lobby laïque procède, certes, de ces vérités premières. Mais il obéit aussi à une impulsion plus complexe, et probablement plus contraignante : en démocratie, il n'est guère de représentant, fût-il au faîte de la puissance, qui soit en droit de traiter avec désinvolture les mutations ou soubresauts de la société civile. La décision de ne point nationaliser par le fer et par le feu l'école privée n'obéit pas seulement au souci tactique d'obtenir la trêve sur ce front quand d'autres sont ouverts. C'est également l'aveu que le mouvement d'opinion en faveur du pluralisme scolaire répond à une aspiration qui n'est pas cantonnée dans des limites partisanes. Autant qu'à Jacques Chirac, c'est à de larges secteurs de son propre électorat que François Mitterrand accorde une concession, entre deux amendements.

Voilà une analyse qui n'est guère recevable sur la planète des profs. Outre qu'elle heurte de vigoureux intérêts corporatifs, elle

1. Lettre publiée par *La Croix*, 6 janvier 1984.

contredit leur histoire et leurs tropismes. Les enseignants du secteur public sont, par excellence, et dans toutes les acceptions du terme, des agents de l'État — ses serviteurs et bénéficiaires. Dans la même foulée, ils sont les piliers de la « première gauche », celle qui est demeurée hégémonique dans le parti socialiste alors qu'elle s'inquiétait de voir reculer son hégémonie politique au gouvernement, et s'effarait d'avoir perdu son hégémonie culturelle dans le tissu social. Lui demander de délaisser peu ou prou le terrain de l'État pour celui de la société civile, c'est, à ses yeux, la dépouiller de ses défenses, de ses donjons, de ses croyances. L'État c'est nous, la gauche c'est nous. « Cette pensée, ironise Jacques Julliard [1], estime que le bon sens est la chose du monde qui se partage le moins, et qu'elle n'existe que sous la forme de l'indivision... La collectivité s'identifie alors à une personne morale, l'État, qui, à son tour, s'incarne dans une série de personnes physiques : les fonctionnaires, qui sont en dernière analyse lès dépositaires ultimes de la volonté générale. »

Il serait fort sommaire, et indûment polémique, d'oublier que ce credo, voire ces rentes de situation, sont le produit d'une longue marche. Et d'un idéal : celui « d'une société libre, fraternelle et égalitaire, où les 'producteurs' géreraient eux-mêmes les grands services publics, où l'école et la culture seraient au service de tous, où la guerre aurait disparu et où les peuples seraient tous unis dans une même foi en la raison et dans la science [2] ». Depuis la fin du XIXe siècle, les maîtres d'école ont été les ardents propagateurs du « sursaut républicain » qui répliqua aux menées anti-dreyfusardes. Animateurs, dès 1900, d' « universités populaires », ils ont voulu diffuser le savoir auprès de ceux qui en étaient socialement privés. Et c'est sous cet angle qu'il faut comprendre leur hantise d'un démantèlement, d'un affaiblissement ou d'un détournement politique de l'instrument d'une telle visée : l'école pour tous, l'école du peuple, l'école démocratique (non seulement ouverte quant au recrutement, mais ouverte quant à la cohabitation pacifique d'idéologies contraires). Les campagnes, à la veille de la Première Guerre mondiale, contre le « péril clérical », contre le « complot catholique », la conviction que le ver est là, qui taraude le fruit (« Laïcisons la laïque ! » était le mot d'ordre face à l' « opposition

1. *Contre la politique professionnelle*, Éd. du Seuil, 1977, p. 114.

2. Cf. Paul Gerbod, *Les Enseignants et la Politique*, PUF, 1976. On consultera également l'enquête de Hélène Desbrousses et Bernard Peloille, *Les Enseignants, la société et l'État*, sous l'égide du CORDES, 1980.

nationale », courant de droite qui n'était pas sans influence parmi les enseignants [1]), sont autant de signes que l'école républicaine se vivait comme menacée de l'extérieur et de l'intérieur.

Les maîtres ne sont venus que peu à peu, par paliers, à l'engagement politique professionnel. A côté de ceux qui voyaient dans la quête d'un mandat électif le prolongement de leur humanisme pédagogique, d'autres, nombreux, contestaient « l'ordre politique protecteur du système bourgeois » et concevaient l'édification d'un syndicalisme structuré comme un facteur de résistance, teintée d'antiparlementarisme, aux « politiciens ». Entre les éléments libertaires, socialistes et radicaux (ces deux dernières familles plongeant racines et radicelles dans la franc-maçonnerie), la synthèse n'avait rien d'évident — d'autant que l'antimilitarisme et le patriotisme chauvin avaient connu de spectaculaires chassés-croisés au fil de la Grande Guerre. Par ailleurs, les fonctionnaires de l'Éducation nationale entretenaient des rapports difficiles avec leur employeur ; il suffisait d'une critique acerbe, d'une revendication impertinente, pour qu'un syndicaliste fût suspendu, muté, radié.

Le tournant majeur, c'est le Front populaire. Il consacre l'orientation vers un socialisme réformateur des maîtres marqués à gauche. Parmi les 59 enseignants élus à la Chambre (10 de plus qu'en 1932), 7 sont communistes, 12 radicaux-socialistes et 32 affiliés à la SFIO [2]. Et surtout, les personnels de l'école publique expérimentent dans l'allégresse le bon usage que peut faire de l'État un gouvernement ami. Dès juillet 1936, le ministre Jean Zay crée les premières commissions paritaires, associant les intéressés aux mutations et promotions. En août, le parlement prolonge jusqu'à quatorze ans la scolarité obligatoire. Les classes pléthoriques sont dédoublées, les traitements relevés. En mars 1937, Jean Zay soumet à la Chambre un projet de réforme qui réaliserait enfin l'École unique. Même si le temps des cerises est court, il porte ses fruits. Les effectifs syndicaux effectuent un bond — notamment dans le second degré. Le pli est pris. Les lois antilaïques de Vichy ne contribueront qu'à renforcer la nostalgie des profs (bien peu se

1. En 1907, par exemple, aux élections du Conseil supérieur de l'instruction publique, le syndicat des instituteurs obtenait 1 437 voix et l' « opposition nationale » 850.

2. Section française de l'Internationale ouvrière — c'est le parti socialiste, révolutionnaire dans les textes, réformiste dans la pratique, concurrencé par le Parti communiste, section française de l'Internationale communiste.

compromettront dans la collaboration, beaucoup s'engageront dans la Résistance), et le flambeau sera transmis jusqu'à la Libération — aux élections législatives de 1945, 318 candidats sont des enseignants. Les thèmes de la promotion par l'école et de la supériorité du clerc [1], la contribution de ce dernier à la définition doctrinale des partis, sont désormais données constitutives de la vie politique.

S'il est, par origine et par destination, des adeptes de l'Etat-Providence, de l'État redistributeur, ce sont bien les personnels de l'Éducation nationale. Et même quand la Providence est à court de miracles, quand la manne à répartir est rongée par la crise, ils continuent, les derniers, avec une obstination pathétique, à proroger un discours politique naguère innovateur et aujourd'hui — *stricto sensu* — désuet. Artisans de la renaissance du parti socialiste, ils délèguent jusqu'à dix-huit des leurs au gouvernement [2]. Mais le contraste éclate alors entre des ministres obligés de subir l'épreuve des faits et des militants ou des dirigeants soucieux de perpétuer l'orthodoxie. C'est André Laignel qui s'écrie à la tribune du congrès du PS : « Si l'enseignement public va mal, c'est parce qu'il est privé de moyens... La paix scolaire, oui, mais pas sur les décombres de nos convictions ! » C'est Jean Poperen qui fustige, dans *le Monde*, les ravages de la « deuxième gauche » rocardienne ou cédétiste : « Comment la grande opinion ne serait-elle pas déroutée après tant de campagnes inspirées pour discréditer l'école publique elle-même ? Combien de fois le néo-conformisme de gauche a-t-il décrété la 'sclérose' des instituteurs sans que nous réagissions [3] ? » L'ennui provient de ce que le chef de file de ceux qui maintiennent le dualisme scolaire s'appelle François Mitterrand.

Pas facile de contrôler les deux bouts de la chaîne, de s'accommoder des deux gauches — celle qui préconise le tout-à-l'État et celle qui prophétise la sénescence du jacobinisme —, quand l'assise la plus robuste de son électorat est, en bloc, attachée à la tradition, quand elle attend Jean Zay, et trouve Alain Savary. A la veille des élections présidentielles de 1981, 44,5 % des fonctionnaires annonçaient qu'ils voteraient, au premier tour, pour François Mitterrand (contre 14,5 % favorables à Valéry Giscard d'Estaing, 9,5 % à

1. In Paul Gerbod, *op. cit.*
2. Personnalités issues du monde enseignant ou ayant assuré une fonction d'enseignement — le chiffre vaut pour le troisième gouvernement dirigé par Pierre Mauroy.
3. 19 avril 1984.

Jacques Chirac et 8,5 % à Georges Marchais). Chez les professeurs, le score du candidat socialiste était encore meilleur : 49,5 %. Au second tour, 71 % de l'ensemble des fonctionnaires et 80 % des profs choisissaient le député de la Nièvre contre le président sortant. A une question demandant à quel secteur de la Fonction publique l'élection de ce dernier serait le plus bénéfique, 61 % des sondés répondaient l'Éducation nationale, fort avant les PTT. Quant au sens d'une si vive attente, il n'était guère mystérieux : 82 % des personnels civils de l'État espéraient un recrutement de nouveaux fonctionnaires dans le système éducatif[1].

Cette enquête en confirmait une autre, spécialement consacrée au vote des enseignants, et publiée avant les élections législatives de 1978[2]. Dans l'hypothèse, au deuxième tour, d'un duel PS/majorité sortante, 91 % des maîtres du public optaient pour le candidat socialiste[3]. Commentaire de Frédéric Gaussen, sous le titre « A gauche toute... » : « Le ' sinistrisme ' — comme disent joliment les politologues — du corps enseignant est ainsi amplement prouvé... Les enseignants sont essentiellement au centre gauche et socialistes (46 % des intentions de vote, contre 27 % pour la population française). L'influence des communistes est beaucoup plus restreinte (15 % contre 21 %). Le PC, en milieu enseignant, est un parti de militants : il ne déborde guère la sphère de ses partisans déclarés ou de ses compagnons de route attitrés. » Ultime touche à ce tableau : les profs sont plus politisés que les autres catégories (1 sur 10 est membre d'un parti), mais ce phénomène est plus net dans les tranches d'âge élevées.

Ne cherchons pas ailleurs : le PS, c'est eux. Il n'est, pour s'en convaincre, que de rapprocher les intentions affichées par les profs et la sociologie des candidats socialistes. Lors des législatives qui ont suivi, dans la foulée, l'élection de François Mitterrand, les enseignants représentaient 39,7 % des sectateurs du poing et de la rose (dont 31,2 % de professeurs), proportion comparable à celle de 1978[4]. Et l'on observe qu'entre la ligne de départ et l'arrivée, leur influence grandit encore : au sortir des urnes, le groupe

1. Sondage IFOP publié par *Le Point*, 2 mars 1981.
2. *Le Monde de l'Éducation*, février 1978.
3. Chez les maîtres du privé, la tendance était inverse (37 % pour le PS, 63 % pour la majorité).
4. Alain Guédé et Serge Rozenblum, « Les candidats aux élections législatives de 1978 et 1981 — Permanence et changements », *Revue française de sciences politiques*, octobre-décembre 1981.

socialiste comporte 58,7 % de députés qui ont délaissé la blouse et la craie, soit un tiers (34 %, 14 points de mieux qu'en 1978) de l'Assemblée. Le rapport entre l'acte de candidature et le résultat traduit le poids des profs au sein de l'appareil socialiste. Chacun sait qu'il est des circonscriptions « acquises », des circonscriptions « jouables » et des circonscriptions « suicides ». A l'évidence, les enseignants se sont plutôt réservé les deux premières, ce qui signifie qu'ils avaient les moyens, dans les divers courants du parti et aux différents échelons, de peser pour que leur fussent attribuées les zones de succès potentiel.

XIII. POURCENTAGE D'ENSEIGNANTS PARMI LES CANDIDATS AUX LÉGISLATIVES DE 1981

	PC	PS	MRG	UDF	RPR
Total enseignants	30,4	39,7	7,6	10	9,9
dont professeurs	16,9	31,2	4,5	9,6	8,8
instituteurs	12,2	5,8	0	0,4	0

LE NOMBRE D'ENSEIGNANTS PARMI LES ÉLUS DES DIFFÉRENTS PARTIS AUX ÉLECTIONS LÉGISLATIVES DE 1981

	PS/MRG	PC	RPR	UDF
Total enseignants	132	12	8	7
dont prof. supérieur	25	0	2	4
prof. second degré	94	5	4	3
instituteurs	13	7	2	0

(Résultats en France métropolitaine. En 1978, le parti socialiste (+ le MRG) comptait, parmi ses députés, 12 professeurs de l'enseignement supérieur, 24 de l'enseignement secondaire, et 13 instituteurs.)

Si l'on sent bien, dans l'histoire de ce siècle, quel élan philosophique et moral commande un tel mouvement, il n'est pas moins instructif de délaisser les idées générales pour observer, sur un exemple précis, la vie concrète et l'exposé des motifs de quelques acteurs. Soit une ville moyenne de province. Une ville de gauche. Une ville gouvernée par les profs. Nous choisirons — pas vraiment au hasard — Saint-Brieuc, dans les Côtes-du-Nord : un des premiers laboratoires expérimentaux de l'union de la gauche (entre socialistes, communistes et « chrétiens ») qui a permis à cette dernière de conquérir la mairie, pour n'en être plus délogée, au début des années soixante. Le premier maire porte-parole de cette alliance fut Antoine Mazier, transfuge de la SFIO [1], agrégé d'histoire, professeur à l'école normale. Quand une maladie l'emporta, peu de temps après, l'intérim fut assuré par un adjoint communiste, Édouard Prigent, agrégé de lettres classiques. Lui succéda, pour dix-huit années, Yves Le Foll (socialiste, *via* le PSA et le PSU), ancien prof de maths et censeur. Lequel a passé le relais à Claude Saulnier, également socialiste (mais « popereniste » alors que son prédécesseur était « rocardien »), géographe de formation, qui enseigne toujours en collège. Au bureau de la municipalité, sept adjoints sur treize sont des enseignants. Le chargé des affaires culturelles, Jacques Galaup, est agrégé d'anglais (PSU). Quant au député local, Yves Dollo, il était formateur à l'école normale avant de pénétrer dans l'hémicycle où il a pour voisin de pupitre Didier Chouat, autre enseignant briochin, élu à Loudéac. Saint-Brieuc, c'est prof city.

Claude Saulnier, l'actuel maire, n'accepterait sans doute pas la formule mais concède aisément que, dans son itinéraire personnel, la vocation enseignante et la vocation politique sont indissociables : « Incontestablement, j'ai d'abord été un militant. Ma mère appartenait aux Jeunesses socialistes avant la guerre de 39. Mon père a été un colleur d'affiches de choc aux côtés d'Antoine Mazier. Oui, je dirais que c'est ce climat, cet engagement, cette atmosphère de ma jeunesse qui m'ont conduit à devenir prof, et singulièrement prof d'histoire et de géographie. Être enseignant, c'est s'adresser à un public, expliquer. Je crois que la fonction politique, précisément, consiste autant à faire passer des idées qu'à en générer soi-

1. Il s'en était éloigné durant la guerre d'Algérie pour participer à la fondation du Parti socialiste autonome (un des éléments constitutifs du futur PSU).

même. L'école publique a été et reste pour nous le lieu d'apprentissage de la démocratie, où nous avons été attirés par des valeurs humaines, sociales, morales. Au fond, la politique, c'est d'abord de la pédagogie. » En écho — et il ne s'agit sûrement pas d'une coïncidence —, Didier Chouat, député, emploie quasiment les mêmes termes que son camarade : « Le militantisme, c'est de la pédagogie... »

Être de gauche, d'une certaine manière, c'est être prof. Être prof, c'est forcément être de gauche. Danièle Bousquet, spécialiste de sciences économiques au lycée Rabelais, adjointe au maire, responsable des abattoirs, des pompes funèbres, des pompiers et des transports en commun, le proclame sans nuance : « Un enseignant normal ne peut être qu'à gauche. C'est une aberration qu'un enseignant soit de droite ! » Question candide : il n'est de bons profs qu'à gauche ? Réponse carrée : « De bons profs, non. Mais de bons enseignants, oui — si l'on y inclut toute la dimension d'une personnalité, un sens de la justice. » Benoît Le Roux, collègue de Danièle Bousquet et membre du SNALC, vit pareille exclusion comme un traumatisme et recourt à la litote : « Franchement, il faut du courage pour être de..., pour ne pas être de gauche. » Danièle Bousquet et lui ne se saluent guère, ou de loin, en salle des professeurs. « Je n'ai pas de rapports avec M. Le Roux, dit la conseillère municipale, je sais qu'il est d'un syndicat différent du mien. C'est une frontière. Pas parce que notre appartenance diffère, mais parce que cela suppose une façon d'être, de concevoir les choses, radicalement autre. » Ainsi les clivages partisans découpent-ils au couteau le corps éducatif. Seuls, peut-être, les animateurs d'expériences pédagogiques pluri-disciplinaires franchissent-ils ces murailles, en ce qu'ils suscitent, de bords antagonistes, un réflexe réprobateur.

A l'intérieur de la matrice originelle dépeinte par Claude Saulnier, en quoi se distinguent-ils ? Quelles sont leurs motivations singulières ? Édouard Prigent, aujourd'hui retraité, jadis maire en remplacement d'Antoine Mazier, évoque une trajectoire qui n'a plus cours. Fils de sabotier, fortement attaché à la culture orale d'une mère illettrée mais conteuse, il conserve un rude souvenir de ses premiers contacts, comme élève boursier, avec un lycée où son parler gallo suscitait l'ironie ou la cuistrerie dédaigneuse. Devenu prof lui-même, il a retrouvé chez ses collègues la morgue qui l'avait fait souffrir quand ils étaient ses maîtres. Et il a passé, à la sueur de ses neurones, l'agrégation pour rétablir l'équilibre. La politique ?

« Le professeur qui s'engage dans son métier, surtout le professeur de lettres, et surtout le professeur de grec — pour être plus précis : quelqu'un qui se trouve lié à un homme comme Plutarque —, ce prof-là éprouve la nécessité de s'impliquer dans les structures de sa cité. Il y est tout naturellement conduit, par sa culture, par l'appel de cette culture. Ça fonctionne comme une espèce de pompe. » Un discours à présent solitaire, proféré sans nostalgie mais avec une pointe de scepticisme amer, entre quatre murs d'ouvrages orangés et jaunes (les latins et les grecs) de la collection Guillaume Budé.

Jacques Galaup, à cinquante-cinq ans, offre un « profil » fort différent. Il incarne assez bien tout un courant minoritaire mais actif de la gauche socialiste (il demeure, quant à lui, membre du PSU) qui mise sur la vie associative locale et régionale — il se rappelle avoir, dans sa phase la plus aiguë, participé à treize conseils d'administration différents, des comités sportifs à l'écologie sans oublier la dénonciation de l'exploitation des mines d'uranium en Bretagne. Grand ordonnateur de l'animation culturelle municipale, il y consacre l'essentiel de son temps : « Je suis agrégé et je travaille vite. Je pense qu'en moyenne, je puis liquider mon obligation scolaire en trente heures par semaine. Cela me laisse quarante heures pour le reste. J'observe une discipline professionnelle, je rends les devoirs des élèves sous huit jours, j'essaie de bouger pédagogiquement. Cela dit, au niveau psycho-affectif, ce n'est pas ce qui me hante. Les problèmes qui risquent de m'empêcher de dormir n'ont pas trait au lycée. Nous autres enseignants sommes incités à suivre cette pente par notre aptitude à la parole (on nous reconnaît, selon l'analyse de Pierre Bourdieu, comme maîtres d'un savoir quoique investis d'un faible pouvoir économique). Et, plus encore, par la liberté de notre horaire. Mon prédécesseur aux affaires culturelles est médecin. Bien que sa charge professionnelle ne soit pas régulière, elle lui pesait plus qu'à moi : il m'est facile d'assurer une permanence le mercredi, quitte à corriger trois copies entre deux rendez-vous. »

Danièle Bousquet — déjà citée —, elle aussi, mène une existence quelque peu schizophrène : vingt-cinq heures consacrées au métier, dit-elle, et le double à l'activité de chef d'entreprise que représentent ses multiples fonctions municipales. Pourtant, à la différence d'Édouard Prigent (qui évoque une continuité spontanée et intellectuelle entre sa culture et le monde extérieur), ou de Jacques Galaup (qui superpose les investissements sans tirer un trait entre eux), elle affirme, elle, tout net, que ses centres d'intérêt sont hors des murs de l'école — même si les valeurs laïques en procèdent —, et que la politique lui sert à s'évader : « Les enseignants sont des gens qui respirent une atmosphère confinée, sans prise sur les problèmes réels, et qui s'enferment dans des querelles corporatives. Je ne pourrais plus n'être que professeur, ce serait la grande dépression — impensable ! J'abandonnerais cette obligation sans nostalgie aucune, si ce n'était une question de salaire. En fait, n'importe qui serait susceptible de me remplacer au pied levé dans ma classe, alors qu'à la mairie, ce n'est pas le cas. Ma vraie vie, c'est l'abattoir, les marchés, la délégation départementale à l'action féminine. Les profs qui ne sont que profs sont des Français moyens dans toute leur horreur... »

Le propos ne manque pas de franchise s'il est dépourvu de rondeur diplomatique. Jusqu'aux années soixante-dix, les maîtres d'école engagés dans la politique dépeignaient cette option (qu'elle tende vers la « politique politicienne » ou vers un activisme associatif polymorphe) comme un prolongement de leur enracinement professionnel, de leur qualification originelle. On assiste maintenant à une mutation de taille (ou à l'accentuation d'une tendance antérieure), non exempte d'ambiguïtés tacites. Les valeurs de référence — l'assimilation du combat partisan à une pédagogie civique — demeurent les mêmes. Mais il est clair (et Danièle Bousquet, à quarante ans, l'avoue sans détour) que cet engagement s'est mué pour beaucoup en une porte de sortie, en un moyen de récupérer indirectement un prestige social perdu sur le lieu de travail. En péril dans sa classe, le militant reconquiert un public à la tribune, et endosse à nouveau la défroque de l'homme qui sait. Le député de Loudéac, Didier Chouat, le reconnaît volontiers : « Quand on est élu parlementaire, on devient un personnage. Je n'étais pas mécontent d'être prof, dans la mesure où ce boulot me permettait de trouver des compensations à côté. Mais si l'enseignant n'est plus un notable, le député, oui. C'est quand même autrement enrichissant... »

Défenseurs — sauf une minorité agissante plus lectrice d'Ivan Illich que de Louis Mermaz — des vertus et modèles étatiques, et incidemment de leurs statuts propres, les enseignants politisés ne seraient-ils pas, en outre, mus par une autre quête : celle d'une échappatoire qui ne contredirait pas leur idéologie matricielle, ou qui la servirait sous des cieux plus riants ? Le privilège des fonctionnaires est de pouvoir risquer un pari politique sans renoncer aux privilèges de leur fonction...

CHAPITRE 6

Privilèges

Le temps et l'argent – Les vacances – Compléments de salaire – Assurance-prof – Consommation-prof – Santé-prof – Banque-prof – La contre-société – Les managers de l'empire – Train de vie.

Avant de le prononcer, ce vocable fatidique, assurez vos arrières. Le terme, aux oreilles d'un enseignant, sonne comme une obscénité et déclenche d'allergiques réactions pavloviennes. Les visages se tendent, les regards s'égarent et, sous l'emprise d'une soudaine et sincère colère, de curieux rictus saluent votre innocente question. Privilèges ? Lassés d'être assimilés à quelque caste de nantis, pris pour les rois fainéants d'une société laborieuse, les profs défendent, avec une agressivité mordante, les « acquis » d'une profession : ce ne sont que justes compensations d'un métier qui ne compte plus ses vicissitudes. Devant l'attaque, le corps disloqué dans l'instant se ressoude et, avec un bel ensemble, rétorque les mêmes arguments. Sur ce terrain ravagé par la polémique où la mauvaise foi riposte à d'excessives accusations, c'est une tâche ardue que de s'en tenir aux faits. L'opinion, qui ne voit que le côté ensoleillé de la planète des profs, a la dent dure : elle trace d'un doigt accusateur un trait d'égalité entre enseignants et favorisés.

Selon une enquête récente, 63 % des Français considèrent les profs comme des privilégiés. Le pourcentage grimpe à 67 % chez les parents d'élèves, à 70 % chez les ouvriers[1]. Les intéressés ressentent durement et amèrement le soupçon social qui pèse sur eux. « Nous sommes un peu des boucs émissaires, constate Juliette Avril, professeur dans un collège de l'Est ; on se fait sans arrêt taper dessus par des gens qui ne voient que l'apparence extérieure

1. *La Vie*, 9-15 septembre 1982

de notre métier. » Sans doute, le caractère spectaculaire des avantages d'une activité dont les aspects noirs sont plus souterrains explique-t-il le sentiment général. Il n'empêche, ces avantages sont bien réels, et les bénéficiaires le reconnaissent en privé : « C'est vrai qu'on est très sécurisé ; on a un statut qui nous offre une protection de béton. Et puis, il y a la garantie de l'emploi. » Ce constat de Jean Ungaro, prof de philo à Saint-Brieuc, n'est guère contesté par ses collègues, même s'il arrive qu'on le relativise.

Avec quelques millions d'autres fonctionnaires, les salariés de l'Éducation nationale bénéficient de la sécurité de l'emploi. Pour le sidérurgiste lorrain ou l'ouvrier de Citroën, il s'agit là d'un privilège. Pour le capésien parachuté à Bruay-en-Artois après cinq ou six années d'études supérieures, c'est la moindre des choses. L'assurance de ne pas battre le pavé du Nord de la semelle du chômeur, il la paie, le jeune prof, au prix fort : comme tout agent de l'État, il est « à la disposition » de son administration — tel est d'ailleurs le statut juridique des débutants. L'amorce de la carrière, qui s'éternise parfois dans l'attente d'une mutation salvatrice, la relégation dans un bourg lointain où le train siffle une fois par jour, c'est cela aussi, la protection du fonctionnaire. Cinq à dix années d'exil loin de sa famille et de sa région, des milliers de kilomètres de chemin de fer pour la transhumance du week-end, l'isolement et le cafard noir, tout cela pèse dans la balance. Un mauvais moment à passer, répond le procureur ; dans le « privé » aussi, la mobilité existe, et elle ne s'accompagne pas de la grisante perspective de l'assurance-emploi à vie. Argument, contre-argument, droit ou privilège, la controverse s'enlise jusqu'au moment où le mot vacances est lâché.

Là, ils sont tous d'accord, profs de gauche, profs de droite, conservateurs, traditionalistes, modernistes, jeunes et vieux, agrégés et PEGC, femmes et hommes : les congés, unique objet du ressentiment des foules envieuses, constituent une juste et méritée compensation. Pierre Lutz, enseignant à Clichy-sous-Bois : « Les gens voient notre métier comme une planque : les vacances scolaires, oui, elles sont longues. Mais lorsqu'on fait ce travail, on s'aperçoit qu'on en a vraiment besoin. Il faut venir voir les profs en fin de trimestre : ils sont déglingués, à bout de nerfs, prêts à se taper dessus pour des peccadilles. » Indispensable repos pour apaiser une tension qui s'affole, compensation de salaires relativement modestes, intervalle nécessaire à la lecture, la formation, le recyclage — les bonnes raisons ne manquent pas pour justifier aux yeux des voisins ce farniente qui semble permanent. L'employé de banque, l'agent des P et T ou le contremaître, qui calculent leurs jours de repos à l'unité près, ressentent les arrêts fréquents du convoi Éducation comme d'insupportables provocations : deux mois l'été, une semaine à la Toussaint, deux à Noël, dix jours en février, quinze à Pâques, plus l'Ascension et quelques broutilles. La somme est impressionnante et atténue le reste. Au point de susciter des vocations ? D'aucuns n'hésitent pas à le dire : « Les vacances raccrochent beaucoup de collègues au métier. Si l'on nous donnait, par hypothèse absurde, les mêmes congés qu'aux autres salariés, c'est bien simple, il n'y aurait plus de profs », affirme catégoriquement l'un d'entre eux. Tous comptes faits, les enseignants fréquentent le collège ou le lycée trente-cinq semaines par an. Et quelles semaines !

Combien d'heures travaillez-vous ? Interrogez un cadre, un médecin, un ouvrier ou un employé ; en quelques secondes, ils vous donnent une réponse plus ou moins précise. Les profs, eux, ne savent apparemment que dire et semblent surpris de la question, comme s'ils n'avaient jamais réfléchi à leur investissement hebdomadaire. L'obligation des heures de service est naturellement codifiée et graduée : le PEGC — on l'a vu — est tenu à 21 heures, le certifié doit 18 heures, et l'agrégé occupe l'estrade durant 15 heures. Le professeur d'atelier en LEP officie, lui, 26 heures. Au-delà de ces contraintes aisément quantifiables, on entre dans le flou. Comment mesurer le temps nécessaire à la préparation des cours, à la correction des devoirs, qui varie d'un individu à l'autre ? Entre Mme Teste, PEGC de français dans un collège de l'Oise, qui, transformant son métier en sacerdoce, consacre tous ses week-ends à sa classe, et tel certifié de mathématiques d'un lycée méridional qui ne dépasse pas les 30 heures, le caractère, l'expérience ou le goût avivent les écarts.

Autant qu'on puisse en juger par une enquête dans les établissements, l'espèce du prof « jean-foutre » est rare. Ici ou là, on cite l'exemple d'un dilettante professionnel qui arrive en classe les mains dans les poches, la fleur au stylo et la tête vierge de toute préparation, ou encore celui d'un enseignant en roue libre vers la retraite qui s'use les yeux à lire des notes délavées ou jaunies. Quelques-uns, de peur de fatiguer leur plume, ne donnent d'exercices écrits qu'une fois l'an, et d'autres, qui corrigent leurs copies dans les trains, raturent à grande vitesse. Mais, dans l'ensemble, les professeurs, moralistes et scrupuleux, ont plutôt tendance à tordre leur craie dans l'autre sens. Perfectionnistes et parfois obsessionnels, ils ne souffrent guère de critiques évidentes sur ce terrain et consacrent à leur métier un temps indispensable.

Les disciplines, plus que la conscience individuelle, suscitent la différence. Un prof de lettres, en première ou en terminale, est contraint à davantage de travail personnel qu'un enseignant de mathématiques en sixième. « Parce que je fais des maths, j'en suis à un peu moins de quarante heures, mais ma femme, qui enseigne les lettres, dépasse cet horaire », précise un PEGC en milieu de carrière. L'histoire exige une préparation dont les langues vivantes sont partiellement dispensées. Michèle Navarro fournit à cet égard d'intéressantes indications[1]. En lettres, en histoire-géographie, 40 % des enseignants interrogés estiment que la préparation des cours est une « tâche lourde ». Ce pourcentage monte à 53 % en sciences et technologie, et tombe à 34 % en maths. De même, 42 % des enseignants de lettres considèrent que l'actualisation des connaissances est une « tâche lourde », alors que 29 % des mathématiciens pensent la même chose.

La correction d'une dissertation de philo demande trois fois plus de temps que celle d'un exercice de physique. Enfin, l'expérience acquise, les notes accumulées en vingt ans sont des atouts précieux. Le jeune certifié qui débarque de la faculté connaît une vie de forçat s'il veut assimiler et préparer tous ses programmes. « Le vrai scandale, insiste une lectrice du *Monde de l'Éducation,* est l'inégalité du temps de travail suivant les matières enseignées et les établissements... Il y a des catégories qui avouent en privé n'être pas surmenées, et qui peuvent se permettre souvent de nombreuses activités extra-scolaires : les professeurs de mathématiques, de physique, de langues... D'autres matières nécessitent un renouvellement constant des connaissances ou demandent un énorme travail de correction de copies, comme en français[2]. »

Malgré toutes ces variations, est-il possible de tenter un chiffrage global ? Le SNES s'y est risqué et, avec une précision scientifique qui laisse rêveur, fournit un dossier sur la durée de travail des enseignants[3]. Les résultats avancés donnent le frisson : selon cette enquête, en effet, les enseignants du secondaire consacrent en moyenne 49,8 heures par semaine à leur métier. L'impressionnant

1. *Op. cit.*
2. *Le Monde de l'Éducation,* mai 1982.
3. *L'Université syndicaliste,* février 1982.

total se décompose ainsi : 19 heures de cours, 13 heures de préparation, 7,6 — appréciez l'exactitude — de corrections, 1 heure d'installation et d'entretien du matériel, 7 autres dans des activités aussi diverses qu'indispensables (conseils, réunions, concertation bénévole, contacts avec l'administration, rencontres avec les parents) et 2,2 heures de formation et de culture personnelles. Il nous est chagrin de constater que les profs ne passent que vingt minutes par jour à se cultiver — leur syndicat s'en inquiète aussi. Mais il y a plus étrange encore : les enseignants du secondaire seraient astreints à la semaine de 50 heures, à la traîne derrière toutes les professions, et leurs cris de protestation n'auraient pas encore ébranlé les murs des collèges ? Pareille passivité devant un sort aussi injuste a de quoi surprendre. « Avouons-le, commente le SNES, cette enquête nous apprend beaucoup de choses auxquelles nous ne nous attendions pas. » Avouons que nous sommes presque aussi étonnés que nos syndicalistes vigilants par les vertigineuses précisions fournies : 3 % des enseignants travaillent moins de 35 heures par semaine, mais 90 % sont au-delà des fatidiques 40 heures. Plus de la moitié consacrent 50 heures et davantage à leurs élèves. Et l'on trouve encore 12 % à plus de 60 heures. Ce n'est plus un métier, c'est un apostolat.

Quant aux différences entre disciplines, elles sont, toujours d'après le SNES, minimes : deux heures au total séparent les littéraires des matheux. Les philosophes sont les plus mal lotis avec leurs 56 heures en moyenne, quoique le prof de musique, qui croule sous les corrections, s'inscrive lui aussi, avec 52 heures, en haut de la gamme. Mais le véritable miracle de cette course contre la montre, c'est le sprint extrêmement serré entre les catégories. Alors qu'au départ le PEGC doit 6 heures de plus que l'agrégé, ce dernier, avec 51,3 heures, devance à l'arrivée le PEGC (49,9 h) et le certifié (49,2 h). Arrêtons ici la description de semblable apocalypse. Ces chiffres, victimes d'un dopage syndical, subissent une grossière inflation. Montrés à des enseignants, ils éveillent sourires narquois et plaisanteries définitives sur la connaissance du terrain par les états-majors : « Si l'on devait bosser autant que cela, s'exclame un certifié de lettres, dont nous préserverons prudemment l'anonymat, on serait tous à l'hosto ou à l'asile ! »

Il apparaît, en fait, que l'immense majorité des professeurs, en exerçant leur métier correctement et honnêtement, travaillent environ 35 à 40 heures par semaine ; ils doublent ainsi leur temps de service. En durée réelle, le sort des enseignants n'est pas aussi enviable que le suggère une opinion publique trop tentée de débusquer les planqués. Ils pâtissent d'apparences trompeuses : « Lorsque vous croisez un voisin dans la rue, remarque un agrégé de lettres, il vous dit : 'Tiens, vous n'avez pas cours aujourd'hui.' Si vous rencontrez le médecin ou l'avocat au même moment, il ne vous viendra pas à l'idée de lui demander s'il n'a effectué que deux interventions dans sa journée. »

Et puis, chacun en convient, une heure de cours, cela signifie soixante minutes à l'horloge, mais cela pèse bien plus d'une heure d'activité ; inutile de rappeler le coût nerveux de ce combat sans cesse recommencé : « Les gens ne se représentent pas, dit le même prof filant sa métaphore, la tension exigée par un cours. C'est comparable à un chirurgien pendant une opération ou un avocat durant une plaidoirie. C'est épuisant. On ne peut pas faire plus de quatre ou cinq cours par jour. » Plus brutal, un de ses collègues : « Je suis agrégé, j'assure 15 heures. Les gens disent : 'Il ne fait rien, ce gars-là. J'aimerais avoir son métier.' Eh bien, ceux qui voudraient être prof, qu'ils y viennent voir. » Après audition des principaux témoins, déposons nos conclusions sur ce point. Elles sont étonnantes, parce que banales. Ni sujets à plaindre ni objets de scandale, les profs ne travaillent pas moins, et pas plus, que la majorité des Français. Mais ils travaillent autrement, et c'est là que réside un de leurs principaux privilèges.

Ils bénéficient en effet d'un avantage que maintes professions leur envient : la gestion personnelle de leur emploi du temps. Pour les heures de service, ils ont la possibilité, en négociant avec le chef d'établissement, d'obtenir des arrangements. L'ancienneté aidant, ils parviennent à regrouper leurs cours, évitent les petits matins s'ils sont noctambules, sèchent le samedi pour allonger les week-ends, dégagent les après-midi. Surtout, en dehors de la présence obligatoire dans l'établissement, ils ont toute latitude pour organiser à domicile leur travail. Cette liberté du temps choisi, les enseignants y tiennent par-dessus tout. Quelle autre profession permet ainsi de passer chez soi la moitié de son activité professionnelle, sans contraintes extérieures ? « Les charmes de cette liberté, note Charles Vial, auteur d'une enquête dans *le Monde*, ont vaincu la plupart des enseignants entrés dans la carrière sans l'avoir choisie. Ces charmes opèrent encore pour leur faire écarter à tous une idée qui traîne ici ou là : et si les enseignants effectuaient sur place, à l'école, au collège, au lycée, tout ce travail qu'ils abattent chez eux ? Pas question, répondent-ils, tout particularisme catégoriel provisoirement oublié[1]. » La grande majorité des établissements ne sont pas équipés pour que les enseignants puissent y séjourner ou y travailler. La salle des profs, hospitalière comme un hall de gare, n'autorise pas que les transits. Sitôt le cours terminé, l'officiant fuit ce lieu de tension et d'affrontement. Pas de figuration inutile : la sortie de l'établissement permet d'échapper à un monde clos et anxiogène. Dans ces conditions, vive le partage du travail. Le service obligatoire au lycée et l'autre moitié chez soi. Malheureusement pour les profs, cette moitié-là, personne n'en est témoin. La suspicion de fainéantise n'est que le revers de leur liberté.

Les profs font donc la semaine de quarante heures, trente-cinq semaines par an. Chacun appréciera à son aune s'ils appartiennent à une catégorie de privilégiés, mais, avant de porter un jugement définitif, il est indispensable de mettre en relation le temps et l'argent, le boulot et le fric. L'Éducation nationale applique, nous l'avons souligné, une règle peu commune : plus on travaille, moins on gagne. Le mérite sanctionné par le concours en début de carrière détermine à vie les rémunérations : un PEGC qui entre dans l'enseignement débute, au premier échelon, à 5 380 F[2]. Le certifié gagne 600 F de plus, et l'agrégé atteint la somme grandiose de 6 700 F ; avec de tels émoluments, les fins de mois sont frugales. Dans l'enseignement, les premières années sont celles des vaches maigrichonnes.

Après quelques années, les salaires s'arrondissent sans prendre vraiment du ventre. Au septième échelon, atteint au bout d'une dizaine d'années, le PEGC gagne 7 320 F, le certifié 8 320 F et l'agrégé 10 800 F. Enfin, à l'échelon terminal, le PEGC culmine à 8 720 F, le certifié arrive à 11 200 F et l'agrégé crève le plafond à 14 000 F. La grande majorité des enseignants se situent donc, cotisations sociales déduites, dans une fourchette entre 7 000 et 11 000 F : ni l'Eldorado, ni la misère. Avec le temps, on observe que les écarts ne cessent de se creuser entre les grades. Au début, 1 300 F séparent le PEGC de l'agrégé ; en milieu de carrière, cette somme est multipliée par trois ; et, en bout, l'agrégé touche 5 200 F

1. *Le Monde*, 10 janvier 1981.
2. Chiffre au 1er avril 1983.

de plus. Cette forte inégalité est mal vécue dans les établissements, car le PEGC a le sentiment d'exercer le même métier que son collègue plus fortuné. En principe, dans la Fonction publique, la division catégorielle renvoie à des tâches différentes ; l'originalité de l'enseignement est que la hiérarchie des traitements recouvre un travail identique, théoriquement. « Que vous interveniez avec une étiquette ' agrégé ', avec une étiquette ' certifié ' ou avec une étiquette ' PEGC ', s'insurge un de ces derniers, les élèves qui vous sont confiés sont les mêmes. Les responsabilités sont rigoureusement les mêmes. »

Comparées aux rémunérations du secteur privé, les feuilles de paie des profs souffrent du rapprochement. A diplôme équivalent, le certifié ou l'agrégé gagnent 50 % de moins qu'un cadre supérieur. Par rapport aux autres agents de l'État, le déclassement est moins marqué. L'agrégé est au niveau d'un cadre technique, et le certifié est en dessous d'un attaché de ministère : la perte est d'environ 10 à 20 %[1]. La revendication salariale est un terrain facile à labourer pour les syndicats enseignants, qui d'ailleurs ne s'en privent pas[2]. Avant de leur tendre les mouchoirs de la paupérisation, le souci de serrer au plus près la vérité des prix oblige à un détour par les dessus de table officiels et les dessous moins transparents. Au risque de provoquer des hurlements d'indignation, prenons dans l'ordre ces ingrédients qui modulent l'excessive rigueur des salaires nets.

En premier lieu, le capital-temps. Une rémunération globale n'a de sens qu'en regard du travail exigé. Les enseignants bénéficient de deux mois de vacances de plus que les autres salariés (quatre semaines l'été et quatre semaines réparties dans l'année). Si un calculateur pervers traduit cet avantage en espèces sonnantes, les profs verraient leurs salaires augmenter de 15 %. Aucun n'est prêt à travailler onze mois pour gagner 1 500 F de plus mensuellement. Hypothèse d'école, cette budgétisation des congés scolaires permet cependant de « relativiser » les comparaisons avec les autres professions. Les profs tiennent à leurs vacances, et ils les ont bien méritées, mais qu'ils reconnaissent, en contrepartie, qu'elles constituent une part de leurs revenus. Après tout, deux mois de congés supplémentaires par an sur une carrière de quarante

1. Sources : A. Minczeles et D. Quarré, « Les agents de l'État », *Économie et Statistiques*, juillet-août 1982.
2. Cf. le dossier publié par le SNES, supplément à l'*U.S.*, 2 octobre 1981.

années, cela donne au total six ans de labeur économisés !

Les primes. Elles aussi sont hiérarchisées en fonction du grade. Négligeons une allocation de transport et une indemnité forfaitaire qui, mises bout à bout, permettent à un fumeur moyen de s'approvisionner pour une semaine. Un peu plus consistant est le jeton de présence au conseil de classe, qui varie de 600 F annuels, pour le PEGC, au double chez son collègue agrégé. A ce modeste pécule s'ajoute une rétribution plus intéressante de professeur principal (près de 7 000 F pour l'agrégé, moins de 4 000 F au PEGC, par an). Dans les limites du cumul permis, ces deux prestations arrondissent de 500 F à 800 F mensuels les salaires de plusieurs dizaines de milliers d'enseignants. Ces compléments, auxquels s'adjoint une petite indemnité de résidence, forment les primes « officielles » reconnues dans la fonction publique ; elles ajoutent 10 à 15 % au traitement net[1].

Le prof qui éprouve des difficultés pour boucler son budget a encore la possibilité d'accomplir quelques extras. Chaque heure de cours effectuée au-delà des obligations du service est rétribuée, là aussi, de manière hiérarchisée selon un barème fixe. Un PEGC touche mensuellement 410 F par heure hebdomadaire, un certifié 600 F et l'agrégé dépasse les 800 F. Les heures supplémentaires, qui sont davantage répandues dans les lycées que dans les collèges, viennent souvent combler une carence ou une défaillance de la machine administrative : « Il semble bien, note un document ministériel, qu'il y ait une corrélation assez nette entre l'importance des heures supplémentaires et l'insuffisance des professeurs titulaires dans une discipline[2]. » Tous les profs n'ont cependant pas devant les heures sup. la même attitude. Certains préfèrent le temps à l'argent et en condamnent le principe même ; des syndicalistes, en particulier, déclarent éviter d'en prendre afin de ne pas ôter du travail à de potentiels collègues. D'autres, pressés par les traites de la maison de campagne, se jettent sur cette manne avec avidité et cumulent sans vergogne.

Un agrégé sur huit assure cinq heures supplémentaires, ce qui correspond à un gain mensuel de 4 000 F. Dans les lycées techni-

1. *Économie et Statistiques*, juillet-août 1982.

2. Cité dans l'excellente enquête du *Monde de l'Éducation*, « Les enseignants sont-ils des privilégiés ? », de Marc Coutty, novembre 1981. Précisons qu'en règle générale les profs sont tenus d'accepter deux heures supplémentaires. Inversement, en lycée, huit profs sur dix bénéficient d'une décharge d'une heure, dite de « première chaire ».

ques, pratiquement un prof sur cinq effectue une dizaine d'heures en sus de son service. Une frange assez importante d'enseignants parvient ainsi à augmenter son traitement de 50 à 60 % en donnant, en tout, une trentaine d'heures de cours par semaine. Le ministère estime que chaque enseignant assure une à deux heures en supplément, mais cette moyenne recouvre de grandes disparités. Une étude menée dans un lycée d'une ville de province donne les précisions suivantes : pour un mois de l'année 1983, 52 000 F ont été distribués en heures supplémentaires à 47 enseignants de l'établissement. Les sommes versées vont jusqu'à 2 800 F et sont, en moyenne, de 1 100 F[1]. Ce test donne un ordre de grandeur ; sans qu'il soit concevable d'être davantage précis, on peut estimer que les professeurs reçoivent, en général, de 500 F à 1 500 F en rémunération des heures qui dépassent leur obligation normale.

Pas plus que leurs compatriotes, les profs n'aiment afficher leurs revenus. Parce qu'ils exercent une profession intellectuelle, qu'ils ont un sens assez aigu du devoir et qu'ils ont affaire à des jeunes, les maîtres adoptent une attitude ambiguë, teintée de morale, vis-à-vis de l'argent. Gens de gauche souvent, ils considèrent finalement que le fric, ce n'est pas très propre. Peu osent braver ce tabou, telle cette enseignante — anonyme — qui raille la quête, chargée d'états d'âme, de nombre de ses collègues : « ... J'ai le désir inavoué, inavouable, honteux, caché, lancinant, d'arrondir mes fins de mois. Moi, qui ne suis que certifiée, je lorgne secrètement la ligne verte du bulletin de paie des agrégés. A l'heure du partage du travail, je ne vais tout de même pas faire des heures sup. Que diraient les copains du syndicat ?... Et ma bonne conscience !... Alors, d'où me viendra mon beurre dans les épinards ?... Ça paye, prof principal. Trois fois par an, une sorte de treizième mois... Commencez dès à présent vos manœuvres auprès du proviseur. Mais attention à la jalousie des collègues... Champions du rab de sous, du compte en banque bien garni, il vous reste la formation initiale, continue, qu'importe. Connaissez un conseiller en formation, et votre avenir est assuré. Je n'en dirai pas plus. Ce domaine est le plus tabou de tous[2]... »

Dans la liste des petits privilèges, dont l'évocation horripile les bénéficiaires et excite la jalousie des envieux, les cours de formation permanente permettent les gains les plus importants.

1. « L'école et le fric », *Les Cahiers pédagogiques*, septembre 1983.
2. *Ibid.*

Assumée par les lycées d'enseignement professionnel et les lycées techniques, la formation pour adultes rapporte gros aux enseignants qui la dispensent en plus de leurs heures de service. Les témoignages recueillis dans des établissements de différentes régions montrent que cette activité permet de majorer très sensiblement le salaire. Au sein des lycées qui organisent vingt ou trente stages par année, les enseignants gagnent 3000 à 4000 F par mois en plus de leur salaire normal. La formation permanente est devenue, dans les établissements publics, une enclave d'enseignement privé, un véritable marché noir. Ce trafic, parfaitement légal, s'effectue au su de tous, et en particulier de l'administration, qui peut accueillir avec le sourire certaines demandes d'augmentation de salaires.

Chassé des têtes, l'argent circule pourtant. Dans les LEP, les objets fabriqués par les élèves sont souvent revendus pour alimenter une coopérative ou acheter du matériel. Saine pratique qui habitue les adolescents à connaître, même de manière symbolique, la valeur de leur travail. Mais cette coutume favorise indélicatesses et dérapages, et risque de se transformer en un lucratif commerce. Des plaques de cheminée fabriquées en série ont ainsi, dans tel établissement, permis de fructueux bénéfices. Aux LEP de mécanique auto, les enseignants et leurs amis donnent à réparer leur voiture par les apprentis pendant les heures d'atelier. Rien à redire : il faut bien que les futurs mécanos bricolent sur de vrais moteurs. Mais lorsqu'un prof achète une vieille carcasse et se la fait entièrement remettre en état par de la main-d'œuvre gratuite, est-ce encore de formation professionnelle qu'il s'agit ? Dans les lycées du bâtiment, des enseignants occupent leur temps libre à retaper les appartements ou à construire des maisons en empruntant le matériel et, parfois, en utilisant les élèves : il arrive que l'exercice tourne au cumul professionnel discret.

Quant aux profs des lycées classiques, qui ne peuvent effectuer de travail au noir, il leur reste la matière grise à rentabiliser. Les cours particuliers (qui servent surtout à rassurer les parents anxieux) fournissent, dans certaines disciplines, des appoints non négligeables. Ce sont souvent les profs de maths — dont la maîtrise est jugée primordiale pour la réussite — qui sont sollicités pour des tête-à-tête studieux. Là encore, impossible de dresser un bilan, mais l'interrogatoire un tantinet policier donne le portrait-robot du chercheur de cancres : ce sont souvent les mêmes enseignants, adeptes des heures sup. qui, moyennant 150 à 200 F le cours, tentent de faire gagner quelques rangs aux habitués des fonds de classe. Les spécialistes qui rééduquent plusieurs élèves à la fois, deux ou trois heures la semaine, récoltent ainsi facilement un pécule de 2000 à 3000 F à la fin du mois.

Enfin, pour les agrégés à la plume facile, le meilleur moyen d'accéder à l'opulence est le manuel scolaire. Avec une solide recommandation, un peu de chance, un bon jeu de coude, un gros effort et un brin de talent, l'auteur décroche une part de ce fabuleux fromage. Le marché, renouvelé chaque année, est âprement disputé, mais chez qui s'impose, le pactole se dépose. Les gains sont naturellement proportionnels au nombre d'exemplaires vendus et varient beaucoup d'une maison d'édition à l'autre, d'une discipline à l'autre. Tout le monde n'a pas la chance de décrocher le gros lot de MM. Lagarde et Michard ou de régner sur la philosophie comme les duettistes Huisman et Vergez... Mais ceux qui sont entrés dans ce club très fermé ne le regrettent pas : leurs droits ont permis de mettre de l'argent à gauche et d'acheter appartements et maisons de campagne. M. Cloet, proviseur de lycée à Versailles, a rédigé, lorsqu'il était prof agrégé d'histoire, des manuels qui lui ont permis de posséder aujourd'hui des chevaux de course. La méthode est plus sûre que le tiercé.

Mesquinerie, que cette accumulation des avantages pécuniaires d'une profession ? La recherche de la transparence vaut bien le risque d'être accusé de poujadisme anti-prof. A qui la faute, si les syndicats et les intéressés parlent toujours de traitement net et ne prennent jamais en compte la globalité des revenus ? Les enseignants s'estiment insuffisamment payés et saisissent les opportunités d'arrondir leurs fins de mois. C'est bien naturel, mais qu'ils ne feignent pas d'ignorer les compléments. Leur attitude appelle deux remarques de bon sens : les professeurs ont le temps d'accomplir des travaux supplémentaires, ce qui montre, à l'évidence, que leurs horaires normaux ne sont pas écrasants. Les cinquante heures hebdomadaires calculées par le SNES relèvent de l'enflure revendicative. Le cumul est possible parce que la contrainte « officielle » est supportable. Secundo : pour parler du pouvoir d'achat des enseignants, il n'est pas possible de s'en tenir au salaire net.

M. Certifié, qui enseigne depuis une dizaine d'années, se situe au septième échelon. Son traitement, après déduction des cotisations sociales, se chiffre à 8500 F. Il est professeur principal de sa classe de cinquième et, avec ses indemnités de conseil de classe, ces deux activités lui rapportent 600 F par mois. Ses deux enfants ramènent un « supplément familial » de 350 F. Une fois par semaine, il donne un cours particulier à deux élèves de troisième qui s'efforcent de passer en seconde : gain mensuel 1 200 F. Il arrive ainsi presque à 11 000 F et augmente son salaire de base de 20 %. Ces majorations, pourtant calculées modestement, déclencheront les hurlements des profs débutants qui ne profitent pas encore de ces avantages, des profs moralistes qui refusent les heures supplémentaires, des profs équilibrés qui ne donnent pas de cours particuliers. Que tous ces innocents injustement accusés pardonnent notre insistante inquisition, mais qu'ils se rendent aussi à cette évidence : les enseignants qui ne vivent qu'avec leur traitement, tel qu'il est inscrit sur les feuilles d'indice, sont une minorité. La grande majorité arrondit très sensiblement la somme qui sert de base aux discussions salariales. La preuve en est qu'au bout du compte peu de professeurs se plaignent ouvertement de la modestie de leurs revenus. Ils estiment, à juste titre, que leur niveau de qualification et leur travail ne sont pas rémunérés à la hauteur des autres professions. Ils savent également que des compensations en temps et en argent pallient cette différence. Le prof qui veut gagner de l'argent le peut facilement[1]...

Ultime précision : plus d'un prof sur deux est une femme. Le salaire du maître d'école est souvent le deuxième revenu du couple. Les enseignantes épousent — les enquêtes l'attestent — des membres des catégories moyennes et supérieures, dont les salaires sont plus élevés que les leurs. Elles épousent aussi des collègues : dans l'enseignement secondaire, un prof sur quatre est marié à un autre prof[2]. Cette endogamie prononcée amène donc à raisonner en termes de revenus de couple plutôt qu'en salaire individuel. Un ménage de professeurs, dans la France de 1984, a un revenu moyen de 20 000 F mensuels.

Ce n'est pas le lumpen-prolétariat.

L'État protège les enseignants, mais les enseignants se protègent aussi eux-mêmes. Chaque mois, un petit groupe d'hommes se réunit dans un immeuble du boulevard Montparnasse à Paris ; le

1. Plusieurs milliers de maîtres du public assurent aussi quelques heures dans le privé.

2. 13 % des enseignants sont célibataires, contre 23,5 % dans l'ensemble de la population française.

grand public ignore leurs noms, les profs, pour la plupart, seraient incapables de les situer, et pourtant cet aréopage veille sur les intérêts matériels, sociaux, économiques des enseignants. Ils sont les véritables administrateurs du holding Éducation nationale. Autour de la table, entourant Guy Georges, ancien secrétaire général du SNI, se retrouvent Hubert Arnault, PDG de la CAMIF, Pierre Chevalier, président de la MGEN, Jean Germain, président de la MAIF, et Jean Desvergnes, président de la CASDEN-BP. L'occasion de cette rencontre est la réunion du bureau du CCOMCEN, dont ils font partie [1]. Tous ces sigles symbolisent la formidable puissance d'une entreprise multiforme qui s'occupe de la totalité de la vie extra-professionnelle des enseignants : une véritable contre-société organisée et performante, un poids économique et financier impressionnant, exemple — qui n'a d'analogue que le monde agricole — d'une profession capable de prendre en charge, par un réseau de mutuelles, coopératives et associations, les besoins sociaux de ses membres. La visite de l'empire vaut le détour.

A l'origine de cette aventure, un instituteur des Deux-Sèvres, Edmond Proust, qui, avec trois cents collègues venus de trente départements, crée, en 1934, la Mutuelle assurance automobile des instituteurs de France (MAAIF) [2]. La voiture en est à ses débuts, l'assurance balbutie, et la société d'entraide des instits de l'Ouest se développe lentement : 70 000 sociétaires à la veille de la guerre, qui a failli être fatale à la jeune mutuelle. Grâce au dévouement militant de maîtres qui, dans chaque département, tiennent des permanences et gèrent bénévolement les dossiers, la MAIF repart à la fin des années quarante. L'expansion économique et le boom de l'automobile font le reste : 100 000 sociétaires en 1950, dix fois plus aujourd'hui. 1 800 000 véhicules assurés en 1983.

Le siège social de la MAIF, à la périphérie de Niort, symbolise parfaitement cette puissance : des immeubles de verre bleuté qui affichent une insolente beauté froide au milieu d'un parc de 13 hectares. Les responsables de la mutuelle sont fiers de leur réalisation, qui a coûté 300 millions de francs en 1980. Au cours de

1. MAIF : Mutuelle automobile des instituteurs de France. CAMIF : Coopérative d'achat des adhérents de la MAIF. MGEN : Mutuelle générale de l'Éducation nationale. CCOMCEN : Comité de coordination des œuvres mutualistes et coopératives de l'Éducation nationale. CASDEN : Caisse d'aide sociale de l'Éducation nationale.

2. Cf. *La MAIF a cinquante ans*, luxueuse plaquette auto-éditée, 1984.

la visite des 47 000 m² de locaux dont ils n'épargnent aucun détail, ils vous content cette « aventure humaine [1] ». Tout a été pesé et pensé, rationalisé, et le résultat futuriste, à la pointe de la modernité, rend encore plus archaïques les poussiéreux bureaux de la rue de Grenelle. Trois bâtiments en étoile qui abritent les rédacteurs, et celui, en demi-cercle, de la direction, sont reliés par une terrasse gazonnée et plantée sous laquelle sont aménagés les services généraux (imprimerie, économat, courrier, archives). Le choix d'une architecture éclatée, la distance entre les locaux ont obligé les promoteurs à inventer un système de transport des documents qui transitent de service en service. Personne ne circule dans les interminables couloirs dallés de grès, et ce sont de petits wagonnets, soixante-dix au total, qui se déplacent sur un rail de 1 100 mètres de long. Une gare centrale, au service du courrier, « dispatche » les dossiers entre les départements par ce train électrique géant.

En matière d'informatique, la MAIF s'est montrée depuis longtemps pionnière : le matériel utilisé a été changé quatre fois en quinze ans. La salle des ordinateurs semble surgie d'un film qui retracerait les aventures de Big Brother. Pour les 1 450 personnes qui travaillent à Niort, un club avec restaurant et cafétéria a été aménagé. Un gymnase — peu fréquenté — est à la disposition des employés, qui bénéficient de la semaine de trente-six heures avec horaire flexible. Politique sociale oblige, les salaires sont élevés. A la MAIF, une femme de ménage gagne autant qu'un instituteur. Un licencié en droit qui entre comme rédacteur débute à 8 300 F. Le jeune prof certifié peut faire la comparaison.

Structurée dès l'origine par délégations départementales, la MAIF connaît une gestion décentralisée : 85 % des dossiers se traitent à ce niveau, mais l'augmentation du nombre des sociétaires a contraint la mutuelle à embaucher du personnel salarié pour seconder les pionniers mutualistes. Aujourd'hui, une structure militante, correspondants et délégués départementaux, cohabite avec une structure administrative, composée de personnel salarié (2 600 dans toute la France). Chaque délégation départementale est reliée par un terminal à l'ordinateur central de Niort.

On retrouve au niveau national la même organisation parallèle entre le « politique » et l' « administratif ». La MAIF est sous la

1. « La construction du nouveau siège social de la MAIF, une aventure humaine », *La Vie de la MAIF*, bulletin intérieur d'information, septembre 1980.

direction d'un conseil d'administration de 21 membres élus par l'assemblée générale des sociétaires. En fait, seuls 500 militants y assistent, et le vote s'effectue par procuration. Le conseil d'administration désigne, parmi ses membres, un président et choisit un directeur qui, lui, est un professionnel salarié. Pierre Marcus, l'actuel gestionnaire, en place depuis dix ans, est entré en 1951 à la MAIF, où il a effectué toute sa carrière. Pour lui, les militants et les professionnels sont « condamnés à se mettre d'accord ». Les membres du conseil d'administration sont obligés d'être aussi compétents que les techniciens, lesquels ne peuvent ignorer la spécificité de la clientèle.

En novembre 1983, 38 % des 1 150 000 sociétaires étaient instituteurs ; 35 % enseignaient dans le secondaire et le supérieur ; 22 % étaient membres du personnel administratif de l'Éducation nationale. Enfin, 27 000 associations, scolaires et périscolaires, avaient choisi de s'assurer à la MAIF. La Mutuelle des instituteurs offre à ses adhérents des prestations défiant toute concurrence. Pour des prix inférieurs de 30 % à ceux du marché, elle propose, outre la classique assurance automobile, une protection à peu près complète, dite « RAQVAM » (risques autres que véhicules à moteur), que plus de 80 % des sociétaires ont souscrite. En sus des tarifs très avantageux, les enseignants savent qu'ils seront efficacement et honnêtement secourus en cas de besoin. Même s'ils se désintéressent, dans leur immense majorité, de la gestion proprement dite, ils sont un peu plus que simples utilisateurs. L'esprit mutualiste ne survit guère que sous la forme du triangle collé sur les pare-brise des voitures, mais il reste, et ce n'est pas négligeable, entre la Mutuelle et ses adhérents, une relation de confiance réciproque qui se manifeste pour les coups durs.

En mars 1976, l'express Paris-Strasbourg déraille à Bar-le-Duc. Le pont de chemin de fer sur lequel passait le train est détruit, la locomotive et vingt et un wagons sont hors service, des cuves contenant de la bière tombent dans le canal en dessous et polluent la rivière. Les poissons meurent, les sociétés de pêche portent plainte. A l'origine de cette catastrophe en chaîne, digne de Mack Sennett, un conducteur qui immobilise son véhicule sur la voie : il est adhérent à la MAIF. Le montant des dégâts s'élève, lors d'une première évaluation, à 4 milliards de centimes, ramenés après tractations à 1,5. La Mutuelle doit en payer la moitié et lance un appel aux sociétaires, qui y vont de leur contribution exceptionnelle. Tous répondent sans rechigner, offrant une belle démonstration de solidarité. En réalité, plus qu'un secours financier, le conseil d'administration a reçu un encouragement à persévérer dans sa foi mutualiste. Les dépenses occasionnées par le déraillement ne s'élevaient en effet qu'à 1 % du coût des sinistres de cette année-là. Un autre indice montre que les enseignants se sentent en terrain connu à la MAIF : 82 % des sociétaires lui ont accordé l'autorisation de prélèvement automatique. En 1983, 0,4 % des adhérents, seulement, ont été exclus de la MAIF pour non-paiement des cotisations. La sécurité est des deux côtés.

Bénéficiant d'une mutuelle moins chère qui leur garantit une assistance tous azimuts, les personnels de l'Éducation nationale, dans leur quasi-totalité, optent pour la MAIF. Leur désir de protection se trouve-t-il mieux assouvi quand ils savent que leurs sinistres éventuels seront traités par des collègues ? Pour leur part, les gestionnaires de Niort ont l'immense avantage de pratiquer une population captive que la tradition, l'idéologie et la qualité des services rendus préservent de la concurrence. On ne quitte pas la MAIF, et le jeune prof qui adhère signe un contrat à vie [1]. Quelle société peut se targuer d'une telle fidélité ?

La petite association d'entraide fondée il y a un demi-siècle se classe aujourd'hui parmi les géants de l'assurance : un véhicule sur vingt, en France, est assuré à la MAIF. Chaque jour ouvrable, la mutuelle enregistre près de 3000 déclarations de sinistres et débourse 13 millions de francs. Bien qu'ils gèrent annuellement 3 milliards de francs, les responsables de la MAIF ne se veulent pas « capitalistes » et entendent donner la démonstration qu'on peut être moderne et compétitif sans être mû par le profit. « La MAIF est sauvage dans la mesure où elle ne respecte pas une certaine règle du jeu et apporte un démenti, tangible et bien vivant, à tous ceux, ministres ou gens des affaires, qui s'emploient à justifier l'axiome selon lequel l'absence de recherche du profit interdit toute activité économique valable [2]. » Est-ce cette sauvagerie que le président de la République, François Mitterrand, avait en tête lorsqu'il est venu, le 3 novembre 1983, visiter le siège de Niort ? S'adressant à ses hôtes, il a cité la MAIF en modèle de cette économie sociale qui est une « marche à suivre » et « préfigure un type de société dont vous pouvez bien penser qu'il m'est cher ».

1. Le tarif est d'ailleurs le même pour les jeunes sociétaires (alors que les compagnies d'assurances pénalisent *a priori* les conducteurs peu expérimentés).
2. *MAIF-Informations*, novembre 1972.

Des paroles qui allaient droit au cœur des enseignants devenus, pour le bien de leurs collègues, d'imposants managers.

A quelques kilomètres du siège de la MAIF, s'élèvent l'immeuble et les entrepôts de la CAMIF, coopérative de vente par correspondance réservée aux sociétaires de la MAIF. Les deux sociétés jumelles sont distinctes, bien qu'elles aient le même père. C'est en effet l'instituteur Edmond Proust qui a fondé la CAMIF en 1947. Et les héritiers de Proust n'ont pas perdu leur temps, puisqu'ils ont fait de cette coopérative la deuxième centrale de vente par correspondance après la Redoute. Comme leurs collègues de la MAIF, ils n'ont pas abandonné l'idéal mutualiste dont la résolution suivante donne bien le ton : « Force de libération de l'homme, la CAMIF, coopérative de distribution, veut répondre aux aspirations des sociétaires de la MAIF dans leur vie de consommateurs. La CAMIF, comme la MAIF, est une force de libération et de conquête [1]. » En conséquence, les sociétaires de la CAMIF rejettent « le profit comme mobile d'action, le profit n'étant rien d'autre qu'un prélèvement effectué sur le consommateur ».

Ces bons principes n'empêchent pas de vendre, toujours plus. En 1982, le chiffre d'affaires s'élevait à 2,4 milliards. La CAMIF compte 800 000 sociétaires, et un peu plus de 600 000 d'entre eux achètent pour environ 4 000 F de marchandise par an, en moyenne. Pour toucher ses clients, la CAMIF édite tous les ans trois catalogues principaux, tirés chacun à 900 000 exemplaires. A peu près tous les enseignants de France les reçoivent. Cette clientèle est fidèle : plus de 80 % renouvellent leur commande d'une année sur l'autre, ce qui montre qu'elle est aussi satisfaite (à 90 %, selon les enquêtes). Mais elle est également exigeante. Le goût immodéré des profs pour la sécurité, leur exigence de garantie et de solidité ont amené peu à peu les responsables de la CAMIF à donner la priorité à la fiabilité des produits du catalogue. Rigoureusement sélectionnés, ils sont testés dans des laboratoires spécialement créés à cet effet. Les ingénieurs et techniciens ont inventé des machines pour mettre à l'épreuve les objets. On peut ainsi, lors de la visite de l'établissement, voir des engins malmener des tissus pendant des

1. Assemblée générale de Reims, 10 avril 1980.

heures ou d'autres, mus électroniquement, appuyer frénétiquement des milliers de fois sur la commande d'un téléviseur afin de vérifier la résistance des touches. Lorsqu'ils ne sont pas satisfaits d'une marchandise, les experts de la coopérative demandent au fabricant des modifications. Certains appareils ne sont donc construits que pour la CAMIF, qui les met en vente sans marque. En 1982, les 1 200 employés de la « coop des profs » ont reçu presque 2,5 millions de commandes, expédié 6 millions de colis grâce à un entrepôt informatisé qui peut stocker jusqu'à 600 000 articles.

Comme à la MAIF, un conseil d'administration veille aux destinées de l'entreprise. Les douze membres qui le composent, tous enseignants, désignent en son sein un président et nomment une direction générale qui n'est pas du sérail. L'actuel manager, Pierre Moncade [1], issu du ministère des Finances, a effectué toute sa carrière dans le privé, chez Perrier en particulier. Il a été recruté par petite annonce en 1977. Comme les autres cadres supérieurs, très compétents, c'est un professionnel, soucieux d'efficacité et assez éloigné des préoccupations mutualistes : « Vouloir faire participer le sociétariat à la gestion est une illusion », affirme-t-il en se retranchant derrière la complexité technique des choix. Les faits lui donnent raison : le bilan d'activité de l'année 1982, envoyé à 800 000 exemplaires, n'a suscité que douze lettres. La participation des sociétaires à l'assemblée générale qui élit le conseil d'administration est très faible. L'adhérent de la CAMIF est avant tout un consommateur éclairé qui entend profiter des avantageux services offerts (les appareils hifi sont garantis sept ans), mais se soucie comme d'une guigne du fonctionnement de l'entreprise.

Contrairement à la MAIF qui recueille l'adhésion quasi automatique des enseignants, la CAMIF doit se battre contre la concurrence pour gagner son public : tous les profs, loin s'en faut, n'achètent pas sur catalogue. La réputation de sérieux et de robustesse n'efface pas l'image du maître d'école en blouse grise, qui, pour bien des enseignants du secondaire, donne sa marque à la coopérative de Niort. L'acheteur-CAMIF a un look « boy-scout », estime un professeur de lettres de Marseille ; une de ses collègues bretonne se déclare agacée par le « côté inodore et sans saveur » qui se dégage du catalogue. Un agrégé de mathématiques de la région parisienne a la dent encore plus acérée en évoquant « le

1. Il partage, depuis peu, la direction générale avec Daniel Angibaud.

petit prof qui a sa petite R 5, son petit pavillon de banlieue et commande tous ses petits meubles à la CAMIF ». Un client, prof de LEP dans l'Est, reconnaît que le rapport qualité/prix est très avantageux, mais il ne réserve pas pour autant tous ses achats à la CAMIF : l'habillement, en particulier, lui semble suivre la mode avec cinq ans de retard.

Le catalogue se débarrasse pourtant progressivement de son caractère instit de campagne en galoches rondes. Les enseignants du secondaire sont aujourd'hui pratiquement aussi nombreux que ceux du primaire à consommer CAMIF. Les produits eux-mêmes évoluent ; les responsables de la vente ne sélectionnent que des articles haut de gamme et tiennent de plus en plus compte de l'esthétique. Le goût des enseignants se transformerait-il à mesure que change leur environnement ? Un professeur du secondaire s'est amusé à comparer le catalogue de l'hiver 1971 avec celui de 1983. En un peu plus de dix années, la tonalité a changé : « Préambule 71 : 'Cher camarade' ; préambule 83 : 'Oui, nous avons de bonnes raisons d'acheter chez nous, à la CAMIF.' » Commentaire de l'analyste : « L'interprétation est évidente ; au modèle de coopérative de militants a succédé le modèle familial. » Et les articles proposés ? Notre sociologue amateur n'hésite pas : « Les pages loisirs sont bien typiques ; en 71, pendant que les mouflets gigotent sur le portique, les parents font une pétanque devant le barbecue — loisirs peinards de parents fatigués. » En revanche, « l'enseignant de 1983 est sportif, il doit en baver comme un cadre sur les courts, les cendrées et les routes. Il n'y a plus de loisirs mais des sports pratiqués en semi-professionnels... Le bonheur CAMIF 71, c'était le campeur encore lointainement scout ; en 83, si l'on campe, c'est dans son jardin, comme l'attestent les dix pages du catalogue dévolues aux salons de plein air[1] ». Qui a le plus évolué, la CAMIF ou les enseignants passés du style « *Chasseur français* » au look « Habitat » ?

A Niort, on suit l'évolution des goûts et des couleurs. Prudemment. Humant l'air du temps, les prospecteurs de la maison savent jusqu'où ils ne doivent pas aller. Le public enseignant est loin d'être homogène. Ils doivent gagner une nouvelle clientèle de « branchés » qui courent après la nouveauté, sans heurter les traditionalistes qui vérifient la solidité des piquets de tente. Les responsables du catalogue ne se risquent que rarement à « sortir », par une mise

1. *Les Cahiers pédagogiques*, septembre 1983.

en page appropriée ou une photographie agrandie, un article plutôt que tel autre. L'acheteur-CAMIF est méfiant, consumériste dans l'âme, et veut se forger une opinion lui-même sans qu'on lui force la main. Résultat : tout est présenté de la même manière, plate et informative. En 1984, après un long et épineux débat, les hommes du marketing ont accompli une révolution dans les mœurs : sur les pages de lingerie féminine, on voit apparaître en transparence l'ombre de poils pubiens !

Malgré de nombreuses études, les vendeurs de la CAMIF connaissent finalement assez mal leurs clients. Et pour cause, ils ne les voient pas. Aussi ont-ils décidé de se rapprocher d'eux en développant la vente en magasin. Deux existent aujourd'hui à Niort et à Toulouse ; huit autres ouvriront leurs portes dans la région parisienne, dans le Nord, à Lyon, dans l'Ouest et le Midi méditerranéen. L'objectif avoué est de parvenir, en 1990, à faire 50 % du chiffre en vente directe.

Après la consommation, la santé. La Mutuelle générale de l'Éducation nationale (MGEN) assume en effet la protection des enseignants pour tout ce qui touche au domaine de la médecine. Une formidable puissance que cette mutuelle, dont les chiffres donnent la mesure. La MGEN couvre les risques sanitaires de 2,2 millions de personnes avec les « ayants droit » (1,4 million de cotisants). Elle a réglé, en 1982, plus de 16 millions de décomptes sécurité sociale, pour un montant global de presque 5 milliards. Elle emploie 9 000 personnes, auxquelles elle verse pour près d'un milliard de salaires par an. La MGEN possède trente-six établissements hospitaliers ou sanitaires qui offrent 2 600 lits. L'Institut Marcel-Rivière à La Verrière, que nous avons déjà visité, n'est qu'une de ces unités.

La MGEN est née en décembre 1946 de la fusion de 130 mutuelles régionales en un organisme unique et centralisé. Par décret du 31 décembre de la même année, l'État lui délègue la gestion de la sécurité sociale des personnels de l'Éducation nationale. Les sections départementales de la mutuelle font ainsi office de caisse primaire : ce sont elles qui remboursent aux intéressés les prestations assurance-maladie. La MGEN perçoit directement 2 % du traitement de ses adhérents, retenus à la source. Ce prélèvement, qui figure sur la feuille de paie, accrédite l'idée, chez nombre d'enseignants, du caractère institutionnel et quasi obligatoire de l'affiliation. Il n'en est rien : celle-ci est volontaire, mais le jeune prof en début de carrière ne doit pas hésiter longtemps, sinon il perd la possibilité d'intégration.

Qui, toutefois, pourrait balancer devant les avantages fournis ? Bien au-delà de la couverture officielle que lui confie l'État, la Mutuelle de l'Éducation ne cesse, depuis bientôt quatre décennies, de développer les œuvres sanitaires et parasanitaires : hôpitaux de jour, centres de repos, lieux de convalescence et de rééducation, centres de vacances pour handicapés, etc. Ces institutions, remarquablement équipées, profitent d'un encadrement médical compétent. Elles sont à la pointe de la recherche pour la qualité des soins : ainsi, à Hyères, un centre médical spécialisé dans la balnéothérapie accueille les accidentés pour les rééduquer dans trois piscines d'eau de mer. Nous avons décrit la volonté, à la MGEN, de traiter la maladie mentale autrement que par l'enfermement asilaire. Pionnière, la mutuelle des profs le fut également dans le domaine de la contraception, en ouvrant très tôt des cabinets d'orthogénie. Dans le mouvement pour la libéralisation de l'avortement, son poids fut loin d'être négligeable [1]. Aujourd'hui, le vieillissement de sa population adhérente — qui ne fera que s'accentuer — contraint les dirigeants de la MGEN à mettre l'accent sur la gériatrie.

Pour un Français sur 26, la Mutuelle de l'Éducation nationale est donc beaucoup plus qu'une super-sécurité sociale bien gérée, efficace et moderne. Elle fournit une vaste enveloppe protectrice qui, de la naissance au bord de la tombe, accompagne l'enseignant. En gérant centralement les sommes prélevées et en les répartissant selon le seul critère du besoin, sans distinction d'aucune sorte, la MGEN offre un modèle de solidarité achevée. Elle réussit le tour de force de mettre ce corps disloqué, hiérarchisé, inégalitaire, à égalité devant la maladie et la souffrance. La MGEN socialise la protection devant la maladie, pousse jusqu'au bout la logique de l'État protecteur. Avec cette nuance : l'État, c'est elle.

A la MGEN, aussi, l'écart est grand entre les bénéficiaires et les gestionnaires. Les enseignants attendent de leur mutuelle des services impeccables justifiant les (fortes) cotisations. Pas plus que pour l'assurance ou la coopérative, ils ne s'intéressent à la gestion.

1. *La MGEN et le Changement social : le cas de la libéralisation de l'avortement*, DEA de sociologie de Marcel Bitard, EHESS, 1984.

XIV. LES ŒUVRES DE LA MGEN

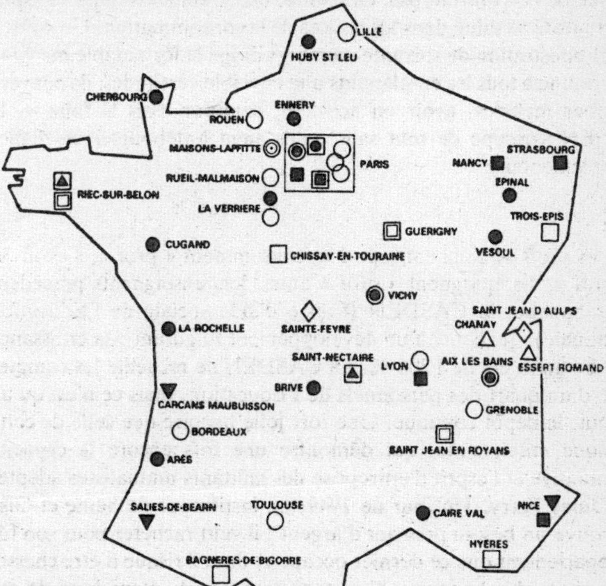

◇ Centres de soins polyvalents

□ Convalescence et réadaptation

△ Enfants et adolescents

○ Santé mentale

Réinsertion

Clinique médicale

■ Diagnostic et soins

Vacances des dialysés

Handicap

● Gériatrie et retraite

▼ Loisirs

Centre d'optique

Maison des universitaires

Ils jugent aux résultats, et cela suffit. Dans l'esprit des fondateurs, pourtant, les adhérents devaient participer activement au fonctionnement. Les assemblées départementales qui se réunissent chaque année ne rencontrent pas, en réalité, une grande assiduité : l'esprit mutualiste se dilue dans les délices de la consommation. Un conseil d'administration de soixante membres dirige la formidable machine qui donne à tous les enseignants une enviable certitude : ils peuvent tomber malades, avoir un accident, sombrer dans la folie — la MGEN s'occupe de tout sans qu'ils aient à débourser un denier supplémentaire.

Les profs se soignent « prof », consomment « prof », s'assurent « prof ». Ils épargnent « prof » aussi. Les enseignants possèdent leur banque, la CASDEN (Caisse d'aide sociale de l'Éducation nationale), qui connaît un développement fulgurant : sa croissance en dix ans a été de 1 300 %. La CASDEN ne recueille les comptes que d'un quart des personnels de l'Éducation, mais ce n'est qu'un début, le dépôt continue. Une fort jolie histoire que celle de cette banque enseignante, qui démontre une fois encore la capacité d'initiative et l'esprit d'entreprise des militants mutualistes adeptes de Jules Ferry. Un jour de 1949, un instituteur de Seine-et-Oise éprouve un besoin pressant d'argent : il veut racheter pour son fils l'appartement que ce dernier occupe et dont il risque d'être chassé. Les prêts des banques, d'un taux trop élevé, étant hors de ses moyens, il lance un appel à ses collègues, qui acceptent de l'aider. La section locale du SNI décide de transformer l'essai et crée la Caisse de prêts de l'Éducation nationale de Seine-et-Oise où chacun dépose ses économies. Cette modeste coopérative d'entraide attire l'attention des responsables de la MGEN de l'époque, qui lui donnent, en 1952, une dimension nationale. Le développement reste toutefois limité, et la caisse doit même fermer ses portes en 1954. L'idée n'est pas morte pour autant, et, quelques années plus tard, la coopérative des enseignants encore embryonnaire lie son sort à la Confédération du crédit mutuel. L'arrivée, à la tête de cet organisme, de Théo Braun, ancien dirigeant de la CFTC, catholique pratiquant, interrompt la collaboration avec les laïques[1].

1. *Histoire d'une banque pas comme les autres : de la CENTREN à la CASDEN-BP, 1951-1981*, par Jacques Bret, auto-édité.

Après de longues négociations avec différents partenaires, la CASDEN se tourne vers la Fédération des banques populaires. L'affaire se conclut en 1974, année qui marque la véritable naissance de la banque des enseignants. Les adhérents de la Caisse utilisent les chéquiers et les guichets des banques populaires, qui reversent 20 % des montants à la CASDEN. Celle-ci, en échange, rémunère les services de la banque mais, fait décisif, gère elle-même les comptes sur livret : prêts, crédit et épargne. Le succès du mariage dépasse les espérances des promoteurs de l'opération. Les 48 000 sociétaires de 1974 sont aujourd'hui 300 000. En 1982, le bilan total laisse apparaître un actif de 4,5 milliards, soit une progression sur l'année précédente de près de 30 %. Et encore, la CASDEN est ligotée par l'encadrement du crédit qui entrave son essor. Au 31 décembre 1982, les dépôts des sociétaires s'élevaient à 2,8 milliards. Quant aux prêts, ils atteignaient à la même date 2,5 milliards. La cagnotte de poche des instits de Seine-et-Oise est aujourd'hui au dixième rang des banques populaires. Elle fournit aux enseignants qui choisissent ses services des avantages palpables : ils jouissent d'une autorisation de découvert à hauteur du salaire. Ils profitent de prêts à des taux d'intérêt nettement moins élevés que ceux pratiqués par les autres organismes. Mais la CASDEN ne gère pas seulement les fonds des particuliers ; elle est devenue la banque des organisations et mutuelles de l'Éducation nationale, la banque du CCOMCEN.

« Autour de la Fédération de l'Éducation nationale s'est tissé un vaste réseau d'institutions mutualistes, de coopératives sociales et culturelles qui apportent aux personnels ou usagers de l'Éducation nationale les prestations nécessaires à la satisfaction de tous leurs besoins, tant dans le domaine professionnel que dans le domaine privé : prévention et couverture des risques de toutes natures, développement moral et intellectuel des adhérents, actions de solidarité en matière de finances, de construction, d'activités coopératives, etc. On dénombre au total 64 organisations qui, ensemble, constituent le 'Comité de coordination des œuvres mutualistes et coopératives de l'Éducation nationale'. » On n'est jamais si bien servi que par soi-même. C'est effectivement en ces termes que le CCOMCEN décline son identité dans un papier de

XV. L'EMPIRE DE LA FEN

Organigramme du CCOMCEN

(Comité de coordination des œuvres mutualistes et coopératives de l'Éducation nationale)

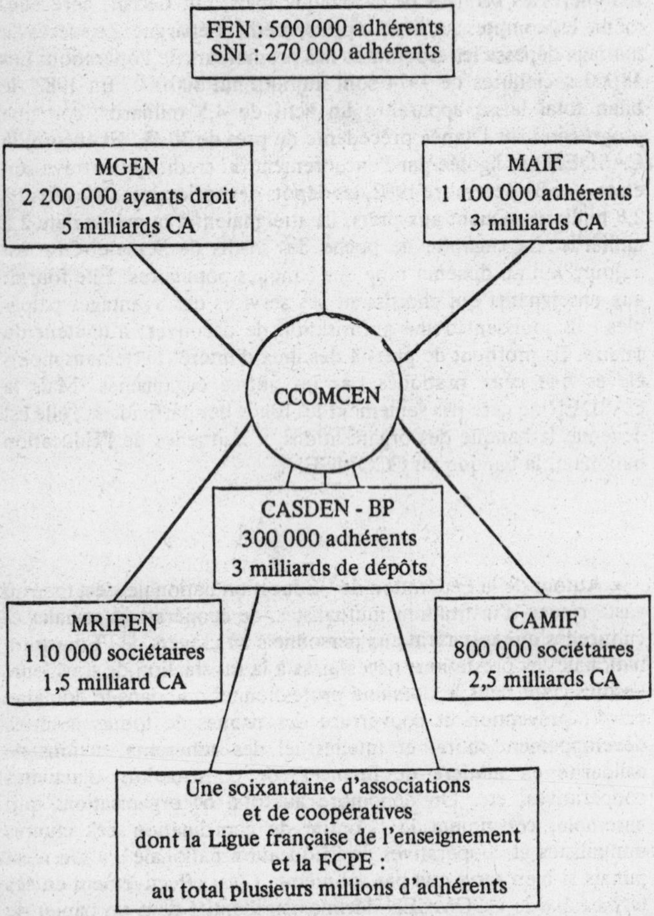

présentation. La contre-société prof possède un gouvernement au sigle barbare, que l'opinion ignore et que les enseignants méconnaissent. Pourtant, l'action de ce CCOMCEN touche des millions de gens en France, sa surface économique est colossale, et son pouvoir financier imposant.

Le CCOMCEN est un groupement d'intérêt économique qui a été créé, en 1972, par un des piliers du syndicalisme enseignant, Denis Forestier. Il réunit 64 organisations dont l'énumération ressemble à une litanie à la Prévert, mais montre bien l'extraordinaire pénétration des moindres recoins de la vie sociale. Outre la FEN et le SNI-PEGC, la MGEN, la MAIF, la CAMIF et la CASDEN que nous venons de visiter en détail, cette hydre dévoreuse accueille une foule d'associations, dont nous ne citerons que les principales :

— La MRIFEN (Mutuelle de retraite des instituteurs de France), qui fournit une retraite complémentaire à ses 120 000 adhérents, chiffre d'affaires : 1,47 milliard ;

— L'APAJH (Association pour adultes et jeunes handicapés) ;

— Le CLEN (Caisse logement de l'Éducation nationale) ;

— Les CEMEA (Centres d'entraînement aux méthodes d'éducation active) ;

— L'EEF (Éclaireuses et Éclaireurs de France) ;

— La FCPE (Fédération des conseils de parents d'élèves des écoles publiques) ;

— La FOEVEN (Fédération des œuvres éducatives et de vacances de l'Éducation nationale) ;

— Les Francs et Franches Camarades ;

— Le GCU (Groupement des campeurs universitaires) ;

— Le GCF (Groupement central des fonctionnaires) ;

— Jeunesse au plein air ;

— La Ligue française de l'enseignement et de l'éducation permanente, qui regroupe 45 000 associations ;

— L'OTU (Organisme pour tourisme universitaire)...

Etc. Il en reste encore quatre douzaines comme cela qui quadrillent entièrement l'univers enseignant, de la vie professionnelle aux loisirs, de la petite enfance à la grande vieillesse, regroupant tous les jeunes comme les lecteurs de *Tintin,* mais avant sept ans et après soixante-dix-sept ans. Il existe même une association des donneurs de sang de l'Éducation nationale (l'ADOSEN) qui mène campagne pour les collectes dans les établissements.

Chacune des 64 organisations, considérée comme une personne morale, est représentée au sein du CCOMCEN, mais toutes ne pèsent pas le même poids. Les patrons des grandes mutuelles forment le bureau qui décide des investissements et des flux ; car le but de cet organisme tentaculaire est d'organiser la solidarité financière entre toutes les associations réunies en son sein. Ces dernières ont leur autonomie de gestion mais peuvent mobiliser leur argent et l'investir dans les œuvres au lieu de le laisser dormir. Or, tous les ans, ce sont des dizaines de milliards de francs qui transitent par les caisses des mastodontes mutualistes. Le CCOMCEN organise donc la circulation de ces sommes ; il a créé un fonds d'intervention qui fournit aide financière et prêts bonifiés. Le Comité n'a lui-même qu'un budget de fonctionnement de l'ordre de 1 million de francs, mais il manie indirectement des enveloppes très importantes selon les demandes et les besoins : sa force de frappe est aussi discrète que déterminante. C'est là qu'intervient la banque des enseignants.

Les liens sont étroits entre la CASDEN et le CCOMCEN. La Caisse gère une partie du fonds des mutuelles avec lesquelles elle a passé des conventions. Lorsqu'un sociétaire veut acheter à tempérament à la CAMIF, c'est la CASDEN qui planifie son crédit (en 1982, 60000 prêts pour un montant de 225 millions). Lorsqu'un adhérent de la MAIF souhaite mensualiser sa cotisation, c'est encore la CASDEN qui assure l'opération. Semblables rentrées d'argent frais n'ont pas été pour rien dans le développement de la banque. Toutes les associations qui composent le CCOMCEN possèdent un compte à la CASDEN, banquière de l'empire, ce qui facilite évidemment les transactions. Cette puissance financière, qui permet de prêter, d'investir (par exemple, dans le film de Roger Coggio, *les Fourberies de Scapin*), s'appuie sur un patrimoine immobilier incalculable : outre les maisons de santé de la MGEN, les sièges sociaux modernes et informatisés, les hôtels (à Paris, à Vichy, à Aix-les-Bains), les camps de vacances, les propriétés (sur la Côte d'Azur), le holding de la FEN acquiert immeubles et hôtels particuliers dans lesquels l'argent est placé.

L'exemple le plus connu (beaucoup ne le sont pas) est celui de l'édifice, estimé à 45 millions, qui abrite aujourd'hui le Parti socialiste, rue de Solférino. Les responsables de toutes ces organisations peuvent arguer à bon droit qu'additionner les avoirs, les biens et les chiffres d'affaires des uns et des autres n'a pas grand sens puisque l'autonomie de gestion est réelle. Observation non pertinente, néanmoins. A travers le CCOMCEN et la CASDEN, l'argent se promène, travaille au bénéfice de l'ensemble. Surtout, les hommes qui animent ces entreprises ne détiennent, bien entendu, rien eux-mêmes. Ils ne sont que les gérants d'un vaste royaume, les seigneurs sans terre qui administrent pour les autres. L'étude de leurs carrières ne laisse aucun doute : ils forment un réseau dense et complice d'élèves formés à la même école.

Qui sont les personnages qui se retrouvent régulièrement autour de la table pour les réunions du bureau du CCOMCEN ? Depuis 1984, le président est Guy Georges, ancien instituteur, ancien secrétaire général du SNI, qui a succédé à James Marangé, ex-secrétaire général de la FEN, aujourd'hui conseiller d'État. Les trois vice-présidents sont également issus du syndicalisme enseignant : Hubert Arnault, président-directeur général de la CAMIF ; Pierre Chevalier, président de la MGEN, ancien instituteur, ancien membre du bureau du SNI ; Jean Desvergnes, président de la CASDEN, ancien trésorier de la FEN. Le secrétaire général est Jean Germain, ancien instituteur puis prof de comptabilité, président de la MAIF. Les quatre derniers nommés pèsent 10 milliards de francs. Il faut leur adjoindre un homme clef, le trésorier du CCOMCEN, Pierre Roussel, ancien trésorier de la MGEN et qui fut, de 1981 à 1983, délégué à l'économie sociale auprès du Premier ministre.

Ces hommes ont réussi dans leur vie une formidable métamorphose : d'instituteurs formés à l'école normale, ils sont devenus des managers compétents, brassant des budgets où s'alignent les zéros. Ils n'ont pourtant rien renié de leur idéal militant et laïque : l'école, avec son environnement culturel et économique, reste un levier décisif de la transformation sociale. Leur cheminement est identique : ils ont commencé à militer au syndicat des instituteurs, dont ils ont peu à peu gravi les échelons jusqu'à parvenir aux responsabilités départementales ou académiques. Là, certains ont été, comme Pierre Chevalier, aspirés au bureau national, d'autres ont bifurqué vers l'engagement mutualiste, tel Jean Germain. Le recrutement s'effectue par cooptation, selon des règles non écrites qui s'appellent dévouement, compétence, confiance et fidélité. A un moment de leur vie professionnelle, ils sont ainsi amenés à abandonner leur métier d'enseignant. Le ministère les met « à disposition », continue de leur verser leur salaire (qui est toutefois remboursé à l'État par leurs entreprises).

Le syndicat des instituteurs et, d'une manière plus générale, la FEN fournissent donc les cadres dont les innombrables associations mutualistes qu'ils contrôlent ont besoin. Aux conseils d'administration ne siègent que des enseignants, en activité, à la retraite, en disponibilité. Le syndicalisme enseignant constitue le vivier où sont recrutés les futurs managers qui, une fois de plus, doivent faire leurs classes : dans les responsabilités départementales, puis nationales. Entre-temps, ils suivent des stages de formation au château de La Verrière, qui jouxte l'hôpital psychiatrique, dans le cadre d'un centre de recherches, d'études et de formation mutualistes (CRES). Ainsi Michel Lasserre, qui dirige Jeunesse au plein air, est-il un ancien du bureau du SNI ; André Ouliac, administrateur de la CASDEN, ex-secrétaire général du SNI. Leur travail actuel est le prolongement naturel du militantisme syndical : ils changent de fonction, mais restent dans le même monde.

C'est bien d'un monde qu'il s'agit, étroit, avec ses canaux, ses relations, ses luttes de clans et de pouvoir. La centaine d'hommes qui animent au sommet le mutualisme enseignant et gèrent, au nom de leurs centaines de milliers de collègues, les milliards des enseignants se connaissent tous entre eux. Il suffit de parcourir les conseils d'administration pour saisir les fils d'un vaste réseau. L'énumération, non exhaustive, montre assez l'interconnexion entre ces entreprises : René Teulade, président de la mutuelle des retraités (MRIFEN) est aussi le vice-président de la CASDEN ; il dirige, en outre, la Fédération nationale de la mutualité française. Pierre Roussel, dont on a observé qu'il était trésorier du CCOMCEN après avoir été celui de la MGEN, est également vice-président de la CASDEN. Hubert Arnault, P-DG de la CAMIF, siège au conseil d'administration de la MAIF. Gervais Lescure est membre des conseils d'administration de ces deux entreprises. Serge Priou, administrateur délégué de la MAIF, est présent au conseil d'administration de la CAMIF. Henri Crabos est en même temps administrateur de la CASDEN et de la MGEN. Michel Germain, frère du président de la MAIF, est trésorier du SNI et secrétaire général adjoint de la CASDEN. Maurice Piques et René Pinson siègent simultanément dans les instances dirigeantes de la

CASDEN et de la CAMIF, pour le premier, de la MAIF, pour le second. Jean Romeu, lui, est au conseil d'administration de la CASDEN et de la MGEN. Une interpénétration qui donne le sentiment que chacune de ces sociétés n'est que la filiale d'un énorme holding.

Issus de la même origine, modelés dans le même moule, les managers forment une confrérie au pouvoir aussi immense que méconnu. La franc-maçonnerie y est solidement installée et conforte encore des liens noués par un long compagnonnage. Les « frères » jouent un rôle important dans les cooptations et, par exemple, n'ont pas été étrangers à la « carrière » d'André Henry, ancien président de la FEN, éphémère ministre du Temps libre et, aujourd'hui, délégué à l'économie sociale. Edmond Proust, maçon et fondateur de la MAIF et de la CAMIF, a légué à ses amis les emblèmes de ces deux entreprises : un logo en forme de triangle qui affiche l'origine. Cette solidarité particulière est-elle le ciment qui bétonne tout l'édifice et empêche les infiltrations ? Toujours est-il que, chaque fois que le Parti communiste a tenté une OPA sur une section locale, comme récemment dans les Bouches-du-Rhône, il s'est heurté à un mur : pas question de laisser s'installer dans la mutualité la guerre de positions qui déchire la FEN. Pas question non plus, cela va mieux en le disant, de partager le gâteau.

Non que ces hommes en tirent un bénéfice personnel, mais les militants de l'entreprise FEN sont convaincus d'œuvrer pour le bien de tous ; pétris d'un humanisme laïque généreux et solidaire, ils tiennent à ces valeurs fort malmenées par les temps qui courent. Le risque provient justement de la perte de l'idéal militant. Un homme tel que James Marangé regrette que les nouvelles générations ne reprennent pas haut le flambeau : la professionnalisation menace l'esprit mutualiste.

De ce point de vue, le décalage est énorme entre ce groupe militant et la masse des enseignants, qui sont avant tout des consommateurs. L'empire aura, dans les années prochaines, des problèmes de recrutement : le dévouement ne court guère, aujourd'hui, les salles de profs. Plus stupéfiant encore est le contraste entre ces entreprises modernes et performantes et un système éducatif poussif et archaïque. Comme si, en soutenant le paradoxe provocateur jusqu'au bout, les enseignants n'étaient vraiment compétents qu'une fois sortis de la classe !

Le prof se soigne mieux et moins cher ; achète mieux et moins cher ; s'assure mieux et moins cher ; épargne ou emprunte mieux ;

profite de camps de vacances, d'associations de voyages, de maisons de retraite, de loisirs organisés, bref vit mieux grâce à la galaxie d'associations que quelques mordus altruistes ont construite pour lui. Mais il ne ressent pas du tout ces avantages innombrables comme des privilèges. Les plus nombreux, même s'ils sont laïques, croient que ces bienfaits tombent du ciel ; seuls quelques-uns, parmi les plus anciens, se souviennent que ces conquêtes sont le fruit d'une longue marche. Rien n'interdisait aux autres professions d'en faire autant. Certaines ne se sont d'ailleurs pas gênées. Il n'empêche : lorsqu'on étudie le mode de vie des enseignants, on ne saurait négliger qu'ils sont liés par une double appartenance — à la société française, comme tout le monde, et à la contre-société FEN.

Riches ou pauvres ? Modestes ou aisés ? Les enseignants sont-ils des parias ou jouissent-ils de revenus qui, finalement, leur assurent un confort appréciable ? Difficile de trancher d'emblée au vu des statistiques disponibles. Aucune étude de caractère officiel n'existe sur le patrimoine et les biens des professeurs. En revanche, l'enquête grandeur nature effectuée par la MAIF auprès de ses adhérents permet de donner des indications précises et sûres. Voilà quelques années, en effet, la mutuelle de Niort a décidé que la prime couvrant les risques autres qu'automobiles (RAQVAM) ne serait plus uniforme mais modulée en fonction des biens de chaque adhérent. Tous les sociétaires ont donc rempli un questionnaire où ils indiquaient s'ils étaient ou non propriétaires, combien d'appartements ou de maisons ils possédaient, à combien ils évaluaient leur mobilier. Le taux de réponses extrêmement élevé et la sanction financière (la somme à payer découlait de la déclaration) donnent toute garantie sur la fiabilité des résultats, qui sont assez surprenants[1].

Moins d'un tiers des enseignants sont simples locataires de leur habitation. Près d'un sur deux (47 %) est propriétaire d'une maison ou d'un appartement ; 15 % possèdent deux habitations ; 5 %, soit 46 000, sont à la tête de trois ou quatre domiciles ; enfin, 9 300 en ont cinq ou plus. Il se trouve même un sociétaire qui détient 92 propriétés. Au total, près de 70 % des professeurs sont

1. Il y a eu 880 000 réponses pour 895 000 sociétaires concernés.

propriétaires. A titre de comparaison, 54 % des cadres supérieurs et professions libérales, 43 % des cadres moyens sont dans le même cas[1]. La MAIF assure 1,8 million de véhicules à moteur, soit une moyenne par sociétaire de 1,7. Chez les professeurs du secondaire, plus d'un quart détiennent au moins deux voitures. Les adhérents de la MAIF assurent encore 120 000 caravanes et 25 000 bateaux. Pour le patrimoine, en tout cas, les profs n'ont rien à envier aux membres des catégories sociales les plus favorisées.

Limiteraient-ils leur consommation pour devenir propriétaires ? Si l'on en croit une étude de source CAMIF, il n'en est rien[2]. Les enseignants achètent des biens de haut de gamme et relativement chers dans la même proportion que les cadres supérieurs. On constate que, pour les articles plus sophistiqués (hifi), ils laissent loin derrière la moyenne des Français. Dans les ventes de la CAMIF, l'ameublement vient largement en tête (30 % du chiffre d'affaires) devant les appareils ménagers et l'audiovisuel (18 % chacun). Les meubles proposés dans le catalogue sont des produits de qualité qui ne sont pas à la portée de toutes les bourses. Aujourd'hui, la salle à manger la plus vendue est un « séjour Artois », style Louis XIV, en chêne massif à 100 %. Le buffet coûte 11 500 F et la table 7 300 F. La salle campagnarde « Métairie » (« châtaignier massif et plaqué châtaignier traité ébénisterie, portes chevillées main, moulures d'inspiration Louis XIV ‘ chapeau de gendarme ’ prises dans la masse ») marche très bien aussi : elle séduit un public plus jeune qui n'a pas encore grimpé en haut de l'échelle des indices. Le buffet bas trois portes se monte à 5 350 F et le vaisselier qui va avec à 4 700 F. Enfin, les vendeurs signalent le succès remporté auprès des jeunes couples par le « séjour contemporain en orme massif Marais », de facture plus moderne. Dans ce style, le bahut est à 7 500 F et la table à 4 500 F.

Au rayon chambre à coucher, la grande vedette du catalogue est la chambre « Odile », façon Régence, « un grand classique de style où se marient l'élégance du merisier finement sculpté et la douceur de la teinte » : le lit qui « fait un tabac » se conquiert à 4 600 F et l'armoire atteint les 14 000 F. Tous ces articles de première nécessité ne s'adressent pas vraiment aux derniers nécessiteux.

1. 18 % des enseignants disposent d'une résidence secondaire (contre 8 % des Français, 21 % des cadres supérieurs et 11 % des cadres moyens). In *Données sociales*, INSEE, 1984.

2. Études internes de la CAMIF, obligeamment confiées aux auteurs, août 1982.

L'ensemble du catalogue est à l'avenant, avec ce qu'il faut de salons « cuir » et de canapés confortables pour assurer la relaxation des enseignants — dans des tarifs qui impliquent de sérieux budgets. La CAMIF s'adresse à une clientèle qui a les moyens d'acheter. Les vendeurs citent à cet égard un exemple particulièrement significatif de l'aisance matérielle des consommateurs profs : une armoire, exclusivité CAMIF, fut mise au catalogue au prix de 30 000 F. Cent vingt exemplaires avaient été commandés au fabricant, et les responsables du département « meubles » pensaient ainsi pouvoir répondre à la demande : trois cents armoires furent vendues en quelques mois...

L'enseignant moyen — certifié de trente-cinq/quarante ans — a des revenus confortables, nettement supérieurs à la moyenne nationale (41 % des foyers MAIF ont plus de 11 500 F contre 13 % des Français), mais inférieurs aux catégories professionnelles de diplôme équivalent. Or, ils possèdent et consomment comme les cadres supérieurs et les professions libérales. L'explication de ce mystère tient en un mot : le crédit. Sûr de son avenir, le prof tire des traites dessus. La Caisse de crédit mutuel des enseignants de Saint-Brieuc a été créée en 1969 — il existe huit autres caisses de ce type en France — et recueille aujourd'hui un quart de la population enseignante des Côtes-du-Nord. Les clients sont tous employés par l'Éducation nationale. Le gérant, Jean-Paul Denis, ancien intendant de lycée devenu banquier, est bien placé pour apprécier la manière dont les profs utilisent leurs deniers : « On sait que le salaire est assuré jusqu'à la retraite et au-delà. Cette certitude me permet d'être large quant au fonctionnement du compte. On ne va pas être regardant pour un découvert. Mais c'est principalement grâce aux prêts que la banque fonctionne : nous avons fait un malheur en distribution de crédits, notamment pour l'habitat. Les enseignants sont des gens qui savent s'endetter. Vers trente ans, ils se lancent dans l'opération construction en acceptant des traites jusqu'à 35 % de leur salaire ; mais au bout de quelques années, les mensualités tombent. Durant la période de désencadrement du crédit, j'en ai vu construire des palaces, sans un sou au départ ! Je connais des maisons qui coûteraient aujourd'hui un million de francs. » Et le banquier des profs d'énumérer les achats à tempérament : « Ici, ceux qui ne construisent pas de maisons se portent sur le bateau, parfois au prix de 300 000 F. Le camping-car ne s'impose pas, les enseignants restent fidèles à la caravane. Ils n'investissent pas énormément dans la voiture, même si la cylindrée est importante : ni la 4 L, ni la BMW. » Ce modèle dominant donne un profil de prof installé à cinquante ans dans sa propre maison, avec tout le confort moderne, une aire de vacances où mettre la caravane, et/ou le bateau.

Une minorité, plus jeune et marginale, échappe à l'envoûtement du crédit sur vingt ans qui assure une vie régulière. Jean-Paul Denis surveille de près ses ouailles et parvient à tracer un portrait-robot de l'enseignant-rebelle : « Un ménage qui gagne 13 000 F par mois et qui n'a pas mis dix sous de côté nous amènera un jour ou l'autre des problèmes. Il y a des gens qu'on a carrément pris sous tutelle, supprimant le carnet de chèques, réglant les factures, budgétisant tout pour eux. Nous avons la satisfaction de voir que, dans la majorité des cas, nous remettons ces personnes sur les rails. » Si la situation l'exige, le banquier se mue en assistante sociale : « Il y en a toujours qui replongent. Alors, on cherche, on enquête. Lorsque je suis devant un cas difficile, je téléphone au collègue de la MGEN. On a réussi ainsi des opérations de sauvetage, on a sauvé des ménages... »

Le filet protecteur s'avance, dans ce cas extrême, jusqu'à la limite de l'incursion dans la vie privée. Mais la sollicitude vigilante du gérant de la banque bretonne reflète bien le sentiment qui se dégage à l'issue de cette plongée dans le mode de vie des enseignants : une formidable sécurité fournie par un statut en acier trempé, confortée par un réseau mutualiste et associatif de premier ordre. On en revient ainsi à notre point de départ : si les enseignants réussissent à vivre au-dessus de leurs moyens, à acheter à crédit maison et biens, à consommer plus et mieux, c'est parce qu'ils bénéficient de la garantie de l'emploi. Leurs salaires ne sont pas mirobolants, leurs revenus assurent un train de vie de cadres supérieurs, et l'assurance-travail permet d'investir à long terme. Cette recherche assouvie de sécurité induit son corollaire : la stabilité. Lorsqu'on s'endette pour devenir propriétaire, on hésite à quitter une profession qui fournit *ad vitam aeternam* le gîte, le couvert et même un peu plus. Pas question non plus de casser les liens sacrés du mariage puisque, nous l'avons constaté, c'est l'addition des traitements qui permet de passer du nécessaire au superflu. Voilà pourquoi la Société protectrice des enseignants est par définition immuable. Les lendemains ne chantent peut-être pas, mais ils ont le mérite d'exister. On comprend dès lors que cette muraille qui défend les professeurs contre les agressions de la vie les enferme aussi dans un huis clos cotonneux qui ouate les bruits de la ville. La manière de vivre est indissociable de l'exercice du métier. Ce n'est pas un hasard si aucune autre profession n'est parvenue à se tailler une protection à ce point ajustée. Une coupe sur mesure qui provoque une coupure démesurée.

TROISIÈME PARTIE

L'INTROUVABLE DÉNOUEMENT

CHAPITRE 7

Coupures

Culture jeune – Culture prof – Technologies au compte-gouttes – Malformation professionnelle – Loin de l'entreprise.

Paradoxe. Observé de l'extérieur, le monde de l'école apparaît clos, fermé sur lui-même, immuable dans une société en folie. Respectueux de ses règles et de ses rites, il suit son propre rythme ; ce qui se passe dehors, au-delà des grilles, ne semble pas le concerner. Pourtant, chaque matin, professeurs et élèves y apportent, dans leur sac et dans leur tête, les contingences de la vie quotidienne. Que les enseignants le déplorent ou s'en réjouissent, un flux externe traverse les établissements ; la rue et la cité entrent dans l'école. Mais ce courant d'air ne provoque guère de tourbillon. Le système scolaire est affecté, mais non bouleversé par cette pression. La société traque l'Éducation nationale ; celle-ci fuit et se recroqueville, distante et frileuse. Entre l'école et la vie, le décalage est constant. Certains professeurs, plus nombreux qu'on ne le pense, le théorisent, arguant que le savoir transcende les soubresauts d'une communauté qui se cherche à tâtons. D'autres veulent ouvrir grand les portes des établissements sur des réalités oppressantes — une minorité d'expérimentateurs qui remontent du vécu au savoir. Rude labeur, nous l'avons noté.

Les enquêtes attestent que parents et élèves attendent, eux, de l'école une réelle préparation à la vie. Mais ils déplorent que cette attente soit déçue. L'écart entre leurs préoccupations et l'incapacité de la machine scolaire à les satisfaire engendre une sorte de désaffection, d'espoir déçu. Un sondage récent auprès des parents d'élèves [1] l'exprime sans fard. 54 % de la population consultée juge

1. *Les parents d'élèves jugent l'école*, rapport Louis Harris-France, 8 septembre 1983 (une partie de ces données ont été publiées par *le Matin*).

que « l'école ne prépare pas bien les enfants à vivre dans la société moderne » ; 68 % que « l'école ne donne pas assez de connaissances pratiques » ; 75 % que « l'école est un univers clos qui devrait s'ouvrir davantage ». 50 % des parents estiment que les travaux d'équipe font défaut, 62 % réclament une initiation à l'informatique, 72 % désireraient que les maîtres quittent les salles de classe pour entraîner leurs élèves hors les murs.

Cette observation ne prétend ni à la nouveauté ni à l'originalité. Elle n'est même pas propre à la France. Un jeune Belge de dix-huit ans : « Je crois qu'il n'y a pas beaucoup d'écoles qui offrent la possibilité de s'épanouir. De trop grandes différences existent entre l'école et les réalités de la vie. » Un jeune Britannique, employé de bureau : « A mon avis, on nous enseignait à l'école ce qu'il fallait savoir pour passer l'examen... On ne nous préparait pas à la vie [1]. » Des jugements de cet ordre courent les collèges et les lycées du vieux continent. Les adolescents ne vivent pas leurs années de scolarité comme un apprentissage, une forme d'antichambre ouverte sur la vie adulte, ils les ressentent comme une prolongation infinie de l'enfance, un interminable tunnel sans aération, bloqué à l'extrémité par un étroit portillon. En entrant au collège, ils poussent la porte grinçante d'une parenthèse qui les cloîtrera pendant quelques années dans un univers à part. Une seule obsession : en sortir pour respirer un bon coup. Observée, analysée, critiquée, depuis des décennies, la coupure entre l'école et la vie est devenue, ces dernières années, la démocratisation aidant, presque insupportable.

A mesure que l'explosion scolaire empilait dans les classes des catégories d'élèves de plus en plus nombreuses et hétérogènes, s'aiguisait la contradiction. Tant que le lycée se contentait d'accueillir les rejetons des couches sociales les plus favorisées, une forte identité culturelle se perpétuait : enseignants et élèves possédaient, au fond, les mêmes référents. La « culture » était littéraire, nappée d'humanités gréco-latines, et le prof de français, auréolé de connaissances souvent encyclopédiques, faisait déguster un zeste de Joyce entre deux tartines de Proust. Les lycéens d'il y a vingt ou trente ans s'ennuyaient peut-être déjà au dernier rang, mais ils pressentaient confusément qu'ils avaient besoin de ce bagage pour leur croisière dans la vie. Les plus doués ou les plus

1. Brochure publiée par l'OCDE, Paris, 1983.

curieux dévoraient livre sur livre, collectionnaient les citations, en langues mortes de préférence, et aspiraient à dominer le savoir que leurs maîtres possédaient. Personne ne discutait la finalité de cet enseignement-là. Et d'ailleurs, cette finalité existait bel et bien, y compris socialement. Maintes professions requéraient un maniement de la langue, la pratique et la maîtrise des textes, la capacité de rédiger ou d'analyser ; bref, cette éducation, conçue pour une élite, ne la préparait pas si mal à l'exercice professionnel.

Depuis cet âge d'or, dont la simple évocation mouille les yeux des nostalgiques, une secousse tellurique d'une rare intensité a pulvérisé l'harmonie. Le public s'est modifié et ne reconnaît plus dans ce grand jeu les codes autrefois communs. La culture de la société, sous l'impact de la révolution scientifique, s'est « technologisée ». Brusquement, on s'est avisé que Xénophon et Tite-Live avaient pris un coup de vieux, qu'il n'était plus indispensable de réciter Cicéron pour devenir médecin et que la fréquentation des poètes de la Renaissance apparaissait moins urgente aux jeunes gens qui se destinaient à la biologie. Apparemment, le système scolaire a saisi cette métamorphose ; en témoignent le développement des filières scientifiques et l'impérialisme des maths. Mais, au fond, il n'est pas sûr que, culturellement, il ait opéré l'inversion des valeurs réalisée par la société.

Les profs de lycée qui exercent aujourd'hui ont été, pour la majorité d'entre eux, coulés dans le moule ancien. Lycéens, il y a vingt ou trente ans, ils ont biberonné les classiques et décliné les verbes en « mi ». Même les scientifiques n'ont pas échappé aux versions latines, et les meilleurs d'entre eux ont suivi les prestigieuses séries A′ où l'on pratiquait autant le thème grec que les mathématiques. Au moment où les techniques différenciées envahissaient notre civilisation, les facultés se gonflaient de milliers d'étudiants convaincus que culture rimait toujours avec littérature. Déversés par gros contingents dans les établissements secondaires au début des années soixante-dix, ils y découvraient avec effarement que leurs modèles ne faisaient plus vraiment recette. Le miroir de leur classe ne leur renvoyait plus l'image des enfants appliqués qu'ils avaient été. Les profs de lettres, en particulier, cherchaient en vain dans les regards (parfois) tournés vers eux quelque lueur de compréhension ou d'intérêt pour ces trésors qu'ils étaient censés transmettre avec les trémolos d'usage. Leur répertoire semblait quelque relique rescapée d'un ineffable naufrage. A la limite, on consentait à lui jeter un regard aussitôt brouillé.

Dilemme : fallait-il, cramponné aux bouquins, défendre le patrimoine intellectuel, tenir bon sur la ligne de crête dressée par les programmes officiels ? Beaucoup s'y résignèrent, et les cours de littérature se muèrent en mausolées où les élèves sacrifiaient, sur l'autel du rituel, les précieuses heures de leur jeunesse. Que faire ? Les lycées devraient-ils renoncer à cultiver leur jardin, abandonner ce savoir précieux, sous prétexte qu'une infime minorité des élèves s'y intéressaient ? Au niveau du second cycle, on voit encore mal comment réduire cet écart : « La culture des lycées sera toujours une culture savante, note Antoine Prost, et, comme telle, sera toujours à une certaine distance et de la culture de masse diffusée par les médias, et de la culture du milieu familial de beaucoup d'élèves. Bref, elle paraîtra toujours un peu aristocratique. » Au lycée, lorsqu'on entend le mot culture, on sort son Lagarde et Michard. Dans la rue ou au café, le lycéen brandit... quoi au juste ?

Un spectre hante les établissements secondaires, le spectre de la culture des jeunes. Sociologues et journalistes en risquent des exégèses, mais les profs, eux, devinent-ils ce qu'ils ont dans le crâne, ces adolescents qu'ils fréquentent à longueur d'années ? Lorsqu'on les interroge, la pêche n'est pas miraculeuse. Leurs élèves, ils les connaissent mal. De multiples barrières préservent les distances. Dans certaines villes, la différence de milieu social est marquée. A Marseille, les adolescents du LEP Mistral viennent, à de rares exceptions près, des banlieues nord, tandis que les enseignants habitent de coquets appartements dans les ensembles résidentiels qui entourent le lycée, au sud. Quand un nouveau prof arrive, à la première incartade, ses élèves lui lancent comme une injure le nom « bourgeois » du quartier où il réside. A Clichy-sous-Bois, note une enseignante de français, « les élèves sont socialement très typés. L'école est pour eux un autre monde ; la coupure est nette entre leur milieu et celui de l'école des profs ».

Effet pervers de la démocratisation, les maîtres ne sont plus aussi proches socialement de leurs élèves que par le passé. Ils méconnaissent leurs conditions de vie réelles et découvrent parfois, au hasard d'un incident, des situations dramatiques. Rarissimes sont les professeurs qui savent ce que font leurs élèves sitôt la porte franchie. Nul ne peut leur en tenir rigueur, mais cette ignorance ne demeure pas sans conséquences dans les relations au sein même de la classe. Ainsi, un prof de maths d'un collège de l'est sanctionnait un de ses élèves qui arrivait en retard avec une régularité confondante. Il mit six mois pour découvrir — et il le raconte franchement — que l'élève en question était l'aîné d'une famille nombreuse sans père, et qu'il conduisait ses frères et sœurs à l'école avant d'y venir.

De la même manière, il est rare de rencontrer un enseignant qui reconnaisse avoir été confronté à un problème de drogue. « Cela arrive, naturellement, mais dans la classe d'à côté, moi, non, vraiment, je n'en ai pas souvenir. » Pourtant, selon les estimations officielles — qui atténuent le phénomène —, 10 % des adolescents ont recours aux stupéfiants. Une investigation attentive aux portes des lycées, et même des collèges, suffit d'ailleurs pour apprécier l'ampleur des dégâts. Mais les profs, avec d'excellents arguments — « Nous ne sommes pas des assistantes sociales » —, préfèrent fermer les yeux sur ces réalités, même lorsqu'elles interfèrent avec leur enseignement. Un jour de mai 1983, on a ainsi découvert dans les toilettes d'un lycée breton un élève complètement ivre. Émoi général parmi la communauté enseignante de cet établissement plutôt tranquille. Un des profs, accablé : « C'était pourtant un bon élève. Qu'est-ce qui a bien pu lui passer par la tête ? »

C'est bien la question. La planète des profs ignore la planète des jeunes. Ces quelques anecdotes sont les symptômes d'un écart grandissant. Autrefois, les enseignants des lycées classiques savaient que leurs élèves ressemblaient à peu près à l'adolescent qu'ils avaient été ; aujourd'hui, ils pataugent à la recherche de points de repère, difficilement localisables. Dans les collèges, où le brassage social est encore plus marqué, ils sont vraiment « largués », spectateurs déconcertés de l'éruption quasi volcanique qui a éclaté au début des années soixante. L'émergence de la jeunesse comme une sorte d'entité qui balayait les catégories sociales, son autonomisation face au monde adulte, la constitution de valeurs qui lui fussent propres, tous ces facteurs ont été cent fois analysés, et ce n'est pas le lieu ici d'y revenir. Contentons-nous de noter que cette mutation sociale et culturelle a particulièrement cristallisé dans l'enceinte de l'école. La révolution des comportements et des coutumes a accompagné dans le temps la prolongation de la scolarité. Les profs ont subi comme les autres ce choc auquel ils n'étaient pas préparés : leurs élèves changeaient parce que les jeunes, en général, changeaient. Une des données essentielles qui expliquent le mur d'incompréhension entre enseignants et enseignés est donc extérieure à l'école : « On risque de ne rien comprendre aux problèmes des lycées si l'on néglige les bouleversements survenus dans les domaines des mœurs, des façons d'être, de penser et de se comporter. Les jeunes ne se définissent plus par rapport à un modèle adulte, mais par rapport à un modèle autonome ; le groupe d'âge se ferme sur lui-même. » Cette réflexion d'Antoine Prost est, en effet, capitale : il n'y a pas de « remède » purement scolaire au problème de l'école ; il existe une traduction scolaire de phénomènes externes.

C'est pourquoi toutes les lamentations, où sourd parfois un profond mépris, sur la dégradation du niveau resteront dérisoires, même si le constat est juste, tant qu'elles ne s'inscriront pas dans une analyse plus globale et fine de la condition collégienne ou lycéenne. Il est un peu vain, lorsqu'on enseigne la philo au lycée de Saint-Germain-en-Laye, banlieue prolétarienne, ô combien, de gémir sur la nullité de ses élèves et d'en accuser les parents, l'institution ou les intéressés eux-mêmes. Un pays a la jeunesse qu'il mérite, et le lycéen n'abandonne pas son « éthique » de jeune lorsqu'il franchit la porte de son « bahut ». La réaction à l'enseignement, au sens étymologique du terme, l'hostilité au prof, est la réaction d'une communauté en fusion face au monde adulte ; les lycéens sont plus autonomes et revendiquent cette autonomie devant la précédente génération, enseignants compris. « Habitués à ce que leurs parents respectent leur responsabilité, ils admettent mal d'être traités en mineurs. Ils jugent infantilisantes certaines des pratiques scolaires et les subissent par force, sans adhésion véritable. Mais il y a davantage : à l'enseignement, ils opposent souvent une résistance profonde, comme si leur identité était menacée. Les convaincre est alors impossible[1]... » Peu d'enseignants se risquent à franchir le pont-levis pour aller explorer cette planète sauvage, ce territoire fléché de signes incompréhensibles. Ils perçoivent une brisure « générationnelle », comme s'ils s'adressaient aux mutants d'une autre civilisation.

A vrai dire, la « culture des jeunes », personne ne sait très bien ce qui se cache sous ce vocable, à commencer par les jeunes eux-mêmes. Alors les profs... Benoît Le Roux, agrégé de lettres : « La fameuse culture des jeunes, je ne la vois pas tellement ; il m'est arrivé récemment dans une classe de dire à une élève : 'Allons, vous allez me trouver ce mot, le capitaine Haddock l'emploie

1. Antoine Prost, *op. cit.*

souvent. ' Et cette élève me répond : ' Je n'ai jamais lu de bandes dessinées. ' Lorsque je fais allusion au prétendu domaine des jeunes, je suis parfois surpris. » La lecture de *Tintin,* si elle se prolonge jusqu'à soixante-dix-sept ans, doit commencer de nos jours bien après sept ans... Ceux-là, qui pensent que la culture des jeunes d'aujourd'hui ressemble à la leur lorsqu'ils étaient jeunes, auront du mal à combler le retard. Mais les plus lucides des enseignants, qui écoutent ce murmure étrange venu d'ailleurs, sont tout aussi « paumés » que leurs collègues moins « branchés ». Jean Ungaro, qui recherche systématiquement le contact, et pratique la vidéo avec ses élèves : « Il existe une culture des jeunes qui est très loin de moi. Finalement, elle m'est totalement étrangère. Pourtant, j'ai des enfants qui ont l'âge de mes élèves. Je sens qu'ils ont une culture différente de la nôtre, de celle que nous avons reçue, de celle qu'on veut leur donner. »

Tracer au cordeau la définition précise d'une nébuleuse floue et composite, dont on ne sait si elle est planète en gestation ou queue de comète, apparaîtrait rapidement comme un vain exercice. Philippe Longchamp, professeur dans un lycée technique de la banlieue parisienne, exprime bien le désarroi de beaucoup de ses collègues : « En fin de compte, après une douzaine d'années de travail avec eux (sur eux aussi, peut-être contre eux), il faut bien dire que leur culture, je ne la connais pas. Ou si peu... Ce n'est pas un paradoxe pour la forme, c'est un constat. Leur culture, c'est l'introuvable Arlésienne, dont un tas de signes tendent à prouver l'existence, mais que je ne vois jamais comme une réalité cernable [1]. » Les plus évidents de ces signes ne sont pas obligatoirement les plus révélateurs ; la télévision, que la majorité des enseignants ressent comme une redoutable concurrente, constitue sans doute le principal canal de connaissance des jeunes de cinq à quinze ans [2]. Par la suite, l'effet magique du petit écran s'estompe, et, de toute manière, ils n'acquièrent pas une culture télévisuelle proprement dite, nourrie de références, de comparaisons et d'analyses (nous observerons dans un instant le ratage de l'intégration d'une approche de l'image dans l'éducation). La télévision demeure un divertissement offert par la société des adultes, et, à l'âge de l'émancipation, les adolescents ont tendance à tourner le bouton. Et le reste ? Polars, science-fiction, bande dessinée, ils en consom-

1. In *Esprit,* novembre-décembre 1982.
2. Cf. chapitre 2.

ment largement, quoique fort inégalement selon les régions ou les établissements, mais aucune de ces spécialités ne fonde vraiment un comportement culturel commun. Et d'ailleurs, la lecture de la B.D. est-elle un trait spécifique des jeunes ? De moins en moins, semble-t-il.

En réalité, le seul ciment que l'on retrouve partout, lorsqu'on erre de collège en lycée, c'est la musique. Il est même frappant d'observer l'étendue et la profondeur du phénomène, des collèges du Nord aux LEP du Midi, en passant par les lycées bretons ou alsaciens. On évitera ici, ce n'est pas notre propos, et cela dépasse de loin nos compétences, le très classique discours « sociologique » sur l'invasion des ondes par les rythmes « barbares » depuis trois décennies : la violence du rock'n'roll des années cinquante marque la rupture de la jeunesse, et sa révolte contre une société adulte oppressive. La pop'music des années soixante symbolise, à travers les vastes rassemblements des festivals, l'émergence d'une contre-société façonnée par une « contre-culture ». La crise économique, la pulvérisation des discours idéologiques, la fin des certitudes se concrétisent dans les années quatre-vingt par l'éclatement des styles et des codes. Comme toute analyse globale, celle-ci a le mérite de fixer de grandes tendances et l'inconvénient, lorsqu'on s'intéresse au détail, de miser à côté de la plaque. Bornons-nous donc à notre terrain d'observation. Les groupes rock foisonnent dans les lycées, les concerts déplacent des foules adolescentes imposantes, les discussions entre élèves que l'on pourrait qualifier de « culturelles » ont le plus souvent pour objet la comparaison des mérites respectifs de tel batteur ou de tel morceau. La connaissance des disques, chansons et groupes, est encyclopédique. Bref, la musique est au cœur de l'univers jeune.

« La musique écoutée au transistor — les images qu'elle évoque dans l'intimité de la chambre — met en relation avec les milliers d'autres, qui écoutent au même moment le même programme, et rappelle cette condition nouvelle où l'on est à la fois seul et des milliers. La musique devient le signe de cette appartenance : quoi d'étonnant si elle devient toile de fond, nécessaire à tous les gestes de l'aventure, les vacances, les boums, l'amitié, l'amour ? Elle est partie intégrante de la culture adolescente où elle assure symboliquement le lien avec les autres[1]... » La pratique de cette culture, qu'elle soit individuelle (radio ou walkman) ou collective (concert),

1. Patrick Mignon, « 13-17 ans en musique », *Projet*, décembre 1982.

exclut l'adulte. Elle possède sa propre technologie (hifi) qui exige parfois une véritable science. Si une culture, c'est un ensemble de comportements, de techniques, de coutumes, de valeurs qui établissent la carte d'identité d'un groupe, la musique, pour une bonne part, fonde la culture des jeunes.

Malheureusement, cette musique-là, rock, pop, variétés, est considérée par la société adulte et l'enseignement, en particulier, comme une sous-musique. Les programmes scolaires, la formation des professeurs de musique respectent une hiérarchie qui place les œuvres classiques au pinacle. Nous ne discuterons pas ce point, même s'il y a fausse note : le décalage entre l'éducation transmise et les goûts des élèves est, là, particulièrement prononcé. Un jeune professeur de musique d'un collège de la banlieue nord de Marseille, Daniel Beaume, qui a réalisé dans l'hostilité quasi générale un disque de chansons avec ses élèves, remarque : « Lorsqu'on est confronté à l'échelle de valeurs des adolescents, on voit que la hiérarchie s'inverse : la musique 'classique' est souvent rejetée comme une valeur repoussoir. » Et Daniel Beaume tire de sa pratique quotidienne cette conclusion : « La musique est un puissant moyen d'identification culturelle ; donc un moyen privilégié pour s'affirmer en tant que jeune, c'est-à-dire non-vieux. D'où le souci de se démarquer des musiques à connotation vieux-adulte. La musique a une fonction de médiation. C'est un moyen pour se retrouver soi-même, être en accord avec ses sentiments à un moment donné... La musique est une compagne pour s'évader de la réalité [1]. »

Nous en conviendrons aisément après ce détour musical ; la culture des jeunes s'affirme davantage en creux, comme un refus ou un refuge. Force est même de se demander si l'hypothèse d'une « autre culture » n'est pas la face souriante d'une pure et simple déstructuration, passablement dramatique. Cette opposition s'adresse aux enseignants comme aux autres adultes. Seulement, ce sont les premiers qui doivent l'affronter, la comprendre, voire la combattre. La fuite devant le modèle culturel des adultes est aussi, et surtout, une manière de dérobade devant l'intégration à ce monde-là. Et c'est dans l'école que le choc se produit avec le plus de virulence. Le système éducatif peut-il l'atténuer en inoculant des germes qui lui sont foncièrement étrangers ? Avant d'aborder cette

1. « Initiation musicale des enfants et des adolescents », communication à un colloque tenu à Bourg-en-Bresse en avril 1983, texte ronéotypé.

question, il nous faut lever une hypothèque : nous avons posé comme prémisses à notre raisonnement que des professeurs formés dans un moule culturel « classique » ne rejoignaient plus des élèves sur lesquels cette culture n'avait pas de prise. N'avons-nous point péché par optimisme en établissant *a priori* que les enseignants étaient cultivés ?

Pour être franc, ce fut une des grosses surprises de cette enquête. Nous la livrons tout à trac, sans prétention statistique ni sociologique ; ces quelques centaines de coups de sonde systématiques ne forment pas un sondage, même si la variété des catégories interrogées, des établissements, des âges, des disciplines et des régions nous amène à croire que ce sentiment a plus qu'un fond de vérité : la grande majorité des professeurs n'est pas cultivée au sens classique de l' « honnête homme ». On pense généralement que parce qu'ils exercent une profession intellectuelle, les enseignants sont des intellectuels. Or, tous les témoignages convergent de manière troublante. Hormis les littéraires, ils ne consacrent guère à l'actualité, aux arts, à l'entretien de l'esprit, plus de temps ou d'ardeur que d'autres corporations. Il existe parmi eux un faible contingent de dévoreurs de romans, de mélomanes pointilleux et de cinéphiles, comme on en rencontre chez les cadres ou les dentistes. La plupart se comportent en techniciens d'une spécialité. A l'exception d'une minorité estimable à 10-15 % des effectifs, les profs lisent peu ou ne lisent guère. Leurs pratiques « culturelles » ressemblent en tout point à celles des couches moyennes auxquelles ils appartiennent : consommation de cinéma dans les grandes villes, suivi des activités de la Maison de la culture locale pour les plus actifs, un peu de théâtre, beaucoup de télévision malgré leurs dénégations.

Voici, parmi plusieurs dizaines, toutes concordantes, quelques réponses brutes et anonymes à notre question concernant l'univers culturel des profs.

Un maître de collège :

« Sur cinquante enseignants, deux ou trois sont branchés sur le centre d'action culturelle. Un ou deux fréquentent la librairie, lisent régulièrement. La presse, c'est le journal régional, trois ou quatre *Monde* ou *Libération*. Quelques-uns, cinq ou six, sont des cinéphiles assidus et ont organisé un ciné-club. »

Un agrégé de lycée :

« Ma grande déception, c'est le niveau culturel de mes collègues. Ils vivent sur leurs acquis. Même les professeurs de lettres lisent peu. J'en connais un qui est abonné à *France Loisirs*, ce qui signifie un livre par trimestre. J'estime à 20 % ceux qui fournissent un réel effort. Je vous donnerai un exemple de leur manque de curiosité : la bibliothèque du lycée est abonnée à *l'Express* et à *l'Observateur*. Je les prends systématiquement et les garde deux jours. Personne d'autre — et il y a quatre-vingts enseignants — ne les réclame. Je l'ai vérifié sur le carnet de sortie. »

Un certifié :

« Les profs n'ont pas envie de se cultiver. Dans leur majorité, ils se disent qu'ils ont passé des examens et qu'ils ont acquis définitivement le droit d'enseigner les choses qu'on leur a apprises. Ils ne lisent pas de livres, vont rarement au cinéma. Il y a quelques années, je râlais un jour devant un collègue parce que des élèves de terminale n'ouvraient pas *le Monde*. Il m'a répondu : ' N'exagère pas, moi qui enseigne l'économie, j'achète *le Monde* le mardi pour le supplément qui me concerne. C'est une contrainte suffisante. ' »

Un autre certifié :

« Est-ce que je me cultive ? Si l'on entend par là culture littéraire, pas tellement. Le dernier bouquin que j'ai acquis, je l'ai reçu par *France Loisirs* il y a quinze jours, et je ne l'ai pas encore ouvert. »

Une agrégée (dans le Sud-Ouest, il est vrai) :

« Ici, on ne parle que de nourriture, d'adresses de restaurants, de trucs à déguster. Pas du tout les nourritures spirituelles. »

La visite à domicile confirme l'impression. Rien de plus « parlant » qu'une bibliothèque. Au premier regard, on décèle l'étagère dormante dont les titres soigneusement alignés ne sont jamais consultés. Pour quelques pièces bien vivantes où l'amas de livres trahit une activité cérébrale de bonne facture, combien de ces meubles où les ouvrages sont là pour la figuration. Sans parler des appartements de profs où il est difficile de trouver autre chose que des manuels fatigués. Ce voyage en « inculture enseignante » peut apparaître comme une forme de réplique à tous ceux qui, profs pour la plupart, déplorent que leurs élèves ne lisent plus. Le phénomène n'est pas niable en effet : les lycéens d'aujourd'hui préfèrent Coppola à Stendhal ; le rapport à l'écrit est vécu douloureusement dans les salles de classe. L'honnêteté oblige à dire que les professeurs lisent à peine plus. La rencontre entre maîtres et élèves se solderait finalement, sur ce terrain-là, par la confrontation d'une absence de culture avec une culture en gestation. Trois points de suspension face à un immense point d'interrogation. Un univers étriqué contre un autre. Les animateurs des centres de documentation — parfois fort bien fournis — racontent volontiers que la fréquentation de leurs salles ne ressemble guère à celle du métro aux heures d'affluence. Les professeurs, qui disposent en ces lieux de matériaux, d'ouvrages spécialisés, n'en font qu'un usage modéré. Il ne s'agit pas seulement ici de dessèchement individuel, mais bien de la difficulté du système, faute d'envie et de moyens, à saisir les formes de culture extrascolaires, et à les intégrer dans une pédagogie rénovée. Comme le note Laurent Schwartz, c'est l'école elle-même qui est un espace culturel étriqué.

« L'entrée des écoles publiques de tout ordre est formellement interdite, à moins d'autorisation spéciale, à toute personne autre que celles qui sont désignées par la loi pour la surveillance et l'inspection. » Ce décret bientôt centenaire (il date exactement du 18 janvier 1887) n'a jamais été aboli, quoiqu'il soit tombé en désuétude — et encore, combien d'enseignants renoncent à inviter un conférencier par crainte des tracasseries administratives ? Cet arrêté est plus qu'un symbole de la volonté du système éducatif d'éviter la contamination extérieure ; la peste rôde hors les murs. Une poignée de profs, toujours la même, tente de forcer le blocus et d'importer un peu de cette modernité qui secoue le vieux monde ; ils se heurtent au barrage élevé en commun par la machine et les acteurs. Jusqu'à maintenant, l'école n'a pas su, si ce n'est à dose homéopathique, utiliser les nouvelles techniques mises à sa disposition.

Les « travaux manuels » ont été, voilà quelques années, remplacés par l' « éducation manuelle et technique ». Ce changement d'appellation, qui correspondait à une volonté profonde de « désintellectualiser » l'enseignement, n'a eu que de piètres effets. « Son champ disciplinaire n'a jamais clairement été conçu, note Laurent Schwartz[1]. L'approche pratique doit-elle être prioritaire, liée à une revalorisation du travail manuel ? S'agit-il de donner aux élèves une approche sécurisante, voire simpliste du monde technologique ? » Au lieu de déplacer le centre de gravité du contenu éducatif de l'abstrait vers le concret, on a créé, en fait, une sous-discipline, sans

1. *Op. cit.*

ambition ni moyens : les cours sont assurés par des PEGC dépourvus de formation particulière, en groupes de vingt-quatre, avec un crédit annuel de quelques francs par élève, ce qui limite les activités au découpage et au crayonnage. Le VIIe Plan prévoyait l'équipement prioritaire de quatre mille ateliers dans les collèges ; un quart ont été installés.

Pour l'audiovisuel, le bilan est encore plus négatif. L'immense majorité des professeurs tient sur la télévision un discours d'exorcisme. Mais les efforts pour se servir du petit écran comme d'un instrument pédagogique maîtrisé sont restés dérisoires. La « drogue télévisuelle », qui pervertit les jeunes âmes, aurait pu susciter l'antidote d'un véritable apprentissage de l'image. « Nos procédures d'enseignement ne sont pas cumulatives, note François Bresson, professeur de psychopédagogie à l'École des hautes études en sciences sociales. Dans le système éducatif français, quand on privilégie une procédure (celle fondée sur le langage), on élimine les autres possibles, et notamment la méthode figurale (expression visuelle et audiovisuelle). Cet obstacle est d'une grande gravité, car il a pour conséquence la négation et la disparition de certaines capacités du 'raisonnement figural')[1]. » A une époque où l'information, la communication, la connaissance passent de plus en plus par l'image, où le visuel devient un vecteur essentiel de la culture, l'école préfère se tenir à l'écart de ce bouleversement irréversible. Là, le manque de moyens confine au scandale. En 1981, sur 8 700 téléviseurs, 1 500 seulement sont en couleurs ; 57 % des appareils noir et blanc ont plus de dix ans, et, selon une enquête du service des statistiques du ministère, 27 % d'entre eux sont jugés « hors d'usage, périmés ou ne correspondant plus aux besoins de l'enseignement ». On dénombre, dans les lycées, un récepteur pour 450 élèves ; dans les collèges, un pour 550 ; dans les LEP, un pour 600... En 1965, au Japon, pratiquement tous les établissements avaient leur télé ; aujourd'hui, chaque classe a la sienne.

Quant aux magnétoscopes, dont on devine sans peine le fructueux usage pédagogique qui peut en être fait, on recensait, toujours en 1981, moins de 2 000 appareils pour l'ensemble de l'enseignement secondaire français. Soit un lycée sur deux, un LEP sur quatre, un collège sur sept. En Allemagne, en Suède, au Japon, en Grande-Bretagne, tous les établissements sont équipés. L'absence de politique systématique en ce domaine se marque égale-

1. In *Présents et Futurs de l'audiovisuel*, la Documentation française, 1982.

ment par l'incohérence de la formation des enseignants. Chaque année, le centre audiovisuel de l'école normale de Saint-Cloud réunit une cinquantaine de maîtres... Des expériences se déroulent, comme celle de l'ICAV (Initiation à la culture audiovisuelle) à Bordeaux. Elles démontrent, résultats à l'appui, les formidables capacités que recèlent les techniques audiovisuelles correctement appliquées à l'éducation. Las, elles restent marginales. Le système éducatif semble imperméable à leur impact. Il ne contribue en rien à contrecarrer la « passivité télévisuelle » qu'il dénonce. Pourtant, ni les enquêtes ni les études n'ont manqué.

En février 1981, un groupe de travail, animé par Jacques Treffel, remettait un rapport au ministre de l'époque, Christian Beullac : *Présents et Futurs de l'audiovisuel en éducation.* Ce texte cite un certain nombre d'exemples d'établissements où l'audiovisuel est utilisé comme arme pédagogique, et en tire les conclusions suivantes : « En premier lieu, tous les comptes rendus insistent sur l'intérêt renouvelé des élèves pour les activités scolaires : l'audiovisuel a un grand pouvoir de motivation. Deuxièmement, les techniques audiovisuelles facilitent les apprentissages. Cela est particulièrement noté pour l'expression écrite et orale et pour les langues. Une voie pleine de promesses est de plus en plus explorée, pour les activités dites de soutien, permettant le rattrapage de certains handicaps. » Promesses, comme trop souvent dans l'Éducation nationale, non suivies d'effets. Les rapports se succèdent, s'entassent dans les armoires de la rue de Grenelle, et le marasme continue. Au sommet, l'immobilisme ; dans les établissements, un foisonnement d'expérimentations, à l'initiative d'enseignants qui décident de prendre les antennes à bras-le-corps. Contre l'indifférence, voire l'hostilité générale.

La répétition n'est pas involontaire : dans le domaine audiovisuel, la coupure entre l'école et la société est un insondable gouffre, un invraisemblable ratage. « On n'a pas saisi l'importance de l'audiovisuel, note Madeleine Labarrière, prof de français dans un collège du Loiret, il ne faudrait pas, cette fois, manquer le virage de l'informatique. » En effet.

La France a perdu dix ans. Incohérence administrative, pleutrerie de pédagogues officiels devant une intrusion moderne, incapacité des pouvoirs publics à saisir la colossale importance de l'enjeu ; ces raisons s'additionnent tout au long des années soixante-dix pour préparer les ingrédients d'un désastre national : le mariage de l'ordinateur et de l'école a bien failli rester blanc pour cause d'impuissance. Certes, comme toujours, rapports d'experts, colloques de spécialistes, documents de chercheurs, commissions de travail se sont multipliés à un bon rythme. Une littérature prospère, jamais accompagnée de passage à l'acte. Ou peu : en 1970, 220 ordinateurs étaient utilisés par l'Éducation nationale. De 1970 à 1976, l'effort déployé fut titanesque : 500 professeurs reçurent une formation informatique lourde, et 58 lycées, 58 en six ans, obtinrent un ordinateur. Nous allions oublier le plus important : une équipe de recherche fut créée à l'Institut national de la recherche pédagogique. Au mitan de cette décennie, en 1976, apparaissent les micro-ordinateurs. Les pouvoirs publics, à la pointe du combat, prennent le temps de la réflexion. En 1979, un plan d'équipement est prêt sur le papier ; il prévoit l'installation de 10 000 « micros » pour la fin de 1984. Modeste contribution à l'année Orwell. Dès 1970, un séminaire de l'OCDE avait conclu à la nécessité d'introduire l'informatique dans l'enseignement secondaire, et insistait sur l'impérieuse formation des maîtres. Dix ans, donc...

Plus encore que la télévision dans les années soixante, l'informatique est un bouleversant phénomène de civilisation qui remue la société, le travail, et que l'école redoute par incapacité à l'assimiler. Les gardiens qui veulent garder le temple immaculé ont trop longtemps entendu cantonner l'ordinateur au simple rôle d'exécutant, de « répétiteur-bis ». Il n'est nullement question d'entrer ici dans de longs développements sur les avantages et les limites de l'emploi de l'informatique à l'école. Contentons-nous d'observer qu'une fois de plus le premier réflexe a été celui de la crainte, du repli, de la fuite dans un pâteux discours idéologique, alors que les pays voisins s'équipaient à grande vitesse.

L'informatique n'est pas une discipline nouvelle, une matière à apprendre à côté des maths et de l'histoire-géo ; elle est un apport, parfois une mutation, dans l'apprentissage de presque toutes les disciplines. Elle s'inscrit au cœur de toute pédagogie qui épouse son temps. Les écoliers, les collégiens et les lycéens d'aujourd'hui se serviront pendant leur vie entière, et dans tous les domaines, de l'ordinateur. Il est proprement impensable qu'au milieu des années quatre-vingt un adolescent sorte du système éducatif sans maîtriser cet instrument. Plus concrètement encore, le maniement des « puces » modifie le rapport des élèves aux enseignants, le rapport au savoir. Dans une classe, le prof s'efforce de parler pour l'élève moyen. Devant un public hétérogène, c'est un rude exercice qui désappointe les plus doués sans accrocher les retardataires. Avec l'ordinateur, la différenciation est possible ; l'enfant travaille à son rythme et à son niveau : pour les tâches d'apprentissage, la rentabilité est sans commune mesure. En 1981, Bertrand Schwartz écrivait dans un rapport destiné à la CEE : « L'enseignement programmé par ordinateur soulage les enseignants des tâches répétitives, permet à l'étudiant de répéter en ayant en face de lui un enseignant d'une patience et d'une persévérance sans égales. Et la répétition reste, qu'on le veuille ou non, un des éléments de la formation, développe une pédagogie différenciée, puisque l'élève trouve, pour comprendre, son propre cheminement parmi ceux qui lui sont indiqués, développe — c'est un de ses principes — la pédagogie de soutien par son renforcement, facilite l'auto-évaluation : l'élève, vérifiant sa compréhension des savoirs acquis et ses compétences nouvelles, et se situant ainsi par rapport aux objectifs énoncés et par rapport à lui-même, apprécie sa propre progression[1]. » Tant d'atouts et si peu d'applications ! Si l'on songe à l'usage qui aurait pu être fait de l'ordinateur dans la lutte contre l'échec scolaire, pour le rattrapage des enfants en perdition par exemple, l'attentisme, pendant de longues années, des autorités universitaires apparaît meurtrier.

Mais l'ordinateur est plus qu'un ersatz de prof. L'informatique est une méthode qui permet d'analyser et d'interpréter les données, un outil pour la réflexion, une véritable pénétration de la culture par la technique. Elle appelle une révolution de l'enseignement, que la coalition des conservatismes a tenté d'empêcher.

Revient à Alain Savary, nouveau ministre de l'Éducation nationale en 1981, le mérite d'avoir « changé de braquet » en matière d'informatique. A la rentrée 1983, un plan d'équipement est lancé qui doit aboutir, en 1988, à l'implantation de 100 000 « micros » dans les établissements scolaires. Sur la même période, un nombre équivalent d'enseignants sera formé. C'est le président de la République lui-même qui, au cours d'un colloque, « Informatique et enseignement », tenu en novembre 1983, déclarait solennellement : « L'école doit ouvrir grandes ses portes à cette réalisation immense qu'est l'informatique. » Après des années de tergiversations, les pouvoirs publics s'avisaient que les autres grands pays industriels avaient pris une avance considérable ; aux États-Unis,

1. Bertrand Schwartz, *L'Informatique et l'Éducation*, la Documentation française, avril 1981.

au Japon, depuis longtemps, les ordinateurs sont intégrés à la vie scolaire. En Grande-Bretagne, à la fin de 1984, chaque classe sera équipée.

En France, le retard est tellement important que malgré l'effort entrepris, on risque de rater le train de l'avenir : si l'objectif est atteint (il est inscrit dans le IXe Plan), une école sur deux, un collège sur deux, tous les lycées d'enseignement professionnel disposeront en 1988 d'une salle informatique — en moyenne, huit ordinateurs par établissement, un pour cent élèves. Nettement insuffisant pour utiliser les « puces » comme véritable instrument pédagogique. Si la formation des maîtres, en outre, ne suit pas en nombre et en qualité, le danger est grand de voir les « micros » mal employés ou sous-employés. Enfin, l'ordinateur doit être nourri : les logiciels ou les didacticiels, c'est-à-dire les programmes, sont encore peu nombreux et mal adaptés. « Dans dix ans, écrit François de Closets, si l'ordinateur n'a pas pénétré dans toutes les écoles ni dans tous les foyers, si les jeunes ne l'utilisent pas aussi naturellement que le téléphone ou la télévision, alors la France aura définitivement perdu le contact avec les sociétés modernes. Et cette bataille-là, bien plus importante que celle des machines, elle se jouera sur les programmes, et elle est loin d'être gagnée [1]. »

Or, en France, nous manquons de cerveaux informatiques, par la faute d'une imbécile politique malthusienne qui, dans les années soixante-dix, a été incapable de (pré)voir le formidable boom de l'informatique. Pour toutes ces raisons, manque de matériel, manque de formation des professeurs, manque de programmes, il risque d'arriver à l'ordinateur scolaire ce qui est arrivé à la télévision scolaire : un gadget enfermé à clef dans une classe où les élèves du « club informatique » viennent pianoter pendant les heures de récréation. La grande masse des enseignants n'est pas, à l'heure actuelle, aussi enthousiaste que le ministère pour se lancer dans l'aventure. La pratique de l'ordinateur implique une telle remise en cause de leur compétence, de leurs habitudes, que l'on voit mal comment ils n'y opposeront pas une force d'inertie. C'est d'eux, avant tout, que dépend l'issue de ce formidable pari : que l'école, pour une fois, soit à l'unisson de la société. Mais un regard sur l'enseignement professionnel n'incite pas à l'optimisme béat.

1. *Le Nouvel Observateur*, 2 décembre 1983.

Par nature, l'enseignement professionnel, à mi-chemin entre l'éducation et la vie active, devrait s'ouvrir sur le monde du travail. S'il est un secteur où l'école aurait besoin de s'insérer dans son environnement économique et social, c'est bien celui-là. La réalité est fort différente. Lors d'une table ronde organisée, en mai 1983, par la Fédération des parents d'élèves de l'enseignement public, un des participants, Yves Deforge, inspecteur pédagogique régional, expert auprès du Conseil de l'Europe pour l'insertion professionnelle des jeunes, pouvait déclarer sans risque de démenti : « L'enseignement technique et professionnel français s'est constitué sur une idée simple : la séparation radicale de la formation et de l'entreprise [1]. »

En ce domaine, le système éducatif français montre une belle originalité : il est le seul au monde à avoir accordé une telle place à l'enseignement professionnel. D'autres pays ont retenu des orientations opposées : aux États-Unis ou au Japon, les établissements secondaires dispensent jusqu'à dix-huit ans une formation générale ; ce sont les entreprises qui prennent ensuite en charge la professionnalisation. Les résultats de ce type de cursus sont connus : 80 % des ouvriers japonais ont le niveau du baccalauréat. Ce bagage facilite naturellement les choses lorsqu'il s'agit de se reconvertir.

En Allemagne fédérale, la voie royale des études qui conduisent à l'enseignement supérieur est réservée à un cinquième des élèves. Les autres, plus de la moitié, suivent une formation alternée entre l'école et l'entreprise. Ce système dualiste qui laisse sa place, au sein même de l'usine, à l'atelier d'apprentissage, garantit une formation de grande qualité [2].

Dans notre pays, pour des raisons historiques, la formation des techniciens et ouvriers professionnels n'a pas été confiée aux entreprises. Le système éducatif, pressé par les besoins économiques, a dû assumer cette redoutable responsabilité ; par sa logique interne, il a entraîné l'enseignement technique loin de ses débouchés naturels. L'intégration des formations professionnelles dans l'ensemble de l'appareil éducatif a été poussée à l'extrême. Depuis des années, les responsables du ministère comme les agents

1. *PEEP-INFO*, n° 106, décembre 1983.
2. Cf. Lucie Tanguy et Annick Kieffer, *L'École et l'Entreprise, l'expérience des deux Allemagnes*, la Documentation française, mai 1982.

économiques essaient de faire machine arrière, de redonner un peu de liberté à ce secteur afin qu'il s'adapte mieux aux mutations de la production. Mais les tentatives restent peu convaincantes, car l'enseignement professionnel n'a pas seulement pour fonction de donner une formation, voire une qualification ; il joue surtout le rôle de voiture-balai de la machine éducative, il est une sorte de sas de sécurité destiné à recueillir les paumés et les exclus. Nous l'avions noté avec quelque force dès le début du livre : l'immense majorité des élèves dirigés vers le LEP sont ceux qui ne sont pas jugés aptes à suivre l'enseignement long. L'orientation vers l'enseignement professionnel ne résulte pas d'un choix positif, mais d'un constat d'échec. Dans son rapport au Premier ministre, Bertrand Schwartz soulignait fermement le phénomène : « Exclus, les élèves ne vont, en général, pas dans la section qu'ils souhaitent, et tout cela est vécu par eux, comme par leur famille, comme un échec, voire même comme une condamnation sociale [1]. »

C'est ce flux constant des exclus qui alimente sans cesse davantage les établissements professionnels ; il y a presque autant d'élèves en LEP que dans les lycées d'enseignement général, mais si l'on y ajoute les lycées techniques, ce sont les deux tiers des élèves du second cycle qui relèvent de l'enseignement professionnel et technique. Les adolescents qui suivent un enseignement général long sont une minorité ; cette réalité, pourtant socialement lourde, n'a pas encore pénétré les esprits. Numériquement, le « professionnel » est bien au cœur du système éducatif. Il a été, néanmoins, longtemps méprisé.

« Élève agité, mais qu'une pédagogie concrète devrait remettre à l'aise. » « Élève instable, résultats un peu faibles, devrait trouver sa voie en LEP. » « Élève peu intéressé par l'enseignement général, devrait réussir en LEP. » « Élève perturbé que le LEP sauvera peut-être [2]. » Ces quelques appréciations relevées sur les dossiers de candidatures au LEP expriment en quelle considération les enseignants de collège tiennent l'enseignement professionnel. Tant que ce dernier devra payer les pots cassés d'une machine déréglée, tant qu'il sera voué à récupérer les élèves les plus faibles, qu'une bonne part de son action consistera à maintenir scolarisés des adolescents en rupture d'école, il est difficile, voire impossible qu'il remplisse sa véritable mission. Son rôle social le condamne à

1. *Op. cit.*
2. *Cahiers pédagogiques*, n° 209.

rester enchaîné à un système en crise, sa vocation économique le tire vers l'entreprise et le monde extérieur. Cette contradiction entre la finalité qui lui est dévolue et les moyens qui lui sont impartis conditionne tout le reste. On attend de l'enseignement professionnel qu'il dispense la maîtrise des technologies à des enfants qui ont difficilement appris à lire.

Au cours d'un colloque sur la revalorisation de l'enseignement technique, Jean-Marie Schléret, président de la PEEP, relevait fort pertinemment cette ambiguïté : « Nous voulons que cesse pour l'enseignement technique le temps de la relégation, d'une relégation en zone inférieure. Relégation certes masquée par de belles formules valorisant en paroles les domaines manuels au moment où, dans la vie de tous les jours, les élèves et leurs familles touchent constamment du doigt l'envers du décor : un enseignement trop peu valorisé, réservé aux moins doués et aux moins motivés. Voici vingt années que des réformes ont prétendu conférer à l'enseignement technique sa juste place. Toutes ces réformes n'ont empêché ni les familles, ni les élèves, ni les enseignants eux-mêmes de manifester une préférence tenace pour les études générales qui, à leurs yeux, promettent toujours des professions socialement plus élevées. Il faudra, là comme ailleurs, harmoniser nos affirmations officielles et nos pensées secrètes pour que cesse enfin le double langage qui désoriente tant de nos jeunes. Comment peut-on, d'un même mouvement, faire l'apologie du technique et dissuader les élèves jugés les plus doués de faire le choix de cet enseignement[1] ? » Cette tare originelle ne cesse de peser sur le contenu même des formations.

Au cours de l'année scolaire 1981-1982, 350 000 élèves préparaient un certificat d'aptitude professionnelle (CAP). Créé en 1919, le CAP devait donner une formation étroitement spécialisée : on en a dénombré jusqu'à huit cents, chacun correspondant à un métier défini. Aujourd'hui, on en recense au total plus de trois cents, mais une cinquantaine seulement rassemblent 90 % des élèves. Les mécaniciens représentent un tiers des effectifs. L'évolution des techniques et, notamment, l'introduction de machines automatiques exigent des compétences que vient sanctionner, en 1967, un nouveau diplôme, le brevet d'enseignement professionnel (BEP). Il ne s'agit plus de préparer à un métier spécifique, mais à

1. Colloque pour la revalorisation de l'enseignement technique, document ronéotypé de la PEEP, octobre 1982.

un ensemble de tâches variables. La formation est conçue « dans une logique de polyvalence pour favoriser la mobilité professionnelle et faire face aux changements ponctuels affectant le système de production [1] ». A terme, les BEP étaient destinés à se substituer aux CAP. Or, depuis leur création, les effectifs des CAP n'ont diminué que d'un quart ; on trouvait, en 1981, 260 000 élèves dans les soixante-neuf filières préparant aux BEP. A elles seules, les formations d'électromécanicien et de mécanicien monteur regroupent la moitié des élèves. Chez les filles, les industries de l'habillement représentent 40 % des effectifs dans les filières secondaires.

Bien que d'un « niveau » plus élevé que le CAP, le BEP n'est pas prisé par les entreprises. Jugées positives par les uns, les qualités de polyvalence qui permettent une meilleure flexibilité sont critiquées par des patrons qui continuent de rechercher des « spécialistes ». En réalité, une formation « évolutive », qui permet de développer des aptitudes au niveau des procédures de contrôle, ne prend tout son sens qu'accompagnée d'une analyse prévisionnelle des techniques et d'une reconnaissance par l'industrie de la valeur du diplôme. Bref, le contenu de l'enseignement professionnel est indissociable de l'utilisation sociale qui en sera faite. L'articulation entre le système éducatif et le monde de la production se pose de manière cruciale ; c'est précisément là que le bât blesse.

Ils emploient presque les mêmes mots pour désigner les mêmes maux. Les proviseurs ou les professeurs de LEP rencontrés dans la banlieue rouennaise, en Alsace, dans le nord de la France, à Millau, en Bretagne ou dans les Bouches-du-Rhône déplorent tous la coupure entre leur établissement et les professionnels. M. Bonhomme, chef de travaux dans un LEP marseillais : « Il n'existe pas de cadre de concertation avec la profession ; les contacts se font de manière empirique. » M. Blanc, proviseur : « Un vrai mur entre formation et emploi. Lorsque le LEP organise une journée portes ouvertes, deux employeurs viennent en tout et pour tout. Un chef d'entreprise m'a avoué un jour qu'il n'ouvrait jamais les lettres à en-tête du LEP. » Même ignorance mutuelle dans une ville du centre de la France : les entreprises méconnaissent le LEP, qui ne manifeste guère de vive curiosité pour examiner de près les

1. F. Lantier, *Définition et Organisation des enseignements techniques*, CEREQ, 1980.

conditions de fabrication. Dans « enseignement professionnel », il y a enseignement et professionnel. Il arrive pourtant que les deux termes se rapprochent au point de former une commission.

Dans tous les grands secteurs d'activité existent au niveau national, depuis 1948, des commissions professionnelles consultatives (CPC), formées de représentants du ministère (inspecteurs généraux), des syndicats de salariés et de patrons. Leur rôle est de définir les qualifications requises, de proposer la création ou la fermeture de filières de formation. Instances lourdes, elles réagissent lentement devant les mutations. Au niveau local, employeurs et enseignants se retrouvent dans les jurys d'examens et aussi dans les conseils d'établissement. Ce côtoiement institutionnalisé s'avère insuffisant (au-delà des contacts personnels toujours utiles) pour instaurer une véritable coopération des deux parties ; bien des barrières psychologiques subsistent, entretenues de part et d'autre par des images respectives quelque peu caricaturales. Et puis, il y a la taxe d'apprentissage, véritable pomme de discorde.

Une loi de 1925 contraint les entreprises à verser 0,5 % de la masse salariale pour le financement de la formation professionnelle initiale : les LEP et lycées techniques en profitent, mais les chefs d'entreprise ont la possibilité d'attribuer ces sommes à l'établissement de leur choix. Les enseignants et proviseurs reprochent aux patrons de favoriser systématiquement les établissements privés, et surtout les centres de formation d'apprentissage (CFA), qui sont sous le contrôle direct des chambres d'industrie. Il règne, en tout cas, une très forte inégalité dans la répartition de cette manne, qui représente souvent un montant supérieur à la subvention ministérielle. Elle permet, en particulier, de renouveler les machines qui nécessitent un investissement considérable. Certains proviseurs n'hésitent pas à se transformer en commis voyageurs pour aller tirer les sonnettes des entreprises environnantes ; d'autres les inondent de lettres, sans grand résultat. Une partie d'entre eux, enfin, se murent dans leur dignité et refusent de tendre la sébile. Les patrons préfèrent naturellement investir dans les secteurs de pointe où ils pourront ainsi recruter plus tard de la main-d'œuvre qualifiée, ou dans des établissements d'importance susceptibles d'assurer la formation permanente. Cette distribution « à l'aveuglette » creuse encore les disparités entre les établissements « qui marchent » et ceux qui ont « mauvaise réputation », et provoque chez les plus mal lotis de fortes rancœurs à l'égard du privé. Voilà qui ne favorise guère le nécessaire rapprochement ; il est aisé de le constater sur le terrain : chacun campe sur ses positions, et le fossé s'élargit.

Cette ignorance mutuelle et un brin dédaigneuse, qui renvoie souvent à des fantasmes obstinément entretenus, entraîne de graves conséquences ; en premier lieu, le constat — ahurissant lorsqu'on y songe — de l'absence de concertation sur l'avenir des qualifications. « Dans les filières porteuses, constate un professionnel rennais, personne n'est capable de la moindre prévision », et, en écho, au rectorat : « Aucun organisme socio-professionnel ne peut dire, par exemple, de combien d'analystes-programmeurs, et de quel niveau, on aura besoin dans trois ans. » Ludovic Quinquis, proviseur dans les Bouches-du-Rhône : « Notre première difficulté est la méconnaissance de la demande de l'industrie ; nous ne disposons d'aucune information prospective, ni au niveau rectoral ni dans les chambres de commerce. » Un de ses collègues de la même région : « En fait, il est pratiquement impossible d'évaluer les besoins du marché de l'emploi quatre ou cinq ans à l'avance. Or ce serait le délai minimum dont nous avons besoin pour modifier éventuellement le contenu d'une formation. La plupart des employeurs sont incapables, à six mois près, de nous dire dans quel secteur ils vont embaucher. » L'explorateur profane au pays de l'enseignement professionnel découvre ainsi avec effarement qu'il n'existe, au niveau régional, aucune instance de réflexion et de prévision sur l'évolution de l'emploi, des branches industrielles ou commerciales, des technologies. Ce ne sont pas les commissions professionnelles nationales dont nous avons noté l'existence qui, à distance, peuvent saisir les réalités. Les LEP, et dans une moindre mesure les lycées techniques, forment des élèves « dans le brouillard », sans savoir vraiment si la qualification dispensée correspond encore à un travail. Ainsi, voilà quelques années, des LEP du tertiaire préparaient à des spécialités bancaires, et les élèves apprenaient, mais à la sortie, que les banques ne recrutaient plus dans cette qualification. Entre-temps, l'informatique avait envahi les bureaux. Dans un LEP de Rennes se décerne un CAP de « monteur-câbleur en électronique » destiné aux télécommunications, alors que l'électromécanique disparaît des centraux téléphoniques.

Jeunes gens et jeunes filles entrent au LEP sur une orientation non désirée : ceux qui s'accrochent à leur fraiseuse alors qu'ils souhaitaient être dessinateur, celles qui étudient la sténo en rêvant de manucure se retrouvent après deux ou trois années d'enseignement professionnel avec un CAP ou un BEP (les pertes en cours de route se chiffrent entre la moitié et les deux tiers) et croient détenir une qualification. C'est alors qu'ils découvrent l'entreprise : « La machine sur laquelle tu vas devoir gratter, tu ne la connais pas et tu t'y perds, confie ce titulaire d'un CAP de mécanicien ajusteur. Tu as des tours ou des perceuses qui ont une avance automatique ; la manivelle tourne tantôt dans un sens et tantôt dans l'autre. Du coup, pour prendre tes cotes, ça change tout. Si tu ne t'y attends pas, tu fous cinq pièces en l'air avant d'en faire une correcte. Le patron t'incendie [1]. » Tous les enseignants ou presque le reconnaissent sans fausse honte : au sortir du LEP, on ne « possède » pas le métier correspondant à la formation reçue. Plusieurs années sont nécessaires pour avoir la main, acquérir la pratique. Un prof de mécanique auto : « Lorsqu'ils sortent, à dix-sept ans, est-ce qu'ils sont capables de réparer une voiture ? Oui, 20 % de nos élèves le sont. Les autres, il faut leur laisser le temps. » Même aveu chez un métallo de la région bordelaise : « En arrivant, je savais trois fois rien. » Les professionnels reprochent beaucoup aux enseignants de ne pas leur fournir une main-d'œuvre « clefs en main », mais le manque de pratique est commun à tous les métiers pour un débutant. Si la formation reçue correspond à une branche d'activité, le titulaire d'un CAP aura tôt fait de combler son handicap.

Le problème est ailleurs, et il est crucial : par défaut de temps, de moyens, de souplesse, l'enseignement professionnel ne parvient pas à suivre le rythme de transformation des métiers. Il continue de dispenser des formations obsolètes, techniquement dépassées. L'administration de l'Éducation nationale, empêtrée dans sa lourdeur naturelle, ne parvient pas à réagir avec la vivacité nécessaire. Parmi les CAP industriels, onze ont été créés et sont régis par des arrêtés des années quarante. Beaucoup (119) ont été instaurés dans les années cinquante. Presque la moitié des CAP reconnus à l'heure actuelle sont nés dans un contexte industriel antérieur à 1960 ; les deux tiers datent d'avant 1970. Ils concernent souvent des branches d'activité en pleine régression. Chez les filles, 71 % des effectifs en dernière année de CAP industriel sont dans le textile. Elles apprennent le plus souvent à manier une vieille machine à coudre, alors que les professionnels en sont à la découpe au laser. On a attendu le milieu des années soixante-dix pour supprimer l'appren-

1. Témoignage cité dans le dossier du *Monde de l'Éducation*, mai 1982 : « Apprendre un métier ».

tissage de la forge des CAP de l'automobile. Le forgeage des pièces avait, lui, disparu des garages depuis des lustres. Dans les sections de tôlerie, les élèves continuent à taper en cadence sur des bouts de ferraille, alors que la profession adopte un système « à ventouse » pour redresser une aile.

L'inadaptation constante des formations à l'évolution des branches et des techniques tient à trois facteurs principaux, liés entre eux par un pacte d'immobilisme. Le centralisme d'une machine-éducation trop lourde, dont nous avons décrit longuement les méfaits dans un chapitre précédent, frappe dans ce secteur. La rigidité du système, sa lenteur de réaction, son incapacité à s'adapter constituent des obstacles majeurs à l'indispensable révolution des formations. Les nouvelles technologies bousculent les métiers et l'organisation du travail ; l'Éducation nationale, elle, prend le temps de la réflexion. Expert, Antoine Prost tranche dans son rapport : « Il est impossible, dans le cadre actuel, d'accompagner l'évolution rapide de la technologie et des qualifications, d'autant qu'elle s'accélère. En 1982, on a ouvert 103 sections nouvelles de préparation aux CAP et on en a fermé 69 sur un total de 4 862. On a ouvert 214 sections de BEP, tandis qu'on en fermait 37 sur un total de 4 823 sections. A ce rythme, si par hypothèse — heureusement improbable — il fallait renouveler la totalité de l'offre de formation professionnelle, cela prendrait cinquante ans pour les sections de CAP et une vingtaine d'années pour celles de BEP[1]. »

Deuxième obstacle : les équipements. Les sections professionnelles sont dotées de machines qui coûtent cher et que l'Éducation nationale ne saurait, par ses moyens propres, remplacer au rythme qu'exigerait la modernisation. Certains LEP se débrouillent, mais, en maints endroits, les élèves ne disposent que d'un matériel démodé. Dans tel LEP de Gennevilliers, on se sert de tours qui ont trente années d'âge. A Pompey, on forme des tourneurs sur métaux avec un matériel vieux de vingt ans, alors qu'aujourd'hui les engins sont à commande numérique. En section menuiserie, à Millau, les élèves ne disposent pas de la machine qui permet de travailler le bois sur quatre faces. A Marseille, les mécaniciens de chantier démontent et remontent inlassablement un vieux bulldozer trentenaire qui met dix minutes pour démarrer. Dans les LEP du tertiaire, les jeunes filles apprennent à taper sur de vieilles

1. *Op. cit.*

Remington, cependant que les machines à traitement de texte se développent partout dans les bureaux. Quelques exemples, presque au hasard, révélateurs d'une pénurie générale...

Le ministère de l'Éducation est le premier propriétaire de machines-outils de France : il en possède 80 000, soit un dixième du parc national. « D'une conception souvent dépassée, elles sont, dans une large mesure, atteintes d'obsolescence et demandent à être renouvelées », note le professeur Schwartz [1]. Près de la moitié d'entre elles ont dix ans d'âge, et les pannes et incidents se multiplient. La sécurité des élèves n'est guère assurée. Combien de tours sans protection, d'appareils défectueux qui risquent de provoquer des accidents ? Constatant que 61 % des LEP ont plus de vingt ans, les fédérations de parents d'élèves se sont émues des conditions de sécurité : « Certains établissements sont dans un état de vétusté et de délabrement tel qu'il met directement en cause la sécurité de ceux qui y travaillent, note la PEEP. Les machines et équipements, leur choix, leur installation, leur fonctionnement et leur entretien doivent répondre aux règles de la sécurité... » Depuis 1982, le ministère, conscient du retard accumulé, a lancé un plan d'équipement en machines-outils à commande numérique : 430 millions de francs sont débloqués pendant trois ans. En 1982, cent machines ont été livrées. En 1983, deux cent cinquante ont suivi. L'effort est important ; il reste dérisoire par rapport aux besoins. De même, en 1983 et 1984, deux cents automates programmables sont destinés aux lycées techniques, et une centaine d'ensembles à traitement de texte aux sections de secrétariat. Un privilège qui devrait être la règle.

L'impossibilité, où sont souvent placés les lycées d'enseignement professionnel, d'acquérir des appareils modernes altère naturellement la qualité de la formation. L'élève habitué à un engin vétuste et défectueux se retrouvera, de fait, déqualifié lorsque, dans l'entreprise, il sera confronté à une machine exigeant une connaissance et une maîtrise fort différentes. Quelle est la marge d'action d'un chef d'établissement qui aura acquis à grand-peine un matériel très vite dépassé, ou qui aura investi dans une filière qui n'offre plus de débouchés ? Au LEP Jules-Raimu de Nîmes, les sections de CAP en mécanique n'ont guère d'issue régionale : « Étant donné notre environnement économique, souligne le proviseur, la mise en place d'une mention complémentaire de diéséliste et d'une section

1. *Op. cit.*

hydraulique serait la bienvenue. Mais cette extension, vitale pour nous, entraînerait des charges financières importantes[1]... » Et les machines des sections inadaptées, faut-il les jeter à la casse ?

Rigidité administrative, coût des investissements empêchent les établissements de modifier rapidement leurs formations. Troisième frein : les enseignants eux-mêmes. En principe, un professeur de LEP est censé avoir travaillé pendant cinq années en milieu industriel avant de se reconvertir dans l'enseignement. Aujourd'hui, pour les branches de pointe, on recrute des profs de niveau BTS qui sont loin d'avoir une expérience professionnelle aussi longue. Mais surtout, la grande masse des enseignants passés par l'entreprise perd le contact, au bout d'un certain nombre d'années, avec la pratique : « On côtoie les problèmes de l'industrie, on ne les tutoie plus, dit M. Bazin, chef de travaux dans un LEP de Lyon. Si je devais retourner dans l'industrie, je dois reconnaître que le décalage serait très important[2]. » Depuis qu'ils ont débuté dans la carrière professorale, les techniques et les machines ont considérablement évolué. Quelques-uns se mettent à jour, tentent de se recycler, mais beaucoup se contentent de montrer à leurs élèves les pratiques qu'ils ont eux-mêmes apprises dix ou vingt ans plus tôt. Ce refus de l'évolution traduit un réflexe conservateur devant le progrès de la machine. Des profs de mécanique générale ne veulent point entendre parler d'automatisme qu'ils ne maîtrisent pas. Ou alors, l'éloignement du métier les entraîne vers un enseignement plus théorique qu'ils n'ont pas expérimenté concrètement. Ainsi, dans le secteur tertiaire, la moitié des professeurs (selon certaines sources) n'ont jamais pratiqué ce qu'ils transmettent aux élèves, ce qui, s'agissant d'un enseignement professionnel, est évidemment un comble...

Plus grave encore : les profs de LEP ont en général fui le terrain de production. En s'intégrant à l'Éducation nationale, ils ont connu une forme de promotion sociale sensible ; ils sont aussi entrés dans la logique du fonctionnariat. Ces hommes, qui ont quitté l'entreprise, sont paradoxalement chargés de la formation professionnelle. Les secteurs où ils ont été recrutés ne sont plus porteurs de débouchés, et il est des sections qui offrent une véritable pléthore d'enseignants. Dans le textile, on dénombre plus de trois mille

1. Cité dans *les Cahiers de l'Éducation nationale*, revue mensuelle publiée par le ministère.
2. *Le Monde de l'Éducation*, mai 1982.

titulaires, bien trop nombreux pour les besoins, qui n'envisagent pas une seconde quelque reconversion professionnelle. Le ministère dispose ainsi de contingents de professeurs qui continuent à former des élèves dans des filières bouchées, parce qu'ils ne savent rien faire d'autre. Ils s'opposent à la fermeture de leurs sections, qui n'ont plus d'utilité sociale ou économique et qui, finalement, perdurent uniquement pour fournir un emploi aux enseignants. Dans le bois, les cuirs et peaux, la chaudronnerie, le textile, le ministère bataille durement pour fermer des filières qui sont de véritables culs-de-sac.

Les sureffectifs sont également criants dans des secteurs qui furent en pleine expansion au fil des années soixante, telle l'automobile, et aujourd'hui saturés. On forme en France, actuellement, infiniment plus de mécaniciens auto que les besoins ne l'exigeraient. Au LEP Frédéric-Mistral de Marseille, deux à trois cents garçons sortent chaque année avec un CAP ou un BEP de mécanique automobile. Sur toutes les Bouches-du-Rhône, on embauche bon an, mal an une trentaine d'ouvriers dans cette spécialité. Si l'enquêteur naïf demande à M. Didon, excellent homme au demeurant, le « père » de l'atelier, pourquoi l'on continue à aiguiller tant de monde vers une branche à moitié pourrie, il s'attire cette réponse définitive : « L'Éducation nationale est une institution assez lourde à mener. Actuellement, à Frédéric-Mistral, nous sommes vingt-cinq mécaniciens auto. Si l'on voulait former des élèves dans une autre spécialité, nous en serions, nous professeurs, incapables. Il faudrait changer les professeurs. Et nous, qu'est-ce qu'on fait ? Vous voulez nous envoyer au chômage ? »

Nous touchons là le fond du problème. A l'évidence, cet établissement devrait reconvertir, au moins en partie, ses activités : ni son équipement ni ses personnels n'y sont prêts. Doit-il alors recruter moins d'élèves afin d'éviter de gonfler une spécialité qui ressemble à une impasse ? Impossible, comme l'explique Daniel Paravisini, enseignant et membre du conseil d'établissement : « Un lycée comme celui-ci peut difficilement tourner en dessous de sept cents élèves. Le lycée couvre actuellement cinq hectares. Les frais que nous avons sont les mêmes, notamment pour le chauffage, s'il accueille un élève ou cent ; cela nous coûte le même prix. Si l'on veut rentabiliser l'institution avec les crédits que nous avons, il nous faut sept cents élèves. On recrute donc ce nombre-là au minimum. »

Dans cet exemple, qui se retrouve par centaines au sein de l'hexagone, toutes les tares du système s'additionnent pour bétonner un sidérant immobilisme : l'usine à élèves produit trop, mais les machines et les hommes sont là, elle doit tourner selon les critères de l'Éducation nationale, même si, au bout, elle fabrique des chômeurs. « On a des locaux à remplir, il faut les remplir, tant pis s'il n'existe pas de débouchés à la sortie », soupire cet enseignant qui, dégoûté, a préféré abandonner la Fonction publique. Poussée jusqu'à l'absurde, un absurde quotidien, la logique de l'Éducation nationale ignore le marché du travail. Ce n'est plus une coupure, mais un gouffre qui sépare deux mondes dont la complémentarité devrait être indispensable.

Au sortir du LEP, le miracle n'est pas au rendez-vous. A Marseille, 5 à 10 % des titulaires d'un diplôme d'enseignement court trouvent du travail dans l'automobile, les autres décrochent un emploi en des domaines qui n'ont rien à voir avec leur formation supposée. « Parmi nos CAP d'habillement, un quart obtiennent une place dans la profession, constate un proviseur. Les trois quarts font n'importe quoi d'autre. Le CAP, dans le meilleur des cas, n'est qu'un instrument de reclassement. » Avec des formations mal adaptées aux réalités économiques, inadaptées sur le plan technologique, sans concertation entre professionnels et enseignants, le « produit » final aura grand-peine à s'insérer sur le marché de l'emploi. Naturellement, d'autres facteurs interviennent, liés à la crise économique et à la réduction des effectifs. La concurrence avec des chômeurs adultes ne facilite guère la recherche du premier emploi, mais l'enseignement professionnel, tel qu'il fonctionne aujourd'hui, accumule les obstacles aux pieds de ses élèves. On comprend qu'il soit douloureux et difficile, pour un sidérurgiste de quarante-cinq ans, d'envisager une reconversion, mais rien ne justifie qu'un jeune qui sort avec un diplôme d'un LEP ou d'un lycée technique doive pâtir de l'inadaptation du système scolaire au système économique[1]. Il est, quant au fond, incompréhensible que l'Éducation nationale ne soit pas à même d'entreprendre la mutation indispensable qui permettrait de gonfler les filières d'avenir, et de fermer les secteurs périmés.

Selon Bertrand Schwartz, la moitié des jeunes de seize à vingt et un ans, de niveau CAP ou BEP, occupaient en 1980 des emplois

1. Nous ne parlons pas ici des 200 000 jeunes qui, chaque année, quittent le système éducatif sans formation (cf. la « Toile de fond » de ce livre).

précaires. En 1981, une enquête à « diffusion restreinte », émanant du Centre d'études et de recherches sur les qualifications, dressait le bilan du devenir professionel « cinq ans après le LEP[1] ». Cette étude date un peu, puisqu'elle analyse une génération sortie en 1975, mais il est très probable que la situation s'est encore détériorée depuis. Les résultats, en tout cas, éclairent notre propos : un tiers seulement des titulaires d'un CAP ou d'un BEP avaient trouvé un emploi immédiatement. Cette moyenne masque, en réalité, de fortes variations : 20 % des hommes et près de la moitié des femmes sont inscrits à l'ANPE en sortant du LEP. Suivant les spécialités, le taux de chômage varie considérablement : pour les CAP hommes, il atteint 23 % en électricité, 21 % en mécanique et plomberie-chauffage. Chez les femmes, toujours pour les CAP, le chômage des diplômées débutantes s'élève à 40 % dans le textile, 56 % dans le commerce (47 % en moyenne nationale). En ce qui concerne les BEP, le record est atteint, parmi les femmes, en techniques administratives (51 %), tandis que, dans le secrétariat, il n'est « que » de 40 %[2].

Ces résultats assez effrayants montrent quel fossé sépare l'école de la vie active. Aucune entreprise ne pourrait s'offrir le luxe d'une telle inefficacité. Avec le temps, les jeunes échappés des LEP finissent par trouver un emploi, puisque, cinq ans après, 93 % des hommes et 77 % des femmes travaillent. Mais « cinq ans après la fin des études, note le rapport, le quart des hommes et un tiers des femmes déclarent des emplois non qualifiés ». Beaucoup exercent un métier pour lequel la formation reçue ne sert à rien. En particulier, ceux qui entrent dans la police, chez les pompiers ou dans l'administration, avec en poche un CAP de menuisier ou de mécanicien.

Bien sombre, ce tableau, jugeront enseignants et proviseurs des grands lycées techniques bénéficiant d'un équipement moderne, qui ont su ouvrir des filières prisées par les entreprises. Car il s'en trouve, des établissements où l'électronique, l'informatique et l'automation sont entrées en force. Ainsi du lycée technique de Versailles qui offre des matériels soutenant plus que la comparaison avec les industries de pointe. Pareille situation, fréquente dans les secteurs qui conduisent au baccalauréat ou au BTS, s'avère rare

1. *Cinq Ans après le LEP*, CEREQ, 1981.
2. Joëlle Affichard et Françoise Amat, *L'Entrée des jeunes dans la vie active*, bulletin de l'ONISEP, avril 1983.

en LEP. Là, l'addition (élèves faibles + équipements vétustes+ formations dépassées) se règle chaque jour à coups de cas sociaux, de drames personnels, de marginalisation.

La description que nous venons d'esquisser concerne l'immense majorité des élèves expédiés dans l'enseignement professionnel, sans autre bagage que l'échec scolaire trimbalé d'année en année. Il faut le redire, au risque de lasser : les LEP ont pour fonction principale le gardiennage d'adolescents exclus et la thérapeutique par exercices manuels (ergothérapie) ; ils maintiennent socialisés des enfants en rupture de société. Terrible jugement que les dizaines de professeurs d'enseignement professionnel rencontrés pour les besoins de cette enquête ne démentiront pas. Mais qui implique une certitude : toute action qui tendrait à rendre au secteur de l'enseignement professionnel sa véritable nature devrait, au préalable , indiquer quelles instances ou institutions rempliront à sa place le rôle de SAMU éducatif. En un mot, la transformation de cette branche requiert que le problème de l'échec soit jugulé en amont. Rude programme.

Depuis que la crise économique a balayé les glorieuses certitudes des experts, l'enseignement professionnel est devenu, en France, une catastrophe nationale. Au croisement de deux mondes, il supporte leurs bouleversements respectifs ; il paie à la fois la paralysie du système éducatif et la mutation galopante du secteur industriel. Il ne s'agit pas seulement de destins individuels meurtris pour la vie, d'un gâchis financier (on dépense de l'argent pour des formations inutiles), d'un désastre économique (offrir des tickets pour l'ANPE à de jeunes diplômés). Ce qui est en jeu, c'est tout simplement l'avenir d'un pays. Est-on capable ou non de relever le défi technologique qui secoue la planète ? Sait-on préparer des élèves qui mèneront l'essentiel de leur vie active au XXIe siècle à affronter ce futur proche ? La réponse conditionne l'organisation économique et sociale de demain.

Or, l'avenir commence maintenant. Les pouvoirs publics ont saisi depuis quelques années l'importance cruciale de l'enseignement professionnel. Une volonté de rénovation s'est manifestée à partir de 1977, au moment où la crise de l'emploi et la grimpée du chômage ont mis en évidence le décalage grandissant entre les filières anciennes et les besoins économiques. Le ministre de l'Éducation de l'époque, Christian Beullac, a lancé nombre d'initiatives qui visaient au rapprochement des usagers de l'école avec les professionnels. Il a ainsi instauré des « séquences éducatives en entreprise », qui furent controversées et combattues par les syndicats ; les résultats ont été modestes (en 1980, 5 % seulement des élèves de LEP passèrent plusieurs semaines dans 15 000 entreprises). Premiers gestes, bien timides, pour jeter des passerelles entre deux interlocuteurs naturels qui se parlaient peu. Alain Savary, en arrivant rue de Grenelle, estima la situation suffisamment alarmante (preuve s'il en était besoin que la description ci-dessus ne relève pas de l'imagination) pour proposer au Conseil des ministres du 13 janvier 1982 un vaste plan de « rénovation de l'enseignement technique ». Son objet indique clairement où est le mal : il s'agit de moderniser les contenus et les filières de formation, en tenant compte de l'évolution technologique et des besoins régionaux, voire locaux.

Des sections nouvelles, fondées largement sur l'électronique, sont ouvertes. Un effort financier important est consenti, auquel s'ajoute le lancement d'un « plan machines-outils » déjà cité. Afin de lutter contre les abandons en cours de scolarité, véritable hémorragie dans les LEP, le contrôle continu, qui autorise une plus grande souplesse dans la délivrance des diplômes, est développé : plus de deux cents établissements ont retenu ce principe. De même, plusieurs dizaines de LEP accordent des unités capitalisables qui permettent de jongler avec les spécialités, et de décloisonner les filières trop rigides. L'échec n'est jamais définitif, et l'on évite ainsi le tout ou rien de l'examen. Surtout, l'idée des « séquences éducatives en entreprise », critiquée en son temps par la gauche syndicale, est reprise et amplifiée. En 1982-1983, ce sont 135 000 élèves qui ont bénéficié de cette disposition, franchissant ainsi la muraille qui sépare l'enseignement technique du monde du travail. Enfin, des classes passerelles ont permis à 10 % des élèves de LEP de rejoindre l'enseignement technique long.

Toutes ces mesures ne sont pas négligeables ; elles traduisent une réelle prise de conscience devant le drame économique et humain qui touche des centaines de milliers de jeunes. Mais face à l'ampleur alarmante des problèmes en suspens, cette politique des petits pas, si elle peut améliorer des situations individuelles, gommer des erreurs trop criantes, ne s'attaque pas aux racines. L'enseignement professionnel souffre de deux tares qu'il est nécessaire de soigner ensemble : en amont, il reçoit du collège des élèves dont le niveau est si faible qu'ils ne peuvent assimiler une vraie fonction technologique et qui, faute d'acquérir une maîtrise, un savoir, se contentent d'apprendre un savoir-faire. Or, l'irruption violente et rapide des nouvelles technologies condamne ce type de formation à l'impuissance. Et vers l'aval, l'inadéquation, pour toutes les raisons énoncées, entre deux mondes, transforme les filières en tuyaux crevés. Sans être un ancien élève de Polytechnique, on devine aisément que les deux vices sont liés l'un à l'autre. On ne corrigera le second — la coupure emploi-formation — que si l'on redonne à l'enseignement professionnel une place centrale dans le système éducatif. Il est dérisoire d'offrir des béquilles à des handicapés qu'on a soi-même poussés dans le vide auparavant.

Jusqu'ici nous avons dressé un constat : l'enseignement professionnel est en crise parce qu'il est trop coupé du monde de l'entreprise. Parce qu'il cherche à donner une spécialisation, une formation directement négociables sur le marché de l'emploi. Parce qu'il prétend offrir un métier. Dans cette tentative, il est voué à l'échec. Parce que ce n'est pas sa fonction. Au risque de paraître un instant nous contredire, osons cette provocation. Il existera toujours un décalage entre le système éducatif et le système économique. Ils n'ont pas le même rythme et ne répondent pas aux mêmes besoins. L'école s'épuisera en vain en cherchant à coller aux réalités de l'emploi. Les experts s'accordent tous sur un point : la fragilité des prévisions. Le temps d'écrire un rapport, de manier les statistiques, et déjà la situation a évolué.

Trois avis, choisis presque au hasard. Roger Fraisse, du commissariat général au Plan : « L'une des premières constatations de la préparation du IXe Plan touche à l'impossibilité de fonder aujourd'hui une planification des formations sur des prévisions quantitatives détaillées des besoins d'emplois à moyen terme ; si des programmes de formation spécifiques peuvent et doivent être prévus pour accompagner le développement des activités et secteurs d'avenir portés par les nouvelles technologies, l'évolution des emplois offerts et des qualifications nécessaires dans l'ensemble de l'appareil productif ne peut plus être décrite de façon simple[1]. » Autrement et vulgairement dit : en gros, on voit à peu près ; dans le détail, c'est flou. « Au total, trop de mutations importantes vont intervenir, ajoute Roger Fraisse, et interviennent déjà dans les entreprises industrielles, agricoles et de service, pour que l'on

1. In *Recherches économiques et sociales*, 1er trimestre 1983.

puisse imaginer des spécialisations professionnelles de départ ajustées avec précision aux changements attendus... » Au Plan, on se déclare donc incapable de planifier.

Au ministère de l'Éducation nationale, on s'avoue aussi démuni. Pierre-Yves Duwoye, rapporteur du « Groupe éducation et formation » : « Toute approche consistant à vouloir tirer des prévisions fines de formation, à partir de prévisions d'emplois dont on maîtrise mal, à l'heure actuelle, les évolutions, ne serait pas pertinente par rapport au type de relations constatées entre systèmes de formation et d'emploi. Aux incertitudes sur le volume d'emplois prévisible s'ajoutent des interrogations sur le contenu même de ces emplois et la mobilisation des qualifications requises[1]. » Au sommet, le brouillard ; sur le terrain, on patauge. M. Mithouard, du Conseil régional de l'Ile-de-France : « Il est impossible de connaître les besoins de formation pour 70 % des emplois de la région. Seules peuvent être appréhendées, pour les cinq ans à venir, trois branches d'activité : bâtiment, métallurgie, chimie. Pour les autres secteurs, on est dans le vague absolu... D'où les difficultés à établir des prévisions et des investissements dans le domaine de la formation professionnelle[2]. »

L'incertitude généralisée provient d'une cause : la révolution technologique qui, à une vitesse terrifiante, chamboule spécialités et qualifications et exige des compétences toujours nouvelles. L'Éducation nationale n'a ni le temps, ni les moyens, ni les capacités de fournir des ouvriers qualifiés et des techniciens au rythme de ces bouleversements. Elle sera perpétuellement en retard d'une technique, d'un matériel. La conclusion qui s'impose est que le lieu où doit s'effectuer cette adaptation permanente des jeunes à l'emploi, c'est l'entreprise.

Là encore, rapporteurs et experts parviennent au même point de convergence : « L'adaptabilité au changement technologique, l'acceptation des innovations, la coopération, la fiabilité sociale ne s'apprennent pas dans les livres », écrit Antoine Prost, qui tranche : « On ne peut demander au seul système éducatif de dispenser des qualifications qui, par définition, sont évolutives à l'initiative des entreprises. Il faut que les entreprises elles-mêmes deviennent productrices de qualification pour leur propre personnel. » Dans un monde sans cesse en mouvement, aucune formation initiale ne

1. *Op. cit.*
2. Colloque organisé par la PEEP, octobre 1982.

fournit de visa pour une qualification éternelle ; autrefois, un apprenti apprenait le métier d'ajusteur dont il pouvait penser qu'il le pratiquerait toute sa vie active. De telles certitudes sont battues en brèche par la révolution permanente des techniques qui travaille le cœur des entreprises. C'est là, et nulle part ailleurs, que la formation peut coller aux réalités économiques. Bertrand Schwartz : « Il faut restituer à l'entreprise sa pleine responsabilité dans l'adaptation des jeunes à l'emploi... Elle est le lieu privilégié de l'ajustement de la formation initiale aux évolutions technologiques [1]. »

Le système éducatif doit donc cesser de donner une qualification trop vite déqualifiée, une spécialité trop vite inadaptée, caduque et inopérante ; il ne saurait être à la remorque d'un système productif qui courra toujours devant lui. L'école est animée d'une autre ambition qui, en regard de son état actuel, paraît démesurée : offrir à tous une formation suffisamment complète, une culture polyvalente, qui favorisent l'adaptation rapide et efficace au travail. « Les orientations à donner aux formations qui vont préparer la société de demain, avertit Robert Fraisse, ne seront plus dictées par des besoins techniques des entreprises aussi minutieux et segmentés que par le passé. Dans la détermination des formations utiles, il faudra tenir compte, de plus en plus, de la capacité culturelle globale des hommes et des femmes au travail, source de dynamisme et d'adaptabilité maîtrisée, et non pas seulement de stockage de tel ou tel savoir technique hyperspécialisé [2]. » Une telle conception impose de repenser non seulement l'enseignement professionnel, dont on sait qu'il est aujourd'hui aux antipodes de ces exigences, mais sa place exacte au sein de la machine scolaire et, pour tout dire, le système éducatif lui-même. Voilà comment nous retrouvons le bout de la chaîne, les prémisses de notre raisonnement. La coupure entre l'école et l'entreprise ne se résorbera pas dans une course-poursuite perdue d'avance, mais dans la révolution du système, de ses moyens et de sa finalité.

A l'heure actuelle, l'opposition entre une culture générale, classique, considérée comme plus noble, et une culture technique, subalterne, clive le dispositif d'enseignement. Alors que la technique, la technologie sont au cœur des mutations de notre société, elles sont marginalisées dans l'école, qui continue à entretenir des

1. Bertrand Schwartz, *L'Insertion professionnelle et sociale des jeunes*, 1981.
2. *Op. cit.*

traditions désuètes. Son centre de gravité est décalé par rapport à celui du monde moderne. Dans les années qui viennent, cet écart ne cessera de grandir si la technologie ne conquiert pas une place centrale dans l'éducation et la formation. La technique doit devenir la composante fondamentale de la culture donnée à l'école, puisqu'elle est déjà la base de notre civilisation. Cette exigence conduit naturellement à la contestation de la coupure entre enseignement général et enseignement technique, à la révision d'une hiérarchie des filières de formation qui ne correspond plus à l'état de notre société. Plus que l'inoculation d'une « matière » supplémentaire dans des programmes déjà fort lourds, il faut entreprendre une refonte accordant la priorité aux activités et connaissances qui permettent de forger des individus actifs, aptes à saisir et chevaucher le progrès technique.

Cette proposition ne brille pas par son originalité ; on la trouve sous la plume des chercheurs, pédagogues et enseignants qui se sont penchés sur les souffrances de notre système. Un inspecteur général, Henri Longeot, qui a animé la commission sur les enseignements technologiques en vue de l'élaboration du rapport Legrand, insiste sur l'objectif du développement d'une « éducation technologique polytechnique » dès la sixième : « Il s'agit de créer une discipline de base, parallèle aux sciences expérimentales et à l'histoire et géographie, constituant un élément important de la formation générale, s'appuyant sur le désir d'action et de création des jeunes, et ceci dans un domaine qui concerne de plus en plus l'ensemble de la population : celui de la création de matériels techniques utilisés par l'homme. Il ne s'agit pas seulement de créer une discipline de plus, nécessitée par l'évolution de notre société, mais aussi d'introduire une formation qui remette en cause le contenu actuel de l'école, source d'échec et de ségrégation [1]... »

Dans son rapport sur « les lycées et leurs études au seuil du XXIe siècle », le groupe de travail d'Antoine Prost argumente avec force dans le même sens. Citation s'impose, tant la réticence du corps enseignant, redoutant quelque gadget, rebelle à toute modernité, est vive : « Le problème le plus actuel des sections générales est leur imperméabilité à la culture technique, alors que l'on prétend relever les défis économiques et technologiques de l'an 2000. Les bacheliers des sections générales n'ont guère été mis en présence des problèmes de production, d'organisation et de com-

1. Rapport Legrand, *op. cit.*

mercialisation... Notre tradition culturelle, fidèle à la tradition antique où le travail revenait aux esclaves, comme à la tradition aristocratique où l'on ne pouvait travailler sans déroger, ne fait aucune place aux problèmes techniques... Jamais nous ne saisirons les chances de l'évolution technique si nous ne nous amendons pas sur ce point. L'introduction de la culture technique dans les sections générales est une nécessité. »

La France ne relèvera pas le défi économique de la fin de ce siècle si cette « culture technique » ne franchit pas massivement les portes des établissements. Répondre à cette ardente obligation impose que l'enseignement professionnel, dans ses structures, soit remodelé. Les classes de LEP qui recrutent avant la troisième doivent, à terme, disparaître et s'intégrer dans un enseignement général, diversifié, où la technologie occupera une belle part. Une formation polyvalente et commune sera dispensée à tous les collégiens pendant le premier cycle. Nous sommes, à l'heure actuelle, fort loin de ce but qui n'a pourtant rien d'une utopie. Dans une circulaire aux recteurs du 3 janvier 1984 (note de service n° 84-004), M. Claude Paire, directeur des lycées, désigne clairement l'objectif : « La rénovation du collège pose de manière nouvelle le problème du rôle du LEP. A terme, tout adolescent devra atteindre la fin du premier cycle et posséder alors les capacités requises pour entreprendre avec succès une période de formation professionnelle... »

Fermer le robinet de l'échec qui inonde les LEP ne relève pas, le ministère en est conscient, de l'imprécation. Les conditions du succès réclament une action diversifiée à tous les niveaux, le dégagement de crédits considérables, et la collaboration active des enseignants — qui n'est pas acquise. Mais cette voie étroite est la seule qui permette de réhabiliter l'enseignement professionnel, de le hisser à la hauteur des autres formations ; les élèves, en fin de troisième, ne seront plus alors orientés par élimination, mais choisiront le LEP ou le lycée technique par goût. Familiarisés depuis la sixième avec la technologie, les « bons » élèves cesseront de considérer l'enseignement professionnel comme le tout-à-l'égout des cancres. Ils pourront s'engager dans ces formations sans risque de déchoir. Mieux armés, mieux formés, les élèves du technique seront alors capables d'acquérir les qualifications polyvalentes que réclame l'innovation technologique. Habitués au travail en entreprise, par une alternance systématique au cours de leur formation, ils devraient mieux s'adapter, à leur sortie, au marché de l'emploi.

C'est de propos très délibéré que nous nous sommes laissé entraîner à l'emploi rêveur de l'indicatif futur. Non pour introduire un coin de lumière dans notre tableau noir, mais pour souligner la logique du raisonnement. Dans la chaîne du malheur précédemment décrite, tous les éléments s'emboîtent. Pour prendre un raccourci, et relier les deux bouts, l'inadaptation de la formation à l'emploi est due initialement et fondamentalement à l'envoi en LEP d'élèves marqués par l'échec. Voilà pourquoi la rénovation de l'enseignement professionnel induit la rénovation des collèges.

Retour à la case départ.

« Nous devons penser que l'informatique, au sens large, est en train de nous obliger à bouleverser non seulement les conditions de travail, mais le rôle social même du travail. Nos analyses précédentes, en termes de postes de travail ou de développement du chômage, auront perdu tout leur sens dans moins de quinze ans. Qu'on m'entende bien : il ne s'agit point là d'utopie, ni de scénario plus ou moins aimable pour le futur, mais d'un défi radical déjà posé au fonctionnement de notre vie sociale et qui ira s'amplifiant [1]. » Ce défi relevé par le professeur André Lichnerowicz, c'est dans l'école, avant tout, qu'il se joue. Lorsque l'ensemble des élèves apprendront, dès le début de leur scolarité, à manier l'ordinateur, à utiliser la machine à traitement de texte, à comprendre comment fonctionnent automates et robots, à expérimenter les mille possibilités de la technologie, le fossé qui sépare le système scolaire de la société sera comblé. En grande partie.

1. Conférence prononcée lors d'un débat organisé par la revue *Éducation*, 19 janvier 1983.

CHAPITRE 8

Tabous

L'école autonome – Bassins de formation – Quatre verrous – Défenses du corps.

Au terme d'une longue expédition, l'explorateur détaille volontiers les mille et une péripéties qui ont pimenté son voyage ; et puis, pressé de résumer d'un trait ce qu'il en a retenu, il condense l'exposé, le dépouille de l'anecdote. Après notre plongée au cœur du système éducatif, un mot suffit à embrasser tout le reste : diversité. Une affolante diversité, qui submerge l'enquêteur quel que soit son angle d'attaque. L'explosion « démocratique », amplifiant l'explosion démographique, a considérablement renouvelé la « clientèle » du second degré ; socialement, culturellement, les élèves des collèges et dans une moindre mesure ceux des lycées offrent une vive hétérogénéité. Le corps enseignant se clive en une multitude de catégories, de statuts, de formations. Les établissements présentent des profils si variés que la plus complexe des nomenclatures apparaîtra encore simpliste. Tandis que le bouleversement des mœurs, l'irrésistible flux d'innovation technologique accéléraient ce processus de fragmentation, d'éclatement de l'école, celle-ci, à contretemps et à contre-courant, s'est acharnée à poursuivre la chimère d'un modèle unique.

L'école est en crise parce qu'elle est inadaptée à son temps. Elle est inadaptée à son temps parce qu'elle a cherché à fournir une réponse identique quand les demandes étaient profondément distinctes. Il s'est produit, au fil des vingt dernières années, une inversion du « moteur éducatif ». Sous la IIIe et la IVe République, le système scolaire était commandé par l'offre. L'école publique a rempli une tâche gigantesque en alphabétisant et scolarisant la majorité de la population ; les besoins étaient partout semblables, et les services rendus par l'État-instituteur correspondaient parfaitement à cette attente. Aujourd'hui, la logique s'est retournée :

c'est la demande qui devrait conduire la machine. Une fois accompli le magnifique effort quantitatif, les besoins ne sont plus les mêmes pour tous. Le développement social exige désormais une réponse qualitative. Tout le problème est là : le système d'enseignement s'est révélé incapable d'évoluer aussi vite que son environnement. Pour une large part — nous avons amplement insisté sur ce facteur —, cette paralysie est structurelle, institutionnelle. Une organisation géante et centralisée ne saurait, par nature, coller au terrain. L'édifice scolaire tendra vers une complexité croissante parce que ses usagers, élèves et parents, réclameront des prestations de plus en plus variées. Aucune régulation centrale ne parviendrait à combler pareille distorsion. Et l'aboutissement logique de ce constat est que le système scolaire doit lui-même se diversifier afin de rapprocher l'offre et la demande — c'est à l'échelon des établissements que se joue son avenir.

Véritable serpent de mer, le concept d'autonomie parcourt les méandres de l'Éducation nationale, suscitant méfiance et scepticisme. Il a même, depuis 1975, réussi une percée officielle dans les textes. Mais ce n'était qu'une contrefaçon — rarement un mot a été autant galvaudé et si peu suivi d'effets. Soyons clairs : le système éducatif français ne se sauvera du naufrage que s'il parvient à confier la responsabilité de la décision à ceux qui l'appliquent. Aux femmes et aux hommes qui sont sur place, qui connaissent les caractéristiques de la population scolaire concernée, et son contexte économique et social, de se prononcer sur l'organisation de l'établissement. La communauté éducative, pour être efficace, subit l'obligation de s'adapter aux besoins ; elle doit en avoir les moyens et l'autorité. Trêve de faux-semblants, de ces parcelles de pouvoir octroyées d'une main tandis que, de l'autre, on signe des arrêtés qui codifient et rigidifient. Il faut aller jusqu'au bout de la décentralisation, accorder aux établissements une réelle et complète autonomie pédagogique et gestionnaire — l'une, d'ailleurs, implique l'autre.

Autonomie pédagogique : il revient à chaque collège, à chaque lycée, en fonction de son environnement socio-culturel, des caractéristiques des élèves, de bâtir un projet pédagogique solide, adapté aux exigences locales. Il s'assigne des objectifs (un « contrat »), détermine des priorités et orchestre la vie scolaire en conséquence. Tel établissement de la banlieue parisienne confronté à un taux dramatique d'échec concentrera tous ses efforts sur ce point. Il tranchera lui-même sur les modalités concrètes du travail :

effectifs des divisions, répartition des tâches entre les personnels, aménagement des horaires, classes de soutien. Et cela, dans et par la concertation. Seules de petites unités souples, mobiles, sont capables d' « individualiser » l'enseignement.

L'école vit à l'heure du programme commun. Fixés par le ministère, les contenus sont obligatoires pour tous et répertorient les savoirs qu'il convient d'acquérir à chaque étape du cursus. Sous couvert d'uniformité démocratique, cette méthode présente un inconvénient majeur : l'enseignant est contraint de plier sa classe à une norme extérieure. Peu y réussissent. Une inversion de la démarche s'impose : dans le cadre d'objectifs pédagogiques nationaux, qui intègrent notamment les acquis de l'expérimentation et de la recherche, une équipe éducative (et non le professeur isolé) fixe elle-même un plan de marche, combinant transmission de bases indispensables et pédagogie différenciée — selon les difficultés, les hésitations, les capacités, les rythmes des élèves concernés. Le prof, dans ce cas de figure, adapte les contenus à un public précis. Pour y parvenir, il doit disposer d'une liberté complète, que n'entravent ni les contraintes d'horaire ni les cloisonnements institutionnels. Et puisque chaque maître ne saurait bricoler dans son coin, un tel projet est forcément collectif, fruit de délibérations qui transgressent les barrières de statuts ou de disciplines.

Encore faut-il que les enseignants approuvent le projet éducatif de l'établissement, qu'ils y adhèrent, qu'ils se sentent en harmonie avec les lignes de force qui ont été dessinées. C'est pourquoi les professeurs doivent être affectés à un poste en connaissance de cause, en connaissance du « profil » du lycée, du collège où ils jettent l'ancre pour plusieurs années. Élémentaire déduction : il appartient aux communautés éducatives de se structurer elles-mêmes selon les affinités de leurs membres — le candidat frappe à la porte de l'unité dont il apprécie le projet, et l'établissement l'accueille au vu de ses motivations. Ce choix mutuel exclut une gestion centralisée des carrières, telle qu'elle se pratique aujourd'hui. Les enseignants seront ainsi soumis à une relative concurrence, et subiront — comme la plupart des travailleurs — la loi d'un marché. Tant mieux : ils souffrent, nous l'avons noté, d'un défaut pathogène de sanction professionnelle et sociale. Des injustices seront commises, des frustrations nouvelles naîtront, des arbitrages s'imposeront. Sans doute. Mais tout est préférable au recrutement anonyme et aveugle. Conscients de participer à une œuvre dont ils évalueront pas à pas l'avancée, les professeurs seront, enfin, impliqués et interdépendants. Ils éprouveront la sensation de peser sur l'évolution des choses plutôt que de subir, avec fatalisme ou douleur, les diktats de tous ordres.

La logique de l'autonomie implique une dissociation entre le niveau du contrôle des connaissances des futurs maîtres et celui de leur enrôlement. L'appréciation du savoir initial est affaire de diplôme ; si l'on entend préserver une certaine cohérence scientifique, rien n'interdit qu'elle soit nationale. En revanche, le recrutement pour une tâche précise est affaire d'embauche ; on voit mal comment cette dernière ne gagnerait pas en efficacité à se décider au plus près du lieu de travail. Après tout, un polytechnicien, muni de son sésame, fait acte de candidature là où son intérêt le porte ; dans l'enseignement supérieur, le doctorat n'octroie pas un poste mais le droit de postuler. Il serait contradictoire qu'on attende des maîtres, dans l'école, une libre détermination, et qu'on leur refuse, aux portes de l'école, la possibilité voire la nécessité d'un choix. L'alternative n'est pas entre un jacobinisme aveugle et un libéralisme sauvage, mais entre une distribution hasardeuse des emplois, sur seuls critères intellectuels, sans étude des motivations, et une ventilation volontaire et décentralisée après examen des connaissances.

Si elle n'est accompagnée d'une autonomie de gestion, l'autonomie pédagogique est une coquille vide. Et qui dit gestion parle finances. L'autonomie n'a de sens que dans la mesure où l'établissement jouit d'une libre disposition des ressources qui lui sont allouées. Le budget attribué par l'État doit être une enveloppe globale et non l'addition de dépenses forcées à des postes préétablis — comme aujourd'hui. Depuis le vote, en 1983, de la loi de décentralisation, il revient aux collectivités locales d'assumer ce financement. Le transfert des compétences ne saurait signifier un transfert de tutelle. Bizarrement, maints chefs d'établissement semblent redouter davantage le contrôle d'un élu proche que l'arbitraire bureaucratique. En réalité, l'autonomie financière ne sera effective que si les établissements ne sont pas entièrement dépendants de subventions volages. Il leur faut le droit et la capacité de développer leurs ressources propres, de passer des contrats, d'offrir des prestations de service, bref de se procurer des recettes extérieures au budget. C'est actuellement le cas des LEP qui reçoivent une taxe d'apprentissage versée — fort inégalement — par les entreprises. Là où cette manne atteint des proportions substantielles, l'état d'esprit de l'établissement change : libre à lui d'investir, de s'accorder une marge de manœuvre. Au lieu de susciter l'indignation, pareille expérience a valeur d'exemple.

Ne perdons pas le fil de notre propos : ce qui, avant tout, justifie l'autonomie, c'est la nécessaire adaptation de l'enseignement aux besoins sociaux. En d'autres termes, l'autonomie ne saurait induire, comme on le craint trop souvent, l'isolement et le repli sur soi, mais, tout au contraire, un souci d'ouverture. Loin de se recroqueviller, l'établissement travaille en osmose avec l'environnement. On devine, à cette condition, que l'autonomie ne se conquiert point dans le cadre d'unités éparses.

L'idée a surgi des cerveaux de quelques administrateurs de l'Éducation nationale, et elle a poursuivi son chemin jusqu'à être reprise — et étoffée — dans le rapport d'Antoine Prost. Cette idée, celle des « bassins de formation », a précisément pour objet de concilier l'ouverture et l'autonomie. Il s'agit de regrouper au sein d'une commune entité plusieurs collèges et lycées (dont la taille serait plus restreinte qu'aujourd'hui). Chaque bassin rassemblera trois ou quatre collèges, deux ou trois lycées et deux LEP. A l'intérieur de ce district, la carte scolaire sera supprimée, c'est-à-dire que les parents seront libres de choisir l'établissement qu'ils souhaitent — selon sa personnalité propre, définie dans le projet élaboré par la communauté éducative. Néanmoins, les collèges et les lycées travailleront de concert, harmonisant leurs formations, coordonnant leurs visées, échangeant des services, garantissant à tous les élèves d'un même ensemble territorial une réelle polyvalence.

Il est actuellement difficile, pour un lycée, d'assurer un large éventail d'options. Mais entre partenaires d'un bassin de formation, il sera loisible de répartir les compétences : inutile que dans deux établissements voisins, on offre des cours d'arabe ou de grec à quelques poignées d'élèves — autant réunir les enfants désireux de suivre telle ou telle option, il suffit pour cela que les lycéens changent de lieu le temps d'un cours. Quant aux LEP, dont l'équipement est ruineux, une mise en commun des ressources et une coordination des filières leur permettront de porter leurs efforts sur une qualification particulière, sachant que le voisin développe une autre spécialité.

En ce qui concerne les enseignants, ils seront recrutés pour l'ensemble du bassin de formation et pourront parfaitement effectuer leur service dans tel ou tel lieu. Cette souplesse brisera le carcan de l'assignation à résidence sous un toit unique, réglera la question des maîtres absents, autorisera une mobilité enrichissante. Un prof de français sera susceptible de donner quatre heures en LEP, huit en lycée classique, et le reste au collège. A l'intérieur d'un périmètre géographique restreint, on encouragera ainsi la connaissance des autres établissements. Lorsqu'un conseil de classe suggérera d'orienter un collégien vers le LEP, les membres du jury auront quelque représentation du point de chute. Parallèlement, les élèves disposeront d'une plus grande facilité pour passer de LEP en lycée — ou inversement. Semblable coordination, à l'évidence, est bénéfique à tous les intéressés, élèves et professeurs. Elle permet également de rationaliser la gestion : grâce à l'informatique, une équipe de décideurs convenablement formés suffit pour régler les problèmes d'intendance de cinq ou six mille élèves, et quatre ou cinq cents maîtres.

Le système éducatif crève de son isolement. L'articulation de plusieurs établissements au sein d'une même entité géographique est la clé d'une ouverture sur l'extérieur. Au lieu que chaque proviseur s'en aille démarcher les entreprises pour quémander quelques subsides, la collaboration entre responsables deviendra la règle. Par défaut de moyens humains et matériels, un LEP est aujourd'hui incapable de conforter les filières adéquates aux nécessités économiques. La concentration des efforts au niveau du bassin de formation aidera grandement à une meilleure appréciation des demandes du bassin d'emploi qui constitue son environnement.

Le rapport Prost développe abondamment les virtualités d'une telle réforme, afin de désenclaver l'école. Citons largement ses attendus et conclusions, car ils n'ont pas reçu, jusqu'à présent, une excessive publicité [1] : « Nous proposons de réaliser une réforme en intégrant lycées et collèges dans des établissements du second degré d'un type nouveau, correspondant aux bassins de formation. Concrètement, cela signifierait la suppression des 7500 établissements publics d'enseignement du second degré qui existent aujourd'hui, et la création de 400 à 500 établissements publics d'un type

1. Le procès-verbal de la déclaration d'Alain Savary communiquant à la presse, le 14 février 1984, les enseignements qu'il tire des recherches d'Antoine Prost, mentionne une seule fois (dix lignes...) les bassins de formation.

nouveau... Cette proposition présente, du point de vue de la gestion, l'avantage d'une simplification évidente. Sur le plan financier, il n'y aurait plus que 400 à 500 centres de gestion. Le personnel pourrait être affecté aux nouveaux établissements, ce qui permettrait une plus grande souplesse, avec possibilité de changer de lycée ou de collège à l'intérieur du nouvel établissement sans intervention du ministère. Surtout, la gestion du flux des élèves, l'orientation, deviendrait un processus interne aux établissements. Au niveau du bassin de formation, il devient possible à la fois d'offrir la gamme complète des formations et de suivre la scolarité des élèves. »

Non seulement Antoine Prost dépeint les modalités d'une décentralisation concrète, mais, on le voit, il va jusqu'à modifier la notion même d'établissement. Les actuels lycées, collèges, etc., ne seront plus que des sous-ensembles, la structure mère étant le bassin de formation auquel seraient globalement attachés les enseignants. Et le rapporteur, sur sa lancée, évoque les retombées d'une pareille restructuration sur l'environnement : « Le plus grand intérêt de cette proposition se situe au niveau de l'insertion locale de l'enseignement du second degré. Il présenterait ainsi aux pouvoirs locaux un interlocuteur représentatif, doté de pouvoirs véritables. Le dialogue qui n'existe guère actuellement entre les instances locales et le système éducatif, et qui ne peut se nouer entre ces instances et des établissements dispersés, trouverait son lieu et son sens. » Les problèmes cruciaux seraient enfin débattus entre partenaires concernés : « La question du chômage des jeunes et de la formation à concevoir pour y remédier, celle du devenir industriel ou économique et de ses conséquences pour la carte scolaire, celle de la contribution des établissements d'enseignement à l'animation culturelle, à la vie artistique locale... »

Le bassin de formation n'est point une panacée qui réglera d'un coup, comme par enchantement, les difficultés de l'école. Le lecteur en est maintenant convaincu : aucun magicien, muni d'une réforme clinquante et polie aux angles, ne saurait imposer sa règle — fût-elle parfaite — à une galaxie aussi complexe et composite que l'Éducation nationale. C'est une direction, c'est une démarche, c'est une méthode qu'indique l'impérieuse nécessité de la décentralisation. L'autonomie des bassins éducatifs qui, selon leurs analyses socio-économiques propres, déterminent leurs objectifs d'enseignement, recrutent leurs professeurs, dialoguent avec la société, cette autonomie conduit à la fin du modèle unique. Ou plutôt, elle en prend acte : chaque page de ce livre répète, en effet, que, sous couvert d'égalité, l'école cultive la disparité et la différence. L'autonomie assume la différence, mais l'assume dans la transparence (et rétablit ainsi une relative égalité). Il ne se fera pas la même chose dans tous les collèges, mais chaque citoyen sera libre, parce qu'informé, de comparer les pratiques, les innovations, les résultats. Et chaque établissement — ou groupe d'établissements — affirmera sa personnalité.

Dans le présent système, la liberté est un épouvantail. Le ministère redoute, s'il laisse la bride sur le cou à ses personnels, que ces derniers ne se mettent à divaguer, à enseigner n'importe quoi, n'importe comment. On demeure persuadé qu'il faut sans cesse rappeler la meilleure façon de marcher : poser un pied devant l'autre et recommencer, comme dit la chanson. Mais peu semblent s'être aperçus, dans les bureaux parisiens, qu'en maintes circonstances ils s'adressent à des unijambistes, voire à des culs-de-jatte en mal de rééducation. Il est vrai que l'exercice de la liberté implique responsabilité et compétence : dégagés de tutelles infantilisantes, les établissements de l'avenir réclameront de véritables patrons, animateurs et gestionnaires, capables de diriger leur entreprise sans s'abriter sous le parapluie hiérarchique, acceptant d'être jugés sur pièces. L'autonomie débouche en effet sur l'émulation et la concurrence — ce peut être un puissant stimulant contre le dépérissement et l'ennui.

En fait, l'actuelle machine éducative dissimule la hiérarchie occulte qui s'est établie entre ses rouages : les lycées et collèges publics n'ont ni les mêmes élèves, ni les mêmes professeurs, ni les mêmes moyens — et pourtant, on prétend les apprécier à l'aune des mêmes critères. Ce sont des paramètres nationaux (taux d'admission en seconde, succès au baccalauréat) qui mesurent la qualité d'une enseigne : les coureurs sont départagés sur la ligne d'arrivée sans qu'il ait été tenu compte des handicaps initiaux. A l'inverse, l'autonomie subordonne le verdict aux objectifs préalablement proclamés : un collège péri-urbain, dont le mérite est d'affronter une haute probabilité d'échec scolaire, ne saurait être jaugé en parallèle avec un lycée du VIe arrondissement de Paris. Il est absurde et scandaleux de les rapporter à un étalon unique. Si, en revanche, ce même collège, par lui-même, invente un plan de réduction des défaillances dont il hérite, la performance sera connue et saluée. La concurrence entre catégories distinctes n'a de sens que si ces catégories sont comparables entre elles : en vérité, le seul défi que les établissements autonomes auront à relever sera celui qu'ils se seront eux-mêmes lancé. Plutôt qu'au règlement, c'est à l'initiative et à l'innovation qu'il est urgent de faire confiance. On n'évitera pas les dysfonctionnements, ni les erreurs ; du moins sera-t-il concevable de les corriger sur place et à chaud.

Pour une institution qui, depuis des décennies, raisonne en termes univoques, on devine aisément quelle révolution culturelle déclencherait semblable conversion. C'est bien d'une remise en cause radicale qu'il s'agit : fin des programmes nationaux à cent pour cent, fin de la gestion jacobine, fin de la répartition centrale des enseignants. Le ministère se contenterait de fixer des orientations, de coordonner les initiatives, de faciliter la communication horizontale et verticale, d'alimenter la recherche pédagogique, de former les maîtres. Autant dire que les obstacles, les résistances à l'autonomie, sont gigantesques. Pour la grande masse des enseignants, des administrateurs, des usagers, les lignes que vous venez de lire sont sacrilèges. L'accusation de casser le service public pointe ; le legs républicain ne conçoit en effet ces deux termes qu'accolés à l'épithète unifié ou unique. Or, si le fiasco est évité, et de justesse, c'est un service public polymorphe, différencié qui survivra. Le ministre Alain Savary, lui-même, avançait dans cette direction quand il écrivait : « Un système démocratique, c'est d'abord un système où tout le pouvoir n'est pas détenu par l'État, où les établissements scolaires ont, dans un cadre national, une part d'autonomie réelle, où ils peuvent se diversifier en fonction de projets pédagogiques, où les parents et les collectivités territoriales disposent de responsabilités dans les affaires de l'école. »

Et le collaborateur de François Mitterrand concluait : « En un mot, c'est un système plus décentralisé et plus ouvert que celui qui nous est légué par la tradition française. Cette évolution, si elle n'était pas voulue, serait un jour imposée par la force des faits : la complexité du système éducatif est aujourd'hui telle que des progrès qualitatifs importants ne peuvent plus être attendus de la seule application rigoureuse de consignes nationales[1]. »

Imaginons. Imaginons que l'école cesse de se penser comme le vecteur irresponsable de la reproduction des inégalités. Imaginons qu'elle ne se conçoive pas seulement comme l'antichambre de la vie sociale, mais comme étant, elle-même, une société capable d'auto-

1. Lettre du ministre de l'Éducation nationale à l'occasion de la rentrée scolaire, 30 août 1983.

détermination, ni impuissante ni toute-puissante, traversée de conflits assumés, accessible à l'imprévu, comptable de ses choix collectifs, et relativement transparente à ses usagers. Un songe, un conte de fées ? Non. L'autonomie est l'absolu contraire d'une utopie. Elle n'est pas une visée lointaine dont les chemins ne sont tracés nulle part. Elle mêle, à l'inverse, les moyens et la fin : il s'agit d'une méthode, passablement souple, et techniquement applicable ici et maintenant en tout ou en partie. La question n'est donc point de savoir si les analystes du système éducatif qui indiquent cette direction sont de doux rêveurs emportés par leurs illusions réformatrices. Elle est d'évaluer quelles résistances concrètes, quels obstacles principiels rencontre ou rencontrerait, pour peu qu'on s'y engage, pareille démarche.

Pour décrire le fonctionnement des bassins de formation ou les promesses d'une pédagogie concertée, nous avons préféré l'indicatif au conditionnel. Histoire de souligner que ces quelques idées ne sont pas des astuces d'enquêteur en bout de course, ni des plans sur la comète, mais des recommandations longuement mûries par des experts qui, depuis des années, parcourent l'édifice scolaire de la cave au grenier. C'est eux qui ont renoncé au mythe de la grande réforme prescrite du sommet, et postulée définitive. C'est eux qui ont diagnostiqué l'absolue nécessité, non par inclination philosophique mais par réalisme, d'inciter les acteurs eux-mêmes à modifier leur rôle. C'est eux qui ont pronostiqué que la mutation du système s'effectuerait ainsi, ou ne s'effectuerait pas. Il faut rendre cette justice à l'Éducation nationale qu'elle a produit, parmi ses chercheurs, une poignée de pionniers qui n'ont pas hésité à s'inscrire en faux contre ses coutumes, ses mécanismes, sa culture. Longtemps, leurs écrits n'ont servi que d'alibis confidentiels. L'urgence aidant, ils sortent peu à peu de leur quasi-clandestinité.

Puisqu'ils prêchent la persuasion, puisqu'ils misent sur la révolution culturelle et non sur le gouvernement par ordonnances, le problème est d'établir s'ils ont la moindre chance d'être entendus à la base, chez les professionnels. Avouons-le carrément : cette probabilité est faible. La perspective d'une décentralisation générale, d'un transfert d'autorité à des équipes pédagogiques, est fort cohérente. Mais elle heurte de plein fouet, un par un, les tabous suprêmes du milieu enseignant et de ses représentants. Il suffit, pour s'en convaincre, de dresser l'inventaire.

Tabou numéro un, qui commande tous les autres : les *statuts*. La planète des profs est le royaume des essences. Un agrégé n'est pas un ex-étudiant qui s'est privé de cinéma pour bûcher le programme et a eu la chance — et le talent — d'échapper aux impasses et d'étaler son savoir. Un agrégé est un agrégé. La tautologie prévaut sur toute considération secondaire. Assidu, dilettante, inventif, rabâcheur, curieux ou sclérosé, il est habillé de son titre, il est l'homme qui a vaincu l'Anapurna par la face ouest, qui a marché sur la Lune. Même désinvesti, même chahuté, même ringard, il est celui qui est. Sublime transcendance du diplôme, supériorité à jamais écrite. Car le statut n'est pas seulement indélébile, il implique la distinction. Un agrégé est un agrégé, c'est-à-dire qu'il n'est pas un certifié, lequel n'est pas un PEGC. Nombreuses sont les professions où l'ascendant s'affirme sur le tas, à l'épreuve du réel, où les hiérarchies s'inversent d'elles-mêmes. Un garçon coiffeur inspiré est capable d'en remontrer (avec les précautions d'usage) à son employeur. Justement, professeur, ce n'est pas une profession, c'est un état. Les classements sont postulés antérieurs à l'exercice effectif du métier, et toutes les précautions sont prises pour que rien, par la suite, ne vienne perturber ces garanties de papier.

Supposez à présent qu'on glisse de l'essence vers l'existence ; qu'il se crée, pour les besoins d'un travail collectif — quotidien et non limité aux assemblées rituelles de fin de trimestre —, une interdépendance : c'est le drame. Pourquoi ? Parce que l'éternité statutaire cède aux contingences. Parce que l'agrégé quitte sa carapace invisible, contraint qu'il est d'émettre une opinion argumentée, donc réfutable par d'autres arguments. Et que ces arguments pourraient émaner d'un certifié (passe encore), si ce n'est d'un PEGC (misère !). Il n'est pas de « projet pédagogique » autonome sans « équipe pédagogique » autonome. Si l'appellation cessait d'être le cache-sexe d'une fragmentation opiniâtre, ce serait là un lieu où s'aboliraient, s'amolliraient du moins, les frontières inviolables, les cloisons étanches. Mais combien d'enseignants sont-ils prêts à échanger une parcelle de légitimité statutaire contre le regain d'intérêt que déclencherait une recherche coordonnée ? En est-il plus d'un cinquième ou d'un quart qui soient disposés à sacrifier une once d'invulnérabilité sur l'autel de la concertation ? La peur de se commettre paraît, fût-ce par ces temps de peste, plus vive que la conscience d'échouer. Plutôt crever à cheval, engoncé dans son armure, que d'accepter la mêlée.

Les profs, dit-on, sont individualistes. C'est vrai. C'est vrai si l'on ne se contente pas de qualifier ainsi un trait psychologique, une humeur singulière, stigmates d'un chromosome bizarre. Les profs sont statutairement individualistes. Si, aujourd'hui ou demain, les ressortissants de catégories distinctes s'assemblaient pour accorder leurs efforts, et pour s'assigner des objectifs analogues, où iraient-ils ? L'avis du PEGC équivaudrait à celui de son collègue plus titré. Comment justifier, dès lors, l'inégalité des traitements, des carrières, des services ? La pratique collective d'une semblable activité ne tendrait-elle pas à dissoudre l'hétérogénéité des origines ? Inconcevable ! On observera, non sans une pointe d'amusement ou de désespoir, que les porte-parole syndicaux les plus ouverts à la concertation — ceux du SNI-PEGC — sont, comme par hasard, les représentants des maîtres du bas de l'échelle. Et que le SNES, lui, quand il parle d'élever le niveau du personnel enseignant, ne perçoit qu'une solution : l'étalon certifié (avec sa variante de luxe, le modèle agrégé).

Voilà le second tabou : la *qualification à vie*. L'école autonome, ce serait une école où le savoir-faire ne serait pas inclus dans l'emballage du savoir initial, où l'on procéderait — ensemble, qui plus est — à une permanente évolution, à une constante correction de trajectoire. Las, corollaire du statut coulé dans le bronze, le dogme de l'aptitude estampillée n'est pas moins boulonné par la rouille. En dehors de toute autre considération sur le vieillissement des connaissances reçues, les profs traversent une épreuve qui leur est propre : ils vieillissent, eux, face à des jeunes qui se renouvellent. L'éternelle pertinence de leur érudition est-elle un postulat qui remédie au trouble qu'engendre l'éternelle verdeur de leur public ? Toujours est-il qu'on chercherait vainement un métier qui n'exige, en cours de route, plus qu'un ajustement. Alors que le gros de la France laborieuse s'apprête à devoir changer deux ou trois fois de spécialité au fil d'une vie professionnelle, la corporation enseignante est la dernière à défendre un cursus rectiligne procédant d'une seule et unique impulsion première.

Le rejet tripal d'une mobilité qui est ailleurs la règle assimile l'entrée dans la carrière à un irréversible destin. Comme la faille est immense entre l'image du métier qui plane durant les études et celle qui s'impose dès que le seuil est franchi, il conviendrait de s'assurer contre les malentendus meurtriers. C'est ce que proposent, en parlant de « formation récurrente », André de Peretti dans son rapport sur la formation des maîtres, ou Marc Rancurel dans son enquête sur leurs maladies. Il s'agirait, précise le second, d' « un stage obligatoire accompli dans la période des cinq ans suivant la sortie d'un centre de formation, remettant les jeunes maîtres en présence de leur formateurs, non pour recevoir d'eux quelque viatique supplémentaire, mais pour élaborer avec eux un bilan de la formation et une recherche des modalités d'adaptation aux conditions qui sont, effectivement et concrètement, *hic et nunc*, celles de l'exercice de la fonction[1] ». Peut-être, avec un tel garde-fou, le pourcentage de dépressions névrotiques lors des dix premières années de carrière cesserait-il, chez les enseignants, d'être double de celui des autres professions. Reste qu'un acquis est un acquis, et que le SNES ne goûte guère la récurrence — n'introduirait-elle pas une fêlure soupçonneuse dans le béton de la compétence poinçonnée ?

Et puis, il est une question, en si bon chemin, résolument incontournable : est-il concevable d'enseigner, trente-sept années d'affilée, sans respirer l'air du dehors, sans changer d'entreprise, d'univers, de climat culturel, de relations sociales ? Alors que la modernisation du tissu industriel engendre une très forte instabilité — technologique, géographique —, les profs seront-ils l'ultime catégorie à camper sur ses positions, à se retrancher dans ses temples vétustes, à se prémunir contre la contagion du monde ? Le tabou de la qualification à vie ne sera pas levé par quelques stages de formation continue, quelques manipulations de caméras vidéo, quelques gammes sur le clavier d'un micro-ordinateur, quelques voyages d'étude. La société post-industrielle est en telle voie de différenciation que l'enseignement supposera bientôt des plages étendues de non-enseignement, sous peine d'atrophie culturelle. Le carcan idéologique qui, pendant des lustres, a édifié des murailles frileuses entre les refuges du savoir, les écoles, et les aires mercantiles soumises « au patronat », s'effrite dans les faits, si le tabou effraie toujours. La perspective de l'école autonome, c'est — n'ayons pas peur des mots — une école dont les responsables se reconnaîtraient à eux-mêmes une fonction d'entrepreneurs. Il serait pour le moins paradoxal qu'ils n'ouvrent point leurs portes aux hommes de l'entreprise. Le tabou de la qualification à vie exprime une quête crispée, tenace, de sécurité réglementaire. Il

1. *Op. cit.*, p. 74.

traduit aussi la hantise d'une perméabilité des secteurs. Les maîtres n'ont pas seulement peur de sortir, ils ont peur des invasions barbares. Accepter, tous les cinq ou dix ans, une forme d'alternance professionnelle, serait entamer leur monopole, leur propriété exclusive du rapport éducatif.

Titulaires d'une qualification au-dessus de tout soupçon, incontrôlable parce que ontologique, incontrôlée parce que l'inspection est une formalité — dont le bilan chiffré n'échappe pas à la pression syndicale —, les profs redoutent l'esprit d'entreprise moins pour des raisons politiques (le diable patronal n'est plus un épouvantail crédible depuis que la gauche gouvernante a exalté le dynamisme industrieux) que pour un motif inavoué : la terreur d'une déstabilisation, la terreur de consentir quelque droit de regard à un œil profane. L'alternance, la circulation entre l'intérieur et l'extérieur, l'éventuelle bifurcation vers d'autres tâches, l'appel à des consultants qui ne seraient pas de la paroisse, tout cela introduirait du jeu dans les critères de la compétence, et dans leur pérennité. On verrait bien, alors, qui répond à une vocation et qui obéit à la routine, qui poursuit par passion et qui demeure par crainte de sortir. Ce verrou-là n'est pas près de sauter.

Le troisième tabou sous-tend le précédent : c'est le *découpage du savoir en disciplines* et le *découpage du temps en obligations horaires.* Une école autonome serait nécessairement pluri ou trans-disciplinaire. Cela dépasse l'élémentaire coordination des rythmes du travail infligé aux élèves, ou l'élémentaire détermination de correspondances entre spécialités. Il s'agirait d'inventer et de rectifier la cohérence des contenus. Or cet objectif qui paraît relever du bon sens plutôt que de l'aventure contredit un ancrage aussi fort que celui du statut : le maître d'espagnol n'a pas de point de vue sur le maître d'italien qui n'a pas de point de vue sur le maître de musique qui... etc., etc. Et, non content de n'avoir pas de point de vue (après tout, hormis le philosophe qui est omniscient, nul n'échappe à la spécificité des connaissances), il n'a pas à en avoir. S'intéresser à l'enseignement d'un collègue pour découvrir ses tours de main ou explorer son domaine est plus qu'une faute de goût — c'est une incongruité qui confine au voyeurisme pervers. Qu'un prof d'histoire assiste au cours d'un autre prof d'histoire serait une transgression forte. Qu'un prof d'histoire assiste au cours d'un prof de physique serait un acte contre nature, quelque chose d'assimilable à la masturbation publique ou à l'inceste déclaré. Les comédiens de l'Éducation nationale ont trouvé l'astuce pour n'être pas débinés par des confrères ironiques ou jaloux : ils leur interdisent l'entrée de la salle. Ainsi les élèves voient-ils défiler des personnages qui n'ont de commun que la scène, et pas la pièce.

Pour mesurer la vigueur de ce tabou, il suffit de se reporter au scandale qu'a déclenché la bivalence des PEGC. Au départ, une question a surgi qui n'était pas dépourvue de pertinence, loin de là : pourquoi oblige-t-on des gens dont le savoir n'est déjà guère assuré dans une discipline à en pratiquer deux ? Mais sous cette interrogation rationnelle pointait une préoccupation dissimulée : attention, danger ! La voie est ouverte aux métissages, la pureté des races est compromise. D'ailleurs, Jean-Claude Barbarant, le secrétaire général du SNI, franchit tranquillement les barrages du SNES : « Contrairement à ce qui se produit à l'école élémentaire, le collège est un lieu où l'on est prof de maths avant d'être enseignant de sixième. Les maîtres agissent en fonction des contenus qu'ils ont à inculquer plutôt qu'en fonction du public auquel ils s'adressent[1]. » Légitime ou non — nous n'entrerons pas dans les arcanes techniques de ce débat —, la bivalence est assurément un révélateur utile.

Elle soulève un double problème. D'abord, les élèves sont-ils là pour les professeurs, ou les professeurs pour les élèves ? On ne saurait nier une certaine transcendance du savoir ; il faut bien que l'ignorant s'empare d'un objet inconnu, et la substitution de la démagogie à la pédagogie (l'acteur à la remorque de son auditoire) est une méthode fort improductive. Reste que l'enfermement disciplinaire accuse la rigidité du système. S'il contribue au confort de l'enseignant, il oblige les jeunes, eux, à d'acrobatiques contorsions. Ensuite, est-il un apprentissage efficace qui n'induise une part de chevauchement entre les matières ? Il y va de l'équilibre général. Il y va encore de la vivacité intellectuelle du maître. Si ce dernier joue indéfiniment le même programme, sans variations ni excursions, il est condamné à la sclérose, au désinvestissement. La spécialisation est volontiers présentée comme la garantie d'un intérêt exclusif, voire passionné. Il semble, à l'inverse, qu'elle ne tarde guère à susciter la grisaille, l'habitude, le train-train. Comment, d'une morne solitude, pourrait donc sortir l'innovation collective ?

Le second découpage, celui des grilles hebdomadaires, achève de transformer le paysage en puzzle. Concertation ? Vous avez dit

1. Entretien avec les auteurs.

concertation ? Rien de plus simple : il suffit de réunir douze personnes. Sauf qu'il est mathématiquement impossible de dégager, sur l'agenda, un créneau libre commun à tous. « Ceux du lundi » suivent une autre pente que « ceux du samedi » ; « ceux du matin » croisent à la hâte « ceux de l'après-midi » — et le mercredi est le jour des enfants. Contournons la difficulté : on fixe la réunion après la fin des cours. Objection : ce que vous proposez, c'est un travail supplémentaire non rémunéré ; les conseils de classe sont déjà une corvée assommante, et puis, il n'est pas admissible de quitter l'établissement à dix-huit heures, comme un quelconque employé de bureau. Essayons une autre voie : que les maîtres procèdent eux-mêmes à l'agencement de leur emploi du temps. M. le Censeur n'est pas d'accord : l'emploi du temps, c'est son domaine réservé, son pouvoir, sa force de frappe. Et, à supposer qu'il accepte, gageons que la majorité des professeurs jugeront ce cadeau embarrassant. D'abord, ils n'ont pas coutume de s'autodéterminer. Ensuite, ils préfèrent négocier en tête à tête avec le représentant de l'administration plutôt que d'affronter les désirs contradictoires des collègues. Le règlement est toujours plus sécurisant que l'autogestion.

Dans l'état actuel des choses, l'évidence est écrasante : la libre assemblée de douze enseignants est une opération d'une complexité telle que l'Éducation nationale est contrainte d'y renoncer. Reste une piste, une seule : puisque le règlement est la règle, puisque l'improvisation est l'inconcevable exception, procédons par décret. Ordre est donné à tous les professeurs de se concerter. Au besoin, ils seront déchargés, à cet effet, d'un ou deux cours. Là, pas de problème : les candidats à l'allègement sont innombrables. Pas de problème, mais une question de fond : que vaut une concertation qui n'est pas volontaire ? La constitution de véritables « équipes pédagogiques » implique de l'énergie, du désordre, du conflit, de l'élan, de l'essai et de l'erreur — tous ingrédients qu'aucune recette, fût-elle inscrite noir sur blanc dans le très respectable *Bulletin officiel,* ne fera prendre par la magie d'une circulaire, par la vertu d'un édit. On risque d'assister au spectacle consternant ou dérisoire d'une direction ministérielle troquant la réalité d'un avantage corporatif contre les apparences d'une mutation pédagogique. 10 à 15 % des collèges, à la rentrée dernière, se sont déclarés adeptes d'une dose relative d'expérimentation. Ce n'est pas peu. En échange, les PEGC de ces établissements voyaient leur service hebdomadaire chuter de 21 à 18 heures. Le doute s'insinue quant à la spontanéité de certains réformateurs.

Le casse-tête est total. Ou bien — et, à juste titre, il s'en garde — le ministère promulgue une ordonnance selon laquelle, tel jour, à telle heure, la concertation entre en vigueur. Ou bien il s'en remet à l'initiative des personnels. Mais l'instauration d'une pédagogie de groupe, outre qu'elle bute sur mille obstacles pratiques — à commencer par les irréductibles emplois du temps —, ébranle jusqu'au tréfonds l'impensé collectif. C'est la définition même de l'obligation professionnelle qui est en cause. Traditionnellement, elle se résume à un temps de présence. Le reste est presque accessoire. Qu'on lui donne un contenu moins sommaire, et l'on déclenchera la panique. Les maîtres ne sont pas tenus de réussir, de convaincre : ils sont tenus d'être là (et de décerner des notes). Si l'assiduité n'est plus le premier critère, le principal repère du sérieux, un monde s'écroule dans le silence des sonneries interrompues. Le quantitatif rassurant — au troisième top, vous aurez achevé votre service — cède le pas à un investissement qualitatif — troisième top ou non, reste à évaluer, avec d'autres, la tâche accomplie. Et cela, c'est l'obsession, l'idée fixe, l'épouvante des maîtres désinvestis qui ont adopté, une fois pour toutes, la stratégie de la fuite, du repli, de la coupure entre la corvée et le loisir, bref de l'échappée belle. La limitation, codifiée à la minute près, de leur présence sur le lieu de travail est un acquis aussi inviolable que les vacances. Sans parler d'allongement de cette contrainte, la seule perspective que le code soit discuté suffit à engendrer l'inquiétude. Or il n'est pas d'autonomie pédagogique qui n'induise une certaine souplesse des investissements, une autre répartition de la charge hebdomadaire, probablement assortie d'activités qui exigeraient qu'on soit au collège ou au lycée même avant ou après les cours. L'horreur !

Quatrième tabou : si, malgré tout, la base, ou une fraction de la base, aspire à s'émanciper, à créer, il lui faut des *chefs,* des vrais. Nous l'avons déjà souligné : l'assemblage des lycées et collèges à l'intérieur de bassins de formation dotés d'une autonomie pédagogique et d'une autonomie de gestion suppose, à la tête d'entreprises de ce calibre, des patrons capables de fournir les impulsions nécessaires, de chevaucher les conflits, de négocier avec les pouvoirs locaux et les responsables d'industrie. L'actuelle centralisation réduit les principaux et proviseurs à un rôle finalement subalterne de monte-charge qui, vers le bas, transmet des circulaires, et, vers le haut, expédie chiffres et rapports. Sur place, le « patron » est tout sauf un patron : un petit pion qui a pris de l'âge, distribue quelques bons points, et, si la situation l'exige absolument, de rares réprimandes. Il détient, somme toute, moins de puissance dans sa maison que n'importe quel prof dans sa classe. Et, en règle générale, il s'en trouve fort bien. Enseignant lui-même à l'origine, il redoute, comme ses « collègues », les affrontements et les arbitrages. Hormis une minorité de personnalités caractérielles qui, par penchant psychologique ou par inclination idéologique, jouent à la guéguerre avec les syndicats du lieu, l'idéal communément recherché tient en un mot d'ordre : R.A.S.

En droit, les pouvoirs dont jouissent, dès aujourd'hui, les personnels d'encadrement sont extensibles. La question est de s'en servir ou pas. Un petit nombre de commandants de bord ont décidé qu'il y a un pilote dans l'avion, soit qu'ils tentent, en secouant l'inertie pédagogique, de modifier la personnalité de leur établissement, soit qu'ils se passionnent — le courant commence à se sentir dans le secteur technique — pour développer l'insertion de leur unité dans le tissu socio-économique. Ceux-là préfigurent les cadres de l'avenir. La décentralisation, fatalement, valorise les échelons intermédiaires, et capote s'ils se révèlent trop médiocres. Or la pente à remonter est terriblement raide. Les proviseurs les mieux intentionnés se voient pris en tenailles entre deux logiques : d'une part, un discours ministériel généreux les encourage à s'affirmer, non par des crises d'autoritarisme qui sont l'exutoire des faibles, mais en remplissant une fonction d'animation, en libérant et coordonnant les énergies potentielles ; et, d'autre part, la machine administrative continue de tourner à son rythme, d'empiler les circulaires, d'imposer des virages sur l'aile, d'éplucher les comptes et de préserver jalousement sa tutelle. On navigue à vue entre *l'Expansion* et le *BO*.

Il ne s'agit pas seulement de qualité des hommes et de paperasse envahissante. La peur du chef, chez les profs, et la peur de se comporter en chef (et non en petit chef) chez les chefs en titre est un phénomène profond qui dépasse, et de beaucoup, la force de l'habitude. Protégés par leur statut, les enseignants ne livrent avec leurs supérieurs que des batailles d'opérette — on se croirait, en maintes circonstances, ramené aux empoignades de potaches durant la récré. L'émergence d'un authentique encadrement se traduirait sans doute par une perte de confort ; mais surtout, elle concrétiserait l'instauration d'une logique d'entreprise — ce que les maîtres de l'enseignement public désignent d'un mot qui sème l'effroi : la « privatisation ». Le terme a longtemps servi pour bouter hors de la forteresse républicaine le « patronat » et ses grossiers appétits. Il vise, désormais, à exorciser un démon interne, à prévenir une évolution jugée fatale : l'image d'une institution scolaire où la hiérarchie ne serait plus le vecteur de l'irresponsabilité collective. Que les principaux et proviseurs prennent leurs responsabilités, et la contagion s'étendra. Cela, le gros du corps enseignant n'est nullement disposé à l'admettre.

Allons jusqu'au bout de la contradiction. L'école marche mal et les profs souffrent, généralement de très bonne foi. Des solutions concrètes existent qui permettraient, sinon de remodeler le système de fond en comble, du moins de l'amender par la méthode des essais et des erreurs, d'y introduire du nouveau, du spontané, du flexible. Mais ce retournement, cette conversion, appellent une modification d'ordre autant culturel qu'administratif, et une démarche plus volontaire que réglementaire. Or, ce à quoi les enseignants s'accrochent, ce qui les sécurise en dernière instance quand l'insécurité gagne, c'est très exactement la panoplie des obstacles à pareille procédure : les statuts, la qualification à vie, le découpage disciplinaire, les obligations de service, la hiérarchie irresponsable. Qu'on maintienne ces « acquis », qu'on préserve ces tabous, et l'école est vouée à s'effondrer sous son propre poids, à se démembrer elle-même, à se fossiliser. Qu'on les bouscule, et les cris d'orfraie s'élèveront de toutes parts. Politiquement « progressiste », et, de fait, historiquement porteur de progrès, le milieu enseignant est saisi d'un incoercible vertige devant la nécessaire liberté qui lui est offerte. Dans sa majorité, il semble prêt à tout pour n'avoir pas à choisir. Tel le héros de Sartre, dans *Huis clos*, qui se plaint de sa claustration mais craint plus encore de franchir la porte soudain ouverte, il préfère l'insatisfaction à l'incertitude.

Est-ce la faute des individus ou celle du groupe ? Sitôt l'interrogation lancée, les regards convergent vers les appareils syndicaux. Et, dans l'opinion, la rumeur succède au soupçon : haro sur ces boutiques corporatistes qui, par-delà un discours humaniste et fleuri, défendent avec une âpreté roublarde de stricts intérêts catégoriels. La réalité est naturellement plus complexe. D'abord, l'humanisme du syndicalisme enseignant est beaucoup plus qu'une façade — la défense des droits de l'homme, de Dreyfus à Sakharov, n'est pas une charmante et désuète réminiscence[1]. Ensuite, on aurait tort d'oublier que le syndicalisme, par définition, représente ses adhérents ; il serait imprudent, et injuste, d'inverser les flux, de confondre les visages et le miroir. La FEN est corporatiste parce que les enseignants sont corporatistes — parce qu'ils refusent obstinément de penser que le divorce est concevable entre leurs aspirations propres et le bien commun. Un syndicat tel que le SGEN-CFDT, seul à miser sans réticences sur l'innovation par la décentralisation, peut se permettre cette option « excentrique » dans la mesure où sa position minoritaire le décharge, précisément, des pesanteurs médianes, des inerties massives.

Cela dit, il est indéniable que l'imbrication de l'administration et de la contre-administration est totalement incompatible avec une déconcentration du système. Le centralisme est la raison d'être des dizaines de milliers d'administrateurs qui se repaissent de ses effets pervers. Et il est l'oxygène des contre-administrateurs qui entretiennent, par cette fonction institutionnelle, la fidélité de leur clientèle. Imagine-t-on la FEN acceptant demain qu'un terme soit mis à la gestion centrale des carrières, au mouvement national des mutations, au recrutement tel qu'il s'opère aujourd'hui, bref à chacun des points stratégiques où elle s'est installée, contrôlant en enfilade les allées du pouvoir, et rendant les arbitrages essentiels ? Comme les autres organisations analogues, les groupements enseignants n'échappent pas à un courant de désyndicalisation — le SNI, murmure-t-on, a perdu 70000 adhérents ces dernières années, et les effectifs du SNES ont chuté de 90000 à 70000 cartes[2]. Renonceront-ils volontiers, en pleine zone de turbulences, à ce qui sous-tend l'affiliation d'une majeure partie de leurs troupes, à ce qui mue la cotisation annuelle en viatique pratiquement indispensable pour circuler au sein de la Fonction publique ? La diffusion de l'initiative dans toutes les ramifications du système éducatif contraindrait les états-majors syndicaux à des renoncements équivalents, et les déposséderait du monopole de l'information qui leur est concédé.

Il est un autre monopole que menacerait l'autonomie des bassins

1. Cette tradition constitutive de la FEN n'est pas exempte d'accrocs à l'échelon de certaines directions syndicales. Il s'est ainsi trouvé quelques leaders du SNES pour approuver publiquement l'intervention soviétique en Afghanistan.

2. Encore ces chiffres sont-ils officiels. Les estimations officieuses sont plus proches de 55000.

de formation : celui de l'acte éducatif lui-même. Déjà, les associations d'enseignants (qu'il s'agisse de la FEN, du SNALC, du SNC) manifestent, au mieux une inquiétude, au pire une réprobation, face à l'intrusion des usagers dans la vie scolaire. Favorables au tripartisme en matière de gestion, le SNI et le SNES surveillent la moindre esquisse de dérapage du contrôle parental vers le domaine pédagogique — quant à leurs rivaux, ils refusent purement et simplement le contact. L'hypothèse de groupes d'établissements ouverts sur l'extérieur, l'hypothèse de carrières enseignantes qui comprendraient des phases d'alternance, sont deux conjectures lourdes d'un épouvantable prolongement : si les profs sortent, pourquoi les non-profs n'entreraient-ils pas ? Pourquoi un établissement ne ferait-il pas appel à des intervenants spécialisés, pourquoi ne confierait-on pas un cours de technologie à un homme du métier, un atelier de méthodologie à un bibliothécaire, une étude des moyens de communication à un journaliste ? L'exclusive propriété du pouvoir d'enseigner ne saurait demeurer, dès lors, l'apanage des seuls professionnels fonctionnaires. Là encore, le blocage paraît majeur.

Il ne s'agit pas que d'affaires de boutique. Le verrou idéologique est aussi solide que le verrou corporatif — et lui fournit sa raison d'être. L'égalitarisme jacobin, qui est le credo de l'enseignement public, conserve la robustesse du dogme quand bien même les miracles des premiers temps ont dégénéré en laborieux tours de passe-passe. L'autonomie pédagogique autorise une vive souplesse des contenus, la cohérence étant assurée par la vigilance collective des maîtres plutôt que par des programmes nationaux valables partout, et partout contournés. Cette mobilité, Jean-Claude Barbarant, le patron du SNI, consent à l'envisager. Mais à dose tellement homéopathique qu'on revient à la case départ : « Il faut isoler le noyau dur : qu'est-ce qu'un jeune Français doit apprendre dans le cadre de sa formation initiale pour s'insérer dans le tissu social et professionnel ? C'est le tronc commun, applicable en tous lieux. Et puis il peut y avoir une partie optionnelle, selon les spécificités locales, selon l'environnement. » Soit, mais dans quelle proportion ? « Cela ne devrait pas dépasser 20 % », répond l'homme fort de la FEN[1]. Question élémentaire : un cinquième d'autonomie, est-ce de l'autonomie ?

A l'image de la plupart de leurs adhérents, les porte-parole

1. Entretien avec les auteurs.

syndicaux de la FEN sont des hommes de gauche, socialistes pour beaucoup, et sincères. Les voici déchirés, comme se déchire le milieu dont ils procèdent. Déchirés entre la finalité proclamée d'un enseignement qui n'a pas le droit d'échouer et l'omniprésence de l'échec. Déchirés entre le désir de réformer centralement le système et la nécessité d'attaquer cette réforme par la périphérie. Déchirés entre la quête d'une heureuse solution réglementaire et l'impuissance des règlements. Déchirés entre la prétention de penser l'intérêt général et l'incapacité de s'évader de particularismes contradictoires. Déchirés entre un monde qui survit dans leurs manuels et une société qui se trouve d'autres maîtres. Les profs vont devoir choisir entre leurs tabous et la modernité. S'ils entendent renouer avec le sens du progrès, l'étape première de ce cours de rattrapage suppose l'inventaire de leurs conservatismes. Peut-être découvriront-ils alors que, contrairement à ce qu'ils ont appris dans l'Éducation nationale, le salut public passe par l'acceptation du risque.

FINAL

L'IMPLOSION

Si, froidement, on dresse la liste des solutions offertes et celle des obstacles qui barrent l'horizon, le pronostic auquel on parvient est pessimiste. En bonne arithmétique, les résistances l'emportent. La pagaille qui sévit dans le système n'a d'égale que sa rigidité. Les procédures réformatrices n'ont d'égales que l'inertie ou l'hostilité du corps. Et, pour compliquer le tout, les interdits idéologiques sont tenaces, et les discours politiques déphasés. Inutile, donc, de nourrir trop d'illusions naïves : il est peu probable que le redressement de l'enseignement secondaire soit entrepris posément, que les personnels concernés coordonnent leurs efforts. Il est, au contraire, hautement probable qu'il faille subir encore une dégradation supplémentaire, et qu'on doive compter sur la violence de ce choc pour déclencher un sursaut.

Il ne s'agit pas seulement de l'avenir d'une corporation habituée à une relative quiétude, jetée en première ligne, désorientée, obéissant à un réflexe qu'elle croit protecteur et qui ne sert même pas à retarder les échéances. Il s'agit de l'avenir tout court. L'évolution sociale qui s'est amorcée est irréversible. Tout porte, désormais, vers la diversification, la complexité différenciée, l'initiative répartie en petites unités, bref l'autonomie. L'Éducation nationale n'est pas à l'abri de la crise, d'une crise qui n'est point une « dépression » dont nous sortirons un jour. Les techniques éducatives en vigueur sont aussi sénescentes que les aciéries de Pompey. Inversement, le blocage de la machine éducative signifie le blocage de la société tout entière. La vraie « querelle scolaire » n'est pas celle qu'on pense. L'existence de Dieu, en l'occurrence, importe moins que celle de l'ordinateur.

L'alternative est effrayante, tant elle est simple — à formuler, sinon à surmonter. Ou bien l'Éducation nationale, en implosant, devient capable d'assurer un pluralisme effectif en son sein, et elle n'expérimentera cette mobilité si antinomique de sa culture qu'en s'engageant sur la voie de l'autonomie ; ou bien elle se durcit, se recroqueville, nie l'évidence (parant, au besoin, cette dérobade de lambeaux d'orthodoxie politique fanée), et elle se transformera en un gigantesque terminus pour déclassés, tandis qu'éducation et socialisation s'effectueront hors de ses murs. Il y va de la génération du siècle prochain. Il y va du respect des droits du citoyen mineur. La question est posée en France. Elle se pose également dans l'ensemble des pays développés.

L'idée de service public est une conquête. Si l'on souhaite que cette conquête perdure, il convient, d'extrême urgence, que le service public éclate. La plus sûre méthode pour susciter sa disparition est de s'efforcer, contre vents et marées, de le rafistoler dans sa forme actuelle — qui est informe. L'école publique, à très brève échéance, est menacée de deux maux. Le premier, si elle n'évolue pas, est de pourrir sur pied, et la gangrène est à l'œuvre. Le second, à la merci d'un renversement de majorité politique, est d'être carrément démantelée par des ultra-libéraux prêts à la nier comme société distincte, à faire de l'inégalité son principe central, à la subordonner étroitement aux fluctuations de l'emploi — total retour du balancier. L'autonomie, l'individuation éducative, est l'unique mode de préservation d'un service public, l'unique réponse à la centralisation mortifère, d'une part, au consumérisme sauvage, de l'autre. Le pouvoir gouvernemental et l'État, en la circonstance, ne peuvent que donner leur chance aux acteurs de ce drame. A ces derniers de la saisir à temps. La vingt-cinquième heure est passée. La vingt-sixième sonne.

Septembre 1984.

Liste des sigles utilisés

AE	Adjoint d'enseignement.
BEP	Brevet d'enseignement professionnel.
CAMIF	Coopérative des adhérents de la Mutuelle des instituteurs de France.
CAP	Certificat d'aptitude professionnelle.
CAPEGC	Certificat d'aptitude au professorat de l'enseignement général de collège.
CAPES	Certificat d'aptitude au professorat de l'enseignement secondaire.
CAPT	Certificat d'aptitude au professorat technique.
CASDEN.BP	Caisse d'aide sociale de l'Éducation nationale. Banque populaire.
CATI	Centre académique de traitement de l'information.
CCOMCEN	Comité de coordination des œuvres mutualistes et coopératives de l'Éducation nationale.
CE	Conseiller d'éducation.
CEMEA	Centre d'entraînement aux méthodes d'éducation active.
CEREQ	Centre d'études et de recherches sur les qualifications.
CEG	Collège d'enseignement général.
CES	Collège d'enseignement secondaire.
CFA	Centre de formation d'apprentis.
CIATI	Centre inter-académique de traitement de l'information.
CNAL	Comité national d'action laïque.
CNDP	Centre national de documentation pédagogique.
CPA	Classe préparatoire à l'apprentissage.
CPC	Commission professionnelle consultative.
CPE	Conseiller principal d'éducation.
CPPN	Classe pré-professionnelle de niveau.

Sigles

CPR	Centre pédagogique régional.
DAF	Direction des affaires financières.
DAFCO	Délégué à la formation continue.
DC	Direction des collèges.
DE	Direction des écoles.
DL	Direction des lycées.
DPE	Direction des personnels enseignants.
ENNA	École normale nationale d'apprentissage.
ENSET	École normale supérieure d'enseignement technique.
FCPE	Fédération des comités de parents d'élèves.
FEN	Fédération de l'Éducation nationale.
ICAV	Initiation à la culture audiovisuelle.
ICEM	Institut coopératif de l'école moderne.
IDEN	Inspecteur départemental de l'Éducation nationale.
IG	Inspecteur général.
INRP	Institut national de la recherche pédagogique.
IPET	Inspecteur principal de l'enseignement technique.
IPR	Inspecteur pédagogique régional.
LEP	Lycée d'enseignement professionnel.
MA	Maître auxiliaire.
MAIF	Mutuelle assurance automobile des instituteurs de France.
MGEN	Mutuelle générale de l'Éducation nationale.
MI — SE	Maître d'internat — Surveillant d'externat.
MRIFEN	Mutuelle de retraite des instituteurs de France.
PAE	Projet d'action éducative.
PEEP	Parents d'élèves de l'enseignement public (Fédération Schléret).
PEGC	Professeur d'enseignement général des collèges.
PEGLEP	Professeur d'enseignement général des lycées d'enseignement professionnel.
SGEN	Syndicat général de l'Éducation nationale (CFDT).
SIGES	Service de l'informatique de gestion et des statistiques.
SNALC	Syndicat national autonome des lycées et collèges.
SNC	Syndicat national des collèges.
SNES	Syndicat national de l'enseignement secondaire.
UA	Unité et action.
UID	Unité indépendante et démocratie.
UNAPEL	Union nationale des associations de parents d'élèves de l'enseignement libre.
ZEP	Zone d'éducation prioritaire.

Tableaux et graphiques

Table

IMPRIMERIE BUSSIÈRE À SAINT-AMAND (CHER).
DÉPÔT LÉGAL SEPTEMBRE 1986. N° 9308 (1753).

Collection Points

SÉRIE ACTUELS

A1. Lettres de prison, *par Gabrielle Russier*
A2. J'étais un drogué, *par Guy Champagne*
A3. Les Dossiers noirs de la police française, *par Denis Langlois*
A4. Do it, *par Jerry Rubin*
A5. Les Industriels de la fraude fiscale, *par Jean Cosson*
A6. Entretiens avec Allende, *par Régis Debray* (épuisé)
A7. De la Chine, *par Maria-Antonietta Macciocchi*
A8. Après la drogue, *par Guy Champagne*
A9. Les Grandes Manœuvres de l'opium
par Catherine Lamour et Michel Lamberti
A10. Les Dossiers noirs de la justice française, *par Denis Langlois*
A11. Le Dossier confidentiel de l'euthanasie
par Igor Barrère et Étienne Lalou
A12. Discours américains, *par Alexandre Soljénitsyne*
A13. Les Exclus, *par René Lenoir*
A14. Souvenirs obscurs d'un Juif polonais né en France
par Pierre Goldman
A15. Le Mandarin aux pieds nus, *par Alexandre Minkowski*
A16. Une Suisse au-dessus de tout soupçon, *par Jean Ziegler*
A17. La Fabrication des mâles
par Georges Falconnet et Nadine Lefaucheur
A18. Rock babies, *par Raoul Hoffmann et Jean-Marie Leduc*
A19. La nostalgie n'est plus ce qu'elle était, *par Simone Signoret*
A20. L'Allergie au travail, *par Jean Rousselet*
A21. Deuxième Retour de Chine
par Claudie et Jacques Broyelle et Évelyne Tschirhart
A22. Je suis comme une truie qui doute, *par Claude Duneton*
A23. Travailler deux heures par jour, *par Adret*
A24. Le rugby, c'est un monde, *par Jean Lacouture*
A25. La Plus Haute des solitudes, *par Tahar Ben Jelloun*
A26. Le Nouveau Désordre amoureux
par Pascal Bruckner et Alain Finkielkraut
A27. Voyage inachevé, *par Yehudi Menuhin*
A28. Le communisme est-il soluble dans l'alcool?
par Antoine et Philippe Meyer
A29. Sciences de la vie et Société
par François Gros, François Jacob et Pierre Royer
A30. Anti-manuel de français
par Claude Duneton et Jean-Pierre Pagliano
A31. Cet enfant qui se drogue, c'est le mien, *par Jacques Guillon*
A32. Les Femmes, la Pornographie, l'Érotisme
par Marie-Françoise Hans et Gilles Lapouge
A33. Parole d'homme, *par Roger Garaudy*

A34. Nouveau Guide des médicaments, *par le Dr Henri Pradal*
A35. Rue du Prolétaire rouge, *par Nina et Jean Kéhayan*
A36. Main basse sur l'Afrique, *par Jean Ziegler*
A37. Un voyage vers l'Asie, *par Jean-Claude Guillebaud*
A38. Appel aux vivants, *par Roger Garaudy*
A39. Quand vient le souvenir, *par Saul Friedländer*
A40. La Marijuana, *par Solomon H. Snyder*
A41. Un lit à soi, *par Évelyne Le Garrec*
A42. Le lendemain, elle était souriante...
par Simone Signoret
A43. La Volonté de guérir, *par Norman Cousins*
A44. Les Nouvelles Sectes, *par Alain Woodrow*
A45. Cent Ans de chanson française
par Chantal Brunschwig, Louis-Jean Calvet et Jean-Claude Klein
A46. La Malbouffe, *par Stella et Joël de Rosnay*
A47. Médecin de la liberté, *par Paul Milliez*
A48. Un Juif pas très catholique, *par Alexandre Minkowski*
A49. Un voyage en Océanie, *par Jean-Claude Guillebaud*
A50. Au coin de la rue, l'aventure
par Pascal Bruckner et Alain Finkielkraut
A51. John Reed, *par Robert Rosenstone*
A52. Le Tabouret de Piotr, *par Jean Kéhayan*
A53. Le temps qui tue, le temps qui guérit
par le Dr Fernand Attali
A54. La Lumière médicale, *par Norbert Bensaïd*
A55. Californie (Le Nouvel Age)
par Sylvie Crossman et Edouard Fenwick
A56. La Politique du mâle, *par Kate Millett*
A57. Contraception, Grossesse, IVG
par Pierrette Bello, Dr Catherine Dolto, Dr Aline Schiffmann
A58. Marthe, *anonyme*
A59. Pour un nouveau-né sans risque
par Alexandre Minkowski
A60. La vie, tu parles, *par Libération*
A61. Les Bons Vins et les Autres
par Pierre-Marie Doutrelant
A62. Comment peut-on être breton ?
par Morvan Lebesque
A63. Les Français, *par Theodore Zeldin*
A64. La Naissance d'une famille, *par T. Berry Brazelton*
A65. Hospitalité française, *par Tahar Ben Jelloun*
A66. L'Enfant à tout prix
par Geneviève Delaisi de Parseval et Alain Janaud
A67. La Rouge Différence
par F. Edmonde Morin
A68. Regard sur les Françaises, *par Michèle Sarde*
A69. A hurler le soir au fond des collèges
par Claude Duneton avec la collaboration de Frédéric Pagès

A70. L'Avenir en face, *par Alain Minc*
A71. Je t'aime d'amitié, *par la revue « Autrement »*
A72. Couples !, *par la revue « Autrement »*
A73. Le Sanglot de l'homme blanc, *par Pascal Bruckner*
A74. BCBG, le guide du bon chic bon genre
par Thierry Mantoux
A75. Ils partiront dans l'ivresse, *par Lucie Aubrac*
A76. Tant qu'il y aura des profs
par Hervé Hamon et Patrick Rotman

Collection Points

SÉRIE POINT-VIRGULE

V1. Manuel de savoir-vivre à l'usage des rustres et des malpolis *par Pierre Desproges*
V2. Petit Fictionnaire illustré *par Alain Finkielkraut*
V3. Quand j'avais cinq ans, je m'ai tué *par Howard Buten*
V4. Lettres à sa fille (1877-1902) *par Calamity Jane*
V5. Café Panique, *par Roland Topor*
V6. Le Jardin de ciment, *par Ian McEwan*
V7. L'Age-déraison, *par Daniel Rondeau*
V8. Juliette a-t-elle un grand Cui ? *par Hélène Ray*
V9. T'es pas mort ! *par Antonio Skarmeta*
V10. Petite Fille rouge avec un couteau *par Myrielle Marc*
V11. Manuel à l'usage des enfants qui ont des parents difficiles *par Jeanne Van den Brouck*
V12. Le A nouveau est arrivé *par Pierre Ziegelmeyer et Jean-Benoît Thirion*
V13. Comment faire l'enfant (17 leçons pour ne pas grandir) *par Delia Ephron*
V14. Zig-Zag, *par Alain Cahen*
V15. Plumards, de cheval, *par Groucho Marx*
V16. Bleu, je veux, *par Gisèle Bienne*
V17. Moi et les Autres, *par Albert Jacquard*
V18. Au vrai chic anatomique, *par Frédéric Pagès*
V19. Le Petit Pater illustré, *par Jacques Pater*
V20. Cherche souris pour garder chat, *par Hélène Ray*
V21. Un enfant dans la guerre, *par Saïd Ferdi*
V22. La Danse du coucou, *par Aidan Chambers*
V23. Mémoires d'un amant lamentable, *par Groucho Marx*
V24. Le Cœur sous le rouleau compresseur *par Howard Buten*
V25. Le Cinéma américain des années cinquante *par Olivier-René Veillon*
V26. Voilà un baiser, *par Anne Perry-Bouquet*
V27. Le Cycliste de San Cristobal, *par Antonio Skarmeta*
V28. Tchao l'enfance, craignos l'amour, *par Delia Ephron*
V29. Mémoires capitales, *par Groucho Marx*
V30. Dieu, Shakespeare et Moi, *par Woody Allen*
V31. Dictionnaire superflu à l'usage de l'élite et des bien nantis *par Pierre Desproges*

V32. Je t'aime, je te tue, *par Morgan Sportès*
V33. Rock-Vinyl (Pour une discothèque de rock) *par Jean-Marie Leduc*
V34. Le Manuel du parfait petit masochiste *par Dan Greenburg*
V35. L'Oiseau Canadèche, *par Jim Dodge*
V36. Des sous et des hommes, *par Jean-Marie Albertini*
V37. De l'univers à nous, *par Robert Clarke*
V38. Pour en finir une bonne fois pour toutes avec la culture *par Woody Allen*
V39. Le Gone du Chaâba, *par Azouz Begag*
V40. Le Cinéma américain des années trente *par Olivier-René Veillon*
V41. Mistral gagnant, chansons et dessins, *par Renaud*
V42. Les Aventures d'Adrian Mole, 15 ans, *par Sue Townsend*
V43. Le Palais des claques, *par Pascal Bruckner*
V44. La Cuisine cannibale, *par Roland Topor*
V45. Le Livre d'Étoile, *par Gil Ben Aych*
V46. Les Dingues du nonsense, *par Robert Benayoun*

Collection Points

SÉRIE BIOGRAPHIE

B1. George Sand ou le scandale de la liberté
par Joseph Barry
B2. Mirabeau, *par Guy Chaussinand-Nogaret*
B3. George Orwell, une vie, *par Bernard Crick*
B4. Colette, libre et entravée, *par Michèle Sarde*
B5. Raymond Chandler, le gentleman de Californie
par Frank MacShane
B6. Lewis Carroll, une vie, *par Jean Gattégno*
B7. Van Gogh ou l'enterrement dans les blés
par Viviane Forrester
B8. Frère François, *par Julien Green*
B9. Blaise Cendrars, *par Miriam Cendrars*
B10. Albert Camus, *par Herbert R. Lottman*
B11. Gaston Gallimard, *par Pierre Assouline*
B12. Edgar Poe, *par Claude Delarue*